HISTOIRE

DE LA

RÉVOLUTION DE 1848

PAR

LOUIS BLANC

TOME DEUXIÈME

Cinquième Édition

PARIS

C. MARPON ET E. FLAMMARION

LIBRAIRES-ÉDITEURS

1 à 7, galeries de l'Odéon, et rue Rotrou, 4

A. LACROIX ET Cie, ÉDITEURS

1880

HISTOIRE

DE LA

RÉVOLUTION

DE 1848

PARIS. — IMPRIMERIE Vve P. LAROUSSE ET Cie

19, RUE MONTPARNASSE, 19

HISTOIRE

DE LA

RÉVOLUTION

DE 1848

PAR

LOUIS BLANC

TOME DEUXIÈME

PARIS

C. MARPON ET E. FLAMMARION

LIBRAIRES-ÉDITEURS

1 à 7, galeries de l'Odéon, et rue Rotrou, 4

A. LACROIX ET Cie, ÉDITEURS

1880

Tous droits de traduction et de reproduction réservés.

RÉVOLUTION DE FÉVRIER 1848

CHAPITRE SEIZIÈME

FAUSSE ALERTE

Réponse à des reproches insensés. — Appréciation historique de la journée du 17 mars. — Ce que le Gouvernement avait à faire. — Ce qu'il a fait. — Avec quoi il l'a fait. — Impression produite, par le 17 mars, sur les membres de la majorité du Conseil, et particulièrement sur M. de Lamartine. — Manifestation du 16 avril. — Ses causes et son caractère. — Elle est présentée, à l'avance, comme un complot communiste dirigé par MM. Cabet et Blanqui. — Absurdité de cette fable. — Répudiation de tous moyens violents par M. Cabet. — M. Blanqui en suspicion, alors, auprès de son propre parti. — L'Hôtel-de-Ville est mis, néanmoins, en état de défense. — M. Ledru-Rollin, circonvenu, fait battre le rappel de la garde nationale. — Inanité du complot ultérieurement prouvée par une enquête judiciaire. — Bruits inquiétants semés par les alarmistes. — Arrivée des corporations sur la place de Grève. — Leur indignation en voyant cette place hérissée de baïonnettes. — Mon discours aux délégués. — Défilé des corporations entre les rangs de la garde nationale. — Rôle que joue, dans cette journée, une police occulte. — Protestation des délégués contre les odieux soupçons auxquels leur démarche avait donné lieu. — Attitude du Gouvernement provisoire après le 16 avril. — Entrevue secrète de M. de Lamartine avec M. Blanqui, la veille de la manifestation.

Dans un livre publié sous ce titre : *Confessions d'un Révolutionnaire*, espèce de tour de Babel où il lui suffit d'une seule voix, qui était la sienne, pour nous donner le spectacle de la confusion des langues, M. Proudhon m'a reproché, comme une contradiction manifeste, d'avoir cru qu'une autorité dictatoriale était nécessaire, et de n'avoir pas profité de la manifestation du 17 mars pour renverser ceux de mes collègues par qui cette autorité dictatoriale était repoussée.

Il y aurait eu effectivement contradiction ici entre ma pensée et ma conduite, si, d'une part, il eût suffi de porter la main sur la majorité du Conseil pour l'abattre sans tout embraser, et si, d'autre part, il m'eût été prouvé qu'en renversant la majorité du Conseil, j'aurais, eu égard aux circonstances, sauvé la République.

Or, même aujourd'hui, à la clarté de ce triste flambeau que les événements ultérieurs, et alors impossibles à prévoir, ont allumé, j'affirme que renverser, au 17 mars, la majorité du Gouvernement provisoire, c'eût été jouer sur une carte — des milliers de têtes servant d'enjeu, — les destinées de la République.

Et d'abord, s'il y a quelque chose de certain au monde, c'est que les causes déterminantes de la manifestation du 17 mars, dans l'esprit de l'immense foule qui la fit, furent celles que j'ai indiquées : elle n'en eut pas d'autres. Prétendre, comme l'a fait M. Proudhon, que, pour le Peuple, l'éloignement des troupes signifiait l'impuissance du Gouvernement, c'est dire juste le contraire de la vérité. Loin de vouloir le Gouvernement mort, le Peuple le voulait actif, plein de vie; et sa préoccupation principale était de le pousser en avant. Si l'on demandait l'éloignement des troupes, c'était afin de rendre le pouvoir impuissant à faire le mal, mais non à faire le bien. Et moi aussi, je voulais l'éloignement des troupes, ce qui ne m'empêchait pas de crier : Hâtons-nous, hâtons-nous! Usons du pouvoir que le Peuple nous a confié pour féconder la situation, pour asseoir à jamais, par une initiative hardie, la République sur ses véritables bases! car gouverner avec des idées dispense de gouverner avec des soldats.

Pour qui juge les événements après coup et du fond de son cabinet, pour qui n'a pas à répondre de chacune de ses décisions devant son pays, devant l'histoire, devant son propre cœur, il est assurément fort commode de venir dire : « J'aurais fait, moi, sauter mes collègues par les fenêtres de l'Hôtel-de Ville, et, par là, je sauvais la République! » Un instant, de grâce; pas si vite, et voyons un peu.

Est-ce que M. de Lamartine, qui eût été, dans ce cas, le premier homme à écarter, ne jouissait pas alors d'une popularité éclatante, non pas au sein de quelques clubs, il est vrai, mais parmi les masses? Est-ce que la présence dans le Gouvernement provisoire de M. Marie, de M. Garnier-Pagès, de M. Marrast, n'était pas le seul levier avec lequel nous parvenions à faire pencher, quoique péniblement, la bourgeoisie vers la République? Est-ce que, le jour où les représentants de cette bourgeoisie auraient été violemment chassés de l'Hôtel-de-Ville, elle ne serait point passée de la crainte au désespoir? Est-ce qu'il est bien sûr que son désespoir n'eût pas été la guerre civile? Est-ce qu'il est bien sûr que la République serait allée loin, une fois les pieds dans le sang? A quoi bon en faire mystère? La plupart des départements, en février 1848, étaient encore monarchiques; ils avaient appris l'avénement de la République avec une sorte de stupeur; ils l'avaient reconnue plutôt qu'acclamée. Se figure-t-on quel eût été sur la province, ainsi disposée, l'effet de cette nouvelle : « La République, proclamée il y a quelques jours, est remise en question, et l'on se bat à Paris? » Évidemment, la guerre civile, en de telles circonstances, eût été une épreuve mortelle.

Je sais que cette épreuve funeste, nous avons eu plus tard à la traverser. Mais n'oublions pas que ces terribles journées de juin, le 16 avril les porta dans ses flancs. Or, comment aurais-je pu prévoir que, par un malentendu à jamais déplorable, l'ordre de battre le rappel contre un second 17 mars partirait du ministère de l'intérieur? Il importe, d'ailleurs, de remarquer que la bataille de juin ne s'est livrée qu'après le triomphe du suffrage universel, qu'après la reconnaissance officielle et solennelle de la République par l'Assemblée constituante. De sorte qu'au mois de juin, la guerre civile n'a eu pour résultat que de vaincre momentanément le socialisme, en dévoilant sa puissance, tandis qu'au mois de mars, la guerre civile aurait, selon toute apparence, étouffé dans son berceau la République elle-même.

Maintenant, plaçons-nous dans l'hypothèse la plus favorable; admettons que, le lendemain du renversement de la majorité, la bourgeoisie eût été contenue rien que par sa frayeur : toujours est-il que le commerce aurait reçu le coup de grâce; que les capitaux, déjà trop prompts à se cacher, auraient pris la fuite de toutes parts; que les ateliers se seraient fermés de plus belle; qu'une perturbation générale, profonde, incalculable dans ses résultats, s'en serait suivie. Et la foule des affamés montait; elle montait comme la mer!... Aurait-il fallu opérer, pour dominer la crise, ce brutal déménagement de la société qu'avec tant d'injustice M. Proudhon m'accuse d'avoir rêvé et qui lui fait horreur? Aurait-il fallu interner les capitaux par voie de décret, déclarer les frontières suspectes, faire fouiller les maisons, rétablir le *maximum*, porter la lampe au fond de chaque fortune, ressusciter la Terreur, et, en cas de résistance trop vive, relever l'échafaud que nous avions abattu?

Mais quoi, ce n'est rien encore. Par quel gouvernement, au profit de quelles idées, avec quelle chance raisonnable de succès, tout cela se serait-il accompli? Ces places que le renversement de la majorité du Conseil aurait laissées vides, est-ce que, d'aventure, personne ne se présentait pour les remplir? Modifier une première fois le Gouvernement provisoire, n'était-ce pas encourager les ambitions rivales à le vouloir modifier une seconde fois, une troisième, et à tenir incessamment la brèche ouverte? Il n'est pas un seul homme du parti démocratique qui en soit à ignorer combien profondes étaient, à cette époque, les divisions entre plusieurs personnages dont les candidatures au pouvoir reposaient sur des titres presque également considérables; serait-on parvenu à s'entendre, et à s'entendre sans retard, — la situation pressait, — à s'entendre le jour même, sur l'heure, devant la bourgeoisie troublée, devant le Peuple ému, au plus fort des passions tumultueusement soulevées, malgré les rivalités inévitables de club à club, au milieu de l'effroyable confusion produite par une contre-façon de Fructidor?

Oh! certes, ce n'est pas l'audace révolutionnaire qui me manque, lorsque je la crois féconde; je l'ai assez prouvé au Luxembourg, et, pour peu qu'on en doute, on n'a qu'à interroger mes nombreux ennemis : leur haine, à cet égard, m'a rendu justice ! Mais remettre en question toute chose par un coup de main que ceux-ci m'auraient imputé à trahison et où ceux-là n'auraient vu que l'attentat d'une ambition en délire ; prouver aux départements attentifs qu'on ne les avait pas trompés en leur faisant peur de l'instabilité orageuse de tout pouvoir républicain ; courir, sans y être forcé par le *fatum* qui fit à Robespierre sa destinée, au-devant d'un autre 93, avec l'Empire pour dénoûment ; mettre, enfin, mon pays au hasard des tempêtes, et renoncer à cette grande, à cette merveilleuse nouveauté : une révolution immense et calme... ah ! me reprocher d'avoir craint tout cela, c'est me reprocher de n'avoir pas été un insensé !

La vraie politique de la situation, la seule politique qui fût à la fois sage et forte, était celle que la minorité du Conseil adopta, et qui consistait à profiter de la secousse imprimée aux âmes vacillantes, pour faire, avec les membres de la majorité, et par eux, quoique malgré eux, la besogne révolutionnaire. Qu'on n'objecte pas la difficulté de l'entreprise : les faits répondent. N'avions-nous pas obtenu successivement la proclamation de la République, le suffrage universel, la reconnaissance formelle du droit au travail, l'établissement d'un système de propagande socialiste par le pouvoir ? Or, à la lecture de chaque décret qui était un pas vers l'avenir, que disait la partie contre-révolutionnaire de la nation ? Elle disait : « Il faut que ceci soit bien nécessaire, puisque la nécessité en est reconnue par des hommes tels que MM. Marrast et Marie. » En conséquence, elle se résignait, et la Révolution poursuivait sa route, traînant après elle, d'une main triomphante, ses ennemis silencieux.

Voilà pourquoi la journée du 17 mars fut un grand fait politique. Elle nous donnait, en opposition à la supériorité numérique de nos adversaires dans le Conseil, une autorité morale qui tendait à rendre la Révolution complétement maîtresse des affaires. Aussi n'est-il pas douteux pour moi que, sans le 16 avril, la face des choses était changée.

Mais le 16 avril!... Qu'on se rappelle ce qui décida de la fortune de cette journée, et qu'on me prouve qu'il était logiquement possible de prévoir pareil désastre !

Après cela, que penser de M. Proudhon, lorsque, sans rire, il appelle le 17 mars *la réaction de Louis Blanc* ? De semblables puérilités sont au-dessous de toute critique : je ne m'y arrête pas. Le 17 mars a été l'ouvrage du Peuple. Silence aux calomniateurs !

Quant aux conséquences du 17 mars, elles furent heureuses, décisives ; et, à ce sujet, il faut répondre, une fois pour toutes, aux attaques chaque jour dirigées contre l'action du Gouvernement provisoire, et par les ennemis de la Révolution, et par ses faux amis.

Le sort qu'on parvint à faire à la République fut bien lamentable, n'est-ce pas? Les fondateurs de cette République proscrits, l'intrigue et la trahison aux places d'honneur, les fuyards d'hier hurlant la guerre civile pour demain, la faim raillée ou niée quand elle implorait, et, quand elle s'irritait, menacée d'un coup d'épée, les partis, enfin, se mesurant des yeux et haletant sous la haine; tel est le spectacle qui finit par se dérouler à nos regards.

Eh bien, je prétends que là est justement le titre de gloire des vrais républicains à qui le Peuple, en février, confia la Révolution, non-seulement parce que cette situation terrible prit naissance le jour où ils furent écartés du pouvoir, non-seulement parce qu'elle fut l'œuvre de leurs plus cruels ennemis, mais encore parce qu'elle montre quels obstacles sans nombre l'ancien état de la société opposait au régime nouveau, et quels efforts heureux il avait fallu pour arriver, malgré ces obstacles, à établir la République, à mettre en mouvement le suffrage universel, à sacrer le travail, à changer la devise de la France, et, dans l'espace de deux mois, à rapprocher d'un demi-siècle peut-être l'avénement de la justice.

Je vois d'ici se récrier les détracteurs de la Révolution, j'entends d'ici leurs clameurs... A leur aise ! ce n'est pas pour eux que j'écris. J'écris pour les clairvoyants et non pour les aveugles volontaires, pour ceux qui d'un pas résolu marchent vers le soleil levant et non pour ces fanatiques amants des ténèbres qui s'accroupissent autour d'un passé en ruine ; j'écris pour la vie et non pour la mort.

Oui, je le prédis sans crainte : les deux mois de mars et d'avril 1848 seront un des étonnements de l'histoire. Oui, lorsque, dans quelque temps d'ici, l'on se rappellera quelle société fût léguée à la Révolution de février par un demi-siècle de dépravation monarchique, quelles choses furent accomplies sous le Gouvernement provisoire, et par quels moyens, c'est à peine si elles paraîtront croyables.

Car enfin, y eut-il jamais éléments plus rebelles que ceux qui, en février, s'offraient au maniement d'un pouvoir républicain ? En dehors de ce peuple des grandes villes, si préoccupé de l'avenir et si intelligent, où était la France ? Au-dessus de ce peuple, y avait-il, je le demande, quelque autre passion que celle de l'or ? Une soif de bien-être brutale et sans bornes, l'esprit de mercantilisme dans ce qu'il a de plus grossier, la vanité dans ce qu'elle a de plus étroit, n'avaient-ils pas pris victorieusement, sous l'influence de Louis-Philippe, la place de toute forte pensée, de toute aspiration glorieuse, de tout élan de légitime orgueil, de tout dévouement ? Et la bourgeoisie n'en était-elle pas venue à s'inquiéter elle-même de cette corruption qu'elle suait par tous les pores ? Ajoutez à cela l'absence d'une éducation vraiment publique, l'empire des préjugés monarchiques sur les quatre cinquièmes de la nation, la nuit intellectuelle répandue sur les campagnes, la faiblesse numérique du parti républicain, les souvenirs de 93 hypocritement évoqués et dessinant au fond des imaginations effrayées la République en traits de sang : vous aurez alors le tableau fidèle de la société dont il s'agissait d'élever le destin.

Or, en deux mois, voici ce qui fut fait :

On consacra la République, c'est-à-dire le seul mode de gouvernement digne d'une nation majeure.

Le Peuple fut reconnu souverain et mis en possession de sa souveraineté par le suffrage universel.

L'inviolabilité de la vie humaine fut proclamée hautement; le bourreau fut désavoué au nom de la civilisation; l'esclavage des noirs fut aboli.

Un décret, oublié dans la fameuse nuit du 4 août, déclara les titres nobiliaires anéantis et effaça jusqu'aux derniers vestiges de l'aristocratie.

La contrainte par corps, abolie comme un sacrifice immoral de la liberté de l'homme à la puissance de l'argent, laissa vides des prisons qui se transformèrent en ateliers.

Le droit au travail, inscrit au nombre des droits les plus saints, prépara la chute de la tyrannie financière.

La réduction des heures données à un labeur manuel, par ordre de la pauvreté, rendit solennellement témoignage du droit de l'être humain à vivre de la vie de l'intelligence et de la vie du cœur.

La formule aux trois termes radieux qui prophétise tout l'avenir et l'embrasse, parut en lettres d'or sur les monuments, sur les drapeaux de la patrie, et, pour la graver dans les cœurs, ce fut — nouveauté remarquable — ce fut du haut du pouvoir qu'on prêcha au Peuple l'évangile de l'égalité.

Ah! ce n'était donc rien que cela!

Qu'on songe maintenant aux ressources dont on pouvait disposer et aux moyens mis en usage. Voyons! Où étaient nos canons, et nos soldats, et nos gendarmes, et nos juges en robes rouges? Qu'on cite, qu'on cite, pendant ces deux mois, un individu que nous ayons arrêté, un domicile que nous ayons profané, un journal que nous ayons saisi, une insulte que nous ayons vengée, une voix calomnieuse à notre égard que nous ayons fait taire, une liberté que nous ayons confisquée, une violence que nous ayons ou exercée ou permise, une mère qui ait à nous demander son fils envoyé au bagne ou froidement assassiné le lendemain d'un combat! Contre tant de résistances prévues, contre l'ancien égarement de l'opinion, contre la ligue des vieux préjugés, contre la corruption invétérée des uns et leur égoïsme en émoi, contre l'ignorance des autres, quelle était notre force? La parole.

Et quand nous remîmes à la nation les pouvoirs que

nous tenions des événements et du peuple de Paris, nous eûmes cette joie de voir la France entière s'incliner devant l'image de la République, s'imposant à ses ennemis et aux nôtres.

Disons les suites du 17 mars. Cette journée était apparue aux royalistes comme la révélation d'un nouvel univers. Plus que du bruit de la fusillade, plus que du roulement des canons sur le pavé, ils avaient pris alarme de ce silence épique du Peuple. Leur insomnie les retrouvait traversant Paris, ces calmes légions sorties tout à coup de tant d'ateliers fraternels. Quelle force pour des chefs d'État vraiment pénétrés de l'esprit de la Révolution ! Mais que vaudrait le levier d'Archimède aux mains d'hommes obstinés à vouloir l'immobilité du monde ?

La vérité est que le 17 mars avait profondément troublé la majorité du Gouvernement provisoire, M. de Lamartine surtout.

L'influence du 17 mars était, depuis, restée comme vivante dans le Conseil. Il y avait bien toujours sept votants d'un côté, quatre de l'autre ; mais, derrière les quatre, le souvenir du 17 mars faisait apparaître un cinquième votant... le Peuple. Esprit généreusement agité, intelligence mobile comme le progrès, âme susceptible d'enthousiasme, M. Crémieux en avait pris son parti résolûment ; mais, de tous les membres de la majorité, c'était le seul qui penchât à se livrer tout entier à la Révolution. M. Arago, que la science avait trop distrait de la politique, s'arrêtait étonné devant l'imprévu. M. Dupont (de l'Eure), un de ces hommes qu'on respecte et qu'on aime, alliés ou adversaires, avait contre la Révolution et contre son propre cœur sa vieillesse manifestement effrayée. MM. Garnier-Pagès et Marrast cachaient leur inquiétude, celui-ci sous une habile affectation de légèreté, celui-là sous les dehors d'une activité prompte à se répandre en paroles ; et, quant à M. Marie, on devinait aisément ses appréhensions à sa bouche contractée, à son front soucieux, à ses regards qu'altérait le soupçon.

Pour ce qui est de M. de Lamartine, il avait plus particulièrement à reprocher au 17 mars d'avoir été l'œuvre des délégués du Luxembourg, et d'avoir fait passer en revue par le Gouvernement la grande, pacifique et puissante armée des corporations ouvrières. Car, lui qui était si prodigue envers tous de ses avances et de ses caresses, lui qui recherchait avec tant d'empressement l'approbation des clubs pour en fortifier sa popularité de salon, lui qui entretenait des rapports suivis avec Sobrier, lui qui se hasardait jusqu'à Blanqui, il s'était toujours montré aveuglément, opiniâtrement hostile au Luxembourg. Est-il vrai que le socialisme, officiellement discuté, lui ait déplu comme divisant l'attention publique? Est-il vrai que, s'étant réservé la partie théâtrale de la Révolution, il se soit inquiété de ce qui en était le côté sérieux? Est-il vrai que ses familiers l'aient poussé à combattre une popularité qui importunait la sienne? Pour moi, j'ai toujours pensé que la haine dont M. de Lamartine m'honora était parfaitement désintéressée, loyale et sincère. Étranger à la science de l'économie politique, il prit de très-bonne foi en aversion des doctrines qu'il n'avait pas étudiées et que la nature de son esprit était, d'ailleurs, peu propre à approfondir. Entouré d'égoïstes qui abhorraient les idées sociales, pour les avoir trop comprises, il ne les jugea dangereuses, lui, que faute de les comprendre. A l'en plaindre, il y a plus de justice qu'à l'en blâmer.

De plus, l'encens des salons l'avait enivré. Spéculant sur son faible — un amour excessif de la louange — les ennemis de la République lui avaient répété sur tous les tons qu'à lui appartenait légitimement la gloire de « sauver la société. » Et lui, s'abandonna si bien à la séduction de ces artificieux éloges, que ce fut auprès des personnes même les plus hostiles à la République, par ignorance, par position et par habitude, qu'il alla chercher sa règle de conduite. Le livre de lord Normanby met ceci hors de doute. Qui jamais se serait attendu à ce qu'un membre du Gouvernement provisoire, un républicain, choisît pour conseiller habituel et pour confident un diplomate étranger, un membre de l'aristocratie anglaise, l'ambassadeur d'un pays qui n'avait pas encore officiellement reconnu la République, un homme qui a écrit : « Je dis hier à M. de Lamartine que, *si j'étais Français et républicain, et je suis aussi peu l'un que l'autre* (1)... »

En ce qui touche les démarches secrètes de M. de Lamartine, j'ignorais, à cette époque, beaucoup de choses dont j'ai été informé depuis ; j'ignorais, par exemple, qu'il cherchait dans l'armée et dans les provinces une force au moyen de laquelle il pût dompter Paris, manœuvre renouvelée de l'ancien parti de la Gironde ; j'ignorais que, tout en prenant sans bruit sous sa protection le fantastique et très-peu orthodoxe établissement militaire de Sobrier, il dépêchait de mystérieux émissaires au général Négrier, qui, dans le Nord, commandait une armée de 29,000 hommes (2), et se concertait avec M. Marrast pour faire, à l'Hôtel-de-Ville, une forteresse. Mais ce qui ne m'apparaissait que trop clairement, c'est qu'il entrait de plus en plus en défiance du Peuple, et n'était pas éloigné d'invoquer, s'il le fallait, la puissance des baïonnettes contre des idées qu'il eût mieux valu étudier.

Un mois s'était écoulé depuis le 17 mars. Encouragés par l'impassible modération du Gouvernement provisoire, les partis vaincus commençaient à relever la tête et se répandaient en discours pleins de menaces. Quant à la presse royaliste, certaine de l'impunité, elle attaquait sans relâche, elle insultait, elle calomniait un pouvoir qu'elle savait résolu à respecter, dans les injures mêmes dirigées contre lui, la présence de la liberté.

De leur côté, les représentants des corporations attendaient avec une impatience légitime et croissante qu'on s'attaquât à leur ennemi, la misère ; ils reprochaient au gouvernement né de la Révolution d'hésiter devant un problème qui, résolu, était toute cette révolution ; tournant un regard inquiet vers les provinces, vers les campagnes, encore à demi plongées dans les ténèbres, ils se demandaient si leurs espérances n'allaient pas rester étouffées

____

(1) *A Year of Revolution in Paris*, t. I, p. 388.
(2) *Voyez*, sur ce point, l'*Histoire du Gouvernement provisoire*, par M. Elias Regnault, chef du cabinet du ministre de l'intérieur, à cette époque, p. 247.

au fond des urnes, sous ce nombre trop considérable, hélas ! de boules qui appartiennent aux influences de position et de fortune, à l'intrigue, à l'ignorance, au hasard. Il fallait donc appuyer le Gouvernement provisoire, l'encourager au bien par des témoignages non équivoques de sympathie, mais en même temps le pousser à une généreuse initiative, et lui rappeler que, dans ses préoccupations, les moyens de détruire le prolétariat réclamaient la première place.

Telle était la disposition des esprits, lorsque je reçus une lettre de mon ami M. Guinard, qui commandait, sous le général Courtais, la garde nationale. Elle m'informait qu'on était en train de composer l'état-major, et qu'on pensait utile d'y introduire quatorze officiers appartenant à la classe ouvrière. Restait à pourvoir à l'élection de ces officiers par leurs camarades.

L'occasion me parut favorable pour prouver à la majorité du Conseil qu'en pressant la solution des questions relatives à l'amélioration du sort des classes laborieuses et souffrantes, je ne faisais qu'exprimer un désir populaire très-vivement senti. Il fut donc convenu entre les délégués du Luxembourg et moi qu'après s'être rassemblés au Champ de Mars et y avoir élu les quatorze officiers, les corporations se dirigeraient en bon ordre, comme au 17 mars, vers l'Hôtel-de-ville, et y apporteraient au Gouvernement provisoire, en même temps que l'expression de leurs vœux, *celle de leurs sympathies, qu'on devait témoigner par une offrande patriotique.*

A cet égard, nulle dénégation possible : la preuve de ce que j'avance est écrite au *Moniteur* (1) et dans la pétition même que les ouvriers, le 16 avril, vinrent lire à l'Hôtel-de-Ville. La voici :

« Citoyens, la réaction lève la tête ; la calomnie, cette arme favorite des hommes sans principes et sans honneur, déverse de tous côtés son venin contagieux sur les véritables amis du Peuple. C'est à nous, hommes de la Ré-

(1) *Voy.* le *Moniteur* du 17 avril.

volution, hommes d'action et de dévouement, qu'il appartient de déclarer au Gouvernement provisoire que le Peuple veut la République démocratique ; que le Peuple veut l'abolition de l'exploitation de l'homme par l'homme ; que le Peuple veut l'organisation du travail par l'association. — Vive la République ! Vive le Gouvernement provisoire ! »

Ces derniers mots qui résumaient la pétition en la terminant, la recommandation adressée aux ouvriers de se rassembler sans armes, l'offrande que venait faire à la richesse publique l'association de leurs généreuses misères, les mesures concertées d'avance pour que des personnes étrangères à la manifestation ne pussent point essayer d'en changer le caractère et le but, tout cela prouvait bien que le renversement d'une partie du Gouvernement provisoire était très-loin de l'esprit des travailleurs convoqués. Mais ils demandaient au pouvoir de s'occuper de l'organisation du travail par l'association. Et c'est ce qui mettait en émoi ou en fureur les ennemis de la Révolution.

Pour moi, j'agissais en tout ceci d'une manière si ouverte et avec tant de candeur, que, le 14 avril, deux jours avant la manifestation, j'annonçai en plein Conseil que les ouvriers se préparaient à venir présenter une pétition qui lèverait tous les doutes sur la nécessité morale de s'occuper d'une question sans laquelle la République risquait de n'être qu'un vain mot ou une espèce de fraude. J'ajoutai que, du reste, on n'avait rien à craindre des pétitionnaires ; que la démonstration serait aussi pacifique que celle du 17 mars ; que des précautions préservatrices de l'ordre avaient été prises, et que le cri poussé par les ouvriers, sans distinction de majorité ou de minorité, serait : « Vive le Gouvernement provisoire ! »

Le dirai-je ? Ces assurances ne produisirent pas l'effet que j'en attendais. L'idée d'un vœu émané du Peuple, exprimé d'une façon calme, respectueuse, sympathique même, mais dont la portée sociale était manifeste, effraya plus MM. de Lamartine, Marrast et Marie que n'eût pu

faire la perspective d'une attaque à main armée ; et ils ré-
solurent de remuer ciel et terre pour prévenir l'effet moral d'une aussi décisive démarche.

Le meilleur moyen d'y parvenir était de faire croire à
la bourgeoisie que le mouvement des corporations se rapportait à un complot communiste ; qu'il se liait à je ne
sais quelles machinations de M. Blanqui, devenu, par le
mystère dont il s'entourait, le grand épouvantail du moment.

M. Marrast n'eut donc rien de plus pressé que de faire
répandre parmi la garde nationale la sombre nouvelle que
les ouvriers devaient, le 16 avril, renverser le Gouvernement provisoire ; que le mouvement avait un caractère
communiste ; que les chefs de l'insurrection projetée
étaient MM. Cabet et Blanqui.

Si jamais fable fut absurde, c'était celle-là.

Et d'abord, M. Cabet, non-seulement par tempérament,
mais par principes, était opposé à toute tentative insurrec-
tionnelle. Et nul ne pouvait s'y tromper ; car, dès le second jour de la Révolution, il avait fait afficher sur tous
les murs de Paris la proclamation suivante, que plusieurs
de mes lecteurs ne liront peut-être pas sans s'étonner de
l'audace de certaines calomnies :

« C'est *l'union* seule, *l'ordre* et *la discipline* qui peuvent
assurer au Peuple le fruit de sa victoire, en garantissant
ses droits et ses intérêts.

« Rallions-nous donc autour du Gouvernement provisoire, présidé par Dupont (de l'Eure), remplaçant l'o-
dieux gouvernement qui vient de se rougir du sang des
citoyens.

« Appuyons ce Gouvernement provisoire, qui se déclare
républicain et démocratique, qui proclame la souveraineté et l'unité de la nation, qui adopte la fraternité, l'é-
galité et la liberté pour principes...

« Mais sachons réclamer toutes les conséquences de ces
principes.

« Demandons que tous les Français soient déclarés
frères, égaux en devoirs et en droits sans aucune espèce

de privilége, tous membres de la garde nationale, tous
électeurs, tous éligibles aux fonctions publiques, sans aucune vile condition d'argent.

« Demandons le droit naturel et imprescriptible d'association, de réunion et de discussion ; la liberté individuelle, la liberté de la presse, sans entraves, sans cautionnement ni timbre.

« Demandons la reconnaissance formelle du droit de
vivre en travaillant, afin que le père de famille ne soit
plus réduit à l'affreuse nécessité d'abandonner sa femme
et ses enfants pour aller mourir en combattant.

« Fidèles à nos principes de fraternité, d'humanité et
de modération, de raison et de justice, crions toujours et
partout : Point de vengeance ! point de désordre ! point de
violence ! point d'atteinte à la propriété ! mais inébranlable persévérance à demander tous les moyens que peut
accepter la justice pour supprimer la misère.

« Gardons-nous de réclamer l'application immédiate de
nos doctrines communistes. Nous avons toujours dit que
nous ne voulons leur triomphe que par la discussion, par
la puissance de l'opinion publique, par le consentement individuel, et par la volonté nationale : restons fidèles à nos
paroles.

« Paris, 25 février 1848.

« CABET. »

Voilà pour le complot communiste. Quant au rôle
assigné à M. Blanqui, il importe de savoir qu'entre
M. Blanqui et le Luxembourg il n'y eut jamais rien de
commun.

D'ailleurs, à supposer que M. Blanqui voulût le renversement du Gouvernement provisoire, c'était abuser d'une façon bien étrange de la crédulité publique, que de mêler son
nom à la démarche méditée par les corporations ouvrières.
Mais ceux qui redoutaient l'effet d'une pétition présentée
par cent mille ouvriers en faveur de l'organisation du
travail, étaient intéressés à créer dans le public une immense confusion d'idées, et c'est à quoi ils brûlaient d'arriver coûte que coûte.

Un fait extraordinaire, ignoré alors et sur lequel je reviendrai tout à l'heure, est celui-ci : le 15 avril, la veille même de la manifestation projetée, M. Blanqui, que je connaissais de nom seulement, mais dont on se disposait à me faire le complice dans des rumeurs artificieusement calculées, M. Blanqui, le grand conspirateur des étreintes duquel M. de Lamartine allait « sauver la société, » eut une entrevue secrète... avec qui? Avec moi? Non : avec M. de Lamartine (1)!

Or, pendant ce temps, M. Marrast mettait l'Hôtel-de-Ville en état de défense, comme s'il eût été question d'un siège à soutenir, et plaçait sous les ordres du colonel Rey deux bataillons de la *Garde mobile*, récemment équipés.

Ce n'est pas tout. Dans la nuit du 15 au 16, M. Ledru-Rollin, au ministère de l'intérieur, fut circonvenu par plusieurs personnes qui, à force de lui faire peur des prétendus projets de M. Blanqui et de l'ascendant du Luxembourg, le poussèrent à une démarche dont les suites furent lamentables et ont dû être, depuis, bien amèrement déplorées par lui-même. Ministre de l'intérieur, il avait seul le droit de rassembler la Garde nationale en ordonnant le *rappel*. Trompé par de faux rapports et les discours de son entourage, il se lève de bonne heure le 16 avril, court chez M. de Lamartine pour s'entretenir avec lui des événements qui se préparent, et, persuadé par ce dernier, se décide à faire battre le rappel (2).

A ce signal, la garde nationale se réunit à la hâte, se rend de tous les côtés à l'Hôtel-de-Ville, en occupe les avenues, et, armée jusqu'aux dents, attend les ouvriers qui, tandis que ces choses étranges se passaient, ne songeaient, au Champ de Mars, qu'à la collecte qu'ils étaient convenus d'offrir, comme présent patriotique, au Gouvernement provisoire!

(1) *Voy.* plus loin pour les détails et la *preuve*.
(2) Sur les obsessions dont M. Ledru-Rollin fut entouré au ministère de l'intérieur, relativement au 16 avril, on peut consulter l'*Histoire du Gouvernement provisoire*, par M. Elias Regnault, chef du cabinet du ministre.

Il avait été dit que, le 16 avril, il y aurait conseil, rue de Rivoli, au ministère des finances, et que tous les membres du Gouvernement provisoire y assisteraient. A notre grande surprise, M. de Lamartine y manqua . nous apprîmes qu'il s'était rendu à l'Hôtel-de-Ville, et nous crûmes devoir en prendre le chemin, chacun de notre côté. Je partis avec Albert.

Que s'était-il donc passé? Dans sa *Lettre aux dix départements*, M. de Lamartine raconte lui-même qu'à six heures du matin, des hommes zélés étaient venus le prévenir que les clubs avaient passé la nuit en délibération; qu'ils s'étaient déclarés en permanence; qu'ils avaient décidé son ostracisme; qu'un comité de salut public avait été proclamé, comité composé de quelques membres du Gouvernement provisoire, désignés à leur insu, et de certains noms alors investis d'une puissance d'agitation; que ces clubs et leurs affiliés allaient se mettre à la tête des ouvriers réunis au Champ de Mars pour une élection, les entraîner à l'Hôtel-de-Ville et y consommer leur attentat contre le Gouvernement provisoire.

Étranges renseignements! Voici des milliers d'ouvriers qu'on accuse de fournir une armée à des conspirateurs pour renverser un gouvernement; et il se trouve que chacun de ces ouvriers laisse chez lui son fusil! il se trouve que ces factieux qui doivent assiéger l'Hôtel-de-Ville, apportent pacifiquement à l'Hôtel-de-Ville une patriotique offrande contenue dans un chariot! il se trouve que ces insurgés, qui ont résolu de renverser le Gouvernement provisoire, terminent par ces mots : *Vive le Gouvernement provisoire !* la pétition qu'ils viennent lui soumettre!

Non, non, il n'est pas vrai que la convocation des ouvriers ait répondu à un projet quelconque de complot; non, il n'est pas vrai que le Gouvernement ait couru, à cette occasion, le moindre péril. Ce qui est vrai, c'est que la contre-révolution, qui se cachait alors, mais qui se cachait partout, et jusqu'au fond des couloirs de l'Hôtel-de-Ville, avait intérêt à transformer, dans les alarmes de l'opinion trompée, cent mille pétitionnaires pacifiques en cent mille furieux, afin de donner lieu ainsi à une intervention violente de la garde nationale. A tout prix on voulait détruire l'impression produite par la manifestation du 17 mars, et l'on espérait d'autant mieux y réussir que, les ouvriers devant se réunir *sans armes*, il s'agissait tout simplement de leur opposer des hommes *armés*. Mais, pour cela, que fallait-il? Arriver à faire battre le rappel. Et comment faire battre le rappel sans un prétexte? De là le bruit artificieusement répandu qu'une vaste conspiration était ourdie; qu'un comité de salut public venait d'être formé; que le Gouvernement provisoire allait périr.

Le fait est qu'après le 16 avril, je demandai formellement qu'une enquête officielle fût ordonnée sur ce complot dont on avait tant parlé. Appuyée par M. Ledru-Rollin, cette proposition passa. M. Landrin fut appelé. Nous le chargeâmes de poursuivre activement une instruction destinée à mettre au jour les prétendues menées des prétendus conspirateurs. En faisant ordonner une enquête, j'étais sûr d'avance qu'elle n'aurait pour résultat que de dévoiler une intrigue de la contre-révolution. Ce qui est certain, c'est que l'enquête eut lieu et n'attesta que le néant de cette conspiration révolutionnaire du 16 avril, péril imaginaire, encore une fois, prétexte d'une portée qu'il m'en coûte trop de qualifier.

Il faut tout dire : on mit en avant des inquiétudes simulées pour masquer les inquiétudes réelles. L'ascendant que le Luxembourg avait pris sur le Peuple ; l'effet moral d'un second 17 mars ; le spectacle d'une manifestation d'autant plus imposante qu'elle devait être pacifique ; la revue, enfin, la solennelle revue des forces du socialisme, c'est-à-dire du monde nouveau, voilà ce qu'on redoutait, mais ce qu'on ne pouvait pas dire.

Tel est l'aspect sous lequel doivent être envisagées et jugées les mesures prises par M. de Lamartine dans la matinée du 16 avril, mesures qui eussent été sans valeur, sans portée et sans résultat, si M. Ledru-Rollin, trompé, n'avait pas fait battre le rappel.

Comment exprimer de quelle douleur, Albert et moi, nous fûmes saisis, lorsque, en approchant de l'Hôtel-de-Ville, nous vîmes la place de Grève hérissée de

baïonnettes et la maison commune changée en forteresse ?
Pourquoi cet appareil de guerre ? Contre qui ce luxe de
précautions menaçantes ? Était-ce contre ces ouvriers qui,
dans ce moment même, formaient de leurs derniers centimes, noblement rassemblés, une collecte destinée au
Gouvernement provisoire ? Était-ce contre ces pétitionnaires qui allaient venir sans armes et au cri de « Vive le
Gouvernement provisoire ! » émettre devant un pouvoir
républicain le vœu le plus légitime, le plus sacré qui fut
jamais ? On parlait d'un mystérieux comité de salut public,
on nommait Blanqui ; mais s'il était vrai qu'en effet des
agitateurs eussent projeté le renversement de la majorité
du Conseil, auraient-ils pu réussir sans l'appui des ouvriers
rassemblés au Champ de Mars ? Évidemment, non. Or,
nous savions que cet appui n'avait été ni promis ni même
réclamé. Pourquoi donc, et contre qui cet appareil de
guerre ?

Ce fut sous l'empire d'une amère et sombre sollicitude
qu'Albert et moi nous entrâmes à l'Hôtel-de-Ville. Il offrait,
en cet instant, le plus singulier spectacle. La défiance
éclatait dans tous les regards ; une anxiété vague se peignait sur tous les visages ; les uns couraient de côté et
d'autre d'un air effaré ; les autres, immobiles et comme
frappés de stupeur, regardaient passer devant eux cette
agitation sans but. A travers le flux et le reflux des hommes armés qui inondaient les escaliers et les corridors,
nous pénétrâmes dans la salle du Conseil, où M. de Lamartine était occupé à écrire. Aux observations que nous lui
adressâmes, il répondit, non pas comme il l'a cru depuis (1), *avec fierté et une colère mal contenue*, mais, au
contraire, avec sa politesse habituelle et la réserve que
lui commandait le caractère des deux hommes qui lui parlaient ; car il n'était pas sans nous connaître ! Et rien ne se
passa, en cette occasion, qui puisse expliquer les vanteries
que lord Normanby attribue en ces termes à M. de Lamartine : « Lamartine imposa silence à M. Louis Blanc, disant
que, si on le forçait à parler, on trouverait qu'il avait con-

____

(1) *Voy.* son livre sur la Révolution de février, p. 331 du 2ᵉ volume.

naissance de certaines choses dont on pourrait se repentir d'avoir provoqué la révélation. M. Louis Blanc comprit et ne répondit pas (1). »

On verra jusqu'à quel point ce langage, de la part de M. de Lamartine, était *impossible*, quand j'aurai montré, quelques pages plus loin, quelle était la personne intéressée à ce que certaines choses restassent secrètes !

Pendant ce temps, des inconnus allaient semant dans chaque quartier de la ville des mensonges dont l'effet avait été perfidement prévu. Vers le milieu du jour, un homme courut au Luxembourg annoncer que j'avais été tué d'un coup de poignard au club de l'Hippodrome, et, avant qu'on eût pu l'interroger, il avait disparu. Presque au même instant, l'on apprit qu'un messager à cheval parcourait rapidement le faubourg du Temple et répandait partout la nouvelle que je venais d'être assassiné. C'était aussi ce qu'annonçaient à grand bruit, dans le faubourg Saint-Marceau, les tambours chargés de battre le rappel. On entendit crier par les rues : « Le Luxembourg est menacé! » D'où un mouvement de trépidation qui aurait pu amener les plus grands désastres. Une compagnie d'étudiants valeureux alla au Luxembourg offrir ses services; elle y resta en armes jusqu'au mardi soir. A son tour, la Société des Droits de l'homme envoya prévenir que de nombreuses permanences avaient été disposées dans les 11e et 12e arrondissements, et qu'au premier signal, 3,000 hommes occuperaient la cour du palais.

Sur un autre point de Paris, au Champ de Mars, des émissaires avaient secrètement reçu mission d'ameuter les classes ouvrières et de faire tourner en révolte la manifestation projetée. Le mot d'ordre était : « Ledru-Rollin a été pendu et Louis Blanc assassiné (2). » Exécrable provocation à la guerre civile, et qui aurait eu peut-être un succès horrible, si, heureusement, pour en détruire l'effet et en démentir la formule, les délégués du Luxembourg n'avaient pas été là !

(1) *A Year of Revolution in Paris*, t. I, p. 326.
(2) *Voy.* la *Gazette des Tribunaux* du 24 mars 1849. Procès de Bourges, déposition de Klein.

L'Hôtel-de-Ville, comme je l'ai déjà dit, était devenu place de guerre, et c'était la baïonnette au bout du fusil que la garde nationale en défendait les abords. Lorsque, après avoir longé les quais dans le même ordre, avec la même attitude qu'au 17 mars, les corporations ouvrières .ouchèrent à la Grève, la garde nationale leur barra le .passage, et leurs délégués ne parvinrent qu'à grand'peine à pénétrer jusqu'à l'Hôtel-de-Ville. J'y étais, avec mes collègues, dans la salle du Conseil, quand, la porte s'ouvrant, une voix cria que les délégués des corporations avaient paru; qu'ils parlaient d'en appeler de l'injure qu'on leur faisait à la place publique soulevée; qu'ils demandaient violemment à me voir. Je courus à eux aussitôt, suivi d'un de mes collègues, M. Crémieux. Ils étaient, en effet, dans un accès d'indignation inexprimable. « Quoi! s'écrièrent-ils avec véhémence en m'apercevant, nous venons ici assurer le Gouvernement provisoire de nos sympathies, de notre appui; nous venons, sans armes, lui faire connaître nos vœux; nous venons, précédés d'un chariot qui porte l'offrande de nos dernières ressources aux besoins de la République... et l'on nous reçoit comme des factieux! et l'on ferme au Peuple la place de Grève! et aux députés de ce Peuple, les agents du maire de Paris n'ont su ménager qu'une réception pleine d'insulte! »

Les circonstances ne motivaient que trop cet emportement. Toutefois, je m'empressai de le calmer par des paroles conciliatrices. Rejetant sur la nature des bruits qui avaient couru les préparatifs et la réception dont les délégués repoussaient avec tant de vivacité l'injure inattendue, je ne négligeai rien pour détourner de la République le danger d'un conflit où, ce jour-là, le Peuple eût été écrasé. Les représentants des corporations ayant demandé pourquoi il était interdit aux ouvriers de défiler devant l'Hôtel-de-Ville, je mandai le colonel Rey et je lui ordonnai de prendre, pour que cette démonstration eût lieu, toutes les dispositions convenables. Il s'agissait de tracer un chemin a travers la garde nationale qui couvrait la place de Grève : je recommandai au colonel Rey de pourvoir à ce que ce chemin passât le long de l'Hôtel-de-Ville. Mais tout loyal

effort échoua contre un mauvais vouloir qu'encourageaient
bassement d'obscurs émissaires de la mairie de Paris, cachés dans la foule. Les ouvriers, *sans armes*, furent donc
obligés de défiler entre deux masses compactes de gardes
nationaux *armés*, sur une longue ligne, fort étroite, et
qu'on affectait de couper, de dix minutes en dix minutes,
pour enlever à la manifestation ce qu'elle aurait pu avoir
d'imposant. Placé à une fenêtre de l'Hôtel-de-Ville, je vis
de loin des milliers de chapeaux agités en l'air, des milliers de bras étendus ; mais les cris d'affection, d'enthousiasme, de fraternel espoir que poussaient les travailleurs
n'arrivaient pas jusqu'à moi, étouffés qu'ils étaient par
un cri de haine, le premier que la contre-révolution eût
fait entendre : « A bas les communistes ! »

Après le défilé des corporations, la garde nationale s'é-
tant insensiblement écoulée, une immense foule de peuple
envahit la place de Grève, qu'à son tour elle occupa tout
entière. Voici en quels termes *le Moniteur* raconte ce qui
eut lieu alors :

« Vers cinq heures environ, le bruit s'étant répandu que
les jours de quelques membres du Gouvernement avaient
été menacés, une foule immense est venue sur la place de
l'Hôtel-de-Ville les demander à grands cris. Les apercevant bientôt à une des fenêtres de l'Hôtel-de-Ville, le
Peuple a témoigné sa joie par les plus vives acclamations.
Parmi les députations, il y en avait une qui était venue,
dès le matin, de la commune d'Ivry, conduite par le même
sentiment d'inquiétude. Elle est entrée l'arme au bras pour
demander avec instance le citoyen Louis Blanc. Ce citoyen
s'étant rendu à cet appel, la députation a salué sa présence
avec enthousiasme (1). »

Ainsi furent déçus, dans une partie de leurs espérances,
ceux qui, sur de fausses nouvelles, avaient fondé de honteux calculs. Mais, sous d'autres rapports, il y avait eu
victoire, puisque la manifestation avait été troublée. Triste
victoire, d'ailleurs, dans laquelle l'intrigue n'eut pas même,

(1) *Voy.* le *Moniteur* du 17 avril 1848.

quoique heureuse, les honneurs de l'habileté! Car, que fallait-il pour que le génie de la ruse succombât misérablement? Que l'ordre du rappel ne fût pas donné? Et qui pouvait prévoir qu'il le serait?

La nuit était descendue sur Paris. De tous les membres du Gouvernement provisoire, il ne restait plus à l'Hôtel-de-Ville, dans la salle du Conseil, que mon collègue Flocon et moi. Sur la place de Grève, quelques groupes attardés témoignaient seuls du récent passage de la multitude et des émotions du jour. Cependant, le cri : « Mort aux communistes! » retentissait, poussé avec plus de force, avec plus de violence, à mesure que la foule diminuait. M. Flocon me fit part alors d'une remarque de nature à jeter une triste lumière sur les événements. « Voyez-vous, me dit-il en me montrant une centaine d'individus à figure sinistre qui se tenaient pressés contre la grille de l'Hôtel-de-Ville, voyez-vous ces hommes? Ils sont là depuis ce matin : je les ai observés attentivement, et il n'est pas douteux pour moi qu'ils n'appartiennent à une police particulière. Ce personnage à lunettes vertes que vous apercevez au milieu d'eux les dirige, et c'est à un signal donné par lui que les clameurs s'élèvent. »

Tout à coup, le bruit du tambour se fit entendre. C'était une légion de la Garde nationale qui arrivait, à la clarté des flambeaux. Pourquoi cette promenade quasi nocturne? Celui-là seul aurait pu le dire qui l'avait provoquée; et celui qui l'avait provoquée, quel était-il? On nous nomma M. Marrast.

Je descendis sur la place avec M. Flocon pour voir défiler les gardes nationaux, et je pus me convaincre de la vérité des remarques de mon collègue. Pendant que les bataillons passaient devant l'Hôtel-de-Ville, les individus rangés contre la grille s'épuisaient à pousser des cris de haine et de mort, dont il s'agissait de renvoyer dans Paris le funèbre écho. Indigné, j'allai droit à un de ces malheureux, et je lui dis vivement : « Pourquoi ceux dont vous demandez la mort méritent-ils de mourir? » Il balbutia qu'il l'ignorait; qu'il criait ce qu'on lui avait ordonné de crier, et il se perdit dans la foule. La même épreuve, ten-

tée, je crois, par M. Flocon, eut un résultat semblable
Toutefois, sur ce dernier point, je n'oserais répondre de la
fidélité de mes souvenirs (1).

Voilà quelle fut la première campagne de la contre-révolution contre le socialisme.

Le lendemain, émus d'une légitime et noble colère, les
délégués du Luxembourg allaient porter à l'Hôtel-de-Ville
la protestation suivante, document historique de la plus
haute importance (2) :

« Citoyens,

« Notre manifestation d'hier a donné lieu à des manœuvres contre-révolutionnaires, à mille bruits mensongers,
et aujourd'hui même elle reçoit, dans certains journaux,
des commentaires aussi dangereux qu'absurdes.

« D'un autre côté, les fausses rumeurs qui avaient précédé notre arrivée à l'Hôtel-de-Ville dans la journée d'hier,
y ont donné lieu à un malentendu à propos duquel il est de
notre devoir de nous expliquer nettement.

« Nous commençons par affirmer sur l'honneur qu'en
nous réunissant au Champ de Mars, pour nous rendre, de
là, à l'Hôtel-de-Ville, notre but n'a pas été autre que celui-ci :

« 1º Élire quatorze d'entre nous pour faire partie de
l'état-major de la Garde nationale ;

« 2º Prouver que les idées d'organisation du travail et

---

(1) Peut-être s'expliquera-t-on aisément le rôle que put jouer, dans la
journée du 16 avril, certaine police occulte, si l'on veut méditer le passage suivant du rapport de M. Ducos sur les comptes du Gouvernement
provisoire :

« M. Armand Marrast, qui appartenait à la fraction modérée du Gouvernement provisoire, fut chargé, en sa qualité de maire de Paris, de
faire une police particulière. D'après la déclaration de M. Marrast, d'après
les témoignages nombreux que nous avons recueillis et dont nous parle-
rons plus tard, cette police n'eut rien d'officiel ; elle ne fut pas même le
résultat d'une décision régulière et formelle ; mais elle n'en fut pas
moins très-active et très-puissante. On peut dire qu'elle fut convenue
*entre les membres modérés du Gouvernement, à demi-mots et par accord mu-
tuel.* » (*Voy.* le *Moniteur* du 26 avril 1849.)

(2) *Voy.* le *Moniteur* du 18 avril 1848.

d'association, si courageusement soutenues par les hommes qui se sont dévoués à notre cause, sont les seules idées du Peuple, et que, suivant lui, la Révolution de février serait avortée, si elle ne devait pas avoir pour effet de mettre un terme à l'exploitation de l'homme par l'homme ;

« 3° Enfin, offrir au Gouvernement provisoire, après lui avoir exprimé nos vœux, l'appui de notre patriotisme contre les réacteurs.

« Voilà ce qu'ont bien clairement prouvé la devise écrite sur les bannières de nos corporations, le texte de la pétition remise par nos députés à l'Hôtel-de-Ville, le calme inaltérable de notre attitude, et l'offrande apportée par nous au Gouvernement provisoire de la République.

« D'où vient donc que la garde nationale a été convoquée extraordinairement et en armes comme en un jour de danger ? D'où vient qu'avant l'arrivée à l'Hôtel-de-Ville de nos représentants et amis, les citoyens Louis Blanc et Albert, nos délégués ont reçu un accueil qui avait tous les caractères de la défiance ?

« Nous connaissons maintenant ce qui en est et nous allons le dire :

« Précisément parce qu'ils savaient ce que notre manifestation avait de calme, de vraiment républicain et de favorable à la Révolution de février, les réacteurs ont d'abord fait courir le bruit que nous voulions renverser le Gouvernement provisoire au profit du citoyen Blanqui, de manière à exciter contre nous tous ceux qui voient dans l'existence du Gouvernement provisoire une garantie de l'ordre et de la liberté.

« En même temps, des émissaires de la réaction allaient colportant cette monstrueuse calomnie, que les citoyens Louis Blanc et Albert nous avaient encouragés à scinder violemment le Gouvernement provisoire, calomnie contre laquelle nous protestons de toutes les forces de notre âme indignée.

« Si nous avions voulu renverser le gouvernement ou le changer, nous ne nous serions pas réunis sans armes au

Champ de Mars ; nous aurions pris des mesures pour nous trouver, non pas, comme hier, au nombre de 100,000, mais au nombre de 200,000, ce qui nous eût été facile ; enfin, nous n'aurions pas fait entre nous cette collecte que nous sommes allés porter à l'Hôtel-de-Ville, et nous n'aurions pas terminé notre pétition par ces mots : *Vive le Gouvernement provisoire !*

« Voilà ce qu'il était bon que nous fissions connaître à tous.

« Nous devons aussi dénoncer comme une preuve des manœuvres employées par certains agents de la réaction, la nouvelle qu'on avait attenté aux jours du citoyen Louis Blanc, nouvelle semée, sans aucun doute, dans des intentions de désordre, mais dont heureusement nous avons pu connaître la fausseté, et qui n'a servi qu'à prouver à tous combien était intime et profonde, quoi qu'en disent les réacteurs, l'union du Peuple et de ceux en qui il a mis sa confiance.

« Il faut donc qu'on le sache bien : rien dans la journée d'hier n'était de nature à motiver les alarmes. Le Peuple sait qu'il est fort : il lui est permis de rester calme. Il est là pour défendre la Révolution, telle qu'il la comprend ; sous sa sauvegarde, elle ne périra pas.

« Nous confions cette protestation au Gouvernement provisoire, et nous le prions de vouloir bien la rendre publique.

« Paris, ce 17 avril 1848.

« *Les délégués des corporations,*

« LAGARDE, président du Comité central ;

« DUMONT, GODIN, vice-présidents ;

« A. LEFAURE, secrétaire. »

Bien que cette protestation vigoureuse fût une condamnation formelle des mesures prises par MM. Marrast et de Lamartine, aucun d'eux n'osa s'opposer à ce qu'elle reçût une publicité officielle, et elle parut dans le *Moniteur* du 18 avril, où chacun peut la lire.

La journée du 16 avril n'avait pas répondu complétement à l'attente des hommes qui, d'une main si imprudente, y avaient semé la haine et la discorde ; mais les partis vaincus en février avaient retrouvé la voix, et ils allaient évidemment se préparer à de plus hardis desseins. Il fallait réparer autant que possible le mal accompli, en adoptant des mesures énergiques, propres à saisir puissamment l'opinion et à prouver que la Révolution était toujours vivante ; qu'elle avait l'œil ouvert sur ses ennemis ; qu'elle n'entendait ni abdiquer ni fléchir. De là divers décrets qui parurent dans le *Moniteur* du 19 avril, et qui avaient pour but manifeste de raffermir l'action révolutionnaire ; de là l'avertissement officiel qui indiquait dans quelles attributions, strictement tracées, serait désormais enfermé le droit de faire battre le rappel, attendu que le rappel, battu intempestivement, « était de nature à jeter le trouble dans la cité, à effrayer les esprits, à nuire au commerce, au travail, à l'industrie, en fatiguant inutilement la garde nationale : » de là, enfin, une proclamation que je rédigeai moi-même, et dont le caractère n'a rien d'équivoque :

« Convaincu que les droits de la conscience humaine sont sacrés et inviolables ; qu'entre de vrais républicains il ne saurait exister d'autre lutte que la discussion, la discussion bienveillante et libre ; que l'union des esprits est bien près de s'accomplir quand elle a été préparée par l'union des cœurs ; que les ennemis de la République peuvent seuls être intéressés à répandre la défiance, à encourager aux dissentiments par des dénominations de parti qui bientôt se traduisent en cris hostiles aux personnes ;

« Le Gouvernement provisoire déclare désapprouver de la manière la plus formelle tout cri provocateur, tout appel à la division entre les citoyens, toute atteinte portée à l'indépendance des opinions pacifiques.

« Le Gouvernement qui a inscrit le mot *Fraternité* sur

les étendards de la patrie ne saurait être qu'un pouvoir tutélaire et conciliateur.

« Le cri qu'il aime à entendre, et on le trouvera toujours
prêt à en donner le signal, c'est un cri de généreuse victoire, un cri de liberté, un cri d'espérance, c'est ce cri sau-
veur de « Vive la République (1) ! »

Cette proclamation, écrite de ma main, fut signée par
tous les membres du Gouvernement provisoire, et ne ren
contra d'opposition ni de la part de M. de Lamartine ni
de la part de M. Marrast.

L'attitude prise par le Gouvernement provisoire le lendemain même du 16 avril étonna la contre-révolution et la
tint pendant quelques jours en respect; mais, au bruit du
rappel fatal, elle avait secoué son sommeil apparent ; elle
s'était levée, et, depuis, elle resta debout. Ce qui en est
advenu, on le sait aujourd'hui !

Je n'ai fait que mentionner en passant l'entrevue de
M. de Lamartine avec M. Blanqui, la veille du 16 avril.
M. Albert, qui en fut informé, vint me le dire, au Luxembourg. La chose me parut incroyable, et, comme je refu-
sais d'y ajouter foi : « Eh bien, s'écria Albert, quand nous
serons au Conseil, j'affirmerai le fait en présence de M. de
Lamartine : croirez-vous alors ? » Là-dessus, nous nous
rendons au Conseil. A peine étions-nous assis, qu'Albert,
avec sa manière un peu rude mais honnête d'aller droit au
but, dit à M. de Lamartine, en le regardant en face : « Monsieur, vous avez vu Blanqui. » Il y eut un mouvement général de surprise. Un instant embarrassé, M. de Lamartine
se remit aussitôt, et répondit négligemment : « Ah ! c'est
vrai, messieurs, j'avais oublié de vous le dire. Eh bien, ce
Blanqui, dont on fait un homme si terrible, est, après tout,
un bon garçon. »

Maintenant, qu'il y ait eu une entrevue, et qu'elle ait
eu lieu à la date, très-importante et très-significative, du
15 avril, c'est ce que va prouver jusqu'à l'évidence l'extrait
suivant du *Procès de Bourges.*

(1) *Voy le Moniteur* du 19 avril.

M. de Lamartine, appelé comme témoin, fut interrogé en ces termes par M. Blanqui :

« LE CITOYEN BLANQUI. — Est-il vrai que je sois venu à vous, ainsi que l'ont rapporté certains journaux, armé d'une cuirasse, comme si j'eusse été un *bravo* ?

« LE CITOYEN LAMARTINE. — Je dois dire qu'à cette époque je ne connaissais pas le citoyen Blanqui. Je partageais contre lui, jusqu'à un certain point, le préjugé qui, comme il vous l'a dit, produisit son effet un peu plus tard. Je savais seulement que le citoyen Blanqui était un homme d'un caractère et d'une intelligence remarquables. Je me trouvais connaître le citoyen Deflotte, officier de marine en retraite, qui était intimement lié avec Blanqui, et, je crois, membre de son club. Je lui demandai de me dire franchement ce qu'il pensait de Blanqui ; si une aussi belle intelligence n'était pas fatiguée de révolutions sanglantes et d'être condamnée à tourner sans cesse dans le tourbillon des agitations politiques. Deflotte me répondit que je me trompais fort ; que Blanqui était animé des meilleurs sentiments, ce dont je pouvais me convaincre par une entrevue avec lui. Quelques jours après, le citoyen Blanqui vint me voir ; et, avec un sourire sur les lèvres, j'allai à lui, et, lui tendant la main, je lui dis, par allusion aux rapports absurdes publiés par les journaux : « Eh bien, citoyen Blanqui, est-ce que vous venez pour m'assassiner ? » Je le conduisis dans mon cabinet, où nous eûmes une conversation qui dura trois heures, très-intéressante de la part de M. Blanqui. Nous passâmes en revue tous les sujets importants qui fixaient alors l'attention. Je crois juste de déclarer que, sur tous ces points, la propriété, la famille, la nécessité d'un gouvernement fort et unitaire, et celle de concentrer le pouvoir dans une assemblée nationale issue du suffrage universel et représentant la volonté populaire, je fus heureux d'entendre le citoyen Blanqui émettre des idées saines, exprimées d'une manière brillante. Et cependant, il n'était sous aucune espèce de contrainte ; nous conversions sur un pied parfait d'égalité. J'avais, de mon côté, la force morale ; lui, du sien, la puissance de l'agitation publique. Le résultat de cette conversation fut de me laisser une impression favorable, et de m'inspirer une juste estime pour les intentions et le caractère de M. Blanqui.

« LE PROCUREUR DE LA RÉPUBLIQUE. — Quelle est la date de cette conversation?

« LE CITOYEN BLANQUI. — Le 15 avril.

« LE CITOYEN LAMARTINE. — Je crois que le citoyen Blanqui est dans l'erreur; c'était quelque temps avant.

« LE CITOYEN BLANQUI. — Je vous demande pardon : permettez-moi de vous rappeler un fait qui rafraîchira vos souvenirs. Dans le cours de notre conversation, il fut fait allusion à un article qui venait de paraître contre moi dans la *Revue rétrospective*.

« LE CITOYEN LAMARTINE. — C'est vrai.

« LE CITOYEN BLANQUI. — Or, ma réponse à cet article est du 13 avril.

« LE CITOYEN LAMARTINE. — Oui ; mais elle n'était pas encore imprimée, ce qui rejetterait notre entrevue de dix ou douze jours en arrière.

« LE CITOYEN BLANQUI. — Ma réponse n'était pas imprimée, mais ce n'était pas de ma réponse que nous parlions. Voici Flotte, chez qui je demeurais, qui, si le jury a la bonté d'entendre son témoignage, peut éclaircir ce point.

« LE CITOYEN FLOTTE. — C'est Deflotte qui me pria de dire à Blanqui que vous (Lamartine) le recevriez ; Blanqui alla chez vous le matin du 15 avril.

« LE CITOYEN LAMARTINE. — Vous vous trompez. S'il en avait été ainsi, j'aurais nécessairement parlé de ce qui devait arriver le lendemain, et j'aurais tâché de détourner le citoyen Blanqui d'y prendre part.

« LE CITOYEN BLANQUI. — Voici le général Courtais qui fut par hasard informé de la visite et qui peut parler.

« LE CITOYEN PRÉSIDENT. — Parlez, général.

« LE CITOYEN COURTAIS. — Ce fut dans la matinée du 15 avril, à six heures, que Blanqui alla chez Lamartine. Une personne, qui vit Blanqui entrer, me le dit le jour

même. Le lendemain, recevant l'ordre de faire battre le
appel, et entendant dire que Blanqui était à la tête de la
manifestation, je dis à Marrast : « Mais il était hier chez
Lamartine ! »

« LE CITOYEN LAMARTINE. —Je ne suis pas mathémati-
quement certain de ce que j'avance, mais ma conviction
est que le général Courtais se trompe sur ce point, qui,
du reste, n'a aucune importance (1). »

Le lecteur, qui sait à présent quel usage on fit, le 16
avril, du nom de M. Blanqui, jugera si le point en question n'est d'aucune importance ! Et, s'il est vrai qu'il y ait
eu conspiration, comme lord Normanby l'assure (2), il décidera qui fut le conspirateur !

Toujours est-il que, quelques jours après le 16 avril, la
majorité du Gouvernement provisoire ayant envoyé à
M. Caussidière l'ordre d'arrêter M. Blanqui, — ordre qui
n'avait d'autre but que l'éclaircissement de ce qui paraissait un mystère, — le préfet de police ne tarda pas à recevoir un contre-ordre, qui lui fut porté par M. Landrin,
procureur général de la République. Et la cause de ce
contre-ordre était l'opposition formelle faite par M. de
Lamartine à l'arrestation de M. Blanqui (3).

Les faits sont maintenant sous les yeux du lecteur : qu'il
prononce !

(1) Procès de Bourges devant la haute cour. Audience du 19 mars
1849.
(2) *A Year of Revolution in Paris*, t. I, p. 320.
(3) *Mémoires de Caussidière*, t. II, p. 51. On y trouve l'énonciation formelle de ce fait et le contre-ordre.

CHAPITRE DIX-SEPTIÈME

CALOMNIES DE LA RÉACTION

Une chasse à courre à Chantilly inventée par le *Constitutionnel*. — Réponse de M. Ledru-Rollin. — Honteuses manœuvres dénoncées à la *Réforme* par M. Crocé-Spinelli. — Les prétendues orgies du ministère de l'intérieur. — Déclaration unanime de la Commission chargée de vérifier les comptes du Gouvernement provisoire. — M. Crémieux accusé d'avoir acheté une forêt avec le fruit de ses spoliations. — M. de Lamartine réduit à exposer publiquement l'état de sa fortune. — Imputations contre la probité de M. Marrast, démenties par sa mort. — Albert donné comme un faux ouvrier, et prétendu manufacturier et millionnaire. — Les journaux royalistes affirment que M. Louis Blanc refuse de louer à des ouvriers *sa maison du faubourg Saint-Germain.* — Contradiction des calomniateurs. — Albert et moi passons pour ressusciter, au Luxembourg, le luxe de Barras. — La grossièreté de l'invention ne nuit pas à son succès. — L'auteur de *Jérôme Paturot.* — Lettre de M. Genevay, administrateur du Luxembourg, au gérant du *Constitutionnel.* — Les Lucullus du Gouvernement provisoire. — Biographie du rédacteur en chef du *Lampion.* — Fabrique de calomnies aujourd'hui avouée. — Ce qui s'appelle, en style réactionnaire, *l'artillerie des bons mots.*

Je me suis toujours demandé avec étonnement pourquoi une calomnie, bien constatée, n'était point réputée, même par la loi, un crime égal au crime d'assassinat, dans un pays où chacun déclare tenir à son honneur plus qu'à sa vie.

L'impudence des calomnies qui assaillirent le Gouvernement provisoire fut telle, qu'elles semblent appartenir beaucoup moins à l'histoire qu'à la légende.

Quelque répugnance que j'éprouve à remuer de pareils

souvenirs, il faut que je les fasse revivre, à cause de l'enseignement qu'ils renferment.

On lut, un jour, dans *le Constitutionnel* :

« *Nouvelles de la Cour.* Il y a eu hier déjeûner au Petit-Trianon. Il y avait des dames. M. Ledru-Rollin faisait les honneurs. Il y a eu aussi chasse à Chantilly ; on a couru le cerf et fait des battues dans le parc d'Apremont. »

Une chasse à Chantilly, du temps du Gouvernement provisoire, quelle horreur ! Aussi n'y eut-il qu'un cri d'indignation parmi les Catons royalistes qui, depuis, se sont humanisés au point de ne rêver qu'introductions à la cour, galas princiers, grands et petits levers, dames d'honneur, pages, et le reste ; le tout, sous le règne d'un prince qui n'est qu'un *parvenu*, et qui s'en est vanté (1) ! Très-bien ; mais encore aurait-il fallu que M. Ledru-Rollin fût réellement coupable de ce crime énorme : une chasse à Chantilly. Or, il n'en était rien ; et l'accusé, entre les mains duquel reposait un pouvoir presque dictatorial, se contenta d'opposer aux commentaires venimeux d'une imposture la lettre suivante :

« Monsieur, au pouvoir comme dans l'opposition, j'ai toujours méprisé les sales calomnies qui s'attaquaient à ma personne. Ce n'est qu'à cette condition qu'on peut marcher directement au but que la conscience se propose. Je ne veux pas mépriser celles qui s'attachent à mes fonctions, car alors c'est l'autorité même de la République qu'on cherche à avilir. Avant-hier, vous me faisiez assister à une chasse à Rambouillet ; hier, à une orgie de femmes à Trianon et à une chasse à Chantilly. La cour ! c'est là, je le sais, le rêve que vous poursuivez : ces plaisirs sont ceux des gens que vous représentez. Pour ce qui me regarde, sachez que, depuis le 24 février, je n'ai pas quitté Paris un instant ; que, sur vingt-quatre heures,

(1) On n'a pas oublié le discours dans lequel Louis Bonaparte annonça son mariage avec mademoiselle de Montijo.

vingt ont été consacrées par moi au travail. Si je n'ai pas fait au Peuple tout le bien que je voulais faire, les obstacles ont été autre part que dans mon défaut d'assiduité et de dévouement.

« LEDRU-ROLLIN. »

Mais la calomnie avait été transformée en système, et chaque jour était marqué par une invention nouvelle. La lettre suivante, adressée au journal *la Réforme*, dira la nature des moyens auxquels on eut recours pour décrier le Gouvernement provisoire.

« Citoyens, je suis sous le poids d'une singulière enquête. Plus de vingt personnes sont aujourd'hui venues me demander s'il était vrai que le citoyen Ledru-Rollin eût contracté chez moi une dette de 25,000 à 30,000 fr. pour achat de bijoux. J'ai répondu, comme cela est vrai, que le citoyen ministre de l'intérieur ne me devait pas un centime ; mais on s'en allait en hochant la tête, et avec un air d'incrédulité que je cherche en vain à m'expliquer. Quel intérêt ont donc ces messieurs à ce que le citoyen Ledru-Rollin me doive quelque chose ? Permettez-moi, citoyen rédacteur, de leur répéter, par la voie de votre estimable journal, qu'ils sont le jouet de quelque mauvaise plaisanterie, et que, bien qu'un peu attardé, le poisson d'avril passe toujours, pour eux.

« CROCE-SPINELLI, *place de la Bourse*, 12. »

Il y avait, au ministère de l'intérieur, un petit salon contigu au cabinet du ministre. Là se réunissaient quelquefois, après une longue journée laborieuse, et jamais avant minuit, quelques amis de M. Ledru-Rollin, charmés de trouver un moment pour s'entretenir avec lui, dans tout l'abandon d'une causerie non officielle, des nouvelles et des affaires du moment. Les membres habituels de ces réunions étaient M. Jules Favre, M. Carteret, M. Élias

Regnault, M. Étienne Arago, M. Jeanron, M. Landrin (1) ;
et ces noms indiquent assez que la politique, la littérature,
les arts, formaient la matière des conversations. Eh bien,
tel fut le point de départ de cette multitude de noirs libelles où l'on parlait de bacchantes, et de vin de Champa-
gne coulant à flots. « Le fait vrai, a écrit M. Élias Regnault
sans que personne ait osé le démentir, c'est que jamais
dans aucune soirée, il ne parut d'autre boisson que la li-
queur innocente de la tribune parlementaire, l'eau sucrée.
Quant aux bacchantes, elles restaient à l'état de méta-
phore, faisant assez bonne figure dans les colonnes des
pamphlets. »

Après la retraite du Gouvernement provisoire, l'Assemblée nationale nomma, pour examiner les comptes de ce
gouvernement, une commission composée d'hommes très-
opposés à la République. Quel fut le résultat ? Laissons la
commission répondre :

« Nous affirmons unanimement qu'après un long et mi-
nutieux examen, poursuivi avec la plus grande impartia-
lité, il nous a été impossible de découvrir la moindre trace
d'irrégularité de la part du Gouvernement provisoire, ou
quoi que ce soit de nature à suggérer le moindre soupçon
de malversation dans le maniement des deniers publics
dont il disposait (2). »

Et cependant, en 1848, il n'était bruit dans les feuilles
réactionnaires que des sommes immenses qui, dérobées
par le Gouvernement provisoire, avaient été placées en
Angleterre ! Comment rappeler sans un profond dégoût
que des libellistes anonymes ne rougirent pas d'accuser
M. Crémieux d'avoir acheté une forêt avec le fruit de ses
spoliations, et qu'il y eut un moment où, pour imposer silence à des insinuations infâmes, M. de Lamartine crut
nécessaire de soumettre au public l'état de ses affaires pri-
vées et d'introduire en quelque sorte le passant dans sa

---

(1) *Voy.* l'*Histoire du Gouvernement provisoire*, par M. Élias Regnault,
p. 157.

(2) Rapport de la Commission chargée d'examiner les comptes du Gouvernement provisoire, 14 avril 1849.

maison? A entendre certaines gens, nul doute que M. Marrast, pendant les deux mois de son administration, n'eût amassé une fortune colossale ; et ces basses rumeurs auraient encore cours aujourd'hui, peut-être, s'il ne leur eût donné un démenti trop décisif, hélas! en mourant sans laisser de quoi se faire enterrer (1)!

On pense bien que, dans ce déchaînement d'impostures, le Luxembourg ne fut pas épargné.

On mit une effronterie inconcevable à affirmer qu'en prenant le titre d'ouvrier, M. Albert avait trompé le public; que c'était un riche manufacturier, un millionnaire! Et cette fausseté fut répétée avec une obstination tellement systématique, que M. Albert dut publier, sur sa position antérieure, les particularités que voici :

« Albert, né à Bury (Oise) en 1815, fils d'un fermier, fut apprenti chez un de ses oncles, le citoyen Ribou, fabricant de machines, rue Basse-des-Ursins, n° 21. Depuis, il a été employé par diverses personnes, parmi lesquelles nous pouvons citer le citoyen Pecqueur, fabricant de machines, près le marché Popincourt; le citoyen Margox, rue Ménilmontant, n° 21. La veille du jour où la République fut proclamée, le citoyen Albert travaillait comme ouvrier dans la fabrique de boutons du citoyen Bapterouse, rue de

---

(1) Flocon ne fut pas plus épargné par la calomnie que ses collègues du Gouvernement provisoire. C'est donc pour nous un devoir de consigner ici un fait aussi honorable pour Flocon que pour les ouvriers de Genève:

« Un jour, à Genève, Flocon se trouvait dans le dénûment le plus complet; de son passé modeste il n'avait conservé qu'un dernier bijou, relique sacrée, portant le chiffre de sa famille, et près duquel il avait plus d'une fois senti les étreintes de la misère sans avoir jamais voulu s'en séparer.

« Pourtant le cas était pressant. Il fallait se résigner. Flocon entra chez un horloger et vendit sa montre. Il allait partir, le marchand le retient. Il lui faut signer son nom sur le registre de vente. A ce moment, le rouge au front, il va rompre le marché, mais l'affreuse nécessité est là, qui se dresse et commande. Il signe sur le livre de la misère et sort de la boutique. Le sacrifice était accompli.

« Mais le commerçant a été frappé par le nom de Flocon. Il s'enquiert. s'entend avec ses voisins et amis, et peu de temps après, l'exilé recevait sa montre avec cette inscription gravée à l'intérieur : « A Monsieur « Flocon, ex-ministre de la République française, les ouvriers horlo- « gers de la ville de Genève. »

la Muette, n° 16, où sa blouse et ses instruments de travail sont encore (1). »

Moi aussi, cela va sans dire, je nageais dans l'opulence, moi qui, de travaux littéraires où s'était absorbée toute ma vie, n'avais jamais retiré que de quoi vivre strictement. Croira-t-on qu'à Paris, où il était si facile de constater que je n'étais possesseur d'aucune maison ou propriété quelconque, *le Lampion*, petit journal où les grands journaux se fournissaient de calomnies, n'eut pas honte de publier *que j'avais défendu au concierge de ma maison du faubourg Saint-Germain de louer aux ouvriers, préférant avoir des gens riches pour locataires!*

Je ne m'arrêterai pas ici à faire remarquer avec quelle audacieuse mauvaise foi mes ennemis défigurèrent mes idées, tantôt me mettant dans la bouche ce que je n'avais jamais dit, tantôt supprimant la partie la plus essentielle de ce que j'avais dit, de manière à en changer le sens. Le principe que j'avais posé, non comme susceptible d'une application immédiate, mais comme résumant l'idéal d'une société perfectionnée, loin encore dans l'avenir : « De chacun selon ses facultés ; à chacun selon ses besoins, » fut cité partout avec omission du premier membre de phrase, celui qui se rapportait au *devoir*, et sans mention aucune, dans le second, de la définition large et élevée que j'avais donnée du mot qui servait à exprimer le *droit :* d'où la conclusion que je cherchais la régénération de la société dans une satisfaction bestiale des appétits purement matériels, et que je faisais consister l'amélioration du sort du peuple dans l'acte de l'engraisser ! Or, contradiction bien étrange ! pendant que les uns m'adressaient ce reproche basé sur une espèce de faux, les autres me dépeignaient, au contraire, comme un esprit chimérique à l'ex-

(1) *Voy.* le *Moniteur* du 5 mai 1848.
M. Croker a accrédité aussi en Angleterre la fable qu'Albert était un riche manufacturier qui avait joué, sous Louis-Philippe, un rôle important dans les troubles de Lyon, et dont je parle dans l'*Histoire de dix ans.* Malheureusement pour M. Croker, il se trouve avoir confondu deux personnes parfaitement distinctes, quoique portant le même nom.

II.   3

cès, comme l'apôtre d'une perfection morale et d'un dévouement impossible à pratiquer ou même à concevoir, comme un homme assez fou pour vouloir rayer l'intérêt individuel du nombre des mobiles de la vie... Et pourquoi? Parce que j'avais dit, après tant d'autres, que le but des institutions, dans une société bien organisée, doit être d'amener chacun à ne poursuivre le triomphe de son intérêt propre que dans celui de l'intérêt général, ce qui est le cas dans toute association véritable.

En ce qui concerne le Luxembourg, le mensonge qu'on se mit à répéter avec le plus de complaisance, parce qu'il tendait à rendre odieux aux ouvriers Albert et moi, ce fut celui qui nous faisait héritiers du luxe de Barras. On ne tarissait pas sur nos habitudes somptueuses; on s'émerveillait du raffinement de nos goûts; on nommait nos plats favoris; on disait nos soupers épicuriens dans ces magnifiques salons que les Lucullus du Directoire avaient choisis comme théâtre de leurs orgies.

Si jamais imposture fut prodigieuse, c'était celle-là; car, dès notre entrée au Luxembourg, nous avions adopté un système de frugalité tel, qu'on eût pu le taxer avec justice d'affectation, si nous n'avions dû nous rappeler tant de pauvres gens dont nous représentions la cause et qui étaient alors sans pain. Mais plus la fable était grossière, plus des journaux, indignes de ce nom, s'étudièrent à la répandre.

Tout cela nous fit pitié, rien de plus. A quoi bon nous inquiéter d'une accusation dont plusieurs milliers de témoins savaient l'impudeur? Est-ce que nous n'avions pas fait du Luxembourg un palais de verre? Est-ce qu'il ne suffisait pas de montrer la carte de délégué pour parvenir jusqu'à nous, à chaque heure du jour, à chaque heure de la nuit? Est-ce que le Peuple n'assistait pas quotidiennement à nos repas par quelques-uns de ses représentants? D'ailleurs, devant des accusations et des adversaires d'une certaine espèce, le mépris est une jouissance hautaine à laquelle s'abandonne volontiers la dignité de l'honnête homme qu'on outrage.

Notre silence humilia nos détracteurs, mais il les servit.

Dédaignée par ceux qu'elle atteignait, recueillie avidement et propagée par ceux dont elle armait les rancunes, la calomnie gagna les départements, où elle ne devait pas rencontrer de contradicteurs ; elle circula dans les salons royalistes ; elle se mêla à la fange des libelles. J'ignore ce que pense aujourd'hui M. Louis Reybaud du grossier pamphlet qu'il publia sous le titre de *Jérôme Paturot*, dans un moment où l'air qu'il respirait était tout imprégné de haine ; mais, s'il se rappelle de quels mensonges il emprunta le sel de quelques-unes de ses plaisanteries, poignants doivent être ses regrets.

Au reste, il n'est qu'un temps pour tout ce qui est injuste et vil. *Le Constitutionnel* ayant, un jour, fait allusion à notre *luxe*, M. Genevay, alors gouverneur du château de Versailles, et qui avait administré le Luxembourg pendant le Gouvernement provisoire, écrivit au rédacteur la lettre suivante, qu'on lit dans *le Constitutionnel* du 2 juin 1848 :

« Monsieur, nommé administrateur du palais du Luxembourg dès que cette résidence fut donnée aux citoyens Louis Blanc et Albert, je crois de ma loyauté de protester de toutes mes forces contre un bruit que plusieurs feuilles publiques ont malheureusement accueilli. On prétend que les citoyens Louis Blanc et Albert ont fait d'énormes dépenses pour leur table : c'est une erreur ou une calomnie. Le premier mois, après bien des résistances, la table des deux membres du Gouvernement provisoire fut servie à 6 *francs par jour et par tête* ; le second mois, les citoyens Albert et Louis Blanc, ayant trouvé la nourriture encore trop abondante, n'autorisèrent plus qu'une dépense de 2 francs 50 centimes pour le déjeûner, et de 2 francs 50 centimes pour le dîner. Les preuves et pièces à l'appui peuvent être immédiatement fournies.

« Ce 31 mai 1848.

« A. GENEVAY. »

Des dîners de cinquante sous, voilà quelles furent les

orgies quotidiennes des Lucullus du Gouvernement provisoire!

J'ai parlé d'un petit journal intitulé *le Lampion*. Ce fut l'atelier où des mains expérimentées dans ce genre de travail forgeaient les calomnies, qui, de là, passaient dans des feuilles plus influentes, telles que *l'Assemblée nationale* et *le Constitutionnel*. Or, il est arrivé que, le 31 août 1856, M. Charles Bataille a publié, dans *le Diogène*, une biographie de l'homme qui, en 1848, rédigeait *le Lampion*, et cette biographie, favorable d'ailleurs à celui qui en est l'objet, dit du *Lampion*, après l'avoir décrit comme un journal diabolique et fou de rage : « Là fut inventée la fameuse purée d'ananas, délices des membres du Gouvernement provisoire; là on fit voler à M. Marrast le berceau du comte de Paris pour l'usage du fils de M. Marrast; là, on découvrit, si j'ai bonne mémoire, que le plus beau cachemire de la duchesse d'Orléans servait de nappe à M. Louis Blanc; là, à toute heure, on tint boutique ouverte de toutes sortes d'invectives sans frein. Les femmes mêmes, qui sûrement n'avaient rien à faire avec les fureurs de parti, ne furent pas épargnées par cette grossière licence... Il y a dans le répertoire de l'éditeur du *Lampion* deux mots dont je ne voudrais pas être l'auteur pour tout l'esprit de Voltaire. C'était en juin 1848. Une bande d'hommes désarmés passait, escortée d'un régiment de la ligne, et suivie d'une voiture remplie des fusils des insurgés : *Voilà les fourchettes du Père Duchesne*, dit amèrement l'éditeur du *Lampion*, en voyant passer ces malheureux. Le soir même, sous le titre *Variétés*, le *Lampion* contenait ces lignes : « On a trouvé sur le cadavre d'un socialiste le billet démocratique que voici : *Bon pour trois dames du faubourg Saint-Germain.* » Et, pendant ce temps, le sang coulait à flots dans les quatre quartiers de Paris. »

La réponse du journaliste, ainsi mis en cause, est d'une étrange candeur et dispense de tout commentaire :

« Dieu me préserve de vouloir galvaniser les passions éteintes d'une époque si près et cependant si loin de nous, où vainqueurs et vaincus, nous avons tous péché par exagération. Mais je dois dire que, dans les discordes civiles, le plus coupable n'est pas celui qui répond à des actes de sauvagerie sociale par *l'artillerie d'un bon mot* (1). »

Il serait trop long d'énumérer toutes les inventions meurtrières qui, lancées par *le Constitutionnel* et d'autres journaux de ce genre, passèrent pour articles de foi parmi ceux qui avaient intérêt à y croire. Et puis le moyen de suivre, dans leur affreux progrès, des calomnies qui parcoururent l'Europe entière, grossissant à chaque pas comme des boules de neige ?

Je n'insisterai pas davantage sur ce triste sujet. Mais, ayant dit sans détour ce qui est, suivant moi, à la charge du Gouvernement provisoire, je demande à dire avec la même franchise ce qui, suivant moi, est à sa louange.

Quelque opinion qu'on se fasse des vues que ce gouvernement émit ou représenta, et quelque déplorables qu'aient été les erreurs où une défiance irréfléchie de toute idée nouvelle précipita la majorité de ses membres, son passage sur la scène orageuse du monde restera comme un souvenir impérissable d'honnêteté, d'intégrité, d'amour du bien public, et de dévouement. Je ne nierai pas qu'il n'y ait eu entre ceux qui le composèrent de ces malentendus et de ces divisions qui accusent l'infirmité humaine ; et, néanmoins, ma conviction profonde est que le Gouvernement provisoire, si l'on prend l'ensemble de ses actes, peut soutenir la comparaison avec le meilleur gouvernement qui ait jamais existé. Oui, lorsque les clameurs de parti seront tombées, l'histoire dira que jamais gouvernement, dans le court espace de deux mois, ne rendit autant de décrets favorables à la liberté, et empreints d'un aussi profond respect pour la dignité humaine ; que jamais, au milieu d'un immense conflit de passions déchaînées, gouvernement ne montra une sérénité plus constante, une confiance plus noble dans l'autorité morale de son principe, un désintéressement plus absolu, et un plus

(1) *Figaro* du 7 septembre 1856.

fier courage; que jamais gouvernement ne traita ses ennemis avec plus de magnanimité, ne fit preuve d'une plus grande horreur pour l'effusion du sang, et ne s'abstint plus scrupuleusement de tout acte de violence; en un mot, que jamais gouvernement ne réussit d'une manière aussi merveilleuse à se maintenir, tant qu'il le jugea à propos, au sommet d'une société ébranlée jusqu'en ses fondements; et cela, sans avoir recours à la force, sans employer juges, police, soldats, et sans appeler à son aide d'autre pouvoir que celui de la persuasion (1).

(1) Comme témoignage du respect du Gouvernement provisoire pour la liberté de la presse, nous ne pouvons mieux faire que de reproduire ici les instructions adressées le 8 mai, 1868, par M. Crémieux, ministre de la justice, aux procureurs généraux de la République :

« Monsieur le procureur général,

« La liberté de la presse est le droit reconquis en Février. La licence est sa plus mortelle ennemie; mais les gouvernements jugent à leur point de vue la licence et la liberté ; c'est une grande faute que le gouvernement de la République ne doit pas imiter.

« Les attaques dirigées contre les fonctionnaires publics doivent être examinées sous deux aspects : attaques contre les actes, attaques contre les personnes.

« Les premières, il faut leur laisser la plus grande latitude. Si les actes attaqués sont vrais et seulement mal appréciés ou même *politiquement défigurés*, tant que les commentaires n'appellent pas à l'insurrection, à la violation des lois, ils sont dans le droit des partis. *Pour juger la presse, il faut, en effet, se supposer toujours dans les rangs où figure le journaliste, avec ses idées, ses préoccupations.* Dans la République surtout, le soupçon marche à côté du pouvoir, il le contient, il le surveille. Que vous dirai-je ? Le soupçon est un droit après tant de duperies ; il est un devoir dans les temps difficiles ; c'est à l'homme investi de fonctions publiques à dominer même le soupçon.

« Quant aux attaques contre les personnes, je ne puis rien dire de précis. A mon avis, à moins qu'elles ne dégénèrent en calomnies qui veulent attenter à l'honneur, l'homme public doit y répondre par sa vie et par ses actes. Chacun sait que le mensonge se glisse près des hommes publics, donne à leurs paroles, à leurs faits, une couleur défavorable et fausse. C'est le fonctionnaire seul qui doit juger s'il poursuivra le journal ou s'il laissera tomber le mensonge. Le mieux est de ne pas intenter d'action judiciaire et de conquérir l'estime publique ; on la conserve, malgré l'outrage, quand on défie l'outrage par sa conduite au grand jour et par une vie privée dont l'intérieur se montre à tous les regards.

« Que si la calomnie veut dégrader le représentant du pouvoir, qu'il apprécie les circonstances, les lieux, qu'il examine si l'opinion publique est pervertie sur son compte; qu'il pèse les avantages de la vérité judiciairement établie, les inconvénients de la poursuite devant les tribunaux, et qu'il agisse dans sa prudence.

« Seulement, je dois ajouter *qu'on n'est pas homme public quand on n'est pas cuirassé contre la presse*. Il ne faut pas se mettre si fort en colère contre les journaux ; leur critique, leurs assertions, leurs injures, quelquefois même leurs mensonges peuvent être utiles. S'il faut vous dire toute ma pensée, les fonctionnaires publics ne doivent poursuivre que si la nécessité la plus impérieuse, la plus absolue, leur en impose le devoir.

« Voilà mes principes ; je les avais dans l'opposition, je les garde au pouvoir ; je les soutenais député, je les conserve représentant ; je les plaidais avocat, je les proclame ministre.

« Quant aux articles que vous me signalez, je pense qu'il serait difficile, au lendemain de notre République, d'obtenir un jugement favorable à la poursuite. Il faut que notre fibre soit moins sensible que celle de l'homme privé. Quand on a l'honneur d'être, dans une situation donnée, à la tête de la puissance publique, il faut se passer la main sur le visage et se dire : *Je ne suis pas blessé.*

« Salut et fraternité !

Le ministre de la justice,

AD. CRÉMIEUX.

CHAPITRE DIX-HUITIÈME

LES ÉLECTIONS

Fête de la Fraternité. — Distribution de drapeaux à la garde nationale
et à l'armée. — Serment des chefs de corps. — Défilé des troupes devant le Gouvernement provisoire. — Enthousiasme patriotique de l'armée. — Événements de Rouen. — Décret relatif aux élections générales, appliquant le principe du suffrage universel. — Calme avec
lequel les élections s'accomplirent par toute la France. — Manœuvres
des réactionnaires. — Circulaires de quelques-uns d'entr'eux. — Les
parias du Luxembourg. — Revue des Ateliers nationaux projetée, en
vue des élections, par MM. Marrast et Marie. — Pourquoi ce projet
dut être abandonné — Élimination des noms de Ledru-Rollin, Flocon,
Albert et Louis Blanc sur les bulletins distribués par la mairie de Paris. — La conciliation prêchée au Luxembourg. — Choix des candidats ouvriers par les délégués des corporations. — Commission d'examen. — Questions posées aux candidats. — Mes efforts pour
empêcher que la liste dressée par les délégués ne soit trop exclusive. — Succès de coalition obtenu par la liste dite modérée. —
Triomphe électoral de M. de Lamartine. — L'homme politique et le
poëte.

Le 20 avril, Paris fut témoin d'une fête qu'on nomma
fête de la Fraternité, et dont la pompe, moitié militaire
moitié civique, montra d'une manière bien frappante
quelle force morale la République possédait à Paris.

L'objet de cette fête étant la distribution d'étendards
nouveaux tant à l'armée qu'à la garde nationale, quelques
détachements de cavalerie et des régiments d'infanterie
avaient été rappelés à Paris.

A sept heures du matin, plus de deux cent mille citoyens, ouvriers et bourgeois, étaient sur pied, en uniforme de garde national, et les troupes de ligne, avec la
garde mobile, ne montaient pas à moins de cent mille
hommes. Les rues regorgeaient de peuple. A l'extrémité
des Champs-Élysées, on avait élevé en forme d'amphi-
théâtre une immense estrade appuyée à l'arc de triomphe
de l'Étoile. A environ neuf heures, vingt et un coups de
canon, tirés de l'Hippodrome, saluèrent l'arrivée du Gouvernement provisoire. Il prit place sur le premier rang,
M. Dupont (de l'Eure) assis au milieu. Derrière, un brillant
état-major, la magistrature en grand costume, les hauts
fonctionnaires de l'État. De chaque côté, deux orchestres
jouant des airs patriotiques. Au haut de l'estrade, un
groupe de femmes élégamment vêtues, tenant des bou-
quets noués de rubans tricolores. Au pied de l'estrade, les
colonels des différents corps, rangés en demi-cercle.

A dix heures, M. Arago se leva, le drapeau de la République à la main, et, s'adressant aux officiers d'une voix
émue et fière : « Colonels, au nom de la République, nous
prenons Dieu et les hommes à témoin que vous jurez fidélité à ce drapeau. » Les colonels, l'épée haute, répondi-
rent : « Nous le jurons. Vive la République! » Alors le canon gronda, l'air retentit de chants révolutionnaires, et
les troupes commencèrent de défiler.

Le temps était doux, le ciel couvert. D'intervalle en intervalle, un rayon de soleil, déchirant les nuées, faisait
étinceler la forêt mouvante des baïonnettes qui se hérissaient tout le long de la grande avenue des Champs-Élysées. Cette prodigieuse masse d'hommes armés s'avançant
en bon ordre quoique avec enthousiasme, les guirlandes
de fleurs qui masquaient la gueule des canons, les branches de lilas et d'aubépine qui s'agitaient au bout des fusils,
les hymnes de joyeux patriotisme où se perdait presque le
roulement des tambours, l'absence de toute contrainte,
les élus du Peuple se présentant à lui avec confiance, et
l'image de la guerre s'inclinant devant le symbole de la
fraternité, formaient un spectacle d'une grandeur dont
aucune description ne peut donner une juste idée.

II.   3.

A mesure que chaque légion, chaque détachement, chaque corps, atteignait l'arc de l'Étoile, l'officier de commandement montait sur l'estrade, où l'un des membres du Gouvernement provisoire — chacun à son tour — lui présentait le drapeau, en disant : « Au nom du Peuple, vous jurez de défendre ce drapeau que la République vous confie? » L'officier répondait : « Je le jure. Vive la République! » Il prenait l'étendard, retournait à son poste, et donnait l'ordre de la marche.

Comment la peindre dignement, cette marche passionnée de tout un peuple en armes, devant l'image de la République, enfin triomphante! J'ai vu éclater, ce jour-là, des transports qui tenaient du délire. Ah! lord Normanby a beau jeter la glace de son style sur ces souvenirs de feu ; il a beau prétendre que la réception faite au Gouvernement provisoire, à son arrivée, le « frappa comme très-froide ; » il a beau dire, d'un ton embarrassé : « D'après ce que j'ai eu sous les yeux, il n'y avait pas beaucoup d'enthousiasme ; mais il m'est revenu que d'autres avaient rapporté, de divers points du défilé, une impression plus favorable (1) : » j'ose, affirmer, moi, que, dans aucun pays et à aucune époque, il n'y eut un élan du cœur plus impétueux, plus général, plus spontané, que celui qui alors fit pousser par trois cent mille voix le cri de *Vive la République!* Et au témoignage de lord Normanby, celui que j'oppose, cette fois, c'est celui de tout Paris. En ces moments, trop courts, quelle âme ne fut attendrie? qui ne sentit monter à son front la pâleur des émotions héroïques? Les petites rivalités firent trêve ; les passions misérables eurent honte d'elles-mêmes ; les haines de parti s'ajournèrent au lendemain. Ce fut un jour de concorde, un jour de doux oubli et de rapide espoir.

Ainsi que chacun de mes collègues, j'eus à recevoir le serment de quelques colonels : eh bien, je déclare que tous prononcèrent cette parole solennelle : « Je le jure! » avec un accent de sincérité qui ressembla, chez plus d'un, à celui de l'enthousiasme.

____

(1) *A Year of Revolution in Paris*, t. I, p. 335.

Parmi tant d'officiers qui, dans l'espace de douze heures, défilèrent sous nos yeux, un seul garda le silence. Il était nuit, mais des milliers de torches éclairaient l'estrade et ses abords. Des onze membres du Gouvernement, il ne restait que M. François Arago et moi. Le lendemain, le général Bedeau vint me voir, et m'assura que le militaire qui avait si défavorablement attiré mon attention, était, néanmoins, un soldat sur la fidélité duquel on pouvait compter ; qu'il le connaissait ; qu'il répondait de lui ; et que la République n'aurait pas un serviteur plus dévoué.

Les Anglais qui liront ces lignes demanderont, peut-être, avec étonnement, comment il se fait que, le 2 décembre 1851, Louis Bonaparte ait trouvé un appui dans cette armée qui, le 20 avril 1848, fraternisait si chaleureusement avec les Parisiens et s'engageait d'une manière si absolue au service de la République ? L'explication de ce phénomène, presque inconcevable pour un étranger, et douloureux au plus haut point pour un Français, est dans ce qui constitue l'essence d'une armée permanente, partout où des troupes régulières sont chargées de la compression des troubles civils. En France, l'armée, au point de vue de l'action, est un vaste engrenage dont les ressorts obéissent, avec la précision inconsciencieuse de la machine à vapeur, à la force motrice qu'on nomme le pouvoir. Admirable en temps de guerre, et animé, sur le champ de bataille, des plus nobles sentiments qui puissent remuer le cœur des hommes, le soldat, en temps de paix, n'a qu'un but : l'avancement ; qu'une religion : la hiérarchie ; qu'une science : la discipline ; qu'une loi : l'obéissance. Le simple soldat étant un instrument passif entre les mains du caporal, le caporal un instrument passif entre les mains du sergent, et ainsi de suite, le mouvement de l'armée dans telle ou telle direction dépend de la volonté de celui, quel qu'il soit, qui est en position de presser le ressort principal de l'engrenage. Si, à la veille du coup d'État de décembre, l'Assemblée n'avait pas commis l'irréparable faute de mettre l'armée aux ordres du Président, je suis profondément convaincu qu'en cas de lutte le général Changarnier aurait fait arrêter Louis Bonaparte par les mêmes soldats dont Louis Bonaparte se servit pour faire arrêter le général Changarnier : ce qui veut dire que là où une armée permanente est à la disposition du pouvoir exécutif, la liberté est impossible.

Et voilà justement pourquoi j'étais opposé au retour des troupes dans Paris, pressentant bien que, tôt ou tard, leur présence y serait fatale. Mais ce qui, pour moi, était une source d'alarmes, était, pour d'autres, un sujet d'espoir. Ceux qui, en secret, brûlaient de « mettre le Peuple à la raison, » s'étudièrent à retenir le soldat par toutes sortes de prétextes. Et ici encore, la majorité du Gouvernement tomba dans une erreur fatale. Elle ne vit pas clair au fond d'un désir dont la persistance cachait une manœuvre ; elle joua, sans le savoir, le jeu de nos ennemis, et se laissa imprudemment aller à appuyer des actes qu'il aurait fallu désavouer bien haut, ou même punir.

C'est ainsi que, le 27 avril, des troubles ayant eu lieu à Rouen, relativement aux élections, et le général qui commandait là, ayant fait charger les ouvriers qui s'étaient rassemblés en tumulte, — groupes désarmés, composés en partie de femmes et d'enfants, et que la présence de la garde nationale eût dispersés sans effusion de sang, — je ne pus obtenir du Conseil qu'une enquête immédiate et sévère fût ouverte sur ce lamentable événement. Et pourtant, nous ne tardâmes pas à recevoir des nouvelles déchirantes : le canon avait été tiré dans les rues ; le sang du Peuple avait coulé en abondance, et pas un soldat n'avait péri, tant la lutte était peu nécessaire, tant elle était inégale ! Pour comble, le général *victorieux* nous adressa un rapport, vrai bulletin de la grande armée, où respirait je ne sais quelle satisfaction sauvage. Indigné, je demandai que cet officier fût sur-le-champ mandé à Paris, pour rendre compte de sa conduite, demande que, si j'ai bonne mémoire, M. Ledru-Rollin appuya. Mais je rencontrai une opposition si emportée et si violente de la part de M. Arago, que, pour la première et unique fois dans ma vie, j'eus regret à la contrainte que m'imposait le respect dû à ses cheveux blancs.

La période que nous avions fixée pour l'expiration de nos

pouvoirs approchait, et le décret qui appelait la nation à l'exercice de sa souveraineté venait de paraître. Jamais, en aucune contrée, loi électorale plus sincèrement démocratique ne fut rendue. Celle-ci portait : que tout Français âgé de vingt et un ans était électeur, après six mois de résidence dans le lieu de l'élection ; que tout Français était éligible ; que le scrutin serait secret ; que, pour ouvrir au pauvre les avenues de la vie politique, un salaire de vingt-cinq francs par jour serait alloué à chaque représentant du Peuple (1). C'était le suffrage universel dans sa plus large acception.

Qu'on en dût attendre immédiatement des résultats favorables, pour mon compte je ne l'espérais pas. Je savais trop dans quel état de dépendance et d'ignorance végétaient les populations rurales. Mais je savais aussi que ce n'est pas au point de vue exclusif des intérêts du moment qu'il se faut placer pour estimer l'importance sociale d'un principe ; je savais qu'il est de l'essence du suffrage universel d'acquérir une valeur pratique de plus en plus grande, à mesure que le Peuple s'éclaire, que son intelligence s'élève, et que sa vie politique se développe. Le suffrage universel, d'ailleurs, repose sur la notion du droit, et, dans le seul fait de la reconnaissance solennelle du droit, il y a quelque chose d'une portée immense. Seulement, j'aurais voulu qu'on mît moins de précipitation à confier aux paysans une arme avec laquelle je prévoyai qu'ils se blesseraient eux-mêmes.

Je signai donc le décret qui établissait le suffrage universel, principe dont nul plus vivement que moi ne désirait le triomphe.

Les élections avaient été fixées au 23 avril, dimanche de Pâques. Il y fut procédé dans toute la France avec un calme remarquable. Non-seulement elles ne donnèrent lieu à aucun trouble nulle part, si ce n'est à Rouen ; mais, en beaucoup d'endroits, elles eurent le caractère d'une fête de village. On vit les paysans électeurs se ranger en bon ordre devant le portail de l'église, au sortir de la

____

(1) Pour les détails, voy. le *Moniteur*.

messe, et, sous la conduite du maire, bannières au vent, musique en tête, prendre processionnellement la route des urnes.

A Paris, quelques manœuvres souterraines, que mon respect pour la vérité va me forcer de dire, furent employées contre Albert et contre moi, par deux de nos collègues; mais, sauf cela, rien n'eut lieu qui fût de nature à accuser une influence illégitime.

Il est vrai que, dans sa circulaire du 12 mars, M. Ledru-Rollin avait publiquement recommandé aux commissaires de bien mettre sous les yeux des électeurs la nécessité de choix républicains; il est vrai que la circulaire contenait cette phrase : « L'éducation du pays n'est pas faite : c'est à vous de le guider; » il est vrai enfin qu'il envoya dans les districts ruraux, non pas en secret, mais en pleine lumière du jour, un certain nombre d'hommes intelligents chargés de répandre les principes de la Révolution. Eh bien, en ceci, il ne fit que son devoir, et il le faut louer de l'avoir rempli. Le suffrage universel, réduit à opérer au sein des ténèbres, en dehors de l'influence qui appartient naturellement et doit appartenir au savoir sur l'ignorance, n'est qu'une farce misérable, qu'un moyen hypocrite de faire servir la souveraineté du Peuple à opprimer le Peuple. La censure de l'histoire ! M. Ledru-Rollin l'eût encourue, s'il eût étouffé la discussion des candidatures, interdit les réunions électorales, imposé à la presse un silence de mort, et posé l'urne des votes entre un soldat et un gendarme. Grâce au ciel, le Gouvernement provisoire ne fit rien de tel. Il n'eut pas peur, lui, de la lumière. Loin d'ôter la parole à ses ennemis, il leur laissa liberté pleine et entière de l'attaquer, de l'insulter, même de le calomnier. Et Dieu sait s'ils en profitèrent ! Non contents d'envenimer l'opposition créée dans les villages par l'impôt des quarante-cinq centimes, ils abusèrent de la crédulité des paysans, jusqu'à les prendre au piége des fables les plus ridicules. Il est certain, quelque peu croyable que cela paraisse, qu'en certains districts éloignés, M. Ledru-Rollin, sous le nom de *le duc Rollin* passa pour un homme de mœurs excessivement libres, qui avait à la fois deux maîtresses :

« la Marie et la Martine ; » et les bonnes gens qu'on trompait d'une manière aussi honteuse, de s'écrier : « Oh ! une maîtresse, c'est déjà beaucoup ; mais deux, c'est trop fort (1) ! »

Il va sans dire que ces intrigues ne pouvaient se donner carrière dans les villes de quelque importance. Là, le sentiment républicain avait fait, depuis Février, de si sensibles progrès, que tout candidat qui ne se serait pas proclamé républicain eût couru la chance presque certaine d'une défaite ignominieuse. Et c'est ce qui explique le ton uniforme des professions de foi électorales de cette époque. Je me bornerai à quelques citations, assez curieuses pour trouver place ici, et n'être pas oubliées dans l'histoire des dignitaires de l'Empire.

M. Baroche écrivait aux électeurs du département de la Charente-Inférieure : « Je suis républicain par raison, par sentiment, par conviction. Ce n'est pas comme un pis-aller, ou comme un arrangement provisoire que j'accepte la République, mais comme la seule forme de gouvernement qui puisse assurer la grandeur et la prospérité de la France. »

Suivant M. Rouher, la Révolution était à la fois *politique et sociale*. En conséquence, il demandait « la liberté de réunion pleine et entière, la permanence des clubs, l'impôt progressif, le travail organisé, tout pour le Peuple et par le Peuple. »

M. Fialin de Persigny s'adressait en ces termes aux électeurs de la Loire : « Ceci n'est pas une révolution politique qui finit, c'est une révolution sociale qui commence. » Il jurait donc que « tout ce que Dieu lui voudrait accorder de courage, d'intelligence et de résolution, serait désormais consacré à l'affranchissement de la seule servitude qui pesât encore sur le Peuple : la servitude de la misère (2). »

----

(1) M. Michelet cite ce fait, bien connu en France, comme une indication curieuse de la manière dont les légendes durent se former dans le moyen âge.

(2) On lit dans la correspondance parisienne du *Times* du 19 janvier 1859 :

« La *Biographie universelle* a publié un supplément contenant la bio

Les commentaires seraient superflus.

A Paris, voici ce qui se passa.

M. Marrast, en sa qualité de maire de Paris, se trouvait placé au centre du mouvement électoral. Adversaire ardent du socialisme, et tremblant que le progrès des idées nouvelles ne se manifestât d'une façon éclatante par le résultat des élections de Paris, il résolut de diriger toute son action contre le Luxembourg : ce que sa position officielle lui permettait de faire avec espoir de succès. M. Buchez s'offrit à le seconder ; et ce fut M. Buchez qui, de concert avec MM Marrast et Marie, prépara le plan d'une revue des Ateliers nationaux à Saint-Maur, la veille du jour fixé pour les élections à Paris. Je laisse la parole à M. Emile Thomas, qui fut l'instrument choisi par ces messieurs. Après avoir raconté que l'objet de la revue était de disposer les ouvriers en faveur de l'Hôtel-de-Ville ; que chacun d'eux devait recevoir une paye supplémentaire ; et que cette idée, soumise par lui à MM. Marrast et Marie, fut accueillie avec une vive satisfaction, M. Emile Thomas s'exprime ainsi :

graphie d'un homme que ses amis considèrent comme un homme éminent, sinon très-consistant, et comme la célébrité la mieux réussie du jour; je veux parler de M. Baroche, président du conseil d'État, grand croix de la Légion d'honneur, etc .. Or, il faut savoir qu'avant d'être mis en colportage, un livre doit obtenir le *visa* du ministre de l'intérieur, qui ne l'accorde que sur l'avis de la commission de colportage, laquelle se réunit une fois par semaine au ministère de l'intérieur. Chaque exemplaire doit porter le sceau du ministre, faute de quoi l'ouvrage est saisissable. Dans la biographie de l'illustre et fortuné citoyen mentionné plus haut, il était fait allusion, comme point d'histoire, à la part qu'il prit aux affaires publiques en 1848, et à sa fameuse profession de foi adressée aux électeurs de la Charente-Inférieure... Malheureusement, on ne pouvait plaider ici en faveur de M. Baroche l'inexpérience de la jeunesse; car il avait alors quarante-huit ans, et avait occupé un rang distingué au barreau. Trouvant quelque inconvénient à ce que chaque villageois, chaque artisan, fût mis au fait des précédentes opinions, très-avancées, d'un homme dont une heureuse coïncidence a lié l'impérialisme à de grands honneurs, une position élevée et une place lucrative, quelque prudent ami, membre de la commission de colportage, s'est opposé a la publication de la biographie, à moins que le passage malsonnant ne fût écarté. C'est ce qui a été décidé, je crois, et il faudra que, retirant la présente édition, l'éditeur en prépare une nouvelle, vierge de tout souvenir républicain importun. Rien de tel que d'avoir un ami, en cas de besoin; et je ne doute pas que M. Baroche se montre reconnaissant d'un pareil service. »

« En conséquence, dès le 21 au matin, j'avais tout fait préparer pour cette revue, qui devait avoir lieu au champ de manœuvres de Saint-Maur, le 22, et se terminer, le soir, par une réception officielle des délégués dans la salle du palais de la Bourse, par les deux membres du Gouvernement provisoire. A cette occasion, et pour les indemniser des frais que leur déplacement leur eût causés, les ouvriers devaient, non pas être tous payés comme en un jour de travail, mais recevoir seulement une paye supplémentaire de 50 centimes (1). »

Il paraît qu'on craignit les commentaires ; car, dans la journée, M. Émile Thomas reçut de M. Buchez une lettre où il était dit :

Mairie de Paris.

» 21 avril 1848.

» Mon cher Émile, la nuit porte conseil. J'ai pensé qu'une revue des Ateliers nationaux ressemblerait trop à une manœuvre électorale. J'ai communiqué cette crainte à Marrast et à Recurt. Ils ont pensé comme moi...

« *Signé :* Buchez (2). »

Aussitôt, d'après ce qu'il raconte lui-même, M. Émile Thomas courut à l'Hôtel de-Ville. Il représenta à M. Buchez les inconvénients d'un *contremandement ;* il lui fit observer que « peu importait l'impression produite, lorsque, en définitive, le but serait atteint tout entier au profit de la modération et de la sagesse (3). »

En d'autres termes, aux yeux de M. Émile Thomas, le but justifiait les moyens !

Il en était de même, il faut le croire, aux yeux de MM. Buchez et Marrast, puisque M. Émile Thomas ajoute :
« M. Buchez goûta mes raisons et me mena chez M. Mar-

---

(1) *Histoire des Ateliers nationaux*, par M. Émile Thomas, p. 213.
(2) *Ibid.*, p. 214.
(3) *Ibid.*, p. 215.

rast, qui revint entièrement à mon avis (1). » En conséquence, M. Buchez écrivit de nouveau pour contremander le contremandement (2).

Malgré tout cela, la revue n'eut pas lieu. Pourquoi ? C'est ce que M. Émile Thomas n'a pas su probablement, et ce que je suis en mesure de dire.

Informé de ce que la mairie projetait, j'avais porté la question au Conseil, et, sur mes observations, il avait été décidé que, si la revue de Saint-Maur avait lieu, ce serait, non pas en présence de deux membres du Gouvernement provisoire seulement, mais en présence du Gouvernement tout entier. — Quant à la paye supplémentaire, j'ignorais ce détail caractéristique, et l'on n'en parla pas.

Toutefois, l'heure approchant, le projet fut abandonné par ceux mêmes qui l'avaient conçu. Et en effet, si tous les membres du Gouvernement étaient appelés à paraître dans cette manifestation, que devenait le but indiqué plus haut par M. Émile Thomas? Comment faire servir une semblable fête « à donner à MM. Marrast et Marie une grande prépondérance ? » Comment savoir si l'épreuve tournerait « au profit de la modération et de la sagesse, » telles qu'on les entendait à l'Hôtel-de-Ville ?

Mais la mine des aveux instructifs n'est pas encore épuisée. Et, par exemple, c'est M. Émile Thomas lui-même qui veut bien nous apprendre que la mairie de Paris fit imprimer à un million d'exemplaires, sur papier rose, une liste électorale où les noms de MM. Louis Blanc, Albert, Flocon et Ledru-Rollin n'existaient pas ; que cette liste fut distribuée par des hommes connus pour appartenir d'opinion à la mairie; qu'elle fut envoyée aux maires d'arrondissement sur lesquels on pouvait compter: qu'enfin elle fut répandue par M. Barthélemy Saint-Hilaire (3).

« Nous avons pensé à quelques retranchements à opérer, écrivait M. Buchez, le 21 avril, à M. Émile Thomas. Veuillez voir le ministre.

(1) *Histoire des Ateliers nationaux*, par M. Émile Thomas,
(2) *Ibid.*
(3) *Ibid.*, p. 216.

Et comme, en citant cette phrase, M. Emile Thomas craint que le lecteur ne la trouve trop obscure, il a soin de l'expliquer en ces termes :

« Cette note est relative à la composition des listes électorales. Les noms de MM. Louis Blanc et Albert en avaient été d'abord écartés ; il est question là de ceux de MM. Ledru-Rollin et Flocon, qui le furent également (1). »

Ce qu'on aura peut-être quelque peine à croire, et ce qui n'est pourtant que trop certain, c'est que M. Émile Thomas ne se fit pas scrupule d'employer l'argent de l'État au succès de ces déloyales menées. Prenez le rapport de M. Ducos sur les comptes du Gouvernement provisoire (*Moniteur* du 26 avril 1849), et vous y lirez :

« Il résulte des déclarations de M. Gariépuy que, quelque temps avant les élections du mois d'avril 1848, M. Émile Thomas lui donna l'ordre de mettre d'abord trente-six hommes de sa brigade à la disposition de M. Mouton, qui était président de l'*Union des travailleurs*, dans le but de l'aider à répandre les listes électorales. Plus tard, de nouveaux ordres furent donnés pour que les huit cents artisans fussent employés à la même œuvre, dût-on accorder à chacun d'eux 5 francs par jour. »

Cependant, puisqu'on se décidait à faire ces tristes déclarations, il fallait trouver un moyen d'en atténuer l'effet. Aussi M. Émile Thomas cherche-t-il, dans son livre, à présenter les manœuvres électorales de l'Hôtel-de-Ville comme de simples représailles envers le Luxembourg. Malheureusement, cette assertion, donnée pour excuse à l'intrigue, tombe devant des preuves tirées de documents qu'on ne récusera point.

Le rapport de la Commission d'enquête, rédigé par mes ennemis, dans le but avoué de me perdre, renferme un discours de moi que je puis rappeler avec autorité, puisqu'il n'était pas destiné à voir le jour et qu'il se compose de notes sténographiées, recueillies et rassemblées d'une main complaisante par mes accusateurs eux-mêmes. Eh bien, que s'est-il passé lorsque, au Luxembourg, **il a** été question de la liste électorale à former ? Je cite :

« UNE VOIX. — Vous devriez la faire vous-même.

« LOUIS BLANC. — Je ne le puis pas, parce que je suis membre du Gouvernement provisoire (1). »

Je suis intervenu cependant, mais veut-on savoir comment ? Je vais le dire, toujours en prouvant mes affirmations.

Appelé pour la première fois à l'exercice de son pouvoir souverain, le Peuple paraissait vivement ému du désir de donner pour représentants au travail... des travailleurs. Paris avait trente-quatre candidats à présenter, et il m'était revenu que, sur ce nombre, il était question, parmi le Peuple, de nommer 24 ou 25 ouvriers. Ce chiffre me sembla exagéré, et je m'en expliquai nettement devant les délégués du Luxembourg.

« Vous me permettrez, leur dis-je, de vous parler avec franchise ; il serait très-important, dans votre intérêt, que votre liste ne se composât pas tout entière d'ouvriers. Parmi les hommes qui ne sont pas ouvriers comme vous, il y en a — vous en connaissez quelques-uns — qui le sont par le cœur et par les entrailles ; il y en a qui vous aiment comme s'ils avaient partagé vos douleurs ; il y en a qui, sans avoir été réduits à la dure nécessité de se vouer douze, treize, quatorze heures par jour à un travail manuel de nature à ôter à l'intelligence une partie de son développement, n'en ont pas moins consacré leur vie à étudier vos misères, vos intérêts, qui les connaissent, qui sont en état de les défendre, qui le veulent, qui le feront... Je vous proposerai donc, sur les trente-quatre noms, **d'en**

(1) Rapport de la Commission d'enquête, t. I, p. 121.

choisir vingt appartenant à la classe ouvrière, et quatorze appartenant à la catégorie de ceux qui, n'étant pas ouvriers, ont donné des gages au Peuple (1). »

Le lecteur remarquera que le chiffre proposé par moi laissait place sur la liste des corporations, et pour mes douze collègues, et pour les deux ministres qui n'étaient pas membres du Gouvernement provisoire. De sorte que je m'étudiais à tenir la porte de la liste électorale ouverte à ceux-là mêmes qui, pendant ce temps, ne songeaient qu'à me la fermer !

Il est vrai que, sur leur liste, les corporations n'admirent que quatre des noms du Gouvernement provisoire, ceux de Ledru-Rollin, d'Albert, de Flocon, et le mien. Mais qu'y avait-il là dont on dût s'étonner? Est-ce que la séparation du Conseil en deux groupes révolutionnaires n'était pas un fait connu, éclatant ? Est-ce qu'il n'était pas naturel que le cours des préférences populaires fût dans le sens de la minorité, qu'on savait représenter d'une manière plus spéciale le sentiment et les intérêts du Peuple? En quoi pouvais-je répondre du résultat de suffrages dont la liberté devait être et fut toujours sacrée à mes yeux? M'eût-on mis dans la main la clef des urnes, je l'aurais jetée au loin avec indignation et frayeur. Ce qui est vrai, ce que nul n'aura l'audace de nier publiquement, c'est que les délégués du Luxembourg fixèrent leur choix en dehors de toute influence personnelle, et après l'examen le plus sérieux, le plus approfondi, le plus impartial, des opinions et des titres de chaque candidat travailleur.

Voici comment les choses se passèrent.

Il fut convenu que chaque corporation présenterait un candidat; que les candidats auraient à comparaître devant une commission chargée de leur faire subir un interrogatoire; que les réponses seraient consignées dans un procèsverbal, après avoir été sténographiées : que le procèsverbal serait lu en assemblée générale, les candidats présents ; et que, d'après ces données, l'assemblée dresse-

____

(1) Rapport de la Commission d'enquête, t. I, p. 121.

rait la liste des vingt noms à désigner aux suffrages populaires.

Ainsi, rien ne devait être donné, ni à la faveur, ni à l'engouement, ni à la camaraderie, ni à quelque influence officielle que ce pût être.

Trois semaines seulement séparaient le jour des élections générales de celui où furent arrêtées les bases que je viens d'indiquer.

Ce fut le 5 mars 1848 que la commission d'examen fut formée. Elle se composa des citoyens : Viez, délégué des typographes; Six, délégué des tapissiers ; Bonnefond, délégué des cuisiniers ; Passard, délégué des brossiers; Pernot, délégué des ébénistes en meubles ; Duchène, délégué des compositeurs.

Où siégerait cette commission ? Il ne manquait certes pas de salles pour la recevoir, dans le Luxembourg, devenu la maison du Peuple. Mais les délégués ne voulurent pas fournir à la contre-révolution un prétexte pour suspecter l'indépendance de leur choix, en calomniant mon influence; et, comme leur fierté aurait trop souffert, soit des refus de l'Hôtel-de-Ville, soit de ses dons, ils durent se mettre en quête de deux misérables chambres de dix pieds carrés, eux, les représentants de ces puissantes cohortes dont la générosité gardait tant de palais demeurés vides !

Avec beaucoup de grâce et de courtoisie, M. Dumas offrit le logement particulier qu'il occupait à la Sorbonne, en sa qualité de professeur de chimie : ce fut là que la commission d'examen alla s'installer.

Un président et un secrétaire furent nommés; on rassembla les procès-verbaux des corporations, constatant la validité des candidatures, et l'on fit savoir par lettres à chacun des candidats le jour et l'heure où il serait entendu.

Les principales questions étaient celles-ci :

Que pensez-vous des institutions actuelles?

Quelles sont vos idées en matière de religion ? Êtes-vous pour la liberté des cultes? Les cultes doivent-ils être salariés par l'Etat?

Quelles sont vos vues sur l'organisation du travail?

Quelles réformes croyez-vous qu'on doive introduire dans la magistrature ?

Comment entendez-vous l'organisation de l'armée? Quel rôle doit être le sien, maintenant et plus tard?

Sur quelles bases doit reposer, suivant vous, le système des impôts ?

Quelle est votre opinion relative au divorce?

Que pensez-vous des relations à établir entre la France et les divers peuples de l'Europe, notamment l'Allemagne et l'Italie?

La commission siégea huit jours durant. Elle entendit soixante et dix candidats, présentés par autant de corporations ; et je tiens des sténographes qui assistèrent à ces graves séances, que, parmi les ouvriers interrogés, plusieurs déployèrent une intelligence supérieure.

Une particularité touchante marqua la fin des travaux de la commission. A la dernière séance, le citoyen chargé de recevoir les candidats vint annoncer qu'un personnage, aimé du Peuple, demandait à être introduit. Il entra. Son aspect avait quelque chose d'attirant à la fois et de vénérable. Son regard était doux, pénétrant, plein de pensées. Ses manières, où la simplicité se mariait à la noblesse, sa physionomie fine et méditative, sa chevelure opulente; son visage d'une beauté forte et rustique, sa tête que l'habitude des veilles avait un peu courbée, tout en lui commandait le respect, mais un respect mêlé de confiante sympathie. « Citoyens, dit-il, j'ai appris que les travailleurs me faisaient l'honneur de me porter sur leur liste comme candidat à l'Assemblée constituante. J'ai cru de mon devoir de me présenter devant leur commission, afin de me soumettre à son examen. »

Les ouvriers se regardèrent, partagés entre l'attendrissement et la surprise. L'homme qui leur parlait ainsi était de ceux dont la vie entière est une éclatante profession de foi. Ses écrits l'avaient fait depuis longtemps connaître à toute l'Europe comme un des plus vigoureux penseurs et des plus magnanimes philosophes de ce siècle. Ai-je besoin de nommer Pierre Leroux ?

Les travaux de la commission terminés, on porta au

Luxembourg les procès-verbaux, et ce fut le 17 avril, lendemain d'un jour néfaste, que les délégués se constituèrent en assemblée générale pour former la liste des candidats définitifs.

Des trois séances qu'on y employa, et qui commençaient à huit heures du matin, la dernière se prolongea jusqu'à deux heures après minuit. Ne voulant pas se séparer avant d'avoir achevé leur œuvre, les délégués s'étaient fait servir à dîner dans leurs bureaux. Du pain, du fromage et de l'eau, voilà de quoi se composa ce festin des travailleurs, dans ce palais du Luxembourg où les libellistes de la contre-révolution allaient placer le roman de leurs immondes calomnies. Et, comme les ouvriers sont trop fiers pour devoir même de l'eau à qui que ce soit, les délégués firent entre eux, afin de payer les frais de leur modeste repas, une collecte qui s'éleva à quarante-deux francs : ils en donnèrent vingt au garçon de service.

Faut-il maintenant rappeler jusqu'où l'on alla, dans le combat électoral qui fut livré aux délégués du Luxembourg? Le jour des élections, Pernot, délégué des ébénistes, revenait du Champ de Mars accompagné du porte-drapeau de sa corporation, lorsque, devant la mairie du 7e arrondissement, il aperçut plusieurs individus distribuant une liste qu'ils disaient être celle du Luxembourg : c'était celle de l'Hôtel-de-Ville ! Pernot éclata en reproches méprisants, le Peuple s'indigna... et il est trop certain que, sur une foule de points, des scènes de ce genre furent provoquées par les mêmes fraudes.

Telle est, fidèlement retracée, l'histoire des premières élections que le Peuple de Paris ait été appelé à faire, sous l'empire de ce grand principe : le suffrage universel.

Pour moi, non-seulement je n'indiquai aucun nom, mais je n'assistai à aucun débat électoral, et je poussai le scrupule jusqu'à voiler soigneusement mes sympathies. Cela est si vrai, que la liste du Luxembourg ne comprit pas les noms que j'aurais le plus désiré d'y voir, tels que celui de Pecqueur, par exemple, qui, au Luxembourg, m'avait secondé avec tant de talent et de zèle !

Les scrupules de délicatesse, si impérieusement commandés aux âmes honnêtes, sont un grand obstacle, surtout en politique. Les délégués du Luxembourg ne furent pas plutôt abandonnés à eux-mêmes, qu'ils commirent une faute par où se révélait, en même temps qu'un puritanisme honorable, beaucoup d'inexpérience en matière de conduite électorale. Au lieu de composer leur liste de façon à la rendre acceptable à cette fraction du parti républicain qui n'allait pas tout à fait jusqu'au socialisme, tels qu'eux le comprenaient, ils n'adoptèrent pour candidats que des socialistes bien prononcés, et ceux parmi les ouvriers qui étaient le mieux connus de leurs camarades.

Tant de roideur avait sa source dans un sentiment très-noble et dans une conviction vraiment forte ; mais le résultat fut ce qu'il était aisé de prévoir : un grand nombre de républicains qui eussent volontiers voté pour la liste des ouvriers, si elle eût été moins exclusive, portèrent ailleurs les suffrages dont ils disposaient, et quelques-uns votèrent, confondus dans les rangs du Légitimisme et de l'Orléanisme.

Une autre circonstance qui servit à merveille les vues du Maire de Paris et des siens fut la rivalité qu'on était parvenue à créer entre les Ateliers nationaux et le Luxembourg. Les Ateliers nationaux renfermaient, d'ailleurs, tant de milliers d'hommes qui, pour leur existence et celle de leurs familles, dépendaient du Ministre des travaux publics ! Ils se laissèrent donc arracher par l'Hôtel-de-Ville, sous le dur empire de la faim, un contingent de votes qui leur fut, plus tard, un amer sujet de douleur. Mais il n'était plus temps, alors !

Voilà comment la liste de l'Hôtel-de-Ville, qui portait les noms de MM. de Lamartine, Arago, Dupont (de l'Eure), Marrast, Marie, Garnier-Pagès, Crémieux, et de laquelle avaient été écartés les noms de Ledru-Rollin, Flocon, Albert, et le mien, se trouva présenter le chiffre le plus élevé, formée qu'elle était par la coalition de tous les anciens partis : légitimiste, orléaniste, républicain, et grossie, en outre, par cette portion de la classe ouvrière qui, comme on l'a vu, avait reçu du Ministre des travaux publics une organisation toute militaire ! Quant à la liste du

Luxembourg, il était naturel qu'elle ne l'emportât point par le nombre, puisque c'était l'expression d'un seul parti, d'un parti sans alliage.

Je suis forcé d'avouer que mes adversaires me faisant l'honneur de me considérer comme un homme plus particulièrement dangereux, remuèrent les montagnes pour empêcher mon élection. L'*Histoire de dix ans*, l'*Organisation du travail*, mes constants efforts en faveur de l'émancipation de la classe ouvrière, m'avaient attiré des inimitiés mortelles. Si jamais j'avais pu en douter, je le saurais maintenant ! Et toutefois, je fus élu, avec 121,140 suffrages. Albert, contre qui les haines étaient moins violentes, quoique aussi méritées, eut 133,041 voix, c'est-à-dire autant que M. Ledru-Rollin, à 15,000 voix près. Les autres membres du Gouvernement provisoire, sauf M. Flocon, figurèrent tous à la tête de la liste des 34 membres qui furent élus.

Cette liste, que terminait le nom de M. Lamennais, s'ouvrait par celui de M. de Lamartine, lequel n'obtint pas moins de 259,800 voix. « Ce fut M. Marrast qui apprit à M. de Lamartine son éclatant triomphe aux élections de Paris. Le poëte, fatigué des émotions de la journée, se reposait chez lui, étendu sur un canapé, ayant à ses côtés sa levrette favorite. Lorsque M. Marrast lui eut fait connaître le chiffre des suffrages, M. de Lamartine s'élança de son siége, et, debout, les yeux levés au ciel, les bras étendus, il s'écria : « Me voilà donc plus grand de la tête qu'Alexandre et César ! » Puis il reprit : « Du moins ils le disent (1). »

Oh ! que M. de Lamartine le comprit peu, ce chiffre étincelant dont ses yeux furent alors éblouis ! Il lui échappa que ces 259,800 électeurs, rapprochés par une ligne momentanée et répondant à un mélange confus de croyances sincères, d'ambitions hypocrites, de ressentiments qui s'ajournaient, et d'arrière-pensées de toutes sortes, composaient une force infiniment moins réelle que les 133,000 votes donnés à Albert, parce que ce chiffre comprenait au

____

(1) *Histoire du Gouvernement provisoire*, par M. Élias Regnault, t. I, p. 358.

moins 100,000 hommes partageant les mêmes vues, adoptant le même programme, et ayant la même foi — foi assez profonde, assez inflexible, pour préférer le risque d'une défaite à l'avantage d'un compromis.

Mais si l'illusion de M. de Lamartine fut douce, elle fut courte. Les Légitimistes et les Orléanistes montrèrent bien vite qu'en lui donnant leurs suffrages, leur unique objet avait été de se créer un instrument qu'ils pussent mettre en pièces aussitôt qu'ils auraient cessé d'en avoir besoin.

Certes, personne plus que moi n'admire le génie de M. de Lamartine, son intégrité, le caractère chevaleresque de ses élans, et la splendeur de son imagination, si bien servie par le rayonnement de son style. Mais ces qualités mêmes eurent un côté fatal, en servant à masquer, aux yeux d'autrui et à ses propres yeux, la nature de ses fautes. Doué d'une puissance d'illusion prodigieuse, il s'imagina tout à coup avoir donné à la France cette République qu'il avait si longtemps jugée chimérique et qu'il avait combattue ; traîné à la suite du mouvement, il crut l'avoir conduit, et il se figura qu'il lui serait facile de le dominer. Or, comment, dans ce but, composa-t-il son rôle ? Il le composa, il faut bien le dire, sous l'empire absolu d'une passion d'homme de lettres ; il le fit tenir tout entier dans ces deux mots : être applaudi. L'oreille incessamment tendue pour écouter le bruit de son nom, et tremblant toujours qu'on ne troublât la musique de sa renommée, il voulut capter quiconque se faisait craindre. Il convoita tous les hommages, se mira dans toutes les opinions, et chercha, pour s'y placer, le point d'intersection de tous les partis. D'une égale ardeur, on le vit rechercher l'approbation des salons et tenter celle des clubs, se concilier lord Normanby et s'efforcer de plaire à M. Sobrier, offrir une ambassade à M. de la Rochejacquelein et se prêter à des entrevues secrètes avec M. Blanqui.

Que M. de Lamartine ait cru travailler en cela à une œuvre de réconciliation générale, sa générosité naturelle autorise à le supposer. Mais il aurait compris bien vite ce qu'il y avait de vain en un tel effort, réduit à des essais de séduction personnelle, s'il n'eût cédé à un motif intérieur que, probablement, il ne s'avouait pas. Nos meilleurs sentiments recèlent de si imperceptibles sophismes et le cœur humain est si habile à se tromper lui-même !

Ce n'est pas tout. Il y a deux manières de corrompre : l'une grossière et brutale, c'est celle qui s'adresse à la soif de l'argent ou des emplois; l'autre plus délicate, plus subtile, c'est celle qui fait appel à la vanité. Or, la flatterie prodiguée sans mesure à tout venant est un artifice familier aux hommes qui ont une grande réputation à soigner. Convaincus que la flatterie, quand elle tombe de haut, a des attraits irrésistibles, ils se font volontiers courtisans, pour grossir le nombre de leurs admirateurs, de leurs séides, de leurs porte-voix ; ils descendent à intéresser au succès de leur propre vanité la vanité d'autrui ; après l'avoir conquise de haute lutte, ils rusent avec la gloire. Ce fût un des torts de M. de Lamartine et un de ses malheurs. Un de ses malheurs ! car il lui arriva d'avoir affaire, tantôt à des natures intelligentes et fortes, comme celle de M. Barbès, auprès desquelles l'empressement de ses avances le décria; tantôt à des esprits déliés qui, comme M. Blanqui, le devinèrent et se servirent de lui quand il croyait s'être servi d'eux.

Quoi qu'il en soit, cette bienveillance systématique et banale de M. de Lamartine ne s'étendit point jusqu'aux hôtes du Luxembourg, lorsque ce palais de l'aristocratie fut devenu le palais du Peuple. Pourquoi ? Parce que M. de Lamartine ne savait rien du vrai mouvement des esprits: qu'il ne pouvait pardonner au Luxembourg d'être en corps et en âme cette Révolution de février dont tout le reste n'était que le bruit ou l'ombre; parce que, enfin, je l'ai déjà dit et je le répète, il avait peur du socialisme, cette grande réalité, comme les enfants ont peur des fantômes.

S'il ne s'était agi que d'aimer le Peuple d'un amour poétique, il y aurait suffi certainement, et nul, plus volontiers que lui, n'eût répandu sur les souffrances humaines les trésors d'une sensibilité prompte à s'épancher en métaphores. Mais épouser hardiment contre les forts la cause du faible opprimé; braver, dans l'élan d'une âme indomptable, l'injustice armée d'un glaive, ou, seulement, l'injustice couronnée de fleurs ; s'exposer, pour la vérité éternelle, à être méconnu, calomnié, vilipendé, tourné en ridicule, mordu jusqu'au sang par des milliers de vipères ; vivre à l'aise dans la haine des malhonnêtes gens, et, afin d'avoir pour soi son cœur, mettre au besoin l'univers contre soi, voilà ce qu'il faut. M. de Lamartine défiait noblement la mort : courage du soldat ; il tremblait d'avoir des détracteurs : faiblesse du poëte. Il lui manqua de savoir se faire des ennemis mortels.

Et c'est ce qui explique comment il eut de son côté tous les partis pendant un jour. Il se coucha, croyant avoir la France à son chevet ; il s'endormit dans l'ivresse de lui-même ; il rêva dictature ; il se réveilla : il était seul.

CHAPITRE DIX-NEUVIÈME

INVASION DE L'ASSEMBLÉE NATIONALE

Composition de l'Assemblée nationale. — Contingent des partis royalistes. — Séance d'inauguration. — Accueil fait par la population aux
membres du Gouvernement provisoire. — Discours de Dupont (de
l'Eure). — Acclamation de la République par l'Assemblée, au dedans
et au dehors de la salle de ses séances. — Décret déclarant que l
Gouvernement provisoire a bien mérité de la patrie. — Nomination de
la Commission exécutive. — Albert et moi sommes écartés du Gouvernement. — Je propose à l'Assemblée la création d'un Ministère du
travail. — Cette proposition est repoussée. — Fête de la Concorde.
— Les délégués du Luxembourg refusent d'y assister. — Remise de la
fête. — La démission de Béranger, et ses causes. — Situation critique
des insurgés Polonais. — Manifestation projetée en leur faveur. — Les
promoteurs du mouvement. — Huber. — Le club de Barbès et celui
de M. Cabet se prononcent contre la manifestation. — M. Proudhon
la déclare compromettante pour la liberté. — Ouverture de la séance
du 15 mai. — Arrivée des colonnes populaires devant le pont de la
Concorde. — Insuffisance des mesures prises pour protéger l'Assemblée.
— Les gardes mobiles livrent passage à la multitude. — Invasion de
la salle des séances. — Sollicitations réitérées qui me sont faites de
parler à la foule. — J'y cède, après avoir obtenu l'autorisation du bureau de l'Assemblée. — Mes allocutions au Peuple dans la salle et au
dehors. — Ovation inutilement combattue. — MM. Raspail, Blanqui,
Barbès, à la tribune. — Huber prononce la dissolution de l'Assemblée.
— Évacuation de la salle. — Séance du soir. — Violences dont je
suis l'objet de la part des Gardes nationaux. — Les envahisseurs et lord
Normanby.

L'ouverture de l'Assemblée nationale constituante, élue
par le suffrage universel, eut lieu le 4 mai 1848. Le seul

aspect de la salle disait assez quels changements s'étaient
produits dans le court espace de deux mois. On se montrait
avec un sentiment mêlé de curiosité et d'émotion : M. Barbès, assis en face de ses juges de la veille, aujourd'hui ses
collègues ; le père Lacordaire, dans sa blanche robe de do-
minicain, coudoyant le ministre protestant M. Coquerel ;
l'auteur voltairien du *Dieu des bonnes gens*, Béranger, au
milieu de prêtres devenus ses co-législateurs ; un Breton
portant la ceinture lilas de son pays, à côté de députés en
habit noir, et des membres de l'Académie française sié-
geant entre un paysan et un ouvrier.

Ce qui sortirait de ce vague et mystérieux assemblage
d'éléments si divers, nul ne le pouvait dire. La société res-
terait-elle dans les vieilles ornières, ou se frayerait-elle
des routes nouvelles vers des horizons plus lumineux ? La
Révolution, commencée à la fin du siècle dernier, poursui-
vrait-elle tranquillement son invincible cours, ou bien,
arrêtée une fois encore, romprait-elle ses digues, au risque
d'une inondation universelle ?

Une chose, en tout cas, semblait certaine : c'est que la
République, comme forme de gouvernement, était fondée.
Mais cela ne suffisait pas aux amis ardents du progrès. Ce
qui les préoccupait, c'était bien moins la conquête d'un
instrument politique nouveau que l'usage qu'on allait en
faire. Or, la composition de l'Assemblée, en dépit de certaines apparences frappantes, leur causait une secrète inquiétude. Ils voyaient devant eux beaucoup de visages,
bien connus. A l'exception de M. Thiers et de quelques
autres, les partisans les plus actifs de l'ancien régime
étaient là. MM. Berryer, Odilon Barrot, Dupin, Rémusat,
Duvergier de Hauranne, Montalembert, etc., que de noms
appartenant au passé ! A la vérité, les provinces n'étaient
pas sans avoir fourni un nombre considérable de républicains, mais, outre que ces derniers étaient, en général,
pour un simple changement de forme politique, il y avait
quelque chose de peu rassurant dans ce fait que, sur
900 membres, le parti légitimiste en réclamait 150, et le
parti orléaniste 300.

Ainsi éclatait, dès l'abord, l'énorme faute que le Gou-

vernement provisoire avait commise en précipitant les
élections. Le 4 mai, il n'y avait qu'à jeter les yeux sur les
bancs de la *droite*, pour voir que le suffrage universel venait de transporter le pouvoir politique, de Paris aux provinces; de la partie la plus éclairée de la France à celle
qui l'était le moins. Le premier effort du suffrage universel n'avait été que la victoire de districts ruraux, séjour
de l'ignorance, sur une ville, rayonnant foyer de lumière.
Les classes privilégiées allaient subjuguer les ouvriers, au
moyen des paysans, — le Peuple, au moyen du Peuple !

Les membres du Gouvernement provisoire étaient convenus de se réunir à la Chancellerie, place Vendôme. C'e.
là qu'Albert et moi, nous trouvâmes nos collègues rasser-
blés, et c'est de là que, tous ensemble, nous nous rendîmes
à l'Assemblée. La journée était magnifique. Le 5e régiment de lanciers, le 2e de dragons, le 11e d'infanterie
légère, le 60e de ligne, la garde républicaine, la garde
mobile, bordaient une partie des boulevards, la place Vendôme, la rue de la Paix, la rue de Rivoli, et les approches
du palais législatif. De nombreux détachements de garde
nationale étaient venus, du fond de la province, à la suite
de leurs représentants, pour fraterniser avec les légions
de Paris, et une foule innombrable inondait les avenues
de la place de la Révolution, en chantant la *Marseillaise*.

Les membres du Gouvernement provisoire se dirigèrent
vers l'ancien palais Bourbon, par la rue de la Paix, le boulevard et la place de la Concorde. Sur l'accueil qu'ils reçurent de la population, il n'y a qu'une voix. Madame d'A-
goult le décrit en ces termes dans sa belle histoire de la
Révolution de Février :

« Précédés du commandant en chef de la garde nationale
et de son état-major, ils marchaient la tête nue entre deux
officiers, l'épée à la main, et suivis de tous les maires et
adjoints de Paris et de la banlieue. Une acclamation ininter-
rompue, partant à la fois de la foule pressée sur le passage
du cortége, de toutes les fenêtres et de tous les toits des
maisons, salua ces hommes au cœur intrépide, à l'âme
douce, qui, sans faire un seul acte de despotisme, sans

verser une goutte de sang, sans attenter à aucune liberté, avaient inauguré en France, dans les circonstances les plus critiques, le règne de la démocratie. Ce ne furent pas des applaudissements commandés, mais un mouvement pontané, unanime, de reconnaissance, à l'aspect imposant de ces premiers citoyens de la nouvelle République, qui venaient rendre à la représentation légale du Peuple le pouvoir qu'ils tenaient de son acclamation (1). »

Après avoir donné les mêmes détails, l'auteur d'une autre intéressante et patriotique histoire de la Révolution de 1848, s'écrie : « Jamais gouvernement ne reçut ovation pareille (2)! »

Le canon des Invalides annonça l'arrivée du Gouvernement provisoire dans l'Assemblée. Lorsque le vénérable Dupont (de l'Eure) entra, appuyé d'un côté sur le bras de M. de Lamartine, et, de l'autre, sur le mien, l'Assemblée tout entière se leva d'un mouvement spontané, en poussant un grand cri de « Vive la République ! » Les spectateurs le répétèrent: et aussitôt que la vive impression produite par ce transport fut calmée, M. Dupont (de l'Eure), montant à la tribune, lut d'une voix profondément émue un discours bref et simple, que terminaient ces mots : « Enfin, le moment est arrivé, pour le Gouvernement provisoire, de déposer entre vos mains le pouvoir illimité dont la Révolution l'avait investi. Vous savez si, pour nous, cette dictature a été autre chose qu'une puissance morale, au milieu des circonstances difficiles que nous avons traversées. Fidèles à notre origine et à nos convictions personnelles, nous n'avons pas hésité à proclamer la République naissante de février. Aujourd'hui, nous inaugurons les travaux de l'Assemblée nationale à ce cri, qui doit toujours la rallier : *Vive la République !* »

En descendant de la tribune, M. Dupont (de l'Eure) fut reconduit à sa place, où Béranger l'attendait; et les deux

(1) *Histoire de la Révolution de 1848*, par Daniel Stern, t. II, pp. 370-371.

(2) *Histoire de la Révolution de 1848*, par M. Charles Robin, t. II, p. 260.

nobles vieillards tombèrent dans les bras l'un de l'autre, au milieu de l'attendrissement général. De nouvelles acclamations ébranlèrent l'enceinte, acclamations passionnées de la part de ceux-ci, involontaires de la part de ceux-là, et qui recommencèrent à diverses reprises, dans le cours de la séance.

Vers le soir, le général Courtais, revêtu du grand uniforme de commandant en chef de la garde nationale, paraît soudain dans la salle, annonçant que la place de la Concorde, le pont qui conduit au palais, et toutes les avenues, regorgent de citoyens impatients d'unir leurs vœux à ceux de l'Assemblée. Aussitôt, cédant à une impulsion irrésistible, tous les membres s'élancent de leurs bancs, et vont se ranger sous le vestibule du palais, faisant face à la place de la Révolution. Quels mots pourraient peindre le caractère admirable et vraiment religieux de cette scène? C'était une douce journée de printemps, et le soleil à son déclin dorait de ses rayons d'adieu la plus belle partie de la ville la plus belle qui soit au monde. Au moment où les représentants du Peuple parurent sous le vestibule, le canon retentit; les drapeaux, les bannières de la garde nationale et de l'armée s'inclinèrent; la musique de chaque régiment fit entendre l'hymne sacré, *la Marseillaise*; et il monta vers le ciel une de ces clameurs puissantes qui, aux jeux olympiques, faisaient tomber morts les corbeaux dans le cirque. Ce fut une de ces heures suprêmes, trop courtes dans la vie des peuples, où les pensées s'unissent en un mystérieux embrassement; où les âmes s'appellent de loin et se répondent; où les hommes, un moment oublieux de leurs haines misérables, se sentent de la même famille, et, sur l'aile d'une même inspiration, remontent tous ensemble à la source éternelle de leur commune existence.

Quelques jours après, l'Assemblée, presque à l'unanimité, rendait le décret suivant :

« L'Assemblée nationale constituante reçoit des mains du Gouvernement provisoire le dépôt des pouvoirs à lui confiés. Le Gouvernement provisoire, par la grandeur de ses services, a bien mérité de la patrie (1). »

Mais, tout résignés qu'ils étaient à se soumettre momentanément à la République comme à une nécessité inévitable, les anciens partis monarchiques n'entendaient pas l'admettre avec sa portée socialiste. Et, par malheur, ils trouvaient appui, à cet égard, dans la fraction du parti républicain dont les vues étaient purement politiques. Elle agit alors, cette fraction imprudente, comme un corps d'armée qui tout à coup ferait feu sur son avant-garde. Trompée par l'habile abnégation des légitimistes et des orléanistes, qui s'étudiaient de leur mieux à s'effacer, elle accepta leur alliance, pour chasser de tous les emplois les républicains socialistes, au profit des républicains formalistes.

De là la composition de la Commission exécutive, où l'Assemblée fit entrer MM. Arago, Garnier-Pagès, Marie, de Lamartine et, dans le secret espoir de l'annuler, Ledru Rollin. M. Marrast resta maire de Paris, et M. Crémieux, ministre de la justice. M. Flocon eut le ministère du commerce. Quant à M. Dupont (de l'Eure), son grand âge lui donnait droit au repos.

Ainsi, presque tout le Gouvernement provisoire était conservé dans les hauts emplois. Seuls, deux de ses membres étaient écartés, M. Albert et moi, c'est-à-dire les deux qui représentaient d'une manière plus spéciale la cause du prolétariat.

La veille du jour où ces nouveaux arrangements furent annoncés, nous avions l'un et l'autre résigné notre position officielle au Luxembourg : je profitai de cette occasion pour déclarer ma ferme résolution de n'accepter aucune fonction publique, tant que durerait l'Assemblée constituante (2). Ayant prouvé de la sorte que je n'avais aucun intérêt particulier en vue ; ayant de la sorte repoussé d'avance les objections qui pouvaient concerner ma personne,

____

(1) *Voy.* le *Moniteur* du 8 mai 1848.
(2) *Voy.* le *Moniteur*, séance du 10 mai 1848.

je me sentis à l'aise pour demander de nouveau, et avec plus de force que jamais, la création d'un ministère chargé d'aborder enfin cette grande question du travail. C'est ce que je fis, dans la séance du 10 mai, en termes très-animés, avec émotion, et le cœur agité de pressentiments funèbres. O journées de juin, journées de juin!... Ceux qui assistèrent à cette séance savent si l'effroi qui remplissait mon âme resta sans écho. Avec quel transport ceux de la *droite* se levèrent, quand je dis que cette cause sacrée du Peuple, je la défendrais toute ma vie. Je les vois encore là, devant moi, debout, frémissants, le visage pâle de colère, et, le bras étendu vers la tribune ; je les entends encore me crier : « Nous aussi! nous aussi (1)! » Et comme ils tressaillirent, lorsque j'ajoutai : « Il s'agit de porter remède à une situation terrible, terrible, terrible : je l'ai vue de près! » Mais il y avait parti pris de courir au-devant du péril. Je terminai mon discours par ces mots, dont moi-même alors j'osais à peine approfondir le sens prophétique : « Sous le règne de Louis-Philippe, on vous a dit : « Prenez garde à la *révolution du mépris!* » Eh bien, c'est à nous de rendre impossible la *révolution de la faim* (2)! »

Le rejet de la proposition que je présentai ce jour-là fut d'autant plus navrant pour moi, qu'à l'exception d'Albert, aucun de mes collègues ne m'appuya. Tel était donc le résultat de tant d'anxiétés, de tant de veilles, de tant de luttes! Ainsi, le rôle d'Albert et le mien aboutissaient à cette annulation officielle du but de nos efforts, au milieu des outrages des uns et du silence des autres! Ainsi, on nous avait envoyés au Luxembourg, avec mission expresse de préparer la solution du plus tragique problème des temps modernes ; et, maintenant que nous adjurions l'Assemblée d'aborder sérieusement la solution attendue, nous étions abandonnés, conspués, traités presque de factieux, sans qu'aucun de ceux-là nous vînt en aide, qui nous avaient jeté sur les bras le prolétariat affamé!

(1) *Voy.* le *Moniteur*, séance du 10 mai 1848.
(2) *Ibid.*

N'était-ce donc que pour endormir ses maux qu'on avait paru nous confier sa cause? Et, pour comble, les royalistes affectaient d'imputer à des vues d'ambition ma persistance à réclamer l'accomplissement des promesses faites au Peuple! J'avais eu beau déclarer de la manière la plus formelle que je n'aspirais qu'à l'honneur de rester représentant, ils feignaient de l'ignorer, et s'en allaient répétant partout : « Il propose un Ministère du Travail, parce qu'il veut être ministre (1)! »

Quant aux ouvriers, ce qu'ils éprouvèrent, on le devine. Un jour avait été fixé pour la célébration de la *fête de la Concorde*, et ils y avaient été naturellement invités. A cette invitation, voici quelle fut leur réponse. Le 11 mai, on lut sur tous les murs de Paris :

« Les promesses faites sur les barricades n'étant pas accomplies, et l'Assemblée Nationale ayant refusé, dans sa séance du 10 mai, de constituer un *Ministère du Travail*, les ouvriers délégués du Luxembourg ont décidé à l'unanimité qu'ils n'iraient pas à la fête de la Concorde.

« Paris, le 11 mai 1848.

« *Pour les délégués, les membres du bureau :*

« Lagarde, président ;
« Besnard, Godin, Lavoye, vice-présidents;
« Lefaure, Délit, Petit, secrétaires (2). »

On dut ajourner la célébration de la Concorde; et le Ministre de l'intérieur prévint l'Assemblée que la fête ne pouvait avoir lieu pour des causes majeures (3).

---

(1) Ce mensonge — car, après ma déclaration, ce ne pouvait plus être une simple erreur — se retrouve dans le réquisitoire prononcé, lors du procès de Bourges, par M. Baroche, aujourd'hui l'un des dignitaires de l'Empire. Ce réquisitoire, fameux à jamais dans les annales de l'imposture, est une chose qui tient du prodige. Pour savoir jusqu'où peut aller l'audace de l'iniquité, il faut l'avoir lu.

(2) *Voy.* le *Représentant du Peuple*, mai 1848, nᵒ 42.

(3) *Voy.* le *Moniteur*, mai 1848, nᵒ 137.

De noirs nuages se formaient ainsi à l'horizon; les perspectives riantes avaient disparu. Béranger, à qui sa popularité, son âge, sa haute et calme intelligence, semblaient assigner, dans l'Assemblée, le rôle de médiateur, vit venir la tempête, et, n'espérant pas pouvoir la détourner, envoya au président de l'Assemblée sa démission de représentant du Peuple, déjà offerte, refusée, mais cette fois définitive. Sa lettre se terminait en ces termes : « Ce n'est pas le vœu d'un philosophe, moins encore celui d'un sage; c'est celui d'un vieux rimeur qui croirait se survivre, s'il perdait, au milieu du bruit des affaires publiques, l'indépendance de l'âme, seul bien qu'il ait jamais ambitionné (1). »

Quelques esprits ardents ont reproché et, aujourd'hui encore, reprochent à Béranger de n'être pas demeuré, en ces jours orageux, à un poste où sa présence eût, peut-être, empêché beaucoup de mal. Quant à moi, je dois dire que sa décision ne m'étonna point. C'était lui qui m'avait, en quelque sorte, tenu sur les fonts baptismaux de la politique (2); c'était lui qui, avec une affection presque paternelle, avait essayé de guider mes premiers pas dans l'âpre carrière. J'avais donc eu occasion de l'étudier, et nul mieux que moi n'avait la mesure de cette grande prudence de Béranger, dont les conseils avaient quelquefois irrité, en les enchaînant, les impatiences de ma jeunesse. Il était

(1) *Moniteur*, mai 1848, n° 137.

(2) Je dois à Béranger de ne pas avoir perdu une partie de ma vie à faire de méchants vers. Au sortir du collége, je m'étais très-mal à propos figuré que j'étais appelé à être un nourrisson des Muses; et, par une fatalité déplorable, mes premiers essais avaient eu pour résultat de me charger le front de palmes académiques. Le moyen, après cela, de douter de ma vocation ! Béranger, qui m'aimait d'une amitié vigilante et clairvoyante, voulut examiner de près ces poëmes de moi qu'on avait couronnés, et me fit promettre que, dans le cas où le résultat de cet examen me serait contraire, je ne chercherais plus une rime de ma vie. Un jour fut pris pour le prononcé du jugement. Non, jamais justiciable de Minos n'éprouva, au moment de la sentence, émotion pareille à celle qui me saisit, ce jour-là, quand la porte de Béranger me fut ouverte. « Oh ! dit-il en m'apercevant, et d'un air grave qui m'atterra, ce n'est plus une promesse que j'exige, c'est un serment. » Je poussai un grand soupir, et je jurai... Combien je me suis félicité depuis de ce qui m'affligea tant alors !

républicain à coup sûr ; mais il n'apercevait la République que loin, bien loin encore dans l'avenir, parce que la génération contemporaine ne lui paraissait pas propre à fournir des républicains ; parce que, dans la plupart de ceux qui se proclamaient tels, et qu'il jugeait sincères, il ne découvrait qu'aspirations généreuses où il cherchait des convictions réfléchies ; parce qu'enfin beaucoup d'entre eux, suivant lui, prenaient follement pour de la dignité personnelle le mépris de toute discipline, et l'envie pour l'égalité. Je me souviens qu'un jour il me dit, avec un sourire doucement moqueur : « Vous êtes trop pressé, mon enfant. Vous parlez de république ? Mais, dans une république, il faut un vice-président, attendu que le président peut tomber malade. Or, trouver, aujourd'hui, quelqu'un qui se contente d'être vice-président, voilà le difficile ! » Cette sagesse si tranquille, si fine, si prompte à s'effaroucher, et qui volontiers s'exagérait, sous le rapport de l'observation, le mauvais côté des choses humaines, disposait mal Béranger à accepter une situation quelconque dans la tourmente de 1848. Nommé membre, malgré lui, dans une assemblée qui couvait des colères implacables, il n'en eut pas plutôt entendu les sourds grondements, qu'il pressentit les suites. Il n'était pas homme à se méprendre sur la portée de la lutte qu'il voyait s'engager entre les élus de la Province et Paris. Y avait-il chance qu'il intervînt d'une manière tant soit peu efficace ? Le déchaînement des passions réactionnaires, au début même ; la fin de non-recevoir opposée à la plus légitime des demandes ; le refus du Peuple d'assister à une « fête de la Concorde » inaugurée sous de pareils auspices ; les clameurs de la presse ; l'exaspération des clubs : tout cela semblait annoncer qu'un conflit, et furieux, était désormais inévitable. Béranger, convaincu de son impuissance à le prévenir, demanda que sa vieillesse ne fût point condamnée au désespoir d'y figurer.

C'est un des traits caractéristiques du génie de la France, que jamais le sentiment de ses propres maux ne l'ont rendue indifférente aux douleurs des autres peuples : non moins vivement que la question du travail, le Peuple, au mois de mai, se préoccupait... de quoi ? de la Pologne gémissante, et de l'Italie agitant ses chaînes ; de la première surtout, que notre intervention seule pouvait sauver. Des nouvelles désolantes venaient d'être reçues : dans le grand-duché de Posen, les Polonais, soulevés, s'étaient battus avec une intrépidité admirable, mais avaient succombé sous le nombre ; l'incendie de plusieurs villages, le meurtre étendu aux femmes et aux enfants, avaient, comme d'ordinaire, déshonoré la victoire de la force sur le droit. Laisserait-on la Pologne périr, périr en poussant ce cri de détresse : « Dieu est trop haut, et la France trop loin ? » L'entraînement fut général, il fut immense. On en peut juger par une première démonstration qui eut lieu le 13 mai. Près de dix mille citoyens parcoururent la ligne des boulevards, depuis la Bastille jusqu'à la Madeleine, au cri mille fois répété de « Vive la Pologne ! » Et, le soir, on agitait dans tous les clubs le projet d'une manifestation plus imposante encore et plus nombreuse.

Le club présidé par M. Blanqui la voulait. Lui, d'après ce qu'il déclara plus tard, au procès de Bourges, augurait mal des résultats ; mais il ne crut pas devoir se roidir contre le sentiment qui paraissait prévaloir, insistant sur ces deux points : que la manifestation devait être calme, qu'il fallait y aller sans armes, et ajoutant : « Il ne faut pas même que, de l'Assemblée nationale, on puisse apercevoir les colonnes populaires (1). »

L'idée d'une manifestation plaisait à M. Raspail, qui la désirait pacifique, et l'espérait majestueuse.

Cependant, du milieu même des rangs républicains, quelques voix s'étaient élevées pour adjurer l'opinion de ne pas s'emporter au delà du possible. Avant de courir la grande aventure d'une guerre qui embraserait le monde, ne convenait-il pas d'attendre que la République se fût fortifiée contre les haines du dehors et les trahisons du dedans ? En poussant à la boucherie tant de patriotes au cœur fier et noble, tant de républicains intrépides que les

____

(1) Déclaration de M. Blanqui, au procès de Bourges, audience du 13 mars 1849. *Voy.* le *Peuple*, mars 1849, n° 116.

meneurs de la réaction brûlaient d'éloigner, la guerre ne pousserait-elle pas au succès de ces complots intérieurs qui avaient cessé d'être un mystère? L'Italie avait constamment repoussé notre intervention : fallait-il la lui imposer par la violence, la lui faire subir comme insulte? Quant à la Pologne, arriver jusque-là était impossible sans passer sur le corps à l'Allemagne. Dans un article véhément, le journal que rédigeait M. Proudhon s'écria : « Pour servir la liberté là-bas, nous allons la compromettre ici (1). » Vains discours ! Le génie cosmopolite de la France avait parlé, il voulait être obéi.

Mais les sympathies qu'avait éveillées le sort de la Pologne ne pouvaient-elles donc se faire jour qu'au moyen d'un cortége de cent mille hommes allant se heurter aux portes de l'Assemblée? Grave question, et qui valait certes qu'on la pesât mûrement.

Depuis la manifestation du 17 mars, en effet, la situation avait bien changé de face. Au 17 mars, il n'y avait pas encore, ainsi qu'aux premiers jours de mai, deux forces en présence, prêtes à s'entre-heurter; au 17 mars, le Peuple n'avait pas à craindre de rencontrer, dans sa marche pacifique vers l'Hôtel-de-Ville, la Contre-Révolution militairement organisée; au 17 mars, le signal de la guerre civile ne risquait point d'être donné par le rappel; au 17 mars, il y avait un centre, le Luxembourg, d'où pouvait partir une impulsion régulière, de nature à prévenir tout désordre; au 17 mars, enfin, on n'avait pas affaire à une assemblée issue du suffrage universel, et représentant, comme telle, le principe de la souveraineté du Peuple. Maintenant, quelle différence ! Et puis n'avait-on pas l'enseignement funèbre du 16 avril, dont le héros, M. Marrast, siégeait en ce moment à l'Hôtel-de-Ville? On parlait de faire porter au palais Bourbon une pétition en faveur de la Pologne par quelques citoyens suivis d'un cortége de cent mille hommes? Mais si ce cortége, formé au hasard, composé d'éléments divers, et traversé par des courants contraires, devenait désordonné, tumultueux, ingouver-

(1) *Voy.* le *Représentant du Peuple*, mai 1848, nº 44.

nable! si d'impurs agents de la réaction parvenaient, en s'y mêlant, à y introduire l'anarchie! si, une fois aux portes de l'Assemblée, la multitude était poussée par des influences occultes à en envahir le sanctuaire, sauf à se disperser ensuite devant la garde nationale accourue en armes, après avoir compromis les noms populaires, et donné le spectacle de la Révolution aboutissant au chaos!... Voilà ce qui était à craindre.

Et, d'autre part, n'y avait-il à la tête du mouvement que des hommes dignes d'être investis d'une confiance absolue?

Un jour, — longtemps après les événements que je retrace, — je reçus, à Londres, la visite d'un homme que je n'avais jamais vu, et qui, entrant chez moi, me dit : « Je suis Huber. » A ce nom, j'éprouvai un sentiment qu'il lut sans doute sur mon visage; car un étrange embarras se manifesta aussitôt dans sa contenance. Sur les relations de cet homme, très-mêlées et quelques-unes très-obscures; sur le fait d'une lettre qui, tombée par hasard ou comme par hasard de son portefeuille, révéla autrefois au gouvernement de Louis-Philippe l'existence d'un complot dont M. Huber tenait les fils et possédait le secret; sur sa nomination d'intendant du domaine de Raincy, obtenue du Conseil par M. Marrast la veille même du 15 mai; sur des lettres de lui trouvées à la préfecture de police et prouvant que, sous Louis-Philippe, il correspondait, de sa prison, avec le préfet de police d'alors; sur tout cela, il avait couru des bruits d'un caractère très-grave; et, dès qu'il parut, je me rappelai ces circonstances accusatrices, sans oublier que c'était là le personnage qui, le 15 mai, avait, du haut de la tribune, au sein d'un désordre effroyable, osé prononcer ces mots si funestes à la République : « L'assemblée est dissoute! » Je lui fis donc un accueil d'une froideur extrême, ce qui ne l'empêcha point de me dire qu'il venait me demander un service. « Lequel, monsieur? — Je désirerais avoir une entrevue avec M. Caussidière; il a répandu ou contribué à répandre des rapports dont je tiens à me laver. Il faut que je m'en explique avec lui, et je voudrais que ce fût devant vous. — Soit. » J'écrivis à M. Caussidière que je l'attendais le lendemain, pour une chose qui le concernait. A l'heure indiquée, il arrive. M. Huber l'avait précédé. Je n'étais pas sans appréhender une scène violente, de la part d'un homme qui se prétendait poursuivi d'accusations flétrissantes et injustes : quel fut mon étonnement, quand M. Caussidière entra, de voir M. Huber courir à lui et l'embrasser! L'étonnement de ce dernier, on s'en doute, fut au moins égal au mien. L'explication commença. D'une voix singulièrement douce, et que ses manières semblaient rendre plus douce encore, M. Huber se plaignait d'avoir à repousser des soupçons propagés par « un vieux camarade. » Comment avait-il pu mériter ce malheur, lui qui, pour la cause de la République, avait tant combattu, tant souffert; lui en faveur de qui témoignait sa longue agonie dans les prisons de la royauté? « Mais, du fond de ces prisons, lui dit M. Caussidière, vous écriviez au préfet de police et lui promettiez des renseignements : niez-vous cela? — Non, je ne le nie pas; mais écoutez bien... » Alors il exposa qu'ayant été soumis au régime cellulaire, il lui avait été impossible d'en supporter jusqu'au bout l'horreur; que, sous le poids affreux d'un isolement absolu, environné d'un silence de mort, il avait senti ses facultés mentales s'affaisser peu à peu ; que des visions funèbres s'étaient dressées devant lui; qu'il s'était cru au moment de devenir fou, et que, saisi d'épouvante, il n'avait plus eu qu'une pensée : obtenir son transfèrement. Il avait donc écrit au préfet de police de Louis-Philippe, promettant, en effet, d'une manière vague des révélations importantes, mais sans autre but que de cesser d'être enseveli vivant, et avec la ferme résolution, une fois arraché au tombeau, de déjouer la curiosité haineuse de ses persécuteurs. « En ceci, ajouta-t-il, je me jugeais si peu coupable, que je me proposais de consigner moi-même ces faits dans des mémoires destinés à décrire les conséquences morales de l'emprisonnement cellulaire. » Cette explication n'avait rien d'invraisemblable ; elle opposait au blâme la pitié ; et le contenu des papiers trouvés à la préfecture de police ne la démentait pas. Cependant, elle laissait planer sur le républicanisme de celui qui, le 15 mai, avait déclaré l'Assemblée dissoute, une ombre que sa conduite ultérieure n'a certes pas dissipée. La lettre qu'en janvier 1852, il écrivit de Belle-Isle à Louis-Bonaparte, pour demander grâce, saluer l'Empire, et, abdiquer son titre de républicain, cette lettre éclaire d'un triste jour les détails qui précèdent, et auxquels il ne me reste qu'un trait à ajouter : à propos de la part que M. Huber avait prise au 15 mai, sujet sur lequel il éluda avec beaucoup de dextérité les éclaircissements que je cherchais, il lui échappa néanmoins de me dire, dans la première visite dont j'ai rendu compte : « Que voulez-vous ! Marrast m'a trompé. » Je n'en pus savoir davantage.

Ce qui est sûr, c'est qu'au mois de mai 1848, M. Marrast et M. Huber étaient en relations intimes; c'est que le premier avait une police à lui, distincte de la police générale, et qui agissait à son profit (1); c'est que le second, qui présidait le club centralisateur, fut un des meneurs les plus actifs du mouvement qui conduisit le peuple aux portes de l'Assemblée. Or, ainsi que l'a écrit l'auteur de l'histoire remarquable publiée sous le nom de Daniel Stern : « Le parti de la République qu'on appelait bourgeoise — MM. Marrast, Buchez et autres — ne trouvait nul danger et voyait quelques avantages à une manifestation inoffensive qui lui permettrait d'intervenir comme régulateur entre le Socialisme, dont on écarterait les chefs compromettants, et les Dynastiques, que l'on protégerait contre les prolétaires, mais en leur faisant bien sentir ce qu'ils en avaient encore à craindre (2). »

Le 14 mai, un certain nombre de représentants du Peuple, parmi lesquels MM. Barbès, Thoré, Greppo, Detours, et mon excellent ami, l'intrépide et généreux Gambon, se réunirent chez moi pour discuter les bases de la Constitution qui était, en ce moment, l'objet des préoccupations de l'Assemblée. Après avoir examiné les divers aspects de la

______

(1) Ce sont les propres termes dont se servit, dans sa déposition devant la haute Cour de Bourges, M. Carlier, le directeur de la police d'alors. *Voy.* l'audience du 10 mars 1849, dans le journal *le Peuple*, n° 113.

(2) *Histoire de la Révolution de février*, par Daniel Stern, t. III, p. 21.

grande question qui nous rassemblait, et être convenus des
principes que nous devions appuyer de nos votes, nous
nous entretînmes naturellement de ce projet de manifestation dont l'idée remuait tous les esprits ; et le résultat
général de la délibération fut qu'il y avait là un danger
sérieux contre lequel il importait au plus haut point de se
prémunir.

Mais déjà la Commission des membres du club centralisateur, que présidait Huber, avait annoncé la manifestation pour le lendemain, 15 mai (1).

Vers quatre heures et demie, rencontrant Barbès, je lui
exprimai vivement mes inquiétudes : il les partageait, et
me quitta en me laissant l'assurance qu'il allait à son club,
où il était bien déterminé à combattre de toutes ses forces
un mouvement dont nous ne pressentions que trop bien les
conséquences fatales. Je n'ai pas besoin d'ajouter qu'il tint
parole. M. Landolphe l'appuya d'une manière très-éner-
gique, et il fut décidé que le club de Barbès ne prendrait
point part à la manifestation.

Il en devait être de même du club dirigé par M. Cabet :
lui-même l'avait annoncé à la réunion qui avait eu lieu
chez moi le matin, et dont il était.

De son côté, M. Proudhon avait publié, le 13 mai, dans
le Représentant du Peuple, un article, signé de lui, où il
disait : « Une manifestation ! qu'est-ce qu'elle prouvera?
quels seront son programme, son idée, son moyen, sa formule, sa solution? qu'apprendra-t-elle aux représentants?
quelle conviction, quelle foi fera-t-elle passer dans leur
âme? » Et il adjurait les patriotes de ne pas agir comme
des « clubistes sans cervelle (2). »

Le 15 mai, je pris, à l'heure accoutumée, le chemin de
l'Assemblée. Je siégeais à côté de M. Barbès. Sachant que
je demeurais sur le boulevard : « Eh bien ? » me dit-il avec
une patriotique anxiété, aussitôt qu'il m'aperçut. Je lui

---

(1) *Voy.* sur l'initiative prise, dans ces circonstances, par le club centralisateur, la déposition faite par un de ses principaux membres,
M. Danduran, devant la haute cour de Bourges, audience du 10 mars
1819.

(2) *Le Représentant du Peuple*, mai 1848, n° 45.

répondis qu'il y avait beaucoup d'animation le long du boulevard; que le Peuple descendait en colonnes serrées; que des rapports fidèles m'en avaient donné la certitude. Son visage s'altéra; il me serra la main d'une manière expressive, et, d'une voix qui, toutes les fois que je remonte à ces cruels souvenirs, retentit au fond de mon cœur, il me dit : « Ah! mon ami, c'en est fait, je le crains bien, de la République! » La séance s'ouvrit par la lecture de la lettre de démission de Béranger, suivie d'interpellations que M. d'Aragon, âme généreuse, adressait à M. Bastide, touchant l'Italie. La réponse du ministre des affaires étrangères parut un peu évasive. Cependant, elle affirmait le devoir de la France d'intervenir en faveur des peuples qu'on opprime, là où cette intervention est demandée; elle exprimait l'espoir que bientôt un congrès formé des représentants des peuples libres réaliserait un principe dont la France se ferait volontiers le premier soldat : le principe de la souveraineté européenne; elle niait, à la face des rois, les traités de 1815, et contenait ces belles paroles : « Nous ne nous estimons pas complétement émancipés tant qu'il reste autour de nous des nations qui souffrent (1). »

M. Wolowski monte à la tribune. Il commençait à parler de la Pologne, lorsque l'arrivée de la foule s'annonce par un mugissement lointain. L'orateur continue. Le bruit se rapproche. L'orateur veut poursuivre : d'effrayantes clameurs, venues du dehors, remplissent l'enceinte. Plusieurs représentants entrent d'un pas précipité; on crie : « En place! » Au même instant, M. Degousée, un des questeurs, paraît à la tribune, et annonce, d'un air agité, que le commandant en chef de la Garde nationale a ordonné à la garde mobile de remettre la baïonnette dans le fourreau; que la salle va être envahie.

Ce que beaucoup parmi nous avaient craint venait de se réaliser : le cortège, parti rivière, était arrivé torrent. Le général Courtais, qui commandait les troupes stationnées autour de l'Assemblée, était allé au-devant de la manifestation, l'avait rencontrée à la hauteur de la Made-

____

(1) *Voy.* le *Moniteur* de mai 1848, n° 137.

leine, et avait promis de laisser passer quelques délégués, ce qui était tout ce qu'on désirait, et tout ce qu'avaient en vue les directeurs sincères du mouvement, entre autres M. Raspail, chargé de lire la pétition. Mais ce qu'ils ignoraient, c'est qu'il y avait une *direction occulte* (1), dont le but était de créer le désordre et de les compromettre sans retour. Chose étrange, et qui en dit plus long que tous les commentaires! Contre des malheurs si faciles à prévoir, nulle précaution prise. Au général Courtais, qui, la veille, voulait convoquer mille Gardes nationaux par légion, M. Marrast avait objecté que, pour la sûreté de l'Assemblée, cinq cents hommes suffiraient. Quelques Gardes nationaux autour du palais législatif, et un bataillon de Gardes mobiles, échelonnés sur les escaliers du péristyle : voilà tout ce qu'avait voulu autour de la représentation nationale, pour la protéger en cas de besoin, un homme qui, au 16 avril, avait entouré l'Hôtel-de-Ville d'une forêt de baïonnettes ! De fait, la route était libre. Lors donc que la colonne parut sur la place de la Révolution, les gens apostés qui l'y attendaient, n'eurent pas de peine, en prenant la tête et en poussant de grands cris, à entraîner après eux sur le pont, au delà du pont, et jusqu'à la grille parallèle au quai, une foule que tant de causes concouraient à surexciter. Tragique position que celle du général Courtais! La foule arrive mugissante, irrésistible, poussée en avant par son propre poids. Donnera-t-il l'ordre de faire feu? Mais déjà, prompts à témoigner de leurs intentions pacifiques, les gardes mobiles ont mis la baguette dans le canon de leurs fusils. D'ailleurs, si un combat s'engage, quelle chance de sauver l'Assemblée d'un envahissement que la lutte risquerait de transformer en massacre? « Baïonnette au fourreau ! » crie le général, qui veut éviter l'horreur de tout ce sang répandu, et qui, en donnant passage

(1) Déposition de M. Danduran, ingénieur civil, un des principaux membres du club centralisateur, devant la haute cour de Bourges, audience du 10 mars 1849 : « Je jure que la manifestation devait s'arrêter à l'obélisque. Qui l'a dirigée? Je ne saurais le dire en conscience, mais il y avait une direction occulte; et, si la manifestation est devenue désordonnée, il faut l'attribuer à des hommes apostés à la tête du pont. »

aux délégués, espère arrêter ceux qui les suivent (1). Mais voilà qu'en un clin d'œil, les grilles sont escaladées; et, tandis que des milliers d'hommes ardents entrent par ce côté dans le palais, avec la violence de l'Océan débordé, la queue de la colonne, roulant vers la grande entrée qui ouvre sur la place de Bourgogne, force les grilles là aussi, inonde les cours, bouscule en passant et renverse dans les bras de M. Étienne Arago, le général Courtais, accouru pour essayer de la contenir (2), et se répand en flots tumultueux dans l'édifice, de toutes parts envahi.

Affreux fut le serrement de cœur que j'éprouvai, au moment de l'invasion de la salle, lorsque j'entendis le cri perçant des femmes, saisies d'effroi, se mêler aux clameurs d'une multitude en délire; lorsque je vis les uns se précipiter par les portes latérales au bureau; les autres, après s'être frayé un passage dans les tribunes, glisser le long des murs, en s'accrochant aux corniches; lorsque, à travers un nuage de poussière, j'aperçus les nobles drapeaux de l'Irlande, de la Pologne, de l'Italie, ballottés au-dessus d'une foule oscillante, comme les mâts d'un vaisseau qui fait naufrage! Ah! quelle audace ne faut-il pas que le démon du mensonge possède, pour qu'un homme se soit trouvé, qui ait eu l'infamie de dire de moi : « En ce moment, il me sembla qu'il souriait (3)! » La vérité, c'est que j'étais cloué à ma place, spectateur consterné, muet, immobile, de cette convulsive agonie de la République, quand tout à coup l'on vint m'apprendre qu'une portion du Peuple, entassée dans la cour, du côté de la rue de Bourgogne, me demandait avec emportement, et que, si je ne paraissais pas, elle menaçait de grossir le flot des envahisseurs. Pendant près d'une demi-heure, représen-

(1) *Voy*. sur la condition mise par le général Courtais à l'ouverture des grilles, la déposition du commissaire de police Bertoglio devant la haute cour de Bourges, audience du 10 mars 1849.

(2) *Voy*. sur ce point la déposition de M. Étienne Arago, qui montre le général faisant tous ses efforts pour empêcher l'envahissement de l'Assemblée, et luttant contre la foule avec une énergie désespérée. Procès de Bourges, audience du 12 mars 1849.

(3) *Voy*. ma réponse à cette imposture, dans le compte rendu de la séance du 25 août 1848 par le *Moniteur*.

tants du Peuple, huissiers de la Chambre, garçons de salle, se succédèrent auprès de moi, me suppliant d'intervenir, et d'essayer sur le Peuple, en cet instant funeste, l'empire d'une parole qu'on croyait capable de le calmer. Longtemps, je restai sourd à ces instances, n'espérant rien, pour le rétablissement de l'ordre, du résultat de mon intervention, et trop sûr qu'elle mettrait aux mains de mes ennemis un glaive acéré. Un de mes collègues, M. Huot, était allé conjurer la foule de se retirer; on lui cria : « Ce n'est pas vous que nous demandons, c'est Louis Blanc. » Il vint en hâte me le dire ; je lui répondis avec énergie : « Ma place est ici, sur mon banc, je ne veux pas le quitter (1). » Le bruit ayant couru que j'étais arrêté, il y eut au dehors une explosion de colère ; et un citoyen, nommé Larger, accourut, disant : « Une nouvelle dangereuse circule ; le Peuple vous croit arrêté. Venez, venez vite lui prouver le contraire. » Je répondis : « Je ne le puis, sans l'autorisation du président de l'Assemblée (2). » Mais les sollicitations redoublaient; plusieurs membres de la droite, parmi lesquels, si je me souviens bien, figurait M. Lucien Murat, m'entourèrent; et l'un d'eux alla jusqu'à me dire : « Quoi ! pouvant, peut-être, calmer l'agitation, vous refusez d'essayer ! Et si le sang coule ! » Pour résister jusqu'au bout à des considérations de ce genre, la force me manqua. Sans m'arrêter davantage à la prévision des suites, sur lesquelles je n'eus pas un moment de doute, je monte au bureau de la présidence, et, m'adressant à M. Buchez : « Croyez-vous utile que je parle au Peuple, et, dans ce cas, m'autorisez-vous à le faire au nom de l'Assemblée? » Il était fort troublé; il me répondit : « Comme président, je n'ai pas à vous ordonner de parler ; comme homme et comme citoyen, je vous y engage. » J'insistai pour obtenir une réponse plus catégorique ; alors, M. Corbon, vice-président, me dit, en présence de M Buchez, qui garda un silence d'acquiescement: « Eh bien, le bureau vous autorise. »

(1) *Voy*. la déclaration de M. Huot, dans la séance du 31 mai 1848. *Moniteur*, juin 1848, n° 153.
(2) *Voy* la déposition de M. Larger au procès de Bourges, audience du 11 mars 1849.

En cet instant, M. Raspail était à la tribune, tenant à la main la pétition, que le tumulte environnant l'empêchait de lire. Or, il importait que cette lecture eût lieu, unique chance qui se présentât de faire évacuer la salle, en ôtant tout motif d'y rester. On me hisse sur le bureau des secré taires; une voix, qui me sembla sortir du milieu d'eux, crie : « Au moins, écoutez votre ami! » Et le silence s'étant rétabli momentanément, j'en profite pour prononcer la courte allocution qu'a publiée le *Moniteur*, allocution dans laquelle, m'étudiant à ramener le Peuple sans l'irriter, je l'adjurais de ne pas mettre lui-même obstacle à la consécration du droit de pétition, et de ne pas « violer sa propre souveraineté (1). »

Il fut enfin possible à M. Raspail de lire la pétition, qui concluait à ce que la cause de la Pologne fût confondue avec celle de la France. Des acclamations passionnées accueillirent ce vœu.

M. Blanqui, appelé à la tribune par plusieurs membres des clubs, venait de commencer, sur les désastreux événements de Rouen, la question du travail, et celle de la Pologne, un discours écouté avec faveur, lorsque, l'agitation du dehors redoublant, je me vis entouré de nouveau de sollicitations inquiètes. Fort de l'assentiment du président de l'Assemblée, j'allai à une des fenêtres de la cour qui conduit à la place de Bourgogne ; je montai sur le rebord de la fenêtre, où Albert et Barbès parurent, et je tins à la multitude entassée dans la cour le langage qui me parut le plus propre à l'apaiser. Je lui dis en substance qu'on ne pouvait nier la légitimité des vœux portant sur une plus équitable répartition du travail, sur l'extinction graduelle de la misère, mais que l'Assemblée mettrait, sans doute, au premier rang de ses devoirs d'approfondir cette question suprême; que l'éternel honneur de la République serait précisément d'avoir travaillé sans relâche à réaliser

(1) Nulle mention de ce discours dans le réquisitoire prononcé contre moi à Bourges, en mon absence, par M. Baroche. Et cependant le *Moniteur* était là! Je n'ajoute rien.

le droit de tous au bonheur ; que, s'il y avait folie à élever
trop haut, sur ce point, le niveau de son espérance, c'était
là, du moins, une de ces folies sublimes auxquelles on
était bien pardonnable de dévouer sa vie ; que, du reste,
c'était un spectacle très-touchant et très-noble que celui
d'un peuple sortant de la préoccupation de ses propres
douleurs pour s'occuper des souffrances d'un peuple ami ;
que là se reconnaissait le génie essentièllement généreux
et cosmopolite de la France ; mais que plus les sentiments
du Peuple étaient dignes de respect, plus il convenait d'en
présenter l'expression d'une manière légale, régulière. Et
je terminai en conjurant la foule de laisser l'Assemblée à
toute la liberté de ses délibérations. M. Piétri, un de mes
adversaires politiques, qui, depuis, a été préfet de police
sous l'Empire, était présent ; et il a très-loyalement, du
haut de la tribune, témoigné du caractère conciliateur et
patriotique des paroles que je prononçai en cette occasion.
Un élève de l'École de Saint-Cyr, nommé Lucas, déclara,
lorsqu'il fut interrogé, qu'il y avait dans mes exhortations
quelque chose de si touchant, qu'il ne put s'empêcher de
verser des larmes (1).

Je me retirais pour prendre place au milieu de mes collègues, lorsque, saisi par un groupe nombreux qui s'était
formé derrière la fenêtre, je fus emporté à travers la salle
des Pas-Perdus. On voulut m'entendre encore une fois, on
le demandait impérieusement, on fit cercle, une chaise fut
apportée sur laquelle on me força de monter, et je dus
prendre la parole. Ce fut alors que, parlant de la force
invincible de la Révolution de février, mais de l'absolue
nécessité de l'imposer à l'admiration du monde entier par

(1) *Voy*. sa déclaration dans la séance du 31 mai 1848. *Moniteur*, juin
1848, nº 153.
Je citai cette déposition dans mon discours du 25 août 1848. *Voy*.
dans le *Moniteur* le compte rendu de cette séance.
M. Baroche, dans son réquisitoire de Bourges, n'a eu garde de mentionner ces témoignages. En revanche, il a grand soin, sur la foi de je
ne sais quel habitant de Quimper, de représenter Barbès, Albert et moi
groupés dans les plis du drapeau tricolore. Il est de fait qu'au moment où
j'achevais mon discours, on me mit entre les mains un drapeau tricolore,
que je gardai, ne jugeant pas que le fouler aux pieds ou le rejeter fût
un bon moyen de calmer le Peuple. Voilà toute l'histoire.

la modération et la sagesse, seul moyen de la rendre bientôt victorieuse de tous les rois, je prononçai ces mots, dénaturés depuis par le mensonge au service de la haine : « Cette Révolution, en effet, n'est pas de celles qui ébranlen les trônes, mais de celles qui les renversent. » Et la conclusion, le résumé de mon discours, fut ce cri, que tous le auditeurs répétèrent avec enthousiasme : « Vive la République universelle! »

Presque au même instant, on m'entoure de toutes parts, on m'enlève, on veut me porter dans l'Assemblée. J'eus beau me débattre violemment; j'eus beau répondre, à diverses reprises, aux acclamations passionnées qui retentissaient autour de moi, que le seul cri vraiment digne du Peuple était : « Vive la République! » je m'épuisai en efforts inutiles. Dix fois je tombai dans la foule qui m'entraînait, dix fois des bras robustes me soulevèrent. Un ouvrier aux formes athlétiques me dit, en me montrant le poing avec un sourire et un air affectueux : « Ah! petit gredin, si tu voulais... (1)! » Il y en avait qui se précipitaient sur moi pour m'embrasser; d'autres criaient : « Prenez garde de l'étouffer! » Si c'est un tort que d'exciter de telles sympathies, quand on en repousse de toutes ses forces l'éclat désordonné, et qu'on a toujours servi la cause de ce qu'on croit la vérité, sans condescendance, sans flatterie, sans vaine captation de popularité, ce tort est le mien : qu'on en trouve un autre dans ma conduite !

C'est ainsi que, malgré mes protestations, et à travers une masse compacte, je fus porté jusqu'au milieu de l'Assemblée, devenue le théâtre des scènes les plus tumultueuses. Les sténographes du *Moniteur*, qui, au milieu d'une confusion sans exemple, n'ont pu décrire que très-incomplétement ce qui se passait autour d'eux, ont présenté, de ma réapparition dans la salle, le tableau suivant, dont on s'arma plus tard contre moi si cruellement et avec tant de succès · « M. Ledru-Rollin essaye de calmer le

____

(1) Un de mes collègues, M. Morhéri, fut témoin de cette circonstance, et en déposa devant la cour de Bourges.

Peuple... On l'interrompt... Cris pour la création d'un Ministère du Travail. Un drapeau paraît avec un crêpe noir. On demande l'organisation du travail. Voix nombreuses de la foule : « Nous voulons Louis Blanc! Nous voulons un « Ministère du Travail! Louis Blanc! Louis Blanc! » Le citoyen Louis Blanc est enlevé sur les bras des personnes réunies dans l'enceinte. On le porte en triomphe devant les bancs des représentants, en criant : « Louis Blanc! Louis « Blanc! (1) »

Je ne nie pas l'exactitude de ces détails ; mais ce qu'il aurait fallu ajouter, ce que le *Moniteur* ne dit pas, et ce qui eut des milliers de témoins, c'est que je me débattis contre cette ovation funeste avec une énergie qui tenait du désespoir ; c'est que j'épuisai dans cette lutte impossible ce qui me restait de forces ; et, pour l'attester, que fallait-il donc de plus que ma voix complétement éteinte, cette extrême pâleur de mon visage qui frappa tous ceux qui me virent, et la sueur qui coulait à grosses gouttes le long de mes joues (2)!

(1) *Voy.* le *Moniteur*, mai 1848, n° 138.
(2) Parmi les témoignages sans nombre que je pourrais produire ici, je choisis la lettre suivante, — adressée à moi-même, avec autorisation de la publier, — parce qu'elle vient d'un homme très-distingué sous tous les rapports, membre de la Chambre des Communes d'Angleterre, à cette époque, aujourd'hui membre de la Chambre des Lords, sous le nom de lord Houghton, et qui assista à la séance du 15 mai, en témoin parfaitement désintéressé dans nos luttes de parti :

« My dear sir,

« I have been told that you are desirous that I should record my opinion of your conduct and demeanour in the National Assembly of the 15th May 1848, when the scene of its deliberations was invaded and occupied by the populace of Paris. I chanced to be there present in the diplomatic box, during the whole of that day so fatal to the constitutional liberties of France, and I watched with a natural interest the proceedings of all the important personages whom I knew by sight.

« At this distance of time, it is difficult to recall details ; but it was then my distinct impression, which I imparted to many persons immediately afterwards, that your attitude towards the intruders was expressive of reproof and regret and had nothing about it to encourage the suspicion that you had invited or welcomed the outrage upon the representatives of the Nation.

« I saw you taken up and raised upon the shoulders of the people ; but you appeared to me to deprecate the triumph that was offered to you, and to express by your gestures your disapproval alike of the ho-

Séparé de M. Barbès par le flot populaire, je ne l'entendis pas demander que, pour arracher un peuple ami à l'oppression et à la mort, on levât, s'il le fallait, un impôt d'un milliard sur les *riches;* mais ceux qui lui ont tant reproché ce mot, à lui qui, après tout, appartenait à la classe qu'il désignait, ceux-là se souvenaient-ils que, pour gorger les émigrés, la Restauration avait levé un impôt d'un milliard, même sur les *pauvres* (1)?

Cependant, l'exaltation populaire croissait de minute en minute. Soudain le roulement du tambour retentit dans le lointain. M. Raspail, M. Barbès, conjurent le Peuple de se retirer. M. Huber, lui, réclame en faveur des assistants l'honneur de défiler devant l'Assemblée. Un cri s'élève : « Les tribunes enfoncent ! » Marques d'effroi. Et le bruit du tambour qui approche ! C'est le rappel : le rappel, c'est la guerre civile. Que la garde nationale entre dans la salle, la baïonnette au bout du fusil, malheur à tous ! Pour les représentants eux-mêmes, le danger, en pareil cas, eût

mage and of the passions that prompted it. You appeared to me to leave the hall at the time it was deserted by the other members, and I was never more surprised, than when I heard that you were accused of complicity in the attack upon the Assembly. I had no personal acquaintance with you at the time and I only observed your actions from the same motive that I did those of other public men. I am afraid this testimony can be of no great value or importance; but such as it is, I am very ready to give it to you.

« I remain, my dear sir, yours sincerely,

« RICHARD MONCKTON MILNES.

« 16 Upper Brook street, February 14th 1859. »

(1) Au procès de Bourges, Barbès produisit beaucoup de sensation, en faisant, avec cette héroïque fermeté d'âme qui le caractérise, la déclaration suivante : « Je suis responsable, en effet, de cette revendication du milliard octroyé aux émigrés pour prix de leurs faits et gestes contre la France. »

Un fait important à signaler, c'est qu'un seul représentant se leva pour appuyer la proposition de Barbès. Et quel était ce représentant ? Dupin aîné !

Voy. dans le journal *le Peuple*, n° 115, le compte rendu du procès de Bourges, audience du 12 mars 1849, et dans *le Rappel*, numéro du 3 octobre 1869, le témoignage de Corbon, vice-président de l'Assemblée constituante, consigné par François-Victor Hugo dans une lettre à Auguste Vacquerie.

été si formidable, que le fanatisme aveugle de l'esprit de parti a seul put faire un crime à M. Barbès d'avoir cherché à prévenir un égorgement possible en demandant que quiconque ordonnerait de battre le rappel fût déclaré traître à la patrie. On entendit le bruit du tambour s'éloigner, on l'entendit se rapprocher encore. Il fallait éviter l'effusion du sang : le président, derrière qui un capitaine d'artillerie se tenait, le visage sombre et une épée nue à la main, dut écrire sur quelques feuilles volantes : « Ne faites pas battre le rappel. » On m'avait déposé enfin, brisé de fatigue, sur un banc de l'extrême gauche. Un ouvrier s'approche et me dit . « Vous n'avez plus de voix ; mais si vous voulez écrire sur un morceau de papier qu'une dernière fois vous conjurez la foule de se retirer, peut-être parviendrai-je à lire ce papier de manière à être entendu. » Je prends une plume, et je traçais à la hâte ces lignes : *Au nom de la patrie, de la patrie républicaine, au nom de la souveraineté du Peuple, dans l'intérêt de tous, je vous adjure de...,* lorsque tombèrent de la tribune ces paroles trop fameuses prononcées par M. Huber, à la suite d'un long évanouissement : « L'Assemblée est dissoute. »

Alors, il se fit dans la salle un grand mouvement dont l'impétuosité me poussa jusque dans la salle des conférences. On m'appelait de toutes parts. Une multitude serrée, violente, m'entoura, me criant d'aller à l'Hôtel-de-Ville. J'aurais voulu voir Albert, dont personne ne put me donner des nouvelles, et Barbès, qui, de son côté, me cherchait. Il nous fut impossible de nous rejoindre. Quelqu'un me dit qu'on avait cherché à conduire ce dernier à l'Hôtel-de-Ville ; qu'il s'en était défendu avec beaucoup d'animation. Le rapport était inexact. Quoique Barbès eût déploré l'invasion de l'Assemblée, et fait tous ses efforts, d'abord pour la prévenir, puis pour y mettre un terme ; quand il vit que les représentants du Peuple étaient dispersés ; que la foule courait éperdue çà et là ; que le cri « Aux armes » répondait aux appels funèbres du tambour, et que Paris était livré à une horrible confusion, ne consultant que son désir d'empêcher, s'il était possible, tout acte préjudiciable à la cause du Peuple, il prit son parti résolûment, et alla droit à l'Hôtel-de-Ville. Quant à moi, n'ayant pu, par une bien triste fatalité, ni connaître ses impressions, ni lui communiquer les miennes, ni savoir ce que lui et Albert étaient devenus, je me trouvai agir d'après une appréciation différente des lois de la situation, et je résistai vivement aux obsessions dont j'étais assailli. Mais, tout le monde se précipitant vers les portes, le torrent m'entraîna dehors, et je sortis tellement perdu au sein de la multitude environnante, que j'ignore encore par quelle issue et par quel chemin j'arrivai à l'esplanade des Invalides.

Là, je rencontrai Charles Blanc, mon frère, dont le dévouement intrépide et la sollicitude constamment en éveil n'ont manqué à aucune des épreuves, à aucun des dangers de ma vie. Suivi d'un peintre, M. Célestin Nanteuil, et de quelques amis, il me cherchait avec inquiétude, et fit des efforts inouïs pour me dégager ; car j'étais pressé à ce point, que mes plus proches voisins étaient obligés de me faire, en se donnant le bras, un rempart contre le mouvement qui m'enveloppait. Un moment, toutefois, il se fit une halte que je mis à profit pour engager de nouveau ceux qui m'accompagnaient à se disperser. « Vous allez vous faire tuer, et inutilement, » leur disais-je. Mais quelques-uns me répondaient, dans une sorte de délire, et en montrant leur poitrine nue : « On n'osera pas frapper des hommes désarmés. » Mon frère reprit vivement : « Eh bien, c'est donc lui que vous voulez faire tuer ? » Chose admirable et touchante ! Ces hommes, tout à l'heure si obstinés, furent aussitôt vaincus. « C'est vrai ! c'est vrai ! s'écrièrent-ils, il ne faut pas l'exposer ! » Un cabriolet venant à passer, ils l'arrêtèrent, en firent descendre le maître ; c'était un marchand de vins qui s'en retournait à Bercy. Il déclara qu'il avait des valeurs dans son cabriolet et témoigna le désir de ne point le quitter. De sorte que nous nous trouvâmes quatre dans le cabriolet : le propriétaire, le cocher, mon frère et moi. J'étais dans un tel état de prostration physique, que l'honnête citoyen qui m'avait ainsi donné place dans sa voiture me proposa généreusement de me mener chez un de ses amis où je pourrais prendre un peu de repos. Il me conduisit, en effet, dans le quartier de l'École de médecine, chez un jeune homme qui m'offrit la plus gracieuse hospitalité. Je regagnai ensuite ma demeure, après m'être arrêté quelques instants, pour y changer de linge, dans une librairie voisine, celle du citoyen Masson, qui était absent, et dont les neveux me reçurent. Prétendre qu'on m'a vu à l'Hôtel-de-Ville... est un mensonge dont l'impudence dépasse tout ce qui peut être imaginé.

Ayant appris, chez moi, que l'Assemblée était rentrée en séance, je me hâtai d'y aller reprendre mon poste.

Arrivé au vestibule, je suis reconnu par quelques gardes nationaux. Ils se précipitèrent sur moi, en proie à un incroyable accès de rage. « En accusation ! criaient ceux-ci. — Il faut le tuer ! ce sera plus tôt fait ! » criaient ceux-là. Heureusement, d'autres gardes nationaux, j'aime à le constater ici, mirent à me défendre la même ardeur que leurs camarades mettaient à m'attaquer. Le général Duvivier parut en uniforme et fut un des premiers à protéger ma vie. Parmi ceux qui m'entourèrent et parvinrent à me sauver de la fureur la plus aveugle qui fut jamais, je citerai, avec reconnaissance, mes collègues la Rochejaquelein, Boulay (de la Meurthe), Wolowski, Adelsward, mon compatriote Conti, représentant de la Corse ; le citoyen Moussette, le peintre Gigoux, un lieutenant de la garde nationale nommé Férey, délégué du Luxembourg. On m'a dit depuis que, fidèle au souvenir de notre longue amitié, M. François Arago était sorti précipitamment de la Chambre, pour venir à mon secours. Il m'est doux de trouver cette occasion d'exprimer publiquement à ceux qui me sauvèrent de cette incroyable tentative d'assassinat, ma profonde gratitude.

Il est certain, il est probable du moins, que, sans leur intervention, c'en était fait de moi. On m'arracha des poignées de cheveux ; on mit en pièces mon habit ; des misérables essayèrent de me frapper par derrière à coups de baïonnette ; il y en eut un qui, ne pouvant m'atteindre autrement, me tordit les doigts. Mon indignation était si violente, que, pendant tout ce temps, je ne cessais de crier : *Lâches ! lâches ! Vous êtes des lâches !* J'entrai dans l'Assemblée,

véritablement couvert de lambeaux, et le visage ensan-
glanté. Dans cet état, peut-être aurais-je dû m'attendre,
de la part de tous mes collègues, à quelques-uns de ces
égards que commande le seul sentiment de l'humanité.
Mais tel est le cruel effet des discordes civiles, que je ne
trouvai, dans une partie de l'Assemblée, que dispositions
hostiles. Ma présence à la tribune, où m'appelait le plus
impérieux des devoirs, celui de témoigner en faveur de
mes malheureux amis Albert et Barbès, provoqua les plus
violents murmures.

Est-il vrai, comme plusieurs journaux l'ont rapporté,
qu'il se soit mêlé à ces murmures des insultes qu'un homme
de cœur ne souffre point? Je suis en droit de le nier, non-
seulement parce que je n'ai pas entendu ces insultes, mais
parce que j'ai écrit depuis une lettre qui invitait les prétendus insulteurs à se faire connaître. Or, cette lettre est
demeurée sans réponse, et je tiens en assez grande estime
l'Assemblée dont j'ai eu l'honneur de faire partie, pour
croire qu'elle ne renfermait pas un seul homme capable
de descendre à une injure anonyme, à une injure irres-
ponsable (1).

(1) Voici la lettre que j'adressai au rédacteur de la *Presse* :

« Citoyen

« Vous dites, dans votre numéro de ce jour, que j'ai tenu au Peuple
un discours qui se résume en ceci : « La *démonstration* d'aujour-
« d'hui n'est pas de celles qui ébranlent, mais de celles qui renversent. »

« Je n'ai pas dit cela ; j'ai dit, en parlant de l'influence que notre
grande et impérissable Révolution de février a exercée sur l'Europe monarchique : « Cette *Révolution*, en effet, n'est pas de celles qui ébranlent
« les trônes, mais de celles qui les renversent. »

« Je n'insisterai pas sur la différence de ces deux versions, surtout
dans les circonstances présentes! Je ne parlerai pas non plus des injures
anonymes que vous mentionnez, injures qui se sont perdues pour moi
dans le tumulte, injures qui m'auraient pu être épargnées, chez un
peuple généreux, après les honteuses et indignes violences dont je venais
d'être l'objet, au seuil même de l'Assemblée.

« Je ne provoque jamais personne; mais ceux qui me connaissent savent
bien que je ne recule pas devant toute provocation portant un nom propre.

« Je recommande à votre loyauté, citoyen, l'insertion de cette lettre
dans votre plus prochain numéro.

« Salut et fraternité.

« LOUIS BLANC.

« Paris, le 16 mai 1848. »

Le *Moniteur* porte que l'autorisation de poursuivre Albert fut votée, ce soir-là, à l'unanimité. Au nom de plusieurs de mes amis, et pour mon propre compte, je protestai publiquement et énergiquement contre cette assertion.

Telle est, racontée avec la plus parfaite, la plus minutieuse exactitude, la conduite que je tins dans la journée du 15 mai.

Pour ce qui est du peuple de Paris, lord Normanby le calomnie avec une audace à peine concevable, lorsqu'il parle de « vengeance sanguinaire ; » de « furieux, n'attendant que l'occasion d'un triomphe éphémère pour choisir leurs victimes, etc..., etc... (1). » La confusion fut grande sans doute, et il se passa des scènes de désordre lamentables ; mais qui ne sent que, dans des événements de ce genre, il suffit, pour créer le chaos, d'une vingtaine d'énergumènes excités par quelques agents provocateurs ? C'est l'attitude de la masse qu'il importe de considérer ici. Eh bien, cette attitude, au 15 mai, n'eut absolument rien qui justifie les dénonciations de lord Normanby. Les uns agirent comme des hommes à qui l'exaltation d'un sentiment généreux a donné la fièvre ; les autres, comme des écoliers en révolte qui sont étonnés de ce qu'ils ont fait, non sans quelque inquiétude du résultat. Je tiens de M. Monkton Milnes qu'au plus fort du tumulte, il remarqua un vieillard, un Français, qui pleurait à chaudes larmes et s'écriait d'une voix passionnée : « Pauvre Pologne ! pauvre Pologne ! Elle sera donc sauvée ! » Et ce sentiment était général. Au moment de l'invasion, ceux qui forcèrent les portes de la tribune diplomatique — ce fait me vient de la même source — s'arrêtèrent tout court, à la vue des dames qui s'y trouvaient, et, ôtant leurs casquettes, demandèrent respectueusement la permission de passer. Certes, s'il est une chose dont il y ait lieu de s'émerveiller, c'est qu'au sein d'une foule excitée à ce point et armée, aucun acte de violence farouche n'ait été commis. Or, y eut-il une seule goutte de sang versé ? et lord Normanby pourrait-il léguer à l'histoire une seule circonstance qui explique pourquoi ces *desperados,* impa-

______

(1) *A Year of Revolution in Paris,* t. I, pp. 393-396.

tients de tuer, ne saisirent pas une occasion aussi favorable
de donner cours à leur « vengeance sanguinaire ? » Mais
quoi ! lui-même, séduit sans doute, cette fois, par le désir
d'être piquant, s'oublie jusqu'à témoigner des attentions
courtoises dont lui et les dames qu'il accompagnait furent
l'objet, de la part des envahisseurs. Voici ce que, personnellement, Sa Seigneurie eut à souffrir de leur conduite.
Je lui laisse la parole :

« Alors, un ouvrier, assis à califourchon sur une des
cloisons de notre tribune, appela un de ses camarades,
assis sur la cloison opposée, et dit qu'il avait assisté à la
construction du nouvel édifice ; que la salle n'avait certainement pas été construite pour contenir tant de monde, et
qu'on ferait bien de descendre, en laissant agir ceux qui
avaient l'affaire à arranger? Ceci alarma naturellement
les dames qui occupaient les siéges de devant, et elles demandèrent avec quelque inquiétude si la retraite ne leur
était pas possible. Le jeune chef *(the young leader)* dont
l'intervention nous avait déjà été si utile, s'offrit à nous
précéder, si nous le désirions, et à nous frayer un passage à travers la foule. Nous partîmes donc, notre protecteur nous montrant le chemin..... Je dois reconnaître
que, quoique les corridors fussent extrêmement étroits,
toute facilité fut offerte à notre retraite, et que l'épaisse
multitude qu'il fallait percer s'ouvrit poliment devant
nous (1). »

Je ne doute pas qu'en homme bien élevé, lord Normanby n'ait adressé aux *desperados* dont il parle les remercîments qu'en sa qualité d'historien il se croit autorisé
à supprimer !

Pour ce qui est des membres de l'Assemblée, je constate-
rai, en terminant, — car je rougirais d'une omission qui
serait une injustice, — que, dans la séance du 15 mai 1848,
leur contenance fut grave et digne. Malheureusement, le

____

(1) *A Year of Revolution in Paris*, t. I, pp. 397-398.

calme qu'ils avaient conservé pendant l'orage, après l'orage ils le perdirent (1).

(1) Il faut savoir qu'il existe dans le *Moniteur* deux comptes rendus de la séance du 15 mai, dont le second, rédigé après coup, est une version *arrangée*. Et c'est ce qui résulte de la déposition que fut amené à faire devant la haute cour de Bourges (audience du 12 mars 1849) le réviseur de la sténographie de l'Assemblée. Or, c'est dans l'édition *arrangée* que *plusieurs membres des clubs* sont représentés, criant : « Il nous faut deux heures de pillage! » C'était une grossière calomnie. L'homme qui avait porté ce renseignement au *Moniteur* fut sommé de comparaître, au procès de Bourges, et se rétracta formellement. *Voy.* à cet égard le compte rendu du procès, audience du 21 mars 1849, dans le journal *le Peuple*, nᵒ 124.

CHAPITRE VINGTIÈME

UN ANNIVERSAIRE DU 31 MAI

La réaction jette le masque. — Tactique de ses organes pour préparer le coup qui allait m'être porté. — Demande en autorisation de poursuites, présentée contre moi à l'Assemblée. — Considérants du réquisitoire de M. Portalis, procureur général. — Lettre de Barbès au président de l'Assemblée, pour revendiquer la responsabilité de paroles que m'attribuait le réquisitoire. — Rapport de M. Jules Favre concluant à l'autorisation de poursuites. — Discussion de ce rapport. — Les conclusions en sont combattues par MM. Mathieu (de la Drôme), Laurent (de l'Ardèche), Théodore Bac et Dupont (de Bussac.) — Silence de la droite. — Témoignage spontané d'un citoyen en ma faveur. — Bruit sourdement répandu de ma présence à l'Hôtel-de-Ville, le 15 mai. — Déclaration de M. Marrast à ce sujet. — L'autorisation de poursuites est refusée à 32 voix seulement de majorité. — Explication de la journée. — Chronique parlementaire du journal *la Liberté*. — M. Crémieux se prononce en ma faveur. — Démissions de MM. Jules Favre, Portalis et Landrin.

A partir du 15 mai, la réaction jeta le masque. La possibilité de renverser la République venait d'apparaître aux royalistes : le cœur leur revint. La mine fut ouverte sous la Commission exécutive. Contre M. Ledru-Rollin, orléannistes et légitimistes redoublèrent leurs attaques. M. Caussidière fut remplacé à la préfecture de police, en dépit, ou, plutôt, à cause de la protection de M. de Lamartine. Et M. de Lamartine lui-même, que ses avances au parti monarchiste avaient ruiné dans l'esprit du Peuple, se vit abandonné tout à coup par ceux auxquels il avait servi d'instrument, et sentit de toutes parts le sol se dérober sous lui.

Comme les personnes que je viens de nommer, je n'avais pas, aux yeux des ennemis de la République, le tort d'être au pouvoir ; mais mon crime était bien plus noir encore : le cœur du Peuple me restait, et même ses sympathies ne s'étaient jamais prononcées avec une vivacité plus touchante que depuis qu'on avait fermé sur moi les portes des régions officielles. Ma présence gênait : il fut décidé qu'à tout prix et avant tout, on se débarrasserait de moi.

Mais, avant de me proscrire comme agitateur, il importait d'accoutumer les esprits au coup qu'on se préparait à frapper. C'est à quoi les journaux de la réaction s'étaient déjà employés sans relâche. Tantôt, affectant de s'étonner de mes rares apparitions à la tribune, *le Constitutionnel* donnait à entendre que mon activité trouvait mieux à s'employer où il faut des ténèbres et du silence ; tantôt *la Patrie*, par un mensonge audacieux, annonçait que je n'assistais plus aux séances parlementaires ; ou bien, c'était le journal *l'Assemblée nationale* qui, en dénonçant d'affreux complots prêts à éclater, s'écriait : « Achille s'est retiré sous sa tente ! » me faisant ainsi un crime de l'exclusion même qui m'avait atteint. On juge si la journée du 15 mai était survenue à propos pour ceux qui avaient juré ma perte ! Une instruction fut commencée ; on courut d'un pas haletant après les témoignages hostiles ; on s'arma contre moi de faits qui m'étaient absolument étrangers, de paroles prononcées par d'autres, de choses qu'il m'avait été impossible soit de prévenir, soit d'empêcher, soit de connaître. Comment nier que je fusse coupable ? Un individu déclarait qu'au moment où la manifestation passait devant ma porte le 15 mai, le cri de « Vive Louis Blanc ! » avait retenti ; un second, que les drapeaux polonais avaient été déposés chez mon concierge ; un troisième, qu'on avait entendu, dans l'Assemblée envahie, un cousin du général Courtais dire, en me montrant du doigt : « Louis Blanc va être nommé président de la République ; lui seul peut nous sauver de l'anarchie (1). » On insistait fort sur l'ovation qui m'avait été décernée, mais sans parler, bien entendu, de ma résistance. On me représentait haranguant la révolte du haut de la tribune, mais sans dire que j'avais été supplié de le faire par des membres de la droite; que je ne m'y étais décidé que sur leurs instances, non pour attiser la flamme, mais, au contraire, pour essayer de l'éteindre, et que mon intervention avait été autorisée par le bureau de l'Assemblée, au nom de l'Assemblée. Du caractère de mon discours, quoique reproduit textuellement dans le *Moniteur*, on se gardait bien de dire un mot; et l'on ne mentionnait le fait que pour en tirer cette conclusion : « Puisque le silence s'est rétabli à sa voix, il était donc d'intelligence avec les envahisseurs! » D'un autre côté, afin de parer d'avance à l'effet que la nouvelle de mon arrestation pourrait produire, on s'étudiait à l'annoncer d'avance sous forme de vague rumeur. Le juge d'instruction avait requis mon témoignage; et l'on imprimait qu'on m'avait vu sortir de chez lui dans un état de trouble extraordinaire, et le visage pâle!...

Quelque manifeste que fût le but de ces manœuvres, je ne m'inquiétais nullement du résultat, me refusant à croire la méchanceté des hommes capable de commettre de sang-froid un acte d'iniquité qu'il n'y avait aucun moyen de colorer et qui avait contre lui toutes les lois de l'évidence. Il m'était revenu qu'on m'accusait d'avoir proféré ces paroles pendant l'invasion de l'Assemblée : « Je vous félicite d'avoir reconquis le droit de pétition; désormais, on ne pourra plus vous le contester. » Mais, à supposer même qu'elles constituassent un délit, dans un moment comme celui où elles furent prononcées, elles n'étaient pas de moi, et le *Moniteur* était là qui l'attestait. Au moins, aurait-il fallu un prétexte, et l'ombre d'un prétexte manquait.

---

(1) Au procès de Bourges, la personne à laquelle le témoin Huteau d'Origny attribuait ces paroles, assura n'en avoir aucun souvenir. Mais eussent-elles été prononcées, en quoi, je le demande, pouvaient-elles constituer un grief d'accusation contre moi? *Voy.* sur ce point le compte rendu de l'audience du 21 mars 1849, dans le *Peuple*, n° 124.

Le 31 mai, il advint que, me sentant un peu malade, je me rendis plus tard que d'habitude à l'Assemblée. Que j'étais loin de prévoir ce qui m'y attendait! M. Piétri occupait la tribune. Il me nomme. J'interroge mes voisins; j'apprends qu'une demande en autorisation de poursuites contre moi vient d'être adressée à l'Assemblée nationale par MM. Portalis et Landrin, procureur et avocat généraux de la République.

Ici se place le souvenir d'une déclaration ultérieure que l'équité m'ordonne de ne point passer sous silence. M. Ledru-Rollin faisait alors partie de la Commission exécutive. Plus tard, appelé comme témoin devant la haute cour de Bourges, il déposa en ces termes :

« Lorsque, après le 15 mai, le procureur général demanda l'autorisation de poursuivre Louis Blanc, cette demande fut soumise à la Commission exécutive. Un de mes collègues et moi, nous l'examinâmes. Je dois dire, en mon âme et conscience, que nous ne trouvâmes pas l'ombre d'un motif à cette autorisation. Mais, comme le procureur général insistait, menaçant de donner sa démission, au cas où la Commission exécutive ne céderait pas à ses instances, je demandai moi-même, quoique ami du citoyen Portalis, sa destitution immédiate (1). »

Ce ne fut pas M. Ledru-Rollin qui l'emporta; et, lorsque, le 31 mai, j'entrai dans l'Assemblée, M. Portalis venait de lire le réquisitoire suivant :

« Considérant que, de son aveu, le citoyen Louis Blanc a parlé deux fois au Peuple qui avait envahi l'Assemblée; qu'à la suite de ces deux allocutions, il a été porté en triomphe par les rebelles; que, pendant le tumulte, il a pris la parole et dit notamment : « Je vous félicite d'avoir « reconquis le droit de pétition; désormais, on ne pourra « plus vous le contester; » que, *sans qu'il soit besoin d'ap·*

(1) Déclaration de M. Ledru-Rollin, devant la haute cour de Bourges, audience du 19 mars 1849.

précier les autres circonstances incriminées, et sans qu'il soit besoin de déterminer d'une manière définitive le caractère des paroles par lui prononcées, il résulte aujourd'hui suffisamment de l'ensemble de la procédure commencée, présomption contre Louis Blanc d'avoir volontairement participé à l'envahissement et à l'oppression de l'Assemblée ;

« Requérons qu'il plaise à l'Assemblée nationale d'autoriser les poursuites, etc...

« Fait au palais de justice, le 31 mai 1848 (1). »

Ainsi, mon crime consistait : 1º à avoir parlé au Peuple, ce qu'avaient fait — qu'on le remarque bien — beaucoup de mes collègues, et notamment M. Ledru-Rollin, alors membre de la Commission exécutive; 2º à avoir subi une ovation; 3º à avoir félicité le Peuple sur la conquête du droit de pétition. Mais quel langage avais-je tenu au Peuple? *Il n'était pas besoin de le déterminer.* Mais l'ovation qui m'était reprochée, l'avais-je acceptée ou subie? C'était une circonstance *qu'il n'était pas besoin d'apprécier.* Mais ces félicitations qu'on mettait sur mes lèvres étaient-elles de moi? et, dans ce cas, comment se faisait-il qu'au *Moniteur* elles se trouvassent imprimées sous le nom de Barbès? L'instruction, relativement à ce qui avait eu lieu dans une séance de l'Assemblée, n'avait négligé qu'une source d'information, et c'était précisément la source officielle! Ah! si, lorsque ces temps de fièvre et d'aveuglement étaient déjà loin de nous, M. Portalis l'a relu, ce réquisitoire inconcevable, quelle n'a pas dû être sa stupeur!

On ne m'avait prévenu de rien, et j'avais couru le risque d'être condamné sans être entendu. Je m'élançai à la tribune, en proie à une indignation inexprimable. Descendre à me justifier, c'est ce que je déclarai impossible. Mais, représentant du Peuple, je devais dire et je dis qu'on roulait sur une pente au bout de laquelle étaient les collisions sanglantes, la proscription des partis les uns par les autres, le rétablissement de la peine de mort, la guerre civile. « La

(1) *Voy.* le *Moniteur*, juin 1848, nº 153.

peine de mort! la peine de mort! me crièrent, de chaque
banc de la droite, des voix furieuses, qui la rétablira? Ex-
pliquez-vous! Qui la rétablira? » Je répondis : « La logique
des passions, lorsqu'on les déchaîne (1). » On sait si l'événement a vérifié la prédiction! Par une coïncidence tragique, ceci se passait le jour anniversaire de cette fameuse
proscription des Girondins qui avait creusé sous la Convention un abîme de sang!

L'Assemblée nomma une Commission pour examiner la
demande en autorisation de poursuites; et, le lendemain,
je fis distribuer à mes collègues, sur ma conduite au
15 mai, un écrit qui ne laissait aucune issue à l'esprit de
mensonge.

Le 2 juin, à l'ouverture de la séance, le président de
l'Assemblée annonce qu'une lettre vient de lui être apportée par le gouverneur du château de Vincennes. Elle était
du magnanime Barbès. La voici :

Donjon de Vincennes, le 1er juin 1849.

Au président de l'Assemblée nationale.

« Citoyen président,

« A chacun la responsabilité de ses paroles et de ses
actes.

« On accuse le citoyen Louis Blanc d'avoir dit, dans la
journée du 15 mai, aux pétitionnaires :

« Je vous félicite d'avoir reconquis le droit d'apporter
« vos pétitions à la Chambre; désormais on ne pourra plus
« vous le contester. »

« Ces mots, ou leurs équivalents, ont été, en effet, prononcés dans cette séance; mais il y a confusion de personnes. Ce n'est pas Louis Blanc qui les a dits; c'est moi :
vous pouvez les lire dans le *Moniteur*, écrits quelque part
après mon nom.

« La présente n'étant à autre fin que de faire cette dé-

____
(1) *Voy.* le *Moniteur*, juin 1848, n° 153.

claration à l'Assemblée, je vous prie, citoyen président, de vouloir bien agréer, pour elle et pour vous, mes salutations fraternelles (1).

« A. BARBÈS. »

Inutile d'ajouter qu'on trouva effectivement dans *le Moniteur* la confirmation de cette lettre : la parole d'un homme tel que Barbès dispensait de recourir au *Moniteur*.

Ainsi disparaissait l'unique fondement sur lequel reposât le réquisitoire de M. Portalis. Après cela, que restait-il ? Rien, absolument rien... Je me trompe, il restait un soupçon, dont j'indiquerai tout à l'heure l'origine.

C'était M. Jules Favre qui avait été chargé du rapport de l'affaire. De quel douloureux étonnement les vrais républicains furent saisis, à la nouvelle qu'il s'était prononcé en faveur des poursuites ! M. Jules Favre est un orateur d'une puissance admirable ; il a rendu, et il est peut-être appelé encore à rendre d'éminents services à la République. C'est pourquoi je m'abstiendrai ici de toute remarque amère. Mais ne répondait-il pas à un reproche de son propre cœur, lorsqu'il disait : « Quel esprit sensé pourrait admettre qu'on eût choisi comme victime de je ne sais quel système haineux un homme déjà si considérable par ses travaux d'historien, en relation de familiarité, en communauté d'opinions avec ceux qui le signalent aujourd'hui ; un homme qui a partagé le dévouement, les sacrifices, les périls de ce Gouvernement provisoire dont vous avez proclamé les incontestables services ; un homme enfin qui, attaqué dans ses théories, n'en a pas moins été constamment respecté et honoré pour ses sentiments généreux, que ses erreurs économiques n'ont point effacés (2) ? » Et l'homme qu'il peignait ainsi, l'orateur demandait qu'on se hâtât de le dépouiller de son inviolabilité de représentant du Peuple ; ce qui revenait, dans la circonstance, à le livrer désarmé aux coups de ceux qu'on savait être ses ennemis !

(1) *Voy.* le *Moniteur*, juin 1848, n° 155.
(2) *Ibid.*, n° 155.

Au fond, ce que M. Jules Favre réclamait de l'Assemblée, c'était un vote de confiance. M. Mathieu (de la Drôme), dans la séance du 3 juin, montra par vives raisons combien ce précédent était dangereux, et fit voir qu'il conduisait l'Assemblée à se déchirer de ses propres mains. M. Laurent (de l'Ardèche) produisit une sensation dont ceux de la droite ne purent eux-mêmes se défendre, lorsque, par allusion aux éloges que M. Jules Favre m'avait décernés il prononça ces paroles, d'une ironie si poignante et si solennelle : « L'inculpé du 31 mai 1848 a été bien autrement traité que les inculpés du 31 mai 1793. Ceux-ci perdirent leur inviolabilité au milieu des outrages, et l'un d'eux, l'illustre père d'un de nos collègues, Lanjuinais, leur en fit un reproche, en rappelant que les anciens, au lieu d'insulter à leurs victimes, les ornaient de fleurs et de bandelettes. Eh bien, plus heureux que les accusés du 31 mai 1793, Louis Blanc a été orné de fleurs et de bandelettes (1)!... »

Chose remarquable! Parmi tant d'hommes qui soupiraient après le moment de me frapper, pas un n'osa se lever et déclarer qu'il me croyait coupable, pas un seul (2). Vainement furent-ils appelés à la tribune par une voix éloquente et fière, celle de M. Théodore Bac, qui, après avoir rappelé ce que j'avais dit de la *conspiration du mensonge*, se plaignit de la *conspiration du silence*, aucun de ceux qui se tenaient prêts à voter contre moi n'osa d'avance justifier son vote. M. Jules Favre, ainsi délaissé, essaya, au point de vue judiciaire, de défendre les conclusions de son rapport, et rencontra dans M. Dupont (de Bussac) un contradicteur dont la logique le foudroya. Que fallait-il de plus? Une lettre est remise au président; il l'ouvre, et lit ce qui suit :

    « Citoyen président,

    « Je crois remplir un devoir d'honnête homme en portant à la connaissance de l'Assemblée les faits dont j'ai été

---

(1) *Voy.* le *Moniteur*, juin 1848, n° 156.
(2) *Voy.*, dans le *Moniteur*, la séance du 3 juin 1848.

témoin. Comme beaucoup d'autres, poussé par la foule dans
l'intérieur de la salle, j'ai suivi les mouvements de Louis
Blanc, et, au moment où des exaltés, espérant encore le
compromettre, cherchaient à le hisser sur une estrade formée d'une chaise et d'un canapé, je l'ai vu s'arracher de
leurs mains et échapper à leurs poursuites, aux applaudissements de tous les républicains loyaux (1).

« MARCHAND,

« *Émailleur, rue de la Croix, n°. 3.* »

J'ai parlé d'un soupçon... Il venait du bruit sourdement
répandu parmi les membres de l'Assemblée qu'on m'avait
vu à l'Hôtel-de-Ville. Et la personne qui avait répandu ce
bruit, en recommandant à chacun le secret, c'était M. Marrast. Grâce à la sollicitude d'un ami, je fus informé de
tout; ce qui me mit à même de parer un coup préparé
dans l'ombre, comme on voit, et qui m'eût atteint sans
qu'il me fût même possible de savoir d'où il partait. Éclairé
par cette précieuse confidence, je sommai M. Marrast de
venir, s'il l'osait, opposant son serment au mien, affirmer
qu'il m'avait vu à l'Hôtel-de-Ville. La forme hautaine d'une
sommation semblable lui fournissait un prétexte pour se
taire, en se réfugiant dans une question de dignité personnelle; mais, appelé de nouveau à la tribune par M. Dupont (de Bussac), il fut obligé de s'expliquer, et fit la déclaration suivante, qui n'était, du reste, que la répétition d'un
document que mes collègues Lefranc, Félix Mathé, Pelle-
tier et Raynal étaient allés lui faire signer à l'Hôtel-de-
Ville, avant la séance :

« Au moment où je suis sorti de l'Hôtel-de-Ville, un citoyen qui était à mes côtés m'a affirmé que le citoyen
Louis Blanc avait été à l'Hôtel-de-Ville, et qu'il avait favo-
risé son évasion en le faisant sortir par une petite porte
donnant sur la rue Lobau. J'ai fait immédiatement toutes
les recherches: d'une part, pour retrouver ce citoyen;

(1) *Voy.* dans le *Moniteur*, la séance du 3 juin 1848, n° 156.

l'autre part, pour m'assurer si ces renseignements étaient exacts; et je dois dire avec la même sincérité qu'après m'être assuré des citoyens qui étaient placés dans l'escalier par lequel Louis Blanc aurait dû sortir et des dispositions prises dans l'intérieur; après avoir interrogé ceux qui étaient entrés dans les différentes salles qu'on avait parcourues, il m'est resté la conviction la plus complète que jamais (le 15 mai) Louis Blanc n'a mis les pieds à l'Hôtel-de-Ville (1). »

Qu'après cela, la demande en autorisation de poursuites n'ait été rejetée qu'à la majorité de 369 voix contre 337, rien ne montre mieux avec quelle déplorable facilité, dans les discordes civiles, l'homme prend racine dans l'injustice.

Sur les intrigues et les dissensions secrètes qui se rattachent à ce triste épisode de l'histoire contemporaine, *la Liberté*, journal du temps, très au fait de la vie des coulisses politiques, publia, sous le titre de *Note communiquée*, des détails d'intérieur fort curieux, dont l'exactitude ne fut mise en question par aucun journal officiel ou semi-officiel, et qui, reproduits par plusieurs feuilles importantes sans provoquer de démenti, méritent d'être enregistrés à titre de document historique à consulter. Je cite:

« Depuis la journée du 15 mai, le Comité exécutif tout entier, moins deux membres, était divisé. Lamartine et Ledru-Rollin, les plus compromis, étaient seuls d'accord pour garder la direction des affaires. Arago et Garnier-Pagès restaient à peu près neutres. Marie, mécontent, était prêt à se retirer, si l'instruction relative à l'envahissement de l'Assemblée ne se poursuivait pas. Carnot, dans le ministère proprement dit, gardait une attitude irritée. Jules Favre allait infiniment au delà contre Lamartine et Ledru-Rollin. Mais l'adversaire réel du Comité, le chef réel de l'opposition, c'était Armand Marrast.

« Armand Marrast avait réuni deux cents représentants

____

(1) *Voy* le *Moniteur*, séance du 3 juin 1848, nº 156.

au club du Palais-National. Portalis, procureur général de la République, et Landrin, son collègue, l'y appuyaient très-vivement, et demandaient l'enquête contre le pouvoir exécutif, l'enquête à fond, non pas judiciaire, comme on l'a cru, mais politique. Armand Marrast se posait dans toutes ces réunions comme l'homme gouvernemental d'à présent, décidé à rompre avec le parti des ultra-révolutionnaires incapables, tels que Ledru-Rollin et même Lamartine. Il se montrait surtout hostile au parti socialiste, qu'il n'a jamais pu supporter. On décida, et c'était d'une habileté extrême, d'une grande connaissance des sympathies ou, plutôt, des antipathies de l'Assemblée constituante, qu'il fallait d'abord s'attaquer à Louis Blanc. Le plus ou le moins de complicité de Lamartine et de Ledru-Rollin dans les événements du 15 mai paraissait devoir ressortir des débats mêmes. Le Comité exécutif devait ainsi se trouver atteint indirectement. Peut-être, on l'espérait du moins, allait-il se dissoudre dès les premiers mots de la discussion. C'est ce qui amena la journée du 3 juin à la Constituante.

« Le jour de la séance arrivé, Armand Marrast et les deux cents représentants du club du Palais-National allaient frapper le grand coup. Ce fut Jules Favre qui ouvrit habilement, comme Barère, l'attaque générale dans ce nouveau 9 thermidor. Le procureur général de la République et son collègue jouaient à la sévérité et à l'incorruptibilité de la magistrature. Louis Blanc paraissait perdu ; et, d'ailleurs, les dispositions ordinaires de l'Assemblée, ses votes successifs dans cette séance, prouvent bien qu'on avait calculé juste : l'autorisation de poursuivre devait être infailliblement accordée. Un fait seulement, un fait resté douteux dans l'instruction a tout compromis, et renversé ou, du moins, ajourné les desseins d'Armand Marrast contre Louis Blanc et le comité exécutif. Armand Marrast avait formellement déclaré que Louis Blanc s'était, dans la journée du 15 mai, porté à l'Hôtel-de-Ville : il en était convaincu. C'est ce fait là qu'il fallait prouver, et il ne l'a pas été. Il fallait nommer les témoins, et Armand Marrast, ni aucun de ses amis, personne n'a pu le faire.

L'Assemblée, appelée à voter à une troisième épreuve contre Louis Blanc, a dû refuser l'autorisation de poursuites. Mais à quelle majorité? Seulement 32 voix!

« Il est donc hors de doute que le coup porté par Armand Marrast, Jules Favre, Portalis et Landrin a été sur le point de réussir. Ce nouveau thermidor a été manqué.

« Cependant, que va-t-il se passer? Bien hardi qui le dirait! Mais le Comité exécutif redoute tout de la part de Marrast...

« Voilà la vérité de la situation. L'Assemblée nationale tolère encore le Comité exécutif; mais elle ne le tolérera pas longtemps. Quant à la journée parlementaire du 3 juin, un seul mot peut la caractériser, et déjà on l'a prononcé : *Si Marrast avait réussi, Ledru-Rollin et Lamartine seraient aujourd'hui à Vincennes* (1). »

Personnellement, je n'ai point qualité pour confirmer l'exactitude de ces détails. Je me bornerai à faire remarquer qu'ils ne paraîtront pas dénués de vraisemblance, si l'on songe que M. Armand Marrast, maire de Paris au 15 mai, et protecteur de M. Huber, par qui la manifestation fut préparée, laissa la route libre devant elle; et si, d'autre part, on réfléchit qu'il fut le mentor politique de ce général Cavaignac qui, en juin, supplanta — on verra plus loin de quelle manière — la Commission exécutive.

Quoiqu'il en soit, MM. Jules Favre, Portalis et Landrin, n'ayant été soutenus, dans leur attaque, ni par la Commission exécutive, qui s'effaça de son mieux; ni par les ministres, qui votèrent tous en ma faveur, un seul excepté; ni même par le ministre de la justice, M. Crémieux, qui se prononça pour moi avec éclat, il y eut ébranlement profond des bases sur lesquelles reposait le monde officiel. M. Jules Favre se plaignit amèrement d'avoir été abandonné et donna sa démission de sous-secrétaire d'État. MM. Portalis et Landrin durent, à leur tour,

____

(1) Ce morceau se trouve tout au long reproduit dans le journal *le Représentant du Peuple*, 11 juin 1848, n° 71.

ésigner leurs fonctions, et s'élevèrent avec violence contre M. Crémieux, qu'ils accusèrent de les avoir flattés de l'espoir d'un appui qui, au moment décisif, leur avait manqué : d'où un vif échange de récriminations, bientôt suivi de la retraite de M. Crémieux lui-même.

Quant à moi, j'étais une proie que ceux à qui elle venait d'être arrachée ne désespérèrent pas de ressaisir, d'autant plus irrités de leur défaite, qu'elle leur fut rendue plus sensible par les témoignages touchants de la joie populaire. Le compte rendu de la séance du 3 juin, dans *le Représentant du Peuple*, commençait en ces termes : « Bonne nouvelle, citoyens ! Louis Blanc ne sera pas poursuivi. — « Ah ! merci, citoyen, merci ! » Et les braves gens du Peuple à qui nous annoncions cette bonne nouvelle, au sortir de la séance, nous serraient les mains avec effusion. C'est que le Peuple sait aimer ceux qui l'aiment (1). »

---

(1) *Voy.* le *Représentant du Peuple*, juin 1848, n° 64.

Dans une lettre adressée le 12 mai 1869 à M. Charles Hugo, Barbès établit ainsi sa part et la mienne dans la journée du 15 mai 1848 :

« Le 13 et le 14 mai je me suis efforcé, avec mes chers et bons amis Louis Blanc et Albert, d'empêcher la manifestation (pour la Pologne) qui, à cause du décret récemment rendu par l'Assemblée, nous semblait grosse de dangers pour le peuple.

« Par suite de ma détermination, le club de la Révolution, que j'avais l'honneur de présider ces jours-là, s'est abstenu, malgré ses sympathies certainement ardentes pour la Pologne, d'aller à la manifestation.

« L'Assemblée envahie, j'ai prononcé des paroles et fait des motions.....

« Mais, représentant, j'avais le droit de monter à la tribune et de parler :

« Et qui oserait dire que j'ai agi contre mon devoir et les intérêts du peuple en demandant ce que j'ai demandé ?

« L'Assemblée fut dissoute par un fait complètement étranger et opposé à ma volonté. Tout le monde, je crois, le sait.

« Les bancs se vidèrent.

« Et c'est ici que commence mon crime ou ma gloire devant ma conscience et mon pays.

« Je marchai à l'Hôtel-de-Ville. Je n'y fus pas entraîné, ainsi que le racontèrent à Bourges quelques voix qui, ne connaissant pas mon mobile, s'imaginaient me rendre service.

« Non ! Je m'y rendis, comme je l'ai dit dans ce que j'ai nommé ma *confession* devant le tribunal, résolument et sans aucune hésitation.

« J'y allais pour tâcher d'y fonder une république plus égalitaire et meilleure que celle dont la représentation venait de disparaître.

« J'y fus bientôt rejoint par Albert, accouru dans le même dessein. Louis Blanc, lui, qui ne voulait pas absolument quitter la salle, fût véritablement entraîné, mais du côté des Champs-Élysées.

« Sa condamnation est une des plus grandes iniquités dont se souviendra l'histoire.

ARMAND BARBÈS. »

CHAPITRE VINGT-UNIÈME

ADMISSION DE LOUIS BONAPARTE COMME MEMBRE DE L'ASSEMBLÉE.

Politique de la Commission exécutive. — En quoi elle différait de celle du Gouvernement provisoire. — Projet de décret bannissant les Bourbons de la branche cadette. — Protestation adressée à l'Assemblée nationale par le duc d'Aumale et le prince de Joinville. — Discussion du projet de décret. — Il est adopté à une immense majorité. — Appoint fourni à cette majorité par les partis royalistes. — Explication de mon vote, contraire au projet. — Élections partielles à Paris. — Succès obtenu par les Socialistes. — Louis Bonaparte au nombre des élus. — Agitation populaire fomentée par ses agents. — Les lois de proscription et les prétendants. — Illogisme de la raison d'État. — Projet de décret tendant à la non-admission de Louis-Bonaparte. — Efforts de M. de Lamartine pour le faire adopter. — Discrédit de sa parole. — Mon discours contre le projet. — L'Assemblée se prononce pour l'admission. — Éléments divers de ce vote. — Louis Bonaparte refuse de venir siéger. — Raison de son refus. — Question de la future présidence.

Entre la journée du 15 mai et la tentative faite pour obtenir de l'Assemblée le pouvoir de me proscrire, un fait saisissant était venu montrer jusqu'à quel point l'esprit de la Commission exécutive différait de celui qui avait animé le Gouvernement provisoire.

Le Gouvernement provisoire n'avait pas rendu un décret qui ne portât l'empreinte d'un sentiment généreux : il avait aboli la peine de mort en matière politique ; il avait couvert ses ennemis d'une protection magnanime, et, plein de foi dans la puissance de la justice, il n'avait pas songé un seul instant à mettre sous la sauvegarde des lois d'exception la stabilité de la République. Toute autre fut l'attitude de la Commission exécutive, comme le prouva bien le projet de décret qui avait pour but d'étendre à Louis-Philippe et à sa famille l'application de la loi du 10 avril 1832, laquelle interdisait à jamais le territoire de France et des colonies à la branche aînée des Bourbons.

Quelque couleur qu'on puisse donner à une mesure semblable, il est certain que, prise par le Gouvernement provisoire, elle eût paru en contradiction flagrante avec son attitude et sa politique. D'où vient donc qu'elle se trouva cadrer avec l'attitude et la politique de la Commission exécutive? Est-ce que MM. Arago, Lamartine, Garnier-Pagès, Ledru-Rollin, Marie, n'étaient plus les mêmes hommes? Ah! c'est qu'un grand changement s'était opéré autour d'eux : ce qui avait changé, c'était l'air qu'ils respiraient. Une fois soumis à l'empire de la majorité de l'Assemblée, ils s'étaient vus condamnés à vivre dans l'atmosphère d'une coterie bourgeoise, tandis que le Gouvernement provisoire avait vécu dans l'atmosphère du Peuple.

Ce fut le 26 mai qu'on discuta le bannissement à perpétuité de la famille de Louis-Philippe.

L'avant-veille, on avait lu, dans l'Assemblée, une protestation du duc d'Aumale et du prince de Joinville ; il y était dit : « ... Nous avions lieu de penser qu'en quittant Alger au premier appel fait à notre patriotisme, nous avions fourni au pays une preuve patente de notre ferme intention de ne pas chercher à désunir la France, comme nous avions témoigné du respect avec lequel nous acceptions l'appel fait à la nation. Nous nous flattions aussi que le pays ne pourrait songer à nous repousser, nous qui l'avons toujours et fidèlement servi dans nos professions de marin et de soldat (1). »

(1) *Voy.*, dans le *Moniteur*, la séance du 24 mai 1848.

Le débat fut court. Lorsque M. Laurent (de l'Ardèche) prononça ces vives et fortes paroles : « Vous voulez donc créer un *péché originel politique?* » des rumeurs hostiles l'interrompirent. Chose étrange ! Le projet de décret s'appuyait sur la loi de 1832, et deux de ceux que les dispositions de cette loi atteignaient, figuraient, en ce moment même, dans l'Assemblée, comme élus du suffrage universel ! C'étaient Pierre et Napoléon Bonaparte. Une allusion ayant été faite à ce que leur situation avait de *provisoire*, le dernier revendiqua son droit de citoyen français avec une grande animation, et M. Ducoux ayant, pour provoquer une explication, sans doute, laissé tomber ces mots : « Aucun de nous ne songe à des espérances qui seraient évidemment criminelles, » Pierre et Napoléon Bonaparte mirent un égal empressement à s'écrier : « Personne ! personne ! »

On alla aux votes, sous l'impression de cet incident. O misère ! Parmi les Orléanistes, les uns se déclarèrent contre leurs idoles de la veille ; les autres, et de ce nombre M. Odilon Barrot, crurent faire acte d'héroïsme... en s'abstenant : d'où résulta, en faveur du projet de décret, l'écrasante majorité de 632 voix contre 63.

J'ignore si, de ces 63 boules noires, beaucoup furent fournies par le parti auquel j'appartiens, et j'ai la douleur de croire que non. Mais, en tout cas, il y eut une boule républicaine qui, jetée dans l'urne ouvertement, de manière à être aperçue de chacun, protesta contre les lois de proscription : ce fut la mienne. Et je m'honore de cet acte, comme de l'acte le plus vraiment républicain que m'ait jamais inspiré ma conscience. Oui, je votai contre le bannissement à perpétuité des Bourbons et des d'Orléans.

En principe,

Parce que toute peine infligée à un homme pour le délit d'un autre homme est une iniquité grossière ;

Parce que, dans toute peine prononcée contre des enfants à naître, il y a iniquité à la fois et monstruosité ;

Parce que la raison d'État est un sophisme qu'il faut laisser aux tyrans, et, que pour de vrais républicains, la raison d'État, c'est la justice ;

Parce que faire à certains hommes, quels qu'ils soient, une position exceptionnelle, en bien ou en mal, c'est rester dans la logique des monarchies;

Parce qu'on ne saurait admettre qu'un fils de roi, comme tel, ait droit à la persécution, quand on n'admet pas que, comme tel, il ait droit à une couronne;

Parce qu'un dernier coup est à frapper sur le principe de l'hérédité monarchique, et que le frapper est dans l'intérêt de la République, et de son devoir, et de son honneur;

En fait,

Parce que déclarer qu'on redoute quelqu'un, c'est déjà le rendre redoutable;

Parce que la proscription est une séduction, et donne pour complice à un prétendant proscrit le malheur;

Parce qu'une intrigue dynastique peut être conduite de loin avec autant de bonheur et... plus de sécurité;

Parce qu'il est bon d'avoir des fils de roi sous la main, quand ils conspirent;

Parce que rapprocher des prétentions ridiculement rivales, en présence d'un grand principe qui les domine toutes, c'est les annuler l'une par l'autre;

Parce que rien ne servirait mieux la majesté de la République, ne la présenterait mieux comme l'unique garantie du repos des peuples, n'intéresserait davantage à sa conservation, que l'impuissance d'une cohue de prétendants, surveillés de près, et réduits, soit à cacher, soit à nier leurs prétentions, comme on cache ou comme on nie un crime;

Parce qu'enfin, il n'y aura plus ni rois, ni princes, le jour où l'on aura compris tout ce que renferme ce mot suprême : le droit commun.

La question résolue contre les princes d'Orléans par l'Assemblée ne tarda pas à être remise sur le tapis à propos de Louis Bonaparte.

Quelques représentants du Peuple, parmi ceux que Paris avait élus et qui avaient obtenu l'honneur d'une double élection ayant opté pour la province, et, d'autre part,

M. Caussidière et le père Lacordaire ayant, par des motifs
divers, donné leur démission, les Parisiens eurent onze
candidats à choisir. L'élection eut lieu, et donna les résultats suivants :

Caussidière.	147,400 voix
Moreau.	126,889 »
Goudchaux.	107,097 »
Changarnier.	105,539 »
Thiers.	97,394 »
Pierre Leroux.	91,375 »
Victor Hugo.	85,965 »
Louis Bonaparte.	84.420 »
Lagrange.	78,682 »
Boissel.	77,247 »
Proudhon.	77,094 »

A la suite, et à des intervalles rapprochés, venaient
MM. Thoré, Raspail, Cabet, les ouvriers Savary, Malarmé,
Adam, et l'ex-pair de France d'Alton Shée, tous apparte-
nant au parti socialiste.

Ces chiffres, sous plus d'un rapport, étaient frappants.
Le nom de M. Caussidière en tête de la liste disait assez
que Paris ne marchait pas d'accord avec l'Assemblée; et
le grand nombre de suffrages accordés au socialisme prouvait, à ne pas s'y méprendre, quel progrès avaient fait les
idées nouvelles. Mais ce qui inquiéta le plus les meneurs
de l'Assemblée et le gouvernement, ce fut l'élection inattendue de Louis Bonaparte.

La nouvelle, habilement répandue par ses amis et partisans, qu'on ne lui permettrait pas de siéger dans l'Assemblée, était naturellement devenue une source d'agitation. Pendant quelques jours, l'espèce de mystère dont la
solution de ce problème resta enveloppée attira au Palais
législatif des masses de Peuple, bruyantes et curieuses.
Des symptômes d'émotion populaire se manifestèrent sur
la place de la Révolution et aux abords de l'Assemblée.
Nul doute que, jusqu'à un certain point, ces symptômes ne
trahissent l'influence d'un nom puissant et fatal; mais ja-

mais l'excitation n'eût été aussi vive, sans l'idée qu'on préparait un décret de bannissement contre Louis Bonaparte : dessein que le Peuple commentait avec une irritation croissante, le regardant et comme une injustice et comme une violation de sa souveraineté électorale. A la vérité, il existait une loi, une loi d'ancienne date, qui fermait les portes de la France à la famille Bonaparte. Mais le bon sens et la logique du Peuple se refusaient à admettre que cette loi, abrogée de fait, fût appliquée à un seul membre de la famille proscrite, et cela dans un moment où l'on voyait assis sur les bancs de l'Assemblée, en vertu des décisions suprêmes du suffrage universel, deux cousins de Louis Bonaparte et le fils de Murat. Pourquoi cette exclusion solitaire que l'équité condamnait? Pourquoi, quand l'urne des suffrages venait de révéler la volonté du Peuple, l'exhumation d'une loi monarchique que le flot révolutionnaire de février avait emportée? On lui jugeait donc, à cet homme, une force bien supérieure à celle de la République, qu'il fallait mettre entre elle et lui l'Océan, et, pour ainsi dire, l'éternité! Ainsi raisonnaient beaucoup d'hommes simples et droits, peu initiés au arcanes de la science politique, et qui, furieux de la marche suivie jusqu'alors par l'Assemblée, se sentaient entraînés par leur antipathie à son égard vers celui qu'elle paraissait tant détester et tant craindre.

Quelle eût dû être, en de telles circonstances, la politique de la Commission exécutive?

Il est évident que fermer les portes de l'Assemblée à Louis Bonaparte, régulièrement élu, c'était ajouter au prestige de son nom ce genre d'intérêt qui s'attache à tout homme, victime réelle ou supposée d'une injustice. D'un autre côté, lui faire une position exceptionnelle, c'était le créer candidat pour le gouvernement de France. En montrant qu'on avait peur de lui, on le grandissait. — Mais il conspirait? — Soit. Ne valait-il pas mieux, dans ce cas, qu'il fût en France, où l'on pouvait surveiller ses actes, déjouer ses manœuvres, et, au premier acte condamnable, s'assurer de sa personne? Dans l'Assemblée, placé face à face avec des hommes très-supérieurs à lui en expérience parlementaire, en autorité politique et en talent oratoire, il eût été rejeté sur l'arrière-plan, exposé à des épreuves humiliantes, et appelé sans cesse à se commettre dans une arène où une défaite certaine l'attendait. Hors de l'Assemblée, il eût été enveloppé d'un entourage dont la déconsidération, les impatiences folles, ou le zèle indiscret, eussent bien vite consommé sa ruine. Combien plus avantageuse sa situation en pays étranger ! Là, rien qui l'empêchât de mûrir ses plans en toute sûreté, et d'en préparer l'exécution avec toute la prudence nécessaire ; là, rien qui tendît à diminuer le prestige de son nom, rendu, au contraire, plus dangereux par l'éloignement et la persécution. En réalité, sa présence à Paris n'avait qu'un inconvénient, très-grave, il est vrai : celui de lui permettre de courir les chances de l'urne électorale, dans la question de l'élection d'un président. Mais il y avait un moyen de parer à cet inconvénient, moyen bien simple et décisif : on n'avait qu'à déclarer, dans la Constitution qui était à la veille d'éclore, qu'il n'y aurait pas de président choisi par le suffrage universel, c'est-à-dire pas de pouvoir exécutif indépendant du pouvoir législatif, découlant de la même source, ayant, en conséquence, un poids égal, sinon supérieur, et enclin, par la nature des choses, à ne pas vouloir d'une puissance partagée (1).

Autre considération, et celle-ci d'un ordre plus élevé : une exclusion semblable était-elle juste ? Sans doute Louis Bonaparte s'était posé deux fois en prétendant : à Strasbourg, d'abord ; à Boulogne, ensuite. Mais ses prétentions,

(1) J'avais été, tout d'abord, si frappé du vice de cette organisation anarchique, que, dans un essai composé à cette époque, et publié depuis, je m'exprimais en ces termes :

« Une société à deux têtes ne saurait exister qu'au prix des plus terribles convulsions, et, même à ce prix, ne saurait exister longtemps. Lorsque le pouvoir est ballotté entre un homme et une assemblée, il est certain, ou que cette assemblée porte en elle un 10 août, ou que cet homme porte en lui un 18 brumaire. »

J'écrivais ceci au commencement de 1848 ; et, à la fin de 1851, Louis Bonaparte envoyait des soldats renverser l'Assemblée, la baïonnette au bout du fusil !

J'ai pensé qu'il pourrait être de quelque intérêt pour le lecteur de connaître l'essai dont il est ici question : c'est pourquoi je l'ai publié à la suite de ce livre. *Voy. l'Appendix*, n° 4.

il ne les avait opposées qu'au pouvoir contestable et con-
testé de Louis-Philippe. Quant à la République, non-seulement il s'était humblement effacé devant elle, mais il lui
avait juré foi et hommage; et, si, comme on y était du
reste autorisé, on le croyait en cela insincère, c'était une
raison pour avoir l'œil sur lui, ce n'en était pas une pour
le frapper. Prouvez que je suis coupable; sinon, je suis
innocent. Quand il s'agit d'atteindre leurs ennemis, les
tyrans se passent de preuves : c'est le glorieux embarras
d'un gouvernement républicain de ne pouvoir s'en passer;
et quiconque, sans avoir jugé, condamne, fait acte de tyran. Je sais qu'il y a des gens aux yeux de qui ce qu'ils
appellent la « raison d'État » est un manteau qui couvre
tout. Pour moi, j'avoue que j'ai horreur de cette prétendue sagesse qui consiste à sacrifier les lois éternelles de la
justice aux intérêts éphémères de la politique; et, s'il est
une chose qui me paraisse plus odieuse encore que l'impudence de l'iniquité, c'est la « raison d'État, » lorsqu'elle
n'en est que l'hypocrisie.

Aussi bien, à voir les choses de haut, les bénéfices d'un
acte inique sont des bénéfices illusoires, et ceux qui croient
par là éviter des maux considérables sont des esprits dé-
biles qui ne soupçonnent rien au delà du petit cercle que
leur petit compas mesure, et qui « prennent l'horizon pour
les bornes du monde. » Ce qui a conduit la France à l'Empire, c'est un ensemble et un enchaînement de causes
générales, de causes profondes, dont il est puéril de supposer que le maintien d'une loi de proscription, déraisonnable et impopulaire, aurait arrêté l'action. Si Louis
Bonaparte n'était pas rentré en France par la volonté de
l'Assemblée nationale, il y serait rentré contre sa volonté,
violemment, avec scandale, et serait, peut-être, arrivé à
l'Empire, sans avoir à traverser le coup d'État du 2 décembre, qui, en paraissant le fonder, l'a détruit d'avance !

Quoiqu'il en soit, il est certain que rien n'était plus
propre à poser la candidature de Louis Bonaparte que la
politique d'effroi et d'exclusion affichée à son égard par la
Commission exécutive.

Le 12 juin, M. de Lamartine se rendit à l'Assemblée,

ayant déjà signé le décret, source de tant de préoccupations diverses. Napoléon Bonaparte ouvrit la séance, en protestant des intentions loyales de son cousin, qui, dit-il, « n'avait jamais fait et ne ferait jamais rien contre la République. » Puis, on entendit le général Bedeau, lequel venait déclarer que les prétendants n'étaient pas à craindre; qu'un chef quelconque, s'il essayait de soulever l'armée, serait livré par elle-même à l'autorité des lois. M. de Lamartine se leva. Quelles paroles allaient tomber de ses lèvres? Au lieu d'aborder tout de suite la question qui agitait les esprits, il se mit à passer longuement en revue les actes de la Commission exécutive, et, par le tableau des services qu'il avait rendus, s'efforça de ranimer en sa faveur quelques restes d'enthousiasme. Tentative vaine! Les Royalistes n'avaient garde de continuer à le vouloir comme idole, maintenant qu'ils avaient cessé d'avoir besoin de lui comme instrument. En moins d'un mois, son influence était devenue un anachronisme. Cette implacable et sourde hostilité de la droite, dont, toutes les fois que je m'étais présenté à la tribune, j'avais senti peser sur ma parole le poids de glace, il l'éprouvait à son tour. N'étant soutenu, ni par cette bienveillance générale de l'auditoire qui porte l'orateur, ni par ces attaques furieuses qui l'excitent, il s'affaissa sur lui-même, en cherchant un terme aux tâtonnements de son éloquence fatiguée. La séance fut suspendue. Tout à coup, d'étranges rumeurs pénètrent dans la salle; on parle de troubles sérieux qui viennent d'éclater au dehors; le nom de Louis Bonaparte est prononcé. M. de Lamartine, qui s'était assis familièrement sur les marches de la tribune, reparaît et dit : « Une circonstance fatale vient interrompre le discours que j'avais l'honneur d'adresser à cette Assemblée. Plusieurs coups de feu ont été tirés : l'un sur le commandant de la garde nationale de Paris, l'autre sur un officier de l'armée, un troisième sur la poitrine d'un officier de la garde nationale. Les coups de feu étaient tirés, au cri de « Vive l'Empereur! » C'est la première goutte de sang qui ait taché la Révolution, éternellement pure et glorieuse, du 24 février... Une heure avant la séance, nous avions signé une

déclaration que nous nous proposions de vous lire... Lorsque
l'audace des factieux est prise en flagrant délit, la main
dans le sang (1) des Français, la loi doit être votée d'acclamation. » Et il lit le décret, préparé d'avance.

L'Assemblée était si mal disposée alors envers M. de Lamartine, qu'elle ne vit dans tout cela que l'intention d'enlever un vote à l'aide d'un coup de théâtre. Pour comble,
on apprit bientôt que le rapport de ce qui venait de se
passer était inexact ; qu'un seul coup de feu avait été tiré ;
et que le sang versé était celui d'un garde national qui,
par accident, s'était blessé lui-même. M. de Lamartine,
une fois encore, essaie l'empire de sa parole ; mais la froideur avec laquelle il est accueilli l'avertit de la transformation de son rôle : le triomphateur a fait place à l'accusé.
C'est alors que, répondant au reproche d'avoir eu des
intelligences avec M. Auguste Blanqui, il s'écria : « J'ai
conspiré, comme le paratonnerre conspire avec la foudre.»
Les uns rirent; d'autres murmurèrent. Le temps des métaphores applaudies était passé. Ce que la réaction jugeait
maintenant nécessaire contre le peuple, ce n'étaient plus
des harangues sonores, c'était une épée. Après avoir combattu la République, au moyen du républicain Lamartine,
il lui restait à la combattre, au moyen du républicain Cavaignac, en attendant l'heure où, maîtresse du champ de
bataille, elle pourrait tirer de son propre sein ses instruments. Le vote d'acclamation fut refusé, et le débat renvoyé au lendemain.

Lord Normanby écrit : « On assure que, dans les *basses
classes (lower classes)*, tous ceux que Louis Blanc peut influencer sont en faveur du mouvement bonapartiste (2)... »
Je vous en demande bien pardon, milord. Loin de pousser
au *mouvement bonapartiste*, je n'avais rien tant à cœur
que de le faire tomber, en écartant ce qui en était la cause:
j'entends un décret contraire aux principes, et dont l'adoption tendait à ouvrir l'ère des proscriptions politiques.

C'est animé de ce sentiment que, le 13 juin, je montai à

______

(1) *Voy.*, dans le *Moniteur*, la séance du 12 juin 1848.
(2) *A Year of Revolution in Paris*, t. I, p. 466.

la tribune, où je développai les considérations exposées plus haut.

« Ne grandissez pas, disais-je, les prétendants par l'éloignement; il nous convient de les voir de près, parce qu'alors nous les mesurerons mieux (1). » Je fis observer que le meilleur moyen de rendre les prétendants impossibles était de faire la République si grande, si généreuse, si chère au Peuple, qu'il y eût démence à lui préférer tout autre régime; et j'ajoutai : « L'oncle de Louis Bonaparte, que disait-il? que *la République est comme le soleil :* eh bien, laissez le neveu de l'empereur s'approcher du soleil de notre République : il disparaîtra dans ses rayons. » Le mot fut applaudi, mais il ne pouvait être vrai qu'à une condition; et je ne pus la poser sans provoquer des rumeurs de mécontentement : cette condition était que la République se montrât, non par des exhortations vaines, mais par des faits, protectrice du travail, attentive à l'amélioration morale et matérielle du sort des classes souffrantes, amie du progrès, soucieuse du bonheur du Peuple, semblable, enfin, à ce soleil auquel Napoléon l'avait comparée, et qui est pour tous, pour tous sans exception, une source de chaleur et de lumière.

Un court extrait de mon discours fera connaître à lord Normanby, si tant est qu'il l'ignore, de quelle étrange façon j'appuyai *le mouvement bonapartiste !*

« Je ne traiterai pas la question de légalité; je ne vous demanderai pas si, au point de vue de la souveraineté du Peuple, Louis Bonaparte pourrait être exclu de cette Assemblée, dans laquelle nous voyons trois membres de sa famille. Je me borne à vous dire que, suivant moi, toutes les lois d'exclusion et de proscription sont des lois essentiellement anti-républicaines. La logique républicaine ne peut pas admettre que le fils soit puni pour les crimes dont le père fut coupable. La logique républicaine, qui epousse la solidarité héréditaire dans l'exercice de la puis-

_____

(1) *Voy.* le *Moniteur,* séance du 13 juin 1848.

sance, ne saurait admettre la solidarité héréditaire dans l'application des châtiments.

« C'est pourquoi, en ce qui me touche, j'ai voté hautement contre la proscription de la famille d'Orléans, quoique j'aie passé dix ans de ma vie à combattre cette royauté funeste.

« Oui, les lois d'exclusion, les lois de proscription à perpétuité, sont des lois essentiellement anti-républicaines. Je sais bien qu'il faut qu'un gouvernement vive ; mais tous les gouvernements n'ont pas les mêmes conditions de vie et de force.

« La force du despotisme, c'est la violence ; la force des monarchies constitutionnelles, c'est la corruption ; la force de la République, et c'est à cause de cela que je l'adore, c'est la justice (1). »

Lord Normanby conviendra que, si Louis Bonaparte n'avait jamais eu d'autres partisans que des hommes capables de penser et de parler ainsi, il ne serait pas aujourd'hui sur le trône.

Et qu'on ne m'accuse pas d'avoir poussé le zèle pour le culte de la justice jusqu'à fermer volontairement les yeux au danger que l'admission de Louis Bonaparte pouvait présenter ; car je proposai que, dans la Constitution qu'on était à la veille de faire, on insérât la clause suivante, qui, adoptée, eût coupé, très-certainement, les prétentions bonapartistes par la racine : « Dans la République française, fondée le 24 février 1848, il n'y a pas de président (2). »

Voilà ce qui donnait à mon opinion, indépendamment de sa valeur morale, une valeur toute *pratique ;* et voilà ce qu'il ne faut pas oublier.

La question était apparue à M. Ledru-Rollin sous un aspect différent : il combattit l'admission de Louis Bonaparte avec beaucoup d'animation et d'éloquence, mais en

(1) *Voy.* le *Moniteur*, séance du 13 juin 1848.
(2) *Ibid.*

vain. La décision de l'Assemblée fut que Louis Bonaparte pourrait rentrer en France et siéger comme représentant du Peuple. Seulement, — et là était le mal — l'idée mise en avant par moi de couper court à ses prétentions par l'abolition de la présidence, trouva peu de faveur au sein d'une assemblée dont beaucoup de membres regardaient la présidence comme un pont jeté entre la république et la royauté. Le dirai-je ? Même parmi ceux qui n'avaient point cette arrière-pensée, la plupart avaient peine à se figurer une république sans président! tant l'exemple des États-Unis d'Amérique les aveuglait! tant ils comprenaient peu la nécessité de subordonner entièrement le pouvoir exécutif au pouvoir législatif, partout où existe une immense armée permanente (1)! Je le répète, le danger était là, non dans l'admission de Louis Bonaparte. Et il sentit bien lui-même que sa présence à Paris ne pouvait qu'amoindrir sa position, que diminuer ses chances. Aussi se garda-t-il de profiter du vote de l'Assemblée, aimant mieux jouir du prestige et de la sécurité que lui assurait son éloignement, jusqu'au jour où il lui serait donné de poser sa candidature, s'il y avait un président à élire. Donc, pour déjouer ses espérances, la marche à suivre était toute tracée : il n'y avait qu'à décider, comme je le demandais, qu'il n'y aurait pas de président, ou, du moins, de président élu par le suffrage universel (2).

Aurais-je réussi à ébranler, sur ce point, l'opinion de la majorité, si j'avais été à Paris lorsque le plan de la Cons-

---

(1) Y avait-il moyen, en France, de se passer d'une armée permanente? Là n'était point alors la question. Une armée permanente étant, a tort ou à raison, considérée comme indispensable, il est clair qu'on ne pouvait se dispenser de tenir compte d'un fait de cette importance, dans les combinaisons politiques à adopter. Il est bien vrai qu'aux États-Unis il y a trois pouvoirs indépendants, qui tous les trois dérivent du Peuple, mais ils en dérivent par des procédés différents, ce qui affecte le résultat. Et puis, les Américains des États-Unis n'ont pas une armée permanente sous la main de leur président!

(2) Lors du débat sur la Constitution, on proposa de faire élire le président par l'Assemblée : cela eût été infiniment plus raisonnable et infiniment moins dangereux que de le faire élire par le suffrage universel.

titution nouvelle fut discuté? C'est très-peu probable ; mais ce que je sais, c'est que je n'y aurais épargné aucun effort. Malheureusement, pendant que je m'opposais à ce qu'on proscrivit les autres, mes ennemis n'épiaient que l'occasion de me proscrire moi-même.

CHAPITRE VINGT-DEUXIÈME

INSURRECTION DE LA FAIM

La dissolution immédiate des Ateliers nationaux est demandée par la réaction. — Transformation, proposée par M. Émile Thomas. — Tous les palliatifs sont repoussés. — Rassemblement de forces militaires à Paris. — M. Trélat, ministre des travaux publics. — Monstrueux arrêté pris par lui. — Discussion à l'Assemblée, le 15 juin.— M. Pierre Leroux; M. Goudchaux. — Réponse des ouvriers au discours de ce dernier. — Complications amenées par les intrigues bonapartistes. — Adresse des délégués, réunis, du Luxembourg et des Ateliers nationaux. — Entrevue des délégués avec M. Marie. — M. Pujol. — Fermentation populaire. — L'ordre est donné au général Cavaignac, ministre de la guerre, de faire occuper la place du Panthéon. — Cet ordre n'est pas exécuté. — Violents débats au sein du Conseil. — Dissidence entre le général Cavaignac et la Commission exécutive. — — L'insurrection se développe librement. — Revanche promise à l'armée. — Rôle des bonapartistes dans la révolte. — Le maçon Lahr. — Matinée du 23 juin. — Inquiétudes des vrais amis du Peuple dans l'Assemblée. — Surveillance dont ils sont l'objet. — Pendant que s'élèvent les premières barricades, M. de Falloux présente son rapport sur la dissolution des Ateliers nationaux. — Circulaire de M. Marrast aux douze municipalités. — Caractère de l'insurrection. — La garde nationale est seule à la combattre. — Système de concentration des troupes. — Soupçons qu'il fait planer sur la Commission exécutive. — Péripéties de la lutte. — Vaines instances faites auprès du général Cavaignac pour qu'il ordonne l'attaque des barricades. — Journée du 24. — Paris est mis en état de siége, et le général Cavaignac, investi de la dictature, se décide à agir. — Résultat des opérations militaires. — Les dernières heures du combat.

Nier le remède ne suffit pas pour sauver le malade. Immense était le nombre de ceux qui souffraient ou se trouvaient à la veille de souffrir de la faim. L'institution des Ateliers nationaux, telle qu'elle avait été conçue, donnait à dévorer des sommes énormes à un travail factice, humiliant et stérile comme l'aumône, dont il n'était que l'hypocrisie. Et la population des Ateliers nationaux augmentait, augmentait toujours. Et cette bêtise épique attirait, ainsi qu'en un gouffre sans fond, tous les trésors de l'État. Que faire? Rien, puisqu'il était convenu qu'organiser le travail était une chimère; puisqu'on posait en principe que la misère et la faim sont d'essence immortelle, et que le mieux est d'en prendre son parti; rien, puisqu'on reprochait au socialisme comme un de ses crimes de s'être élevé contre ce touchant axiome des économistes : *laissez faire, laissez passer*; rien, puisque, pour les réactionnaires de tout degré, la grande affaire du moment était d'*écraser l'infâme!*

A force d'y réfléchir, cependant, ils s'avisèrent d'un moyen : dès que les Ateliers nationaux étaient un si grand embarras, pourquoi ne pas... eh bien, oui, pourquoi ne pas les dissoudre? — Les dissoudre, juste ciel! Mais, si on ne ménageait pas une issue au flot grondant qu'ils contenaient; si on ne trouvait pas à employer utilement les travailleurs qui, là, n'étaient que nourris; si, en un mot, on ne voulait à aucun prix *tomber dans le socialisme...* dissoudre les Ateliers nationaux, c'était jeter sur la place publique cent sept mille ouvriers affamés, c'était leur mettre la rage dans le cœur et les armes à la main, c'était — ce qui eût semblé impossible — commettre une folie plus colossale encore que celle qu'on avait commise en les organisant. — Mais, hélas! la réaction et ses aveugles alliés avaient presque moins peur du mal que du vrai remède. Ils disaient, sans avoir conscience de ce que leurs vœux avaient de contradictoire : « Plus d'Ateliers nationaux, et pas de socialisme! » Eh! quoi donc alors, malheureux? L'insurrection de juin fut la réponse !

Que ce résultat fatal ait été affronté froidement, et même, comme quelques-uns ont osé le dire, désiré, c'est ce que je ne puis ni ne veux croire, quant à moi. Libre aux détracteurs du socialisme de nous attribuer, dans le farouche emportement de leurs haines, la soif du sang et la passion des ruines: serviteurs de la vérité, les socialistes ne repoussent pas la calomnie par l'injure ou la calomnie, et, jusque dans leurs ennemis en état d'ivresse, ils espectent l'espèce humaine. Je ne prétends donc établir ici qu'une chose, savoir : que *l'insurrection de juin naquit uniquement de l'idée de dissoudre les Ateliers nationaux sans recourir au socialisme.*

A cette époque, le thème favori de la mauvaise foi coalisée avec l'ignorance était celui-ci : On a fait au Peuple des promesses impossibles à tenir.

Eh! quelles étaient donc ces promesses *impossibles à tenir* qu'on avait faites au Peuple? On lui avait promis le pouvoir de vivre en travaillant : était-ce trop pour prix de son sang versé, pour prix de la protection généreusement accordée alors par des hommes qui manquaient de pain à des hommes qui nageaient dans l'abondance, pour prix du dévouement avec lequel, devenus maîtres de Paris, les hommes sans gîte montaient la garde à la porte des palais?

Impossibles à tenir? Mais vous qui avez déployé tant de courage contre nos *utopies*, lorsqu'il y avait entre ce courage et la place publique une armée et des canons, que ne veniez-vous alors, au milieu de la Grève embrasée, crier à la foule qu'on l'abusait; qu'on la trompait ; qu'après tant d'efforts et de combats, elle ne *pouvait* être assurée de rien, pas même de gagner sa vie à la sueur de son front?

Impossibles à tenir? Mais de qui vous venait le don de le savoir ou le droit de le dire? Car enfin, qu'aviez-vous tenté pour que cette promesse se réalisât, et que n'aviez-vous pas tenté pour qu'elle ne se réalisât point?

Sans revenir sur les obstacles mis à tout essai pratique de la part du Luxembourg, comment fut accueilli celui qui écrit ces lignes, lorsque, dans la séance du 10 mai, il alla proposer à l'Assemblée la création d'un Ministère du Travail et du Progrès, c'est-à-dire d'un ministère spécialement chargé de chercher un remède à la détresse des travailleurs et pourvu des ressources nécessaires pour y remédier? Il n'y avait pas à craindre que l'auteur de la proposition voulût remonter au pouvoir : il était décidé, quoiqu'il pût advenir, à rester simple représentant, **et**, afin d'ôter tout prétexte à un rejet basé sur de vils commentaires, il avait eu soin de faire connaître sa résolution, solennellement, d'avance, du haut de la tribune. Cependant, qu'arriva-t-il? Que, d'un commun accord, blancs et bleus se récrièrent. « Non, non : pas de Socialisme! — Mais alors, ce sera peut-être la guerre civile. — Non, non : pas de Socialisme! — Mais, si l'on se borne à chasser des Ateliers nationaux ces cent sept mille ouvriers, on les réduit au désespoir. — Non, non : pas de Socialisme!... » En vain l'auteur de la proposition montra-t-il le point noir qui se formait à l'horizon ; en vain prononça-t-il ces paroles prophétiques : « On vous disait, avant Février : « Prenez garde à la révolution du mépris. » Eh bien, je vous dis, moi : « Prenez garde à la révolution de la faim ! » Tout fut inutile.

On empêchait la réalisation des promesses faites au Peuple, afin de pouvoir ensuite fort à son aise les déclarer impossibles à tenir. C'était la continuation du procédé que M. Marie expliquait si naïvement à M. Émile Thomas, lorsqu'il lui disait que l'expérience du Luxembourg montrerait *inapplicables* les doctrines dont on avait, précisément dans ce but, *empêché l'application !...*

Arriva le 15 mai. Quoique exilé à la suite de cette journée funeste, et parce qu'il n'est pas d'iniquité dont les passions de parti ne soient capables, je puis me rendre hautement ce témoignage que nul n'y fut plus opposé que moi. Je n'avais que trop bien prévu les conséquences! Elles furent terribles. Des hommes tels que Barbès et Albert jetés en prison dès le premier jour; la plupart de leurs amis enveloppés de soupçons et frappés d'impuissance; Paris incertain; les départements étonnés; le discrédit qui s'attache à toute faute que punit un insuccès; la réaction enfin poussée jusqu'aux dernières limites de la confiance dans la fureur, voilà ce que produisit la journée du 15 mai. Elle achevait le désastre que la journée du 16 avril avait commencé.

A dater de ce moment, l'idée de dissoudre les Ateliers nationaux devint, de la part des contre-révolutionnaires, une sorte d'idée fixe, et un mot d'une portée sinistre fut prononcé : IL FAUT EN FINIR!

Il faut en finir ! Mais toujours revenait cette question tragique : « Comment? »

Qui le croirait? Le directeur des Ateliers nationaux, M. Émile Thomas, fut enfin obligé de reconnaître qu'il était impossible de sortir de la situation sans effusion de sang, à moins qu'on n'adoptât, du moins en partie... quoi? Les idées du Luxembourg! oui, ces idées en haine desquelles M. Marie l'avait placé à la tête des Ateliers nationaux, et contre lesquelles, fidèle à son rôle, il s'était épuisé, jusque-là, en déclamations aussi ridicules que violentes!

Comme la vérité à cet égard pourrait paraître invraisemblable, il faut reproduire, et reproduire textuellement, tel qu'il le donne lui-même, le plan proposé par M. Émile Thomas :

« Je proposai qu'on instituât par voie d'élection, dans chaque spécialité, et à Paris d'abord, un syndicat composé moitié de patrons, moitié d'ouvriers, et nommant un syndic magistrat, ainsi qu'un régisseur professionnel. — Régulièrement constitués, les syndicats professionnels eussent, chacun, dans la généralisation de leur spécialité, formé, par l'envoi de deux délégués, des syndicats de famille (famille du bâtiment, de l'habillement, de l'alimentation, etc...). Enfin, par la même voie, les syndicats de famille eussent composé un conseil général des professions industrielles, soumis à l'administration du Ministère des travaux publics ou de celui du commerce. — Abordant la question urgente, celle de la grève générale, chacun des syndicats eût donné un tarif provisoire du travail de sa partie, en prenant l'heure comme unité. — Puis, chaque syndicat eût délégué son régisseur à l'administration des ateliers spéciaux, où eussent été admis, à salaire réduit de moitié, les ouvriers inoccupés de la profession. Les fabriques en non-activité eussent à l'instant, à des conditions très-basses, fourni les locaux et les outils. — On eût exécuté dans ces ateliers des espèces de chefs-d'œuvre où la matière première est peu, et la main-d'œuvre presque tout, et cela est possible pour presque toutes les industries parisiennes. — Les marchandises produites, garantissant l'avance faite aux ateliers par l'État, pour la paye des ouvriers, eussent été livrées à l'exportation, ou vendues au cours rigoureux de la place, le bénéfice, dans ce cas, étant réservé aux syndicats pour la création de caisses de secours. — Enfin, on aurait élevé des quartiers destinés aux ouvriers, quartiers composés de petites maisons meublées, à deux ou trois étages seulement et habitées par trois ou quatre familles. Ces quartiers eussent été pourvus de boulangeries et de cuisines communes, de fours communs; enfin, de tout ce qui constitue la vie par association, la vie à bon marché (1). »

Eh bien, que vous en semble? Le plagiat est-il assez complet? Ce que M. Émile Thomas a l'intrépidité d'appeler *son plan*, était-ce autre chose qu'un calque maladroit du plan proposé par le Luxembourg et contre lequel M. Émile Thomas n'avait pas eu assez d'anathèmes? Ateliers *spéciaux* ouverts aux ouvriers inoccupés de la profession, commandite de l'État, créance de l'État hypothéquée sur les produits des ateliers, caractère collectif donné à l'emploi des bénéfices, établissement de cités ouvrières, rien n'y manque! M. Émile Thomas a beau assurer que ce n'était pas là « retomber dans le système de M. Louis Blanc; » mais seulement « substituer, *dans cet ordre d'idées*, à l'action directe de l'État sa garantie ou ses secours (2) : » dire cela, c'était se moquer du public et trop compter vraiment sur son ignorance. Et quelle autre *action directe de l'État* avons-nous jamais proposée que

(1) *Histoire des Ateliers nationaux*, par M. Émile Thomas, pp. 240, 241 et 242.

(2) *Ibid.*, p. 240.

celle qui consiste dans sa commandite et sa garantie? Si M. Émile Thomas avait eu le courage de ses opinions nouvelles, il aurait avoué qu'en attaquant le Luxembourg, il s'était grossièrement trompé ; qu'il fallait en revenir aux idées du Luxembourg, sous peine de se trouver écrasé par la situation ; que le socialisme, étudié, n'était pas ce qu'il avait cru, et qu'il n'y avait que cette issue pour couper court aux Ateliers nationaux, sans s'exposer aux horreurs d'une guerre civile.

C'est ce que M. Émile Thomas n'eut garde de faire, et il alla développer, comme siennes, à l'Hôtel-de-Ville, les mêmes idées dont il s'était fait l'ignorant calomniateur. Mais MM. Corbon, Bethmont, Danguy, etc... ne s'y trompèrent pas ; ils comprirent à merveille où une pareille transformation des Ateliers nationaux avait son point de départ, et ils la repoussèrent. Prenez-y garde, au nom du ciel, messieurs; prenez-y garde ! Conserver les Ateliers nationaux est impossible ; les dissoudre purement et simplement est formidable ! Nous approchons à grands pas, messieurs, de la guerre civile. — Non, non : pas de Socialisme !...

Et la Commission exécutive ? La Commission exécutive, elle aussi, semblait prise de vertige. On lui présenta, sur quelques mesures à adopter comme palliatif, sinon comme remède, un rapport qu'elle refusa de signer, parce qu'il contenait la reconnaissance en principe du « droit au Travail. » Et pourtant, la Commission exécutive se composait d'hommes qui, lorsqu'ils étaient membres du Gouvernement provisoire, avaient prêté au décret consacrant le droit au Travail l'autorité de leur nom !

Tout cela menait droit à une grande bataille : comment s'y tromper? Aussi, dès le 20 mai, la Commission exécutive avait-elle donné ordre au général Cavaignac — il avait été nommé ministre de la guerre et était arrivé à Paris depuis trois jours — d'avoir, comme garnison habituelle de la capitale, 20,000 hommes de troupes de ligne, 15,000 hommes de garde mobile, 2,600 hommes de garde républicaine, 2,500 gardiens de Paris, en tout 45,000 hommes prêts au combat (1). De plus, 15,000 hommes devaient être échelonnés dans le rayon de la capitale, et deux divisions de l'armée des Alpes appelées en grande hâte (2). Que le but de la Commission exécutive, quand elle ordonnait ces préparatifs, fût de prévenir l'effusion du sang par un immense déploiement de force, c'est ce qui a été affirmé en son nom (3), et c'est ce qu'il est naturel de croire. Mais la faim est un spectre qui porte avec lui plus de terreurs que le canon. L'erreur était grande d'imaginer que ceux qui ne pouvaient « vivre en travaillant » craindraient de « mourir en combattant! » Et puis, chaque pas dans cette sombre voie était un pas en arrière. Lorsqu'elle réorganisait, en vue d'une lutte possible, et la garde républicaine, et la garde de l'Hôtel-de-Ville, et la préfecture de police, et l'état-major de la garde nationale (4), est-ce que la Commission exécutive faisait autre chose que détruire pièce à pièce l'œuvre de la Révolution de février et travailler à sa propre ruine?

M. Marie ayant été nommé membre de la Commission exécutive, c'était à M. Trélat qu'était échu, dès le 12 mai, le soin de décider, comme ministre des travaux publics, du sort des Ateliers nationaux. Jamais homme d'une plus rare incapacité ne s'était chargé d'une plus lourde besogne. Remplacer M. Émile Thomas par M. Lalanne; former une *Commission des Ateliers nationaux* dont les conceptions restèrent à l'état de mystère, et dont l'intervention connue se réduisit à des mesures d'une parfaite insignifiance; trahir ses anciens amis; flétrir, par l'alliance de ses colères avec celles de la réaction, tout son passé de républicain; commettre des actes d'un arbitraire si violent, qu'on en rougirait en Turquie et qu'ils rappelèrent la tyrannie du

---

(1) Ce chiffre, attesté par M. Barthélemy Saint-Hilaire, au nom de l'ex-Commission exécutive, dans la séance du 25 novembre 1848, ne fut point nié par le général Cavaignac. *Voy.* le *Moniteur*, novembre 1848, n° 331.

(2) *Ibid.*

(3) *Voy.* le discours de M. Barthélemy Saint-Hilaire, séance du 25 novembre 1848.

(4) *Ibid.*

conseil des Dix à Venise, voilà en quelques mots l'histoire du passage de M. Trélat aux affaires (1).

Et, pendant ce temps, la plaie, la plaie béante s'envenimait, s'élargissait. Afin de faire disparaître M. Émile Thomas, M. Trélat lui avait envoyé un arrêté qui, entre autres dispositions oppressives, contenait celles-ci :

« Les ouvriers célibataires, âgés de dix-huit ans à vingt-cinq ans, seront invités à s'enrôler sous les drapeaux de la République pour compléter les différents régiments de l'armée ; ceux qui refuseront de souscrire des engagements volontaires seront immédiatement rayés des listes d'embrigadement des Ateliers nationaux.

« Les patrons pourront requérir tel nombre de ces ouvriers (ceux des Ateliers nationaux) qu'ils déclareront nécessaire à la reprise ou à la continuation de leurs travaux. Ceux qui refuseront de les suivre seront à l'instant rayés de la liste générale des Ateliers nationaux. »

Ce monstrueux arrêté était signé :

> « *Pour le ministre des travaux publics,*
> *par autorisation, le secrétaire général,*
>
> « BOULAGE. »

Ainsi, l'on sommait les plus jeunes de devenir chair à canon, et les autres de se vendre au prix qu'on voudrait bien donner de leurs personnes. Il est vrai qu'on évitait de la sorte le malheur de tomber dans le socialisme !

Était-ce donc que les avertissements solennels fissent défaut ? Non, certes. Que de voix s'élevèrent, et des plus éloquentes, pour sauver à la France cette horrible épreuve ! Aucun de ceux qui assistèrent à la séance du 15 juin 1848 n'a pu oublier quel frémissement courut sur tous les bancs de l'Assemblée, lorsque, avec l'autorité du philosophe et l'émotion poignante du prophète en deuil, Pierre Leroux

---

(1) La manière dont il fit arrêter M. Émile Thomas n'a rien de comparable dans les annales du despotisme.

s'écria, tourné vers le côté droit : « Si vous ne voulez pas sortir de l'ancienne économie politique; si vous voulez absolument anéantir les promesses de la Révolution française dans toute sa grandeur ; si vous ne voulez pas que le christianisme lui-même fasse un pas nouveau; si vous ne voulez pas de l'association humaine, je vous dis que vous exposez la civilisation à mourir dans une agonie terrible (1). »

M. Goudchaux essaya de réfuter M. Pierre Leroux, et il prononça ces mots : « Il faut que les Ateliers nationaux disparaissent immédiatement à Paris et en province. » Selon lui, ce qui manquait aux ouvriers, c'était l'instruction gratuite à tous les degrés, une participation au crédit, des taxes moins onéreuses, la réforme des lois protectrices du travail. Mais ces mesures, alors même que rien au delà n'eût été désirable, ne fournissaient pas la solution du problème qui était *immédiatement* à résoudre. Et M. Goudchaux était si loin de s'abuser sur la portée de ce problème, qu'il disait en terminant : « Si vous ne le résolvez pas, la République périra, et la société passera par un tel état de choses, que je ne veux pas vous le dépeindre. Le sol, sous vous, est maintenant très-miné (2)... »

Trois jours après, on lisait dans une affiche posée sur tous les murs de Paris par les ouvriers des Ateliers nationaux, comme réponse au discours qui précède :

« Ce n'est pas notre volonté qui manque au travail; c'est un travail approprié à nos professions qui manque à nos bras. Nous l'appelons de tous nos vœux. Vous demandez la suppression immédiate des cent dix mille travailleurs qui attendent chaque jour de leur modeste paye les moyens d'existence pour eux et leurs familles. Les livrera-t-on aux mauvais conseils de la faim, aux entraînements du désespoir? »

Tel était l'état des choses, quand les intrigues du parti

(1) *Voy.* le *Moniteur*, séance du 15 juin 1848.
(2) Séance du 15 juin 1848.

bonapartiste vinrent compliquer la crise. Il est très-vrai que, malgré les efforts inouïs faits pour semer des germes d'antagonisme entre les délégués du Luxembourg et ceux des Ateliers nationaux, ils avaient fini, le bon sens du Peuple prenant le dessus, par se rapprocher et s'entendre; mais il est vrai aussi que les Ateliers nationaux étaient fortement travaillés par les agents bonapartistes, et que dans cette masse énorme d'ouvriers réunis, enrégimentés, le bonapartisme cherchait avec avidité des recrues. La proclamation suivante, adressée au Peuple vers le milieu du mois de juin, dira dans quel esprit s'exerçait l'influence du Luxembourg :

« Travailleurs,

« Nous, délégués des ouvriers du Luxembourg; nous délégués des Ateliers nationaux; nous, voués corps et âme à la République, pour laquelle, comme vous tous, nous avons combattu, nous vous prions, au nom de cette liberté si chèrement achetée, au nom de la patrie régénérée par vous, au nom de la fraternité, de l'égalité, de ne pas joindre vos voix et votre appui à des voix anarchiques ; de ne pas prêter vos bras et vos cœurs pour encourager les partisans du trône que vous avez brûlé. Ces hommes sans âme, sans caractère, amèneraient inévitablement l'anarchie au milieu du pays, qui n'a besoin que de liberté et de travail.

« Nul ne doit prétendre désormais qu'au plus beau de tous les titres : celui de citoyen. Nul ne doit essayer de lutter contre le véritable souverain : le Peuple.

« Le tenter serait un exécrable crime, et quiconque l'oserait serait traître à l'honneur et à la patrie.

« La réaction travaille, elle s'agite; ses nombreux émissaires feront luire à vos yeux, frères, un rêve irréalisable, un bonheur insensé; elle sème l'or; défiez-vous, amis, défiez-vous! Attendez, attendez encore quelques jours, avec ce calme dont vous avez fait preuve, et qui est la véritable force.

« Espérez, car les temps sont venus, l'avenir nous ap-

partient; n'encouragez pas, par votre présence, des manifestations qui n'ont de populaire que le titre; ne vous mê-
lez pas à ces folies d'un autre âge.

« Croyez-nous; écoutez-nous! rien maintenant n'est
possible en France que la République démocratique et sociale.

« L'histoire du dernier règne est terrible; ne la conti-
nuons pas. Pas plus d'*empereur* que de roi! Rien autre
chose que la Liberté, l'Égalité et la Fraternité.

« Vive la République !

> « Pierre Vinçard, président des délégués du
> Luxembourg ;
>
> « Auguste Blum, vice-président;
>
> « Jullien, trésorier ;
>
> « Lefaure, secrétaire ;
>
> « Bacon, président des délégués des Ateliers
> nationaux ;
>
> « Eugène Garlin, secrétaire ;
>
> « Petit-Bonnaud, lieutenant;
>
> « Ardillon, lieutenant. »

Consignons ici un fait peu connu et qui mérite de
l'être. La veille même du jour où l'on redoutait une manifestation bonapartiste, le président des délégués du
Luxembourg fut mandé au château de Bagatelle par un
des membres de la Commission exécutive, celui qui, depuis, s'est si vivement emporté contre les manifestations
populaires, celui qui s'est vanté d'avoir sauvé, au 16 avril,
la société que personne ne menaçait, M. de Lamartine
enfin, s'il faut l'appeler par son nom. Ce fut une étrange
conférence. Il s'agissait, pour M. de Lamartine, de préparer, au moyen des délégués du Luxembourg, contre Louis
Bonaparte et au profit de la Commission exécutive, un second 16 avril. Seulement, cette fois, M. de Lamartine aurait conduit la manifestation, au lieu de la combattre!
Mais les délégués du Luxembourg n'étaient pas gens à

figurer dans des luttes d'ambition : ils voulaient rester et ils restèrent les serviteurs de la cause du Peuple.

Les heures s'écoulaient. « Nous donnons trois mois de misère à la République, » avaient dit noblement les ouvriers, et voilà que déjà le jour de l'échéance était passé ! Le 22 juin, la note qui concernait les enrôlements d'ouvriers, enrôlements *forcés*, puisqu'on les faisait au nom de la faim, cette note éclata dans le *Moniteur* comme un coup de foudre. Sur plusieurs points, et notamment sur la place Saint-Sulpice, les ouvriers se rassemblent en tumulte ; les brigades envoyées à Corbeil abandonnent précipitamment leurs chantiers et reviennent à Paris ; les premiers grondements de la guerre civile se font entendre. « N'importe, n'importe! il faut dissoudre les Ateliers nationaux, il le faut, et cela *sans tomber dans le socialisme.* — Mais la guerre civile! — Non, non : pas de socialisme, et... que les destinées s'accomplissent ! »

M. Lalanne, le nouveau directeur des Ateliers nationaux, l'homme de confiance de M. Trélat, s'exprimait comme il suit :

« Les chefs d'arrondissement sont invités à envoyer chacun la cinquantième partie de leur effectif, ce soir, à trois heures, au manége. Il s'agit de départs qui doivent avoir lieu aujourd'hui, demain et après-demain. Je parlerai moi-même aux hommes de bonne volonté qui se présenteront. Le gouvernement *veut* que ces départs aient lieu. Il *faut* que sa *volonté* soit exécutée *aujourd'hui même:* »

Quant à faire savoir aux malheureux qu'on proscrivait ainsi, quel genre de travail on leur réservait, à quelles conditions ils seraient tenus de travailler, là où il plaisait aux *sauveurs de la société* de les envoyer, c'était bien de cela qu'il s'agissait, vraiment! « Le gouvernement *veut* que ces départs aient lieu. Il *faut* que sa *volonté* soit exécutée *aujourd'hui même.* »

Le 22 juin, à neuf heures du matin, le citoyen Pujol, délégué par les ouvriers près de la Commission exécutive,

était admis, suivi de quatre de ses camarades, chez
M. Marie. Il représenta qu'après la Révolution du 24 février, les travailleurs avaient toujours été soumis à l'arbitraire ; que, s'ils avaient versé leur sang, c'était pour arriver à une République démocratique et sociale qui fît
enfin justice de l'exploitation de l'homme par l'homme ;
qu'ils étaient décidés à faire des sacrifices pour le maintien
des libertés publiques, mais qu'ils demandaient, avant tout,
l'organisation d'ateliers qui pussent servir de refuge aux
ouvriers...

« Les ouvriers, interrompit violemment M. Marie, qui
ne voudront pas se soumettre au décret seront renvoyés
de Paris par la *force*. »

N'oublions pas que ce M. Marie était le même qui, pendant le Gouvernement provisoire, disait à M. Émile
Thomas : « Pouvez-vous compter sur les ouvriers ?... Ne
ménagez pas l'argent : au besoin, on vous accorderait des
fonds secrets... Le jour n'est peut-être pas loin où il faudrait faire descendre les ouvriers dans la rue (1)!... »
Suivant un journal du temps (2), celui de tous les journaux d'alors qui avait le plus de rapports et les rapports
les plus directs avec les Ateliers nationaux, voici quelle
fut la réponse de Pujol :

« Citoyen représentant, vous insultez des hommes investis d'un caractère sacré, en tant que délégués du Peuple :
nous nous retirons avec la conviction profonde que vous ne
voulez pas l'organisation du travail ni la prospérité du
peuple travailleur. — On vous a tourné la tête, répliqua
M. Marie ; c'est le système de Louis Blanc : nous n'en voulons pas. »

A merveille ! Mais, à la place de ce qu'il ne voulait pas,
M. Marie ne disait pas ce qu'il voulait ; et, comme il était

_____

(1) *Histoire des Ateliers nationaux*, par M. Émile Thomas.
(2) *La Vraie République*, rédacteur en chef, M. Thoré.

devenu nécessaire, ou de vouloir quelque chose, ou d'avoir la guerre civile, on eut la guerre civile.

Dans l'entrevue qui vient d'être rappelée. M. Marie, choqué du ton d'autorité qu'il crut remarquer dans M. Pujol, avait dit aux ouvriers qui l'accompagnaient : « Êtes-vous donc les *esclaves* de cet homme (1)? » Le mot, colporté dans les faubourgs, y eut le retentissement du tocsin. L'ordre avait été donné d'arrêter cinquante six délégués : il ne fut point exécuté. Eux. se répandirent dans tous les quartiers, qu'ils enflammèrent. Et, le soir, des colonnes, parties du Panthéon, parcouraient les grandes artères de la ville, à la lueur des torches. Le long des boulevards, on entendait déjà ce refrain lugubre : *Du pain ou du plomb!*

Le sort en est jeté. A onze heures du soir, M. Marie, effrayé, écrit au général Cavaignac, ministre de la guerre, d'envoyer dès le lendemain au Luxembourg, pour renforcer la garde ordinaire, un régiment d'infanterie et deux régiments de cavalerie (2). L'ordre est exécuté (3).

A deux heures du matin, nouvelle lettre adressée au général, et, cette fois, par le chef du secrétariat de la Commission exécutive, M. Barthélemy Saint-Hilaire. Elle portait que les ouvriers devaient se réunir, à six heures du matin, sur la place du Panthéon, pour s'y concerter et marcher de là vers le faubourg Saint-Antoine; qu'on le savait; qu'il importait d'arrêter le mouvement à son origine, et de faire occuper le Panthéon, dès cinq heures du matin, par deux bataillons d'infanterie et deux de cavalerie. La lettre ajoutait : « Je ne sais quels sont les ordres qui vous ont été transmis par la Commission exécutive : vous aviserez dans votre prudence (4). »

L'avertissement était grave : il s'agissait, pour n'avoir

(1) *Voy.* le discours de M. Barthélemy Saint-Hilaire, séance du 25 novembre 1848, *Moniteur*, n° 331.

(2) Lettre de M. Marie, lue par le général Cavaignac, dans la séance du 25 novembre 1848. *Voy.* le *Moniteur*, n° 331.

(3) C'est ce que le général prouva, pièces en main, dans la séance sus-mentionnée. *Ibid.*

(4) Lettre de M. Barthélemy Saint-Hilaire, lue par le général Cavaignac, dans la séance du 25 novembre 1848. *Moniteur*, n° 331.

pas à noyer l'insurrection dans des flots de sang, de la prévenir, de l'essayer du moins. Cependant, le général Cavaignac n'en tint nul compte : pas un soldat ne fut envoyé sur la place du Panthéon.

Plus tard, appelé à répondre à ce grief, le général Cavaignac a prétendu qu'ayant déjà reçu de M. Marie un ordre qui se trouvait exécuté au moment où la missive de M. Barthélemy Saint-Hilaire lui fut remise, il avait cru que cette missive faisait double emploi (1). Mais l'explication tombe devant ce fait : que la première demande de troupes concernait le Luxembourg, et la seconde, la place du Panthéon ; que la première avait pour but de protéger le siége du gouvernement, et la seconde d'arrêter l'insurrection à son point de départ. Aussi, qu'arriva-t-il? Que, vers sept heures et demie, trouvant la place libre, près de deux mille ouvriers s'y réunirent, pour aller, de là, chercher à la Bastille des compagnons de combat et des armes.

Ici se présente un important problème historique qu'il convient d'éclaircir. L'insurrection de juin aurait-elle pu être prévenue, et l'effusion du sang évitée, par un énorme déploiement de troupes, mises en mouvement lorsqu'il n'existait pas encore une seule barricade? C'est ce que pensaient les membres de la Commission exécutive, et c'est ce que le général Cavaignac ne voulut pas reconnaître.

Dans la matinée du 23 juin, le Conseil s'étant rassemblé, on s'y entretint, devant le général Cavaignac, le général Fouché et plusieurs ministres, de l'ordre dont l'inexécution avait permis à un premier grand rassemblement de se former. Là, au lieu de donner l'explication à laquelle il devait plus tard recourir, le général Cavaignac interpella le général Fouché, d'où résulta une altercation très-vive à laquelle le ministre de la guerre mit fin en imposant silence à son subordonné. Le Peuple, en cet instant, occupait encore le Panthéon : diverses mesures qui tendaient à prévenir le combat sont proposées. Mais est-il temps

____

(1) *Voy.* sa réponse à M. Barthélemy Saint-Hilaire, dans la séance du 25 novembre 1848. *Moniteur*, nº 331.

encore de tout arrêter? M. Recurt, ministre de l'intérieur l'affirme. Le général Cavaignac soutient le contraire. Un débat fort animé s'engage, et M. Recurt, violemment ému, s'écrie : « C'est donc une bataille qu'on veut! C'est insensé (1)! »

Autre point de dissidence entre la Commission exécutive et le général Cavaignac. Selon la Commission exécutive, la marche à suivre consistait à empêcher, dès l'abord, la construction des barricades en envoyant sur tous les points menacés, non pas des gardes nationaux seulement, mais des soldats. Selon le général Cavaignac, au contraire, il fallait commencer par concentrer les troupes de ligne et ne les faire donner qu'au moment décisif.

Or, si l'avis du général l'emportait, on pouvait, sans être prophète, faire presque à coup sûr la prédiction que voici :

L'insurrection, laissée maîtresse du terrain et libre de ses mouvements à l'origine, ne tardera pas à se développer sur une échelle formidable. — La garde nationale, poussée en avant et non soutenue, sera décimée. — Elle enverra solliciter des secours, et, n'en recevant pas, elle se croira trahie par la Commission exécutive, seule responsable de la situation. — La majorité réactionnaire de l'Assemblée, ardente à abattre les républicains les uns par les autres, sera charmée d'une aussi belle occasion de renverser MM. de Lamartine et Ledru-Rollin par le général Cavaignac. — L'armée ne donnant qu'après la garde nationale, achètera la victoire à moins de frais et en aura la gloire si l'insurrection succombe. — Son chef sera ainsi devenu l'homme nécessaire, et sa dictature, née de la pression des circonstances, s'élèvera dans le sang sur les débris du pouvoir de la Commission exécutive, renversée, bafouée et maudite.

---

(1) A ces particularités si caractéristiques, que M. Barthélemy Saint-Hilaire affirma dans son discours du 25 novembre 1848, le général Cavaignac, dans sa réponse, n'oppose aucune dénégation. *Voy.* le *Moniteur,* n° 331.

Il est probable que des hommes aussi intelligents que les membres de la Commission exécutive ne furent point sans pressentir ces conséquences. Mais l'événement qu'on avait devant soi était une bataille ; le général Cavaignac était un homme d'épée : on jugea indispensable de lui abandonner la direction de la défense, et les suites furent ce que la logique indiquait d'avance.

Pour ce qui est du général Cavaignac, eut-il en vue de supplanter, au profit de son ambition personnelle, la Commission exécutive, ou seulement de ménager aux soldats, que la victoire populaire de Février avait humiliés, le moyen de prendre une éclatante *revanche?* Suivant moi, cette dernière hypothèse est la vraie ; pas un fait qui ne la confirme ; et elle est entièrement justifiée par le caractère et les dispositions du général Cavaignac, qui, avant tout, par-dessus tout, était un *soldat*. J'en donnerai dans le chapitre suivant une preuve sans réplique. En attendant, qu'il me suffise de dire qu'à cette époque il y avait dans une partie de l'armée le désir prononcé d'une revanche. Elle s'était persuadée, ou plutôt d'habiles conspirateurs, cachés dans ses rangs, étaient parvenus à lui persuader qu'après les journées de Février, elle avait été traitée avec mépris ; qu'on avait eu l'air de la regarder comme incapable de tenir devant des guerriers de hasard, armés de bâtons ferrés ; et qu'il y allait de son honneur de montrer, à la première occasion, ce qu'elle savait faire quand elle se battait pour tout de bon. Ce sentiment régnait si bien parmi les troupes qu'un capitaine de mes amis vint me voir, vers la fin de mai, pour me donner à cet égard des renseignements qu'il jugeait avec raison d'une grande importance. « Soyez certain, me dit-il, qu'on n'a rien épargné de ce qui pouvait exalter outre mesure, et en opposition au Peuple, le point d'honneur militaire. Si une lutte s'engage, je frémis à l'image de ce que j'entrevois. Les soldats tiennent à établir — et on les y encourage par toutes sortes de discours artificieux — que, s'ils sont sortis de Paris, en février, *c'est parce qu'ils l'ont bien voulu*. Souvenez-vous de ce que je vous dis là. »

Eh bien, ma conviction, appuyée sur une lettre que le

général Cavaignac adressa au Gouvernement provisoire et dont il sera fait mention plus loin (1), ma conviction profonde est que le sentiment répandu dans l'armée, le général Cavaignac le partageait. L'idée qu'on pouvait soupçonner l'uniforme d'avoir reculé devant la blouse lui était insupportable. Son intelligence, impuissante à s'élever au-dessus de certaines susceptibilités vulgaires, lui faisait envisager un triomphe de l'armée comme une réparation dont l'occasion ne devait pas être perdue, lorsqu'elle venait s'offrir d'elle-même. Tout ce qu'il est permis de supposer à sa décharge — et cela est juste, peut-être, — c'est qu'il put lui arriver de s'aveugler sur la vraie source de ses inspirations, et de croire, comme ce n'est que trop souvent le cas dans les actions humaines, qu'il se décidait exclusivement par de certains motifs, alors qu'il ne faisait qu'obéir, sans se l'avouer, à des motifs différents.

Toujours est-il que sa conduite fut étrange ; et cette insurrection fatale, qu'au point de vue social, on n'avait point tenté de prévenir, on ne tenta pas davantage de la prévenir, au point de vue militaire.

Pour comble de malheur, quoique la révolte qui s'annonçait fût bien la révolte de la faim, la part manifeste qu'y prirent les bonapartistes lui imprima, au début, une couleur si douteuse, que même les républicains les plus dévoués au Peuple tremblèrent qu'elle n'eût d'autre résultat que de couronner un prétendant, si elle réussissait. Et, si elle était écrasée, que devenaient les conquêtes morales de la Révolution ?

De l'activité factieuse des bonapartistes dans ces heures funestes, de leurs artifices, de leurs corruptrices manœuvres, de leurs efforts pour faire tourner le désespoir de tant de milliers d'hommes au profit d'un seul, il existe des preuves trop nombreuses et trop frappantes pour qu'à cet égard le doute soit possible. Le parti bonapartiste était représenté dans la presse par le *Napoléon républicain*, dont le titre n'indiquait qu'à moitié le but, mais révélait une stratégie qui ne trompait personne. Il avait de nombreux

---

(1) *Voy.* le chapitre intitulé *Ostracisme.*

affidés parmi les ouvriers appartenant à des pays étrangers. Il soudoyait des orateurs de cabaret. Il mettait une
ardeur extraordinaire à se recruter dans la garde nationale. Le soir du 22 juin, la candidature de Louis Bonaparte comme lieutenant-colonel de la 12ᵉ légion avait été
hardiment posée, et soutenue plus hardiment encore, en
vue, osa-t-on dire, d'une lutte prochaine, mais sans autre
explication (1). M. Émile Thomas, naguère directeur des
Ateliers nationaux, était un bonapartiste (2); et la proclamation au Peuple que nous avons citée un peu plus haut
montre de reste combien le péril paraissait réel aux délégués de la classe ouvrière.

Au premier rang des recruteurs en blouse du bonapartisme figurait un maçon nommé Lahr. Homme d'une énergie peu commune et qui exerçait sur ses compagnons beaucoup d'empire, Lahr était employé sous M. Nadaud, un
des représentants les plus vrais qu'ait jamais eus le Peuple
à des travaux de maçonnerie commencés place du Panthéon. Un matin, deux ou trois jours avant l'insurrection,
M. Nadaud s'aperçoit que Lahr, dont en ce moment l'assistance lui était nécessaire, a disparu. Il va aux informations, et il apprend qu'on a vu entrer son camarade dans
un cabaret, situé près de là. Il y court, entre, et trouve
Lahr attablé avec plusieurs ouvriers, la plupart Allemands.
Aussitôt, celui-ci se lève, et, s'avançant vers le visiteur
inattendu, lui tend un verre de vin et s'écrie : « Allons,
camarade, à la santé du *Petit!* » Invité à s'expliquer, il
ajoute : « Oui, à la santé de Louis Bonaparte; car il est
temps de nous mettre à la besogne. » M. Nadaud repoussa
le verre avec indignation, et sortit. Quelques jours après
avait lieu, à la barrière de Fontainebleau, le meurtre du
général Bréa, meurtre pour lequel Lahr fut condamné à
mort et exécuté (3).

Comment fermer les yeux à cet extraordinaire concour*

____

(1) Je tiens ce fait de M. Dupont, à la candidature de qui celle de
Louis Bonaparte était opposée.

(2) Il est passé, depuis, au service de Louis Bonaparte, comme on
pouvait s'y attendre.

(3) Je tiens ces importants détails de M. Nadaud lui-même, un des

de circonstances qui toutes tendaient à montrer, à travers les horreurs d'une guerre civile, le bonapartisme? Comment ne pas frissonner, en songeant que l'unique résultat d'une lutte où les prolétaires joncheraient Paris de leurs cadavres risquait de n'être que le triomphe de l'ambition d'un homme? Et si, comme il n'était que trop aisé de le prévoir, les insurgés succombaient!... Non, je ne crois pas que jamais agonie de l'esprit et du cœur ait été comparable à celle dont cette odieuse alternative infligea le tourment aux sincères amis du Peuple. Quant à moi, je voyais les choses tellement en noir que, pour conjurer l'orage, j'aurais volontiers donné tout le sang de mes veines; mais, outre que je n'étais plus investi d'aucun pouvoir officiel, les défiances haineuses dont me poursuivaient et les autorités du moment et la majorité de l'Assemblée avaient rendu mes relations avec l'ensemble de la classe ouvrière très-difficiles. Et puis, quoiqu'une inquiétude menaçante agitât depuis plusieurs jours la population des Ateliers nationaux, et que l'insurrection n'eût été que trop aisée à prévoir, l'adoption des mesures insensées qui changèrent définitivement les alarmes en fureur eurent un tel caractère de soudaineté que chacun se trouva comme enveloppé dans l'ouragan avant d'avoir eu le temps de se reconnaître.

Dans la matinée du 23 juin, je montais en voiture avec un de mes compatriotes, M. Savelli, qui était venu me voir et s'était offert pour m'accompagner à l'Assemblée, lorsque tout à coup quelques ouvriers paraissent à la portière : « Ami, le Peuple s'ébranle dans Paris; que faut-il faire? » On juge ce que ma situation avait d'affreux! « Y a-t-il, répondis-je, un rendez-vous général où je puisse aller, et dire ce que je sens? » Ils répliquèrent à la hâte, et avec beaucoup d'animation : « Pour Dieu, n'allez pas! Et

hommes les plus droits et un des plus nobles caractères que j'aie rencontrés dans ma vie.

. Il est dit, dans la notice que la récente *Biographie des Contemporains* consacre à M. Nadaud, qu'il est rentré en France, et s'est rallié, dans les derniers temps, à la doctrine de M. Proudhon. Il y a là deux erreurs. M. Nadaud n'a pas cessé d'être réfugié en Angleterre, et ses idées n'ont absolument rien de commun avec celles qui appartiennent en propre à M. Proudhon.

où iriez-vous? Presque tout Paris est debout, depuis la barrière Rochechouart sur la rive droite de la Seine, jusqu'au Panthéon sur la rive gauche. Seulement, que désirez-vous que nous disions à ceux de nos camarades que nous rencontrerons? » — « Eh bien, dites-leur que, si le glaive est tiré en ce moment, c'en est fait, selon toute apparence, de la République; dites-leur qu'on travaille depuis longtemps à rassembler des forces immenses contre le Peuple; que la contre-Révolution ne soupire qu'après une occasion de l'écraser; que la défaite est presque certaine; que rien n'est prêt pour le succès; et que, pour usurper la victoire du Peuple, à supposer qu'il y eût victoire, les ambitieux ne manquent pas. » Ils firent un mouvement de tête qui semblait signifier : « Il est trop tard; » me serrèrent vivement la main, et partirent (1).

J'étais consterné. Quel parti prendre? Je crus que le mieux était de me rendre à l'Assemblée, où je pouvais être au moins de quelque utilité en m'opposant aux mesures violentes, et de nature soit à aggraver soit à compliquer la situation. Tous ceux de mes collègues qui appartenaient à l'opinion socialiste avaient eu la même pensée que moi; tous ils étaient à leur poste de représentants du Peuple; et je les trouvai tous en proie à la douloureuse incertitude née de la succession rapide des faits et du mélange de tant d'éléments confus. Toutefois, le vrai caractère du mouvement ne tarda point à se dessiner. Les factions bonapartiste et légitimiste, qui avaient d'abord essayé de s'en emparer et qu'on pouvait craindre de voir réussir, furent amenées à cacher leur drapeau; et le seul étendard arboré sur les barricades fut celui du Peuple, celui qui portait ces mots touchants : *Du pain ou du plomb!*

Mais l'Assemblée alors était devenue permanente. Une sorte de vigilance farouche entourait ceux qu'on savait sympathiques à la cause qui avait réduit le Peuple au désespoir, et le premier d'entre *nous* qui eût tenté de fran-

(1) On trouvera la confirmation de ceci dans une lettre de M. Savelli au président de la Commission d'enquête. *Voy.* le *Moniteur*, compte rendu de la séance du 25 août 1848.

chir le seuil de l'Assemblée, eût été arrêté à l'instant même.

Dans la matinée, une colonne compacte s'était formée sur la place de la Bastille et avait roulé comme une avalanche jusqu'à la porte Saint-Denis, où eut lieu le premier engagement. Mais déjà, et tandis que, dans les quartiers aristocratiques, les légions se réunissaient lentement, dans les quartiers populeux les rues se hérissaient de barricades.

Ce fut cet instant que M. de Falloux choisit pour présenter, du haut de la tribune de l'Assemblée, le rapport qui concluait à la dissolution des Ateliers nationaux, moyennant une indemnité d'environ trente francs par homme(1). M. Proudhon a écrit : « Trente francs pour avoir fondé la République, pour la rançon du monopole, et en échange d'une éternité de misère! Cela rappelait les trente deniers payés par Judas pour le sang de Jésus-Christ. »

Et pendant ce temps, la fusillade continuait, les barricades s'élevaient, tout Paris s'armait. « Je ne crois pas qu'en ce moment la lecture du rapport soit opportune! » s'était écrié M. Raynal. Mais les contre-révolutionaires : « Lisez, lisez!... » M. de Falloux s'empressa de lire. Puis, afin que la guerre au socialisme fût partout, on se mit à tonner dans l'Assemblée contre l'exécution des chemins de fer par l'État. Au dehors, le Peuple continuait de crier : *Du pain ou du plomb!*

Alors, comme si, pour étouffer ces mots d'éternelle douleur, il n'eût pas suffi de charger les canons à mitraille, de mettre en mouvement fantassins et cavaliers, de renforcer la garde nationale par la garde républicaine, et la garde républicaine par la garde mobile, la calomnie fut appelée au secours. Dans une circulaire adressée aux municipalités des douze arrondissements, M. Marrast osa présenter cette armée de la faim qui se levait, comme un ramas de brigands à la solde d'agents étrangers. Il osa

---

(1) La somme proposée était de trois millions, à répartir entre cent sept mille hommes. *Voy.* le *Moniteur*, juin 1848, n° 176.

écrire en parlant des prétendus auteurs de l'insurrection :
« Ce n'est pas seulement la guerre civile qu'ils voudraient
allumer parmi nous, c'est le *pillage* qu'ils préparent. »

Ah! sans doute, les partis à livrée légitimiste et à livrée
impériale comptaient dans leur sein des hommes prêts à
pousser au désordre, dans l'espoir de le faire aboutir au
triomphe de leurs desseins, et ces hommes poussèrent effectivement au désordre. Mais confondre avec des instiga-
tions semblables, qui nulle part n'osèrent se définir nettement, la vraie cause qui mettait à tant de milliers
d'hommes les armes à la main; mais prétendre que les
barricades ne se formaient que contre la République; mais
affirmer que le *pillage* était le but auquel le Peuple courait à travers la mort!...

Elle eut néanmoins le succès qu'on en avait espéré, cette
calomnie étonnante. Des Républicains sincères crurent la
République en péril; les faux républicains affectèrent de
la voir attaquée : il y eut une immense incertitude et une
immense confusion. Les insurgés continuaient de crier, en
marchant au combat : *Du pain ou du plomb!*

Il est digne de remarque que cette insurrection, si générale dans ses causes et par son esprit, revêtit presque
partout le caractère d'une protestation locale. Dans maint
quartier, il arriva que les habitants se réservèrent exclusivement la garde de leurs barricades, repoussant le concours des étrangers, se bornant à défendre l'accès de leurs
rues et refusant de prendre part aux mouvements d'attaque. Après la prise de la huitième et de la neuvième
mairie, par exemple, et lorsqu'il fut question d'emporter
l'Hôtel-de-Ville, c'est à peine si on put réunir, au bas de la
rue Saint-Antoine, quelques centaines de combattants. Et
pourtant, il s'agissait d'enlever une position très-forte,
très-vivement défendue. On demanda des renforts au Faubourg, dont les barricades pouvaient être aisément dégar-
nies : ce fut en vain. Non que, parmi les combattants,
beaucoup ne comprissent qu'une insurrection qui n'avance
pas, ou même qui s'arrête, est perdue; mais toute unité
de direction manquait, et, d'un autre côté, une partie des
insurgés étaient retenus par le sentiment de leur inferio-

rité dans le maniement des armes. Cinquante mille hommes avaient pris le fusil : combien qui, dans ce nombre, étaient inhabiles à s'en servir! Tel qui contribuait efficacement à défendre une barricade eût risqué d'être ailleurs un embarras. Toujours est-il que, dans les quartiers riches, des milliers de combattants isolés attendirent inutilement qu'une trouée leur permît de rejoindre l'insurrection, et que les faubourgs avaient une réserve de près de vingt mille hommes dont la marche en avant eût changé, peut-être, le destin de ces journées.

Aux motifs qui empêchèrent les combattants de trop s'aventurer hors des barricades, il importe d'en ajouter un autre, bien décisif : le défaut de munitions. La poudre dont ils se servaient, les insurgés étaient obligés de la fabriquer eux-mêmes, et cette circonstance donnait un avantage énorme aux troupes, abondamment approvisionnées de tout ce qu'exigent les batailles!

Mais, si les forces de l'insurrection se trouvèrent insuffisantes sous le rapport de l'offensive à prendre ; si les chefs manquèrent pour concentrer les opérations; si la poudre finit par manquer pour continuer le combat, la lutte n'en fut pas moins surprenante par l'indomptable énergie des combattants. Gardes nationaux et soldats se battirent vaillamment, comme les Français se battent. Mais ceux qui ont mis le plus d'acharnement à calomnier les sentiments des insurgés conviennent que leur intrépidité tint du prodige, et qu'ils dépensèrent plus de bravoure qu'il ne leur en aurait fallu, conduits par un grand capitaine, pour conquérir le monde.

D'ailleurs, les Ateliers nationaux avaient été organisés militairement, grâce à M. Marie ; on les avait divisés par brigades, escouades et compagnies, comprenant les hommes du même arrondissement, du même quartier, de la même rue; et, dans cette guerre de barricades où chacun voulait combattre et mourir devant sa maison, pour le pain de sa famille, une pareille organisation imprimait nécessairement un certain ensemble à la résistance, même localisée.

Voyons maintenant de quelle manière la défense était conduite.

Le général Cavaignac avait répondu à la lettre que M. Marie lui avait adressée le soir du 22 juin, par l'envoi de deux bataillons incomplets qui ne s'élevaient pas à plus de 800 hommes (1). Malgré l'insuffisance de ces forces, la Commission exécutive employa la garde du Luxembourg à prévenir la construction des barricades. Mais ce système ne fut suivi que sur la rive gauche, et partiellement. Conformément au plan du général Cavaignac, investi de la direction supérieure des forces, les troupes de ligne ne devaient être à aucun prix disséminées, de sorte qu'elles ne parurent qu'après des engagements meurtriers entre la garde nationale et le Peuple. Que le système de concentration eût semblé le meilleur au général africain, on le conçoit; mais on se demande pourquoi, dans ce cas, ce système ne fut pas appliqué par lui à la garde nationale; pourquoi il ne l'empêcha pas, elle aussi, de se disperser dans Paris, et d'y combattre par compagnies isolées; pourquoi la concentration mit tant de temps à s'opérer, et pourquoi des troupes qu'on avait représentées à M. Ledru-Rollin comme pouvant être réunies au premier coup de tambour, ne furent pas engagées pendant de longues heures de la journée (2). J'ai lu avec beaucoup d'attention la réponse du général Cavaignac aux accusations de M. Barthélemy Saint-Hilaire dans la séance du 25 novembre 1848, et elle ne m'a point fourni la solution de ces problèmes. Mais il faut laisser les faits parler d'eux-mêmes (3).

Vers midi et demi, le général écrit à M. Garnier-Pagès, resté seul au siége du gouvernement, qu'il ait à renvoyer à l'Assemblée nationale les deux bataillons de ligne. Ils étaient employés à combattre : M. Garnier-Pagès refuse.

(1) Discours de M. Barthélemy Saint-Hilaire, dans la séance du 25 novembre 1848. *Moniteur*, n° 331. Sur ce fait particulier, la réponse du général Cavaignac est muette. *Ibid.*

(2) *Voy.* le discours de M. Ledru-Rollin dans la séance du 25 novembre 1848. *Moniteur*, n° 331.

(3) Je n'emprunte du discours de M. Barthélemy Saint-Hilaire que les faits auxquels le général Cavaignac n'a pas répondu.

L'aide de camp chargé du premier message en rapporte
un second qui enjoint au colonel commandant le Luxembourg d'obéir, sous peine d'être traduit devant un conseil
de guerre. M. Garnier-Pagès cède devant cette insistance;
et la retraite des troupes a lieu, livrant cette partie de la
rive gauche à l'insurrection, qui s'y propage avec rapidité (1).

Vers deux heures, M. Garnier-Pagès, désespéré, va rejoindre ses collègues de la Commission exécutive à l'Assemblée nationale dans le cabinet de la présidence, où le
siége du Gouvernement a été transféré. Triste spectacle!
De toutes parts affluaient, demandant du secours, officiers
de la garde nationale et envoyés des mairies. M. Bixio
vint dire qu'il avait vu une barricade s'élever rue Saint-
Jacques, mais que, si on lui donnait seulement deux cents
hommes, il répondait de tout arrêter de ce côté. La réponse invariable du général Cavaignac était : « Je ne veux
pas disséminer et compromettre mes troupes (2). »

Toutefois, le général Lamoricière avait été chargé d'enlever les faubourgs Poissonnière, Saint-Martin et Saint-
Denis. A trois heures, le général Cavaignac apprend que,
sur le flanc droit de Lamoricière, des barricades importantes se forment dans la rue du Faubourg-du-Temple. Il
juge nécessaire que des renforts arrivent sur ce point;
mais quelle inspiration put le pousser à aller en personne
dégager son lieutenant, lorsque tant d'officiers habiles et
intrépides étaient à ses ordres, et que la présence du commandant en chef était si impérieusement réclamée au siége
du Gouvernement, où tout venait aboutir et d'où il était
indispensable que tout rayonnât? Il partit néanmoins, em-
menant avec lui sept bataillons, et promettant de revenir
dans une demi-heure; il partit, et cela après avoir recommandé de la manière la plus expresse qu'on ne donnât aucun ordre en son absence. C'était, pour peu que son absence se prolongeât, laisser la Commission exécutive dans
une situation intolérable; et son absence se prolongea

(1) Discours de M. Barthélemy Saint-Hilaire, etc. *Moniteur*, 25 novembre 1848, n° 331.
    (2) *Ibid.*

tellement, qu'on ne le revit plus qu'à huit heures du soir (1). D'après l'explication qu'il a présentée depuis, ce retard vint de ce qu'il avait mal apprécié la durée de la résistance qui l'attendait : « J'avais cru que c'était l'affaire d'une demi-heure, malheureusement, cela a pris trois grandes heures (2). »

Toujours est-il que ce fut le coup de mort pour la Commission exécutive; car, lorsque les officiers d'ordonnance, dépêchés de divers quartiers par des compagnies de garde nationale en détresse, accouraient les uns après les autres, disant : « On égorge nos hommes! Un bataillon! au nom du ciel, un seul bataillon! » que pouvait-elle répondre, sinon : « Nous n'avons pas d'ordre à donner, le général en chef est absent. Attendez! » Et cette réponse, colportée de rang en rang dans la garde nationale, était naturellement accueillie par ce cri : « La Commission exécutive trahit. A bas les traîtres! » M. de Lamartine s'étant rendu au faubourg du Temple, M. François Arago dans le quartier du Panthéon, et M. Garnier-Pagès s'étant mis à parcourir les huit premiers arrondissements, tout le poids de la situation retomba sur M. Ledru-Rollin, demeuré seul avec M. Marie au siége du Gouvernement, et que ses opinions désignaient plus particulièrement aux défiances de la garde nationale. Ce qu'il eut à souffrir, il l'a décrit lui-même avec une éloquence passionnée.

En ce moment, Paris, d'un bout à l'autre, se trouvait transformé en champ de bataille. Le soir, la Société des Droits de l'homme put se réunir; mais déjà, en mille endroits, les communications étaient interrompues, et il fut impossible de donner aux sections une impulsion uniforme. Les sectionnaires du huitième arrondissement prirent une part active à l'attaque de la place des Vosges, conduits qu'ils étaient par des hommes ardents et décidés. Dans les bureaux des feuilles socialistes, régnait une poignante incertitude, tant étaient confuses, contradictoires, les nou-

____

(1) Ces faits, en tant que *faits*, sont certains. Ils n'ont pas été niés Voy. la séance du 25 novembre 1848. *Moniteur*, n° 331.
(2) *Voy.* la réponse du général Cavaignac à M. Barthélemy Saint-Hilaire. *Ibid.*

velles qui arrivaient du théâtre de la lutte! A qui resterait
la victoire? Quelque formidable que fût la masse des forces
à la disposition du Gouvernement, le succès parut longtemps indécis. Sur plusieurs points, les insurgés firent des
prodiges. Au faubourg du Temple, dès que le général Cavaignac y parut, le combat prit des proportions gigantes-
ques. Le canon gronda contre les insurgés, mais sans
étonner leur courage ; et leur résistance fut si énergique,
que le général Cavaignac, malgré ses sept bataillons et
son artillerie, fut obligé de demander du secours au général Lamoricière, qu'il venait secourir. Autour des pièces
de canon, l'on apercevait étendus morts les deux tiers des
canonniers qui les avaient servies et les chevaux qui les
avaient amenées (1)!

A l'Assemblée, une succession presque non interrompue
de rapports divers tenait les esprits dans une perpétuelle alternative de crainte et d'espoir. Nous apprenions,
tantôt que les rues Saint-Jacques, des Maçons-Sorbonne et
des Mathurins se couvraient de barricades ; tantôt que les
fenêtres de la rue de La Harpe étaient devenues autant de
meurtrières ; tantôt qu'à une barricade construite à l'entrée de la rue Saint-Maur, le Peuple avait déployé une
intrépidité indomptable. M. Payer ayant informé l'Assemblée qu'à la place Saint-Michel il y avait cinq pièces de
canon qui faisaient feu, lorsque s'était présenté M. Arago,
qui, ce jour-là, joua sa vie avec l'insouciance héroïque
d'un jeune homme, M. Bineau poussa ce cri de la haine et
de l'ingratitude : « Qu'est-ce que cela nous fait (2)? » Voilà
comment la réaction vous récompensait de lui avoir servi
d'instruments contre l'avant-garde de votre propre parti,
ô républicains inconséquents! Jusqu'où peut s'emporter la
fureur des passions politiques, je le sus alors. C'est en vain
que M. Considérant, d'une voix presque suppliante, demande la permission de lire une proclamation destinée, de
dit-il, à ramener les malheureux égarés. On lui crie au

<hr>

(1) *Voy.* le discours du général Cavaignac, dans le *Moniteur*, compte
rendu de la séance du 25 novembre 1848.
(2) *Voy.* le *Moniteur*, juin 1848, n° 176.

milieu du tumulte : « Vous appelez ainsi des assassins (1) »
Et l'on vote la question préalable. A son tour, M. Caussidière propose une proclamation aux flambeaux; et lui,
moi, plusieurs autres membres de la gauche, nous offrons
d'aller aux barricades, pour tâcher d'arrêter, s'il est possible, l'effusion du sang : ces propositions et ces offres ne
rencontrent que défiances; on les traite de factieuses.
Nommerai-je celui qui osa demander qu'on arrêtât pendant la nuit certains journalistes, et que « la déportation
eût lieu sur la reconnaissance de l'identité des individus? »
L'auteur de cette motion monstrueuse n'était pourtant pas
un membre de la droite; c'était un homme à qui la peur
du socialisme avait donné le vertige, et qui figurait
parmi... les républicains. Comme il doit être étonné aujourd'hui de son égarement d'alors! « Le Gouvernement,
répondit le ministre des finances, M. Duclerc, vous a
montré de l'énergie. Exigez-vous de lui un coup d'État?
Il ne le fera pas (2). »

M. Barthélemy Saint-Hilaire a raconté en ces termes,
du haut de la tribune, une scène qui, dans la soirée du
23 juin, eut lieu entre le général Cavaignac et les membres de la Commission exécutive. « Une dernière tentative
fut faite auprès du général. MM. Arago, Marie, Lamartine, Ledru-Rollin, avec M. Barthélemy Saint-Hilaire, le
pressèrent de commencer l'attaque. Le général fut inflexible, et les instances dont il était l'objet irritant sa colère : « Croyez-vous, » dit-il, «que je sois ici pour défendre
« vos Parisiens, votre garde nationale? Qu'elle défende
« elle-même sa ville et ses boutiques. Je ne veux pas dis-
« séminer mes troupes. Je me rappelle 1830; je me rap-
« pelle Février. Si une seule de mes compagnies est désar-
« mée, je me brûle la cervelle; je ne survivrai pas à ce
« déshonneur. » On eut beau représenter au général que son
suicide ne remédierait à rien, que la question était d'enlever
les barricades qu'il avait laissé former; aucun argument
ne put le décider à donner l'ordre de l'attaque; le moment

____

(1) Voy. le *Moniteur*, juin 1848, n° 176.
(2) Compte rendu de la séance du 23 juin 1848.

décisif ne lui paraissait pas encore venu. On ajouta que les insurgés gagnaient à chaque instant du terrain. « Que « m'importe ! » répondit le général ; « s'ils sont maîtres de « Paris, je me retirerai avec *mon armée* dans les plaines « de Saint-Denis, et je leur livrerai bataille. » — « Oui, » dit M. Arago, « mais ils ne vous y suivront pas (1). »

Du reste, quand le général Cavaignac s'étudiait à différer de la sorte une attaque générale, ce n'était point dans l'attente de circonstances de nature à la rendre inutile. Il avait si bien en vue une bataille, et une bataille sur une formidable échelle, que, ce soir-là même, le colonel Martimprey fut envoyé à Vincennes, avec un régiment d'infanterie et un régiment de cuirassiers, pour en rapporter les canons, les boulets, les bombes et les obus que réclame le siége en règle d'une place forte !

Nous avons dit que le général Cavaignac était revenu du faubourg du Temple à huit heures du soir. Il s'absenta de nouveau, désirant visiter le général Bedeau, qui avait été blessé en défendant l'Hôtel-de-Ville, et le général Damesme, qui occupait le faubourg Saint-Jacques. Il ne rentra qu'à deux heures du matin, et parlait d'aller prendre du repos au ministère de la guerre, lorsque, M. Ledru-Rollin s'y opposant avec beaucoup de vivacité, il se décida enfin à rester, et courut se jeter tout habillé sur un des canapés d'un cabinet voisin où il s'endormit. Plus tard, quand cette circonstance fut rappelée, à la tribune, il répondit d'un ton ironique : « On a dit que j'avais dormi ; j'en conviens. Cela m'arrive quelquefois (2). » Le mot fut trouvé admirable par ceux de la droite !... Quant aux membres de la Commission exécutive, ils ne dormirent pas.

A cinq heures du matin, M. Dupont, chef de bataillon de la 12e légion, demande à être introduit auprès du géné-

______

(1) Discours de M. Barthélemy Saint-Hilaire, séance du 25 novembre 1848. Dans sa réponse, le général Cavaignac ne nie pas au fond l'exactitude de ce récit. Seulement, il se défend d'avoir employé des termes offensants pour la garde nationale. *Voy.* le *Moniteur*, novembre 1848, n° 331.

(2) *Voy.* le discours du général Cavaignac dans la séance du 25 novembre 1848.

ral. Il est admis, avec quelques citoyens qui l'accompagnaient : « Eh bien, que voulez-vous? » — « Je viens vous prier d'ordonner la retraite des baïonnettes dont le douzième arrondissement est hérissé. Je suis du quartier ; je le connais. Je réponds de sa tranquillité, si la mesure que je sollicite est prise. » Le général, sans quitter la position horizontale, répondit laconiquement : « Impossible. Je n'ai que onze bataillons sur la rive gauche. On se battra (1). »

Qu'elle fut longue, qu'elle fut lugubre, cette nuit du 23 au 24 juin !

Le lendemain, le soleil ne se montra pas ; le ciel semblait aussi triste que le cœur des hommes ; les pavés frémirent sous les roues des canons ; et ceux que la faim donnait à la mort, reprirent le cri de la veille : « *Du pain ou du plomb !* »

En ce moment, tout était mûr pour la dictature d'un soldat. L'impossibilité où la Commission exécutive avait été mise dans la journée précédente d'envoyer des secours où ils étaient attendus, avait accrédité parmi la garde nationale l'idée d'une trahison, et elle se montrait exaspérée contre les *traîtres*. Dans l'Assemblée, on n'ignorait pas que ces traîtres avaient bravement payé de leurs personnes au service d'une cause qui, en effet, n'aurait pas dû être la leur ; mais beaucoup, dans les rangs de la droite, pensaient tout bas ce que M. Bineau s'était hasardé à penser tout haut : « Qu'est-ce que cela nous fait ? » Les habiles, tels que M. de Falloux et M. Thiers, souriaient d'avance au spectacle de ces républicains qu'un républicain allait fouler aux pieds, en se perdant lui-même. Et M. Marrast se tenait derrière le général Cavaignac, lui soufflant de déplorables conseils. Déjà, dès le 22 juin, le général avait reçu de plusieurs membres de la réunion du Palais-National, des ouvertures qu'il ne s'était pas cru obligé de repousser, bien qu'il eût mis à son acceptation les conditions de bienséance indispensables en pareil cas ; agent de la Commission exécutive, il consentait bien à la

______

(1) Je tiens le fait de M. Dupont lui-même.

supplanter, si tel était le désir de l'Assemblée, mais non pas sans avertissement préalable. Ce fut dans cette disposition d'esprit qu'il tint, le 23 juin, la conduite décrite plus haut; et ses vues n'avaient certes subi aucun changement, lorsque, le 24, à huit heures du matin, les représentants, qui le voulaient dictateur, allèrent requérir la Commission exécutive de donner sa démission... Sa démission avant la fin du combat, sa démission sous le coup d'une exigence qui était une flétrissure! Plusieurs de ses membres refusèrent de laisser disposer ainsi de leur honneur; et il leur revint amèrement à la mémoire qu'ayant eu l'intention de quitter la scène, lors du vote d'admission en faveur de Louis Bonaparte, ils en avaient été empêchés, par qui? Par le général Cavaignac lui-même, dont, en cette circonstance, le langage avait été celui-ci : « Se retirer serait un déshonneur, et si, dans l'état où est la République, la Commission exécutive se retirait du pouvoir, elle n'y pourrait revenir que par *un 15 mai honnête* (1). » La démission, si ardemment poursuivie, fut donc refusée, sauf à voir ce que l'Assemblée en masse déciderait.

Au dehors, les insurgés tuaient et mouraient, en criant : « *Du pain ou du plomb!* »

Vers midi, nous vîmes paraître à la tribune M. Pascal-Duprat. Il venait proposer : pour Paris, l'état de siége; pour le général Cavaignac, la dictature. Quelque hésitation se manifesta; des protestations s'élevèrent. « Non, pas de dictature! » s'écriait M. Larabit. Et, plein d'émotion, réclamant la parole, bravant les murmures, il se tenait cramponné au marbre de la tribune. M. Bastide se présente et dit : « Je vous conjure de mettre un terme à vos délibérations et de voter le plus tôt possible; dans une heure, peut-être, l'Hôtel-de-Ville sera pris. » La fermeté d'âme de M. Bastide était connue; la sensation fut pro-

---

(1) Ceci affirmé, dans la séance du 25 novembre 1848, par M. Barthélemy Saint-Hilaire, et non nié par le général Cavaignac dans sa réponse. *Voy.* le *Moniteur*, novembre 1848, n° 331.

Je me suis étudié, je le répète, à n'enregistrer ici, de tous les faits articulés dans la séance du 25 novembre, en présence du général Cavaignac lui-même, que ceux que sa réponse laissa debout.

fonde; et l'on vota par assis et levé, au nom de la République, le renversement de tous les principes de la République. Une heure après, la Commission exécutive envoya sa démission. Les royalistes, qui s'étaient servis d'elle contre les membres socialistes du Gouvernement provisoire, se servaient maintenant du général Cavaignac contre elle, en attendant l'heure de se servir de Louis Bonaparte contre le général Cavaignac.

Dans les rues, c'était toujours le même cri : « *Du pain ou du plomb !* »

Elle n'était que trop claire, hélas! la pensée que ce cri exprimait. Et cependant, par un de ces malentendus épouvantables qui ajoutent à l'horreur de toutes les guerres civiles, il arriva qu'au sein des ténèbres sanglantes où Paris fut quelque temps plongé, beaucoup de républicains, et très-sincères, — j'en ai vus depuis verser des larmes, à ce souvenir de deuil! — combattirent l'insurrection, au nom de la République, qu'ils crurent attaquée. Et, chose affreuse! où la lutte fut sans pitié, ce fut surtout entre les gardes mobiles et les ouvriers des faubourgs. Ici les enfants, là les pères! Nul n'ignore aujourd'hui qu'au début de l'insurrection, la garde mobile était disposée à la soutenir. Mais ils entendirent tant répéter, ces malheureux, que les coups étaient dirigés contre la République! Et, par malheur, les intrigues bonapartistes imprimèrent un moment à cette crainte une impulsion si fatale! Le cœur se brise quand on songe au vertige dont tant d'hommes furent saisis, en ces noires journées. « Oh! comme mon père va être heureux! » s'écria le jeune Hyacinthe Martin, lorsque le général Cavaignac lui attacha à la boutonnière la croix de la Légion d'honneur. Il pensait à son père, cet enfant du Peuple, qui venait de s'armer contre le Peuple !

Je n'entrerai pas dans le détail des opérations militaires. Elles eurent pour résultat la prise du Panthéon le 24, la conservation de l'Hôtel-de-Ville le 25, et, le 26, à la suite d'un bombardement, la reddition du faubourg Saint-Antoine. Mais sur quel champ de bataille la victoire fut-elle jamais disputée avec une intrépidité semblable et achetée aussi cher? Je prouverai dans le chapitre suivant que la balle qui frappa l'archevêque de Paris ne sortit point du fusil d'un insurgé, et que le meurtre du général Bréa fut commis par des bonapartistes. Quant aux généraux Damesme, Duvivier et Négrier, leur mort attesta du reste l'importance et l'acharnement de cette lutte. Il y eut telle barricade où quarante assaillants sur cent trente furent tués (1). Le courage des combattants, égal de part et d'autre, entassait les funérailles.

Voici, sur l'agonie de l'insurrection, quelques particularités qui ne sont pas connues et qui en dessinent vivement le caractère.

Dans la soirée du dimanche 25, un régiment d'infanterie, commandé par le colonel Blanchart et soutenu par un nombre considérable de gardes nationaux de la 5e légion, ayant tenté d'enlever la position de la rue Grange-aux-Belles, et s'étant vu repoussé, un lieutenant, le citoyen Raucher, s'avance vers la barricade, suivi de quatre gardes nationaux qui portaient, en signe de paix, la crosse de leurs fusils en l'air. Quand il est à portée de se faire entendre, il demande à parlementer, et, comme on le couchait en joue, le chef de la barricade se jette entre le lieutenant et les insurgés. Après un échange de quelques mots, ce même chef de barricade se décide à accompagner le lieutenant jusqu'au canal, où il fut reçu, ainsi que deux hommes qui s'étaient joints à lui, par le colonel Blanchart. Les soldats dont le colonel était entouré frémissaient de colère, et les députés de l'insurrection eussent été, peut-être, égorgés, sans les officiers de la garde nationale, dont l'intervention, en cette circonstance, fut aussi courageuse que loyale. Le commandant de la barricade exigeait des garanties pour les hommes qui avaient pris part au combat sur toute la rive gauche du canal : le colonel Blanchart refusa de donner ces garanties; il fit déposer ses armes au chef insurgé, et l'envoya, sous bonne escorte, au général Lamoricière, lequel se trouvait alors

(1) A la place Maubert, par exemple. *Voy.* le *Moniteur*, compte rendu de la séance du 24 juin 1848.

au café Arnaud, près la rue du Temple, sur le boulevard.

Le général n'avait pas donné l'ordre d'entamer des négociations, et, d'un autre côté, les insurgés n'entendaient pas solliciter, surtout après un succès, l'étrange faveur de se rendre à discrétion.

Ce qui était vrai, cependant, c'est qu'une plus longue résistance était devenue impossible ; une foule de postes avaient été enlevés, et, dans ceux qui tenaient encore, on n'avait plus de cartouches. Il ne s'agissait donc que de succomber fièrement, et, sous l'influence de cette idée, le chef de barricade consentit à laisser croire qu'il venait demander des conditions de paix.

Le général Lamoricière paraissait fort animé ; il reçut le chef de barricade, le chapeau sur la tête, et celui-ci, qui avait d'abord ôté sa casquette pour saluer, se couvrit aussitôt. « Qu'êtes-vous venu faire près de moi ? » demanda le général d'une voix fatiguée. L'insurgé répondit que le lieutenant Raucher était venu l'adjurer de faire cesser un combat que lui-même, du reste, considérait désormais comme inutile, et qu'en conséquence les insurgés désiraient savoir à quelles conditions le gouvernement accepterait la reddition du faubourg du Temple. Le général Lamoricière : « Vous serez traités comme la garde nationale de la 12ᵉ, c'est-à-dire désarmés d'abord. On avisera ensuite. — Eh bien, puisqu'il en est ainsi, répliqua le chef insurgé, les citoyens que j'ai l'honneur de commander préfèrent chercher leur salut dans une résolution désespérée. » Le général Lamoricière serra convulsivement la poignée de son sabre, sur lequel il était appuyé, et, d'une voix que faisait vibrer la colère : « Dans ce cas, dit-il, nous vous enverrons des coups de fusil. » Puis, se tournant vers les officiers de la garde nationale : « La garde nationale a de la poudre et des balles pour faire accepter ce que je propose. Voici une proclamation du général en chef. Lisez et réfléchissez : vous avez jusqu'à demain à dix heures. — C'est inutile, repartit froidement l'insurgé. J'ai réfléchi, quant à moi, et je refuse. Nous aussi, nous avons des fusils, de la poudre, des balles. (Il ne voulait pas donner à son interlocuteur l'avantage et la joie d'un aveu d'inferiorité matérielle.) Nous aussi, nous avons des balles, et ce qui s'est passé a pu vous apprendre que nous étions gens à nous protéger nous-mêmes. » Comme il demandait s'il était libre de se retirer, le général le fit reconduire aux avant-postes, où il reprit ses armes pour aller rejoindre ses compagnons.

Au sortir de son entrevue avec le général Lamoricière, interpellé violemment par un représentant du Peuple, il l'avait en ces termes réduit au silence : « L'état de siège a annulé l'intervention officielle des membres de l'Assemblée, en plaçant l'autorité aux mains des soldats. » Arrivé à la barricade de la rue Grange-aux-Belles, il rendit compte à ses camarades, qui l'attendaient avec inquiétude, du résultat de sa démarche, leur lut la proclamation du général Cavaignac ; et l'impression qu'ils en reçurent lui prouva que, si les munitions n'eussent fait défaut aux insurgés, le champ de bataille n'eût pas été abandonné par eux. Mais comment la résistance se serait-elle prolongée, quand il ne lui restait plus, contre un formidable appareil de forces, que des amas de pierres et des fusils vides ?

La nuit, néanmoins, s'écoula sans agression de la part des troupes : ce fut le lendemain 26 seulement que, vers huit ou neuf heures, le faubourg fut investi de toutes parts. Les insurgés battirent en retraite alors, dans un sombre désespoir, et ne cessèrent le feu qu'après avoir épuisé leurs cartouches jusqu'à la dernière. A cinq heures du soir, la Villette fut prise. Le Peuple n'avait plus de plomb et n'avait pas de pain !

CHAPITRE VINGT-TROISIÈME

LE LENDEMAIN DE LA BATAILLE

Physionomie de Paris. — Proclamations du général Cavaignac. — Les promesses de la veille oubliées. — Représailles des vainqueurs. — Tentative d'assassinat. — Calomnies répandues contre les insurgés. — Malgré les démentis, même officiels, elles sont ramassées par lord Normanby. — Lettre de M. Bastide à Sa Seigneurie. — Arrestations et transportations sans jugement. — Lagarde, ex-président des délégués du Luxembourg, jeté sur les pontons. — Ce que l'Histoire dira des insurgés de juin 1848. — Quelle fut la part de l'esprit de faction dans la guerre civile. — Le comte de Fouchécourt, chef de barricade. — Distribution de médailles à l'effigie d'Henri V. — Les bonapartistes. — Luc. — La province accourant défendre la République. — L'archevêque de Paris. — De quel côté vint la balle qui le frappa; certificat du vicaire général Jaquemet. — Le général Bréa. — Quels étaient ses assassins. — La prétendue *Conspiration* de juin. — Causes de l'insurrection.

Rien ne saurait rendre la situation et l'aspect de Paris pendant les heures qui précédèrent et suivirent immédiatement la fin de ce drame inouï. A peine l'état de siége avait-il été déclaré, que des commissaires de police étaient allés dans toutes les directions ordonner aux passants de rentrer chez eux. Et malheur à qui reparaîtrait, jusqu'à décision nouvelle, sur le seuil de sa porte! Le décret vous avait-il surpris vêtu d'un habit bourgeois, loin de votre demeure, vous étiez reconduit de poste en poste, et sommé de vous y renfermer. Des femmes ayant été arrêtées por-

tant des messages cachés dans leurs cheveux, et des cartouches ayant été saisies dans la doublure de quelques
fiacres, tout devint matière à soupçon. Les cercueils pou -
vaient contenir de la poudre : on se défia des enterre-
ments, et les cadavres sur la route de l'éternel repos
furent notés comme suspects. La boisson fournie aux soldats pouvait être empoisonnée : on arrêta par précaution
de pauvres vendeurs de limonade, et des vivandières de
quinze ans firent peur. Défense aux citoyens de se montrer aux croisées, et même de laisser les persiennes ou-
vertes; car l'espionnage et le meurtre étaient là aux
aguets, sans doute! Une lampe agitée derrière une vitre,
les reflets de la lune sur l'ardoise d'un toit, suffirent pour
répandre l'épouvante. Déplorer l'égarement des insurgés ;
pleurer, parmi tant de vaincus, ceux qu'on avait aimés,
nul ne l'eût osé impunément. On fusilla une jeune fille
parce qu'elle avait fait de la charpie dans une ambulance
d'insurgés, pour son amant, peut-être, pour son mari, pour
son père!

La physionomie de Paris fut, durant quelques jours,
celle d'une ville prise d'assaut. Le nombre des maisons en
ruine et des édifices auxquels le canon avait fait brèche
témoignait assez de la puissance de ce grand effort d'un
peuple aux abois. Des lignes de bourgeois en uniforme
coupaient les rues; des patrouilles effarées battaient le
pavé. Les Champs-Élysées se transformèrent en bivac; les
splendides avenues qu'aux jours de fête affectionnent les
équipages de ceux qui ne souffrent jamais de la faim, se
couvrirent de la litière des camps, et des dragons en man-
ches de chemise firent abreuver leurs chevaux dans les
fontaines de la place de la Concorde.

Parlerai-je de la répression?

« Ouvriers, et vous tous qui tenez encore les armes le-
vées contre la République, une dernière fois, au nom de
tout ce qu'il y a de respectable, de saint, de sacré pour les
hommes, déposez vos armes! L'Assemblée nationale, la nation tout entière, vous le demandent. *On vous dit que de
cruelles vengeances vous attendent : ce sont vos ennemis,*

les nôtres, qui parlent ainsi! On vous dit que vous serez sacrifiés de sang-froid! Venez à nous, venez comme des frères repentants et soumis à la loi, et les bras de la République sont tout prêts à vous recevoir(1). »

Telle était la proclamation que, le 25 juin, le général Cavaignac avait adressée aux insurgés. Dans une seconde proclamation adressée, le 26, à la garde nationale et à l'armée, il disait : « Dans Paris, je vois des vainqueurs et des vaincus. Que mon nom reste maudit, si je consentais à y voir des victimes (2)! »

Jamais assurément plus belles paroles n'avaient été prononcées, en un pareil moment surtout. Mais comment cette promesse fut-elle remplie, juste ciel?

Bien décidé à être équitable, et envers tous, et jusqu'au bout, je me suis souvent demandé si les hommes qui avaient pris le général Cavaignac pour instrument de projets bien différents des siens ne réussirent pas à le tenir dans une ignorance complète des représailles qui suivirent. Malheureusement, cette supposition, d'ailleurs si forcée, ne couvre pas tant de vengeances *officielles* dont le scandale est impossible à nier. Faut-il les mettre sur le compte de sa faiblesse? Se jugea-t-il incapable de retenir le torrent des passions déchaînées par la victoire, tout en gémissant de leur violence dans le secret de son cœur? Mais alors pourquoi garder le pouvoir, et accepter, en le gardant, la responsabilité d'une situation qu'il se sentait impuissant à dominer?

Ce qui est certain, c'est que les représailles eurent, en maint endroit, un caractère sauvage; c'est que des prisonniers entassés dans le jardin des Tuileries, au fond du souterrain de la terrasse du bord de l'eau, furent tués *au hasard* par des balles qu'on leur envoyait à travers les lucarnes; c'est que des prisonniers furent fusillés à la hâte dans la plaine de Grenelle, au cimetière Mont-Parnasse, dans les carrières de Montmartre, dans la cour de l'hôtel

(1) *Voy.* le *Moniteur.*
(2) *Ibid.*

de Cluny, au cloître Saint-Benoît (1); c'est qu'au coin de
la rue des Mathurins-Saint-Jacques, on vit des gardes
mobiles, en état d'ivresse, faire feu sur quiconque passait
vêtu d'une blouse (2); c'est qu'à la Villette, un malheureux reçut une décharge presque à bout portant, parce
qu'il avait un tricot de laine rouge; c'est, enfin, qu'une
humiliante terreur plana, la lutte finie, sur Paris dévasté.

Et de ces emportements de la haine, de leur fougue
aveugle, de l'impunité qui les servit, quelle meilleure
preuve aurais-je donc à fournir que les projets d'assassinat,
dirigés pendant plusieurs jours contre ma personne? La
première tentative eut lieu le 25 juin, et fut bien près de
réussir. Comme je regagnais ma demeure, des furieux
m'assaillirent, hurlant des paroles de mort, et le sabre
levé. De fait, la dissolution des Ateliers nationaux, cause
de tant de sang versé, n'avait-elle pas été rendue nécessaire par leur établissement, et n'était-il point convenu
que cet établissement était mon ouvrage? J'étais donc
égorgé, si des représentants du Peuple qui se trouvèrent
là, et quelques honnêtes gardes nationaux, n'étaient ac-
courus pour me défendre. Une véritable lutte s'engagea
autour do mon corps. Un inconnu, qui sortait du café Car-
dinal, ayant réussi à m'approcher, m'appuya son pistolet
sur la tempe. M. Greppo, qui m'accompagnait, lui fit lever
le bras d'un coup de pied, et le pistolet partit en l'air. Ce
qui me sauva, c'est que mes défenseurs parvinrent à me
pousser dans le café Frascati, dont les meurtriers eurent
en quelque sorte à former le siége, et d'où heureusement
un généreux citoyen, M. Bouillon, put me faire sortir,
grâce à son titre de lieutenant-colonel de la 2e légion, et
à la présence d'esprit avec laquelle, en me prenant sous

(1) *Voy.*, dans *le Peuple* du 12 février, le *Prologue d'une révolution*,
— les dépositions des représentants du Peuple Mathé et Madet, dans l'affaire du général Bréa; et le procès de Louis Ménard, suivi d'une liste où
figurent des milliers de témoins qui s'offraient à témoigner sur la foi du
serment et qu'on refusa d'entendre.

(2) C'est là que le docteur Deville courut risque de la vie, en essayant
d'arracher à la fureur de ces enfants en délire un vieillard inoffensif,
mais *en blouse*, qu'une décharge renversa aux pieds de son protecteur intrépide, impuissant et désespéré.

son bras, il s'écria : « Respect à l'Assemblée nationale! »
Un de mes collègues, M. Dutier, très-opposé, d'ailleurs,
à mes opinions, passait en ce moment, dans un cabriolet
découvert. Il me fit courageusement place à côté de lui. Au
risque de le tuer, on me tira par derrière deux coups de fusil.

Y eut-il enquête? Des poursuites furent-elles ordon-
nées? L'Assemblée fut-elle appelée à décider s'il allait
devenir licite d'assassiner ceux de ses membres qui sié-
geaient au côté gauche, de les assassiner en plein jour et
en plein boulevard? Non; et cependant, on savait que la
tentative qui venait d'échouer devait se renouveler; que,
dans l'esprit de certains hommes, ma mort était résolue;
que, stationnés devant ma maison, ils épiaient l'occasion
de me tuer. Il y avait à cet égard si peu de doute, que
M. Sénart, alors président de l'Assemblée, me conjura de
ne pas quitter de quelques jours le palais Bourbon, m'of-
frant de m'y faire préparer une chambre, pour que je
pusse attendre dans cet asile inviolable que les esprits se
fussent un peu calmés. L'offre était bienveillante, mais
elle blessait en moi des sentiments qui me sont plus chers
que la vie : je refusai. Tout ce qu'il me fut possible d'accorder aux supplications de mon frère et aux instances de
mes amis, ce fut de m'abstenir de rentrer chez moi pendant une ou deux semaines. M. Brives, un de mes collègues, homme qui à une imperturbable jovialité et à un
esprit d'un tour très-original alliait les qualités les plus
sérieuses du patriote sûr et de l'ami dévoué, M. Brives me
proposait de partager son appartement rue Tronchet : j'ac-
ceptai. C'est de là que nous partions l'un et l'autre, chaque
jour, pour nous rendre à notre poste de représentants du
Peuple; et je ne dois pas oublier de dire, nul fait n'étant
plus propre à peindre la situation, que, chaque fois que je
sortais de l'Assemblée, plusieurs de mes collègues avaient
soin de m'entourer de manière à me dérober aux regards,
tant ils jugeaient ma vie menacée! J'ai donc droit, moi
aussi, d'apporter mon témoignage dans ce triste procès,
dont il importe que tous les éléments soient mis à la disposition de l'histoire.

Un trait achèvera le tableau.

Le 3 juillet, un assez grand nombre de prisonniers furent retirés des caves de l'École militaire, pour être conduits à la préfecture de police, et, de là, dans les forts. On les lia quatre à quatre par les mains et avec des cordes très-serrées. Puis, comme ces malheureux avaient de la peine à marcher, épuisés qu'ils étaient par la faim, on apporta devant eux des écuelles remplies de soupe. Ayant les mains garrottées, ils furent obligés de se coucher sur le ventre et de se traîner jusqu'aux écuelles comme des animaux, aux éclats de rire des officiers de l'escorte, qui appelaient cela le *socialisme en pratique!* Je tiens le fait d'un de ceux à qui fut infligé ce supplice.

Pour l'honneur de notre pays, pour l'honneur de l'espèce humaine, hâtons-nous de restituer à ces horreurs le caractère purement *individuel* qui leur appartient. Pas de responsabilité collective, pas d'accusations généralisées! Grâce au ciel, il n'est pas de classe en France, quels que soient ses préjugés, à qui l'on puisse légitimement imputer de tels excès, même dans l'aveuglement de la fureur. Ils furent l'œuvre de forcenés, dignes d'être reniés par tous les partis, mais auxquels l'état de siége, la stupeur publique, la colère et la peur des uns, la douleur désarmée des autres, livrèrent une odieuse puissance.

Il est juste aussi de bien se rappeler que certains journaux étaient devenus des arsenaux de mensonges homicides. Tous les matins, dans leurs colonnes, se montraient, dessinées en quelque sorte avec un pinceau de sang, des têtes de gardes mobiles tranchées, des poings de dragons coupés, des cadavres d'hommes qu'avait empoisonnés le vin des vivandières! On devine quel dut être, quand le frémissement d'une bataille sans exemple durait encore, l'effet de ces calomnies, dont, plus tard seulement, les conseils de guerre eux mêmes dévoilèrent la noirceur!

Il faudrait des volumes pour passer en revue toutes les impostures qui eurent cours à l'époque où la presse démocratique était arbitrairement suspendue. Que n'a-t-on pas dit de ces drapeaux apportés à l'Assemblée nationale et sur lesquels on prétendait avoir lu : *Mort aux propriétaires!* Eh bien, c'étaient des drapeaux qui, depuis le moi d'avril, flottaient aux fenêtres des propriétaires qui avaient fait remise des loyers. Hommage des locataires, ils portaient cette inscription : *Honneur aux propriétaires généreux!* Dans les faubourgs, on comptait ces drapeaux par centaines. Les vainqueurs n'eurent que la peine de les décrocher. La vanité en fit des trophées de barricade, et la mauvaise foi en falsifia la devise.

Il y eut aussi toutes sortes de noirs commentaires sur la nature des armes dont les insurgés s'étaient servis : projectiles empoisonnés, assurait-on, ou d'une forme barbare. C'est ainsi que l'ignorance expliquait les transformations des projectiles dans leur course contrariée. Les terribles effets des armes à feu firent croire à des mutilations systématiques que partout, depuis, les enquêtes juridiques ont démenties. Les accidents provoqués par l'ivresse, par la chaleur, par l'odeur de la poudre, devinrent autant de crimes.

Ce fut au point que le gouvernement lui-même sentit enfin la nécessité de rompre un silence qui, gardé plus longtemps, l'eût déshonoré; et tous ces mensonges, où se complaisait la haine, furent officiellement mis au néant par un *communiqué* envoyé à tous les journaux de Paris. C'est peu : la *Gazette des Hôpitaux* publia un rapport spécial, officiel, où chacun put lire : « Nous croyons de notre devoir de déclarer que nous n'avons découvert des traces de poison dans aucune des balles extraites, et que les blessures elles-mêmes ne présentaient aucun symptôme d'aggravation résultant de matières empoisonnées. Il résulte, en outre, de l'analyse faite par M. Pelouze, que, dans aucun cas, l'état des liquides qu'on supposait empoisonnés n'a justifié les soupçons auxquels ils avaient donné lieu (1). »

Inutile d'ajouter qu'aujourd'hui il n'y a plus personne en France qui croie à ces fables dégoûtantes. Mais, comme lord Normanby en avait besoin pour son roman, non con-

_____

(1) *Gazette des Hôpitaux*, 14 juillet 1848.

Ces communications officielles sont trop décisives pour qu'il soit nécessaire de recourir à d'autres preuves. Qu'il nous suffise de dire qu'elles abondent.

tent de les faire revivre, il s'est plu à les appuyer sur une autorité respectable ; ce qu'il a fait avec son bonheur habituel. « Je demandai à M. Bastide, dit-il, ce qu'il y avait de vrai dans les cruautés qu'on imputait aux insurgés. Il me répondit *qu'à cet égard, on n'exagérait rien* (1). » Et, là-dessus, Sa Seigneurie déroule avec complaisance le tableau des prétendues atrocités commises.

La lettre suivante, écrite au *Times* par M. Bastide, montrera jusqu'où peut aller chez lord Normanby le manque de mémoire :

A M. le rédacteur du TIMES.

« Paris, le 14 janvier 1858.

« Monsieur, je lis, dans votre numéro du 9 janvier, le passage suivant, contenant des extraits d'une brochure de lord Normanby, brochure que je n'ai pas eu l'occasion de lire :

« I inquired of M. Bastide whether. . . . .

« . . . . »

« Permettez-moi d'emprunter la voie de votre honorable journal pour répondre au noble lord qu'il a été mal servi par ses souvenirs en croyant tenir de moi des renseignements qui lui sont sans doute venus d'une toute autre source. J'ai à cœur qu'on ne croie pas, que le public anglais surtout ne croie pas que j'aie eu le mauvais goût de faire à son représentant des contes aussi absurdes ; ce qui aurait été une mystification indigne de la position que nous occupions l'un et l'autre.

« Tout le monde sait maintenant, en effet, à quoi s'en tenir sur cette vieille histoire de balles empoisonnées, qui, après chaque émeute, défraye la conversation de quelques badauds. On sait que, presque toujours, les chirurgiens trouvent des fragments de linge ou de drap dans les blessures ; ces fragments, qui augmentent le danger, ont

____

(1) *A Year of Revolution in Paris*, t. II. p. 79.

été enlevés par les balles aux vêtements du blessé, et ne sauraient en aucune façon avoir été lancés par le fusil.

« Personne n'ignore aussi qu'à l'époque du solstice d'été, les corps se décomposent rapidement, lorsque surtout la mort les a frappés après plusieurs jours de fatigue et d'agitation fébrile.

« Sa Seigneurie n'est point chimiste, que je sache. Je n'aurais pu, cependant, sans craindre qu'elle crût que je me moquais d'elle, lui parler d'une pompe lançant de l'acide sulfurique à la figure des assaillants. Une telle pompe serait dissoute en partie avant de fonctionner ; il faudrait, d'ailleurs, des insurgés bien naïfs pour supposer que l'on voudra bien venir à la distance de dix ou douze mètres, afin de recevoir leurs aspersions. Je n'ai certainement pu attribuer de pareilles bévues à nos insurgés parisiens.

« Quant à la charpie qui aurait été empoisonnée, apparemment par quelque insurgé déguisé en sœur ou en chirurgien, il aurait fallu, pour faire accepter ce conte à lord Normanby, lui cacher que les blessés, quels qu'ils fussent, étaient transportés dans les mêmes salles et recevaient les mêmes soins, et que, par conséquent, l'insurgé empoisonneur aurait risqué de voir appliquer le topique mortel à son camarade, ou peut-être à lui-même.

« Mais j'avouerai que j'aurais pu faire mention de balles armées d'une pointe de cuivre ; car, si je n'ai pas vu de ces balles en juin, j'en avais vu en février 1848, qui provenaient de cartouches distribuées aux gardes municipaux de Louis-Philippe, tués au château d'eau du Palais-Royal. Les insurgés eurent, peut-être, de ces mêmes projectiles pris sur les défenseurs de la royauté. On peut, au reste, en voir encore aujourd'hui chez l'armurier Devisme, qui ne passe pas, non plus que feu Louis-Philippe, pour être un homme féroce.

« Je ne dirai rien des anecdotes qui terminent la note extraite du livre de lord Normanby. Je m'étonne seulement de ne pas y trouver celle du fameux docteur scié entre deux planches.

« Si je ne connaissais la distinction aristocratique des habitudes de Sa Seigneurie, je croirais qu'elle les a recueillies dans quelque corps de garde de vainqueurs à la suite.

« Je le répète : je respecte trop la nation anglaise pour avoir fait des contes ridicules à son représentant, que je me plaisais, d'ailleurs, à regarder comme un homme de sens et d'esprit (1).

« JULES BASTIDE,

« *Ancien ministre des affaires étrangères*
« *de la République française.* »

Près de 15,000 citoyens furent arrêtés après les événements de juin, et 4,348 frappés de la transportation sans jugement, *par mesure de sûreté générale.* Pendant deux ans, ils demandèrent des juges : on leur envoya des commissions de *clémence;* et les mises en liberté furent aussi arbitraires que l'avaient été les arrestations. Croirait-on qu'un homme se soit trouvé qui ait osé prononcer devant une Assemblée, en plein dix-neuvième siècle, les paroles que voici : « Il serait impossible de mettre en jugement les

(1) « M. Normanby, dans la traduction française de son livre, t. II, pp. 142 et 143, a laissé subsister le passage dans lequel il prétend tenir de moi les faits contenus dans son récit ridicule des prétendues atrocités commises par les insurgés de juin. Seulement, il a ajouté une note de laquelle il semblerait résulter que j'aurais reconnu, depuis, l'exactitude de ce que contient son premier alinéa; à savoir, l'histoire du linge empoisonné. Voici ce qui s'est passé :

« M. Normanby, après avoir lu ma lettre du 14 janvier 1858 dans les journaux anglais, m'écrivit que le *Times* avait commis une erreur en citant son livre. Je lui ai répondu que, connaissant ce livre seulement par la citation du *Times,* j'avais pu être dans l'erreur, et que, s'il en était ainsi, j'en étais content.

« Je proteste donc de nouveau contre l'imputation de m'être moqué de lord Normanby, en lui faisant des contes de croquemitaine, et surtout d'avoir débité des calomnies.

« J. B. »

(*Note communiquée par M. Bastide*)

M. de Lamartine et M. Bastide étant les seuls républicains que leur position officielle ait mis en contact avec lord Normanby, ils sont aussi les seuls qui trouvent grâce auprès de Sa Seigneurie. J'ose lui assurer que, s'il avait eu la bonne fortune de connaître personnellement les membres d'un parti qu'il attaque avec tant de violence, il se serait épargné beaucoup d'injustices.

transportés de Belle-Isle; contre beaucoup d'entre eux, il n'existe pas de preuves matérielles. » Et, comme, selon l'affirmation de cet homme, qui était M. Baroche, *il n'existait pas de preuves matérielles* qui donnassent d'avance la certitude que le jugement aboutirait à une condamnation, on condamna 468 proscrits des pontons, sans les juger, à être transportés en Algérie. Parmi eux figurait Lagarde, ex-président des délégués du Luxembourg. Il écrivit, de Brest, aux ouvriers de Paris, l'admirable et poignante lettre que voici :

« Frères,

« Celui qui, par suite des événements de février 1848, fut appelé à l'insigne honneur de marcher à votre tête; celui qui, depuis dix-neuf mois, souffre en silence, loin de sa nombreuse famille, les tortures de la plus monstrueuse captivité; celui, enfin, qui vient d'être condamné, *sans jugement*, en dix années de travaux forcés sur la terre étrangère, et cela, en vertu d'une loi rétroactive, d'une loi conçue, dictée, votée et promulguée sous l'inspiration de la haine et de la peur; celui-là, dis-je, n'a pas voulu quitter le sol de la mère patrie sans connaître les motifs sur lesquels un ministre audacieux a osé échafauder la plus terrible des proscriptions.

« En conséquence, il s'est adressé au commandant du ponton *la Guerrière*, lequel lui a donné communication de ce qui suit, *textuellement* extrait des notes jointes à son dossier :

« *Lagarde, délégué du Luxembourg*, homme *d'une probité incontestable*, homme *très-paisible*, instruit, généralement aimé, et, par cela même, *très-dangereux* pour la propagande. »

« Je ne livre que ce seul fait à l'appréciation de mes concitoyens, convaincu que leur conscience saura bien juger qui, des bourreaux ou de la victime, mérite le plus leur compassion.

« Quant à vous, frères, permettez-moi de vous dire : je

pars, mais je ne suis pas vaincu, sachez-le bien! je pars, mais je ne vous dis pas adieu!

« Non, frères, je ne vous dis pas adieu! Je crois au bon sens du Peuple; j'ai foi dans la sainteté de la cause à laquelle j'ai voué toutes mes facultés intellectuelles; j'ai foi en la République, parce qu'elle est impérissable comme le monde.

« C'est pourquoi je vous dis au revoir, et surtout, *union et clémence!*

« Vive la République!...

« LAGARDE.

« *Ex-président des délégués du Luxembourg.*

« En rade de Brest, ponton *la Guerrière* (1). »

Voilà ce que l'histoire, l'histoire vraie, dira du peuple de Paris; et elle dira aussi que là même où l'insurrection de juin laissa ses plus déplorables traces, les actes de générosité abondèrent. Dans le procès d'un chef de barricade, il est resté constaté, par la déposition d'un maréchal des logis d'artillerie, que les insurgés avaient établi rue Saint-Maur une espèce de prison où furent traités avec la plus grande humanité et même les plus grands égards tous ceux de leurs adversaires qui tombèrent entre leurs mains : gardes nationaux, gardes mobiles, soldats. De la déposition du capitaine Ribot, dans le procès d'un des principaux insurgés, il est résulté que celui-ci sauva deux cents soldats qu'il aurait pu faire fusiller. Sur beaucoup de points, il y eut des actes d'humanité que les passions du parti victorieux ont essayé vainement de condamner à l'oubli et qui ne seront pas perdus pour la postérité.

Cherchons maintenant quelle fut dans cette guerre la part de l'esprit de faction.

Lors du procès de M. le comte de Fouchécourt, le témoin Guérin déclara qu'au mois de mars il avait vu, sur la place de la Bastille, M. de Fouchécourt embauchant des

______

(1) Cette lettre fut publiée par plusieurs journaux, entre autres, par *le Nouveau-Monde*, où on peut la lire dans le numéro du 15 mars 1850.

ouvriers à quarante sous par jour, pour le compte de la légitimité. Dans le quartier de la place Vendôme habitait un noble personnage dont la demeure était le point de ralliement des émissaires du parti royaliste. Pendant les journées qui précédèrent l'insurrection, il s'y fit un mouvement inusité de gardes mobiles, d'ouvriers, vrais ou faux, d'individus portant ou emportant de l'argent; à tel point, que le voisinage s'émut; et, quand l'orage éclata, l'audacieux agent n'eut que le temps de prendre la fuite. L'autorité, prévenue, ne fit aucune recherche.

Durant l'insurrection, quelques positions furent occupées par des légitimistes. Au Marais, on les trouve dans la rue Saint-Louis, la rue d'Angoulême et les rues adjacentes. M. de Fouchécourt y fut pris. Voici la déposition du témoin Isambert, lieutenant d'artillerie : « M. de Fouchécourt a répondu, quand on l'a interrogé, qu'il avait commandé aux barricades et qu'il se battait pour la République démocratique et sociale. Pendant ce temps, M. Bérard, représentant du Peuple, interrogeait de son côté M. de Fouchécourt fils, qui disait, lui, qu'il se battait pour la même cause que son père; que c'était en apparence pour la République rouge, mais qu'en réalité, c'était pour la légitimité. » M. de Fouchécourt, malgré les efforts des hommes influents de son parti, fut condamné à vingt ans de travaux forcés.

Dans le quartier Saint-Jacques, près de Saint-Séverin, des légitimistes avaient établi une sorte d'état-major d'où partaient leurs opérations. Ils distribuaient des médailles à l'effigie d'Henri V, et on en a, depuis, retrouvé plusieurs milliers dans une maison de la rue Saint-Jean-de-Beauvais. Cette même église Saint-Séverin figura aux débats du procès de la légion de Saint-Hubert; les pieuses confréries, organisées si soigneusement autour de chaque paroisse dans les quartiers populeux, n'étant, en réalité, que des bureaux de recrutement où l'on embrigade la mendicité.

Un autre élément que l'insurrection de juin mit un instant en relief, ce fut l'élément bonapartiste. Au mois de juin, personne en France ne connaissait Louis Bonaparte autrement que comme le neveu de son oncle et l'auteur de deux folies fameuses. Il y était à moitié mort : la Commission exécutive le fit vivre, à force de le craindre. Les discussions soulevées par son élection au sein de l'Assemblée le mirent en vue ; les esprits simples s'aigrirent ; quelques vieux soldats s'agitèrent ; on prononça le nom de l'empereur ; on se souvint de la chanson de Béranger.

Que si l'on pouvait douter des efforts que fit le bonapartisme pour faire tourner, à son profit, l'insurrection de juin, voici un fait qui dissipera tous les doutes, fait très-curieux, très-important et, jusqu'à ce jour, inconnu :

Au moment où l'on se battait dans les rues, le général Rapatel se présente au siége du Gouvernement : c'était alors la présidence de l'Assemblée. Ce général tenait à la main une lettre qu'il désirait communiquer au général Cavaignac. Celui-ci, fort occupé dans une autre conférence, charge le colonel Charras de l'entendre. Le général Rapatel s'avance, et, prenant pour le général Cavaignac, qu'il n'avait jamais vu, le colonel Charras, qu'il ne connaissait pas non plus et qui se présentait à lui en simple capote ouverte et sans insigne, il lui tend la lettre qu'il tenait à la main. Voici le sens exact, sinon les termes mêmes, de cette lettre :

Au général Rapatel.

« Londres, 22 juin 1848.

« Général, je connais vos sentiments pour ma famille. Si les événements qui se préparent tournent dans un sens qui lui soit favorable, vous êtes ministre de la guerre.

« NAPOLÉON-LOUIS BONAPARTE. »

Le colonel Charras tressaillit. « Il faut que je montre ceci au général Cavaignac, dit-il à M. Rapatel. — Eh quoi ! répondit ce dernier, vous n'êtes pas le général Cavaignac ? Non, répliqua le colonel, mais ne vous inquiétez pas de votre méprise : il m'aurait sans doute communiqué cette lettre. »

Le général Rapatel fut alors introduit auprès du général Cavaignac. Devait-on publier cette missive? La question fut agitée. La crainte de grandir, par là, l'importance de Louis Bonaparte et de le désigner comme chef aux insurgés prévalut : on se décida pour le secret. Que n'a t-il été révélé plus tôt? La connaissance d'un fait pareil eût jeté tant de jour sur les manœuvres qui aboutirent au coup d'État de décembre!

Quant à la lettre écrite au général Rapatel, qu'est-elle devenue? Elle fut déposée dans les dossiers de l'enquête sur les événements de juin? L'y aura-t-on laissée? Toujours est-il que les hommes qui l'ont lue vivent encore, à l'exception des généraux Cavaignac, Lamoricière, Rapatel et du colonel Charras; et, comme ils sont tous des hommes d'honneur dont le témoignage est le meilleur des documents, on peut regarder le fait que je viens de raconter comme acquis à l'histoire. M. Bastide, M. Hetzel, alors secrétaire général du pouvoir exécutif, telles sont, entre plusieurs autres, les personnes qui ont eu connaissance de cette lettre. Aucune d'elles ne me démentira. Éloigné de France comme je le suis, j'ai longtemps ignoré cet incident remarquable; mais je suis fondé, aujourd'hui, à le recommander à l'attention publique, et je sais qu'à diverses reprises il a fait le sujet des entretiens du général Cavaignac avec des personnages, qui en peuvent témoigner, et notamment le général Bedeau.

Est-ce à dire que l'insurrection de juin fut bonapartiste? Dieu me garde d'une assertion qui serait, de toutes les calomnies lancées contre les insurgés la plus absurde et la plus noire ! Non, non.

Il est très-vrai — et c'est justement ce qui condamne les ennemis du socialisme — que le seul drapeau des combattants de juin fut le drapeau socialiste; il est très-vrai que l'explosion du mal naquit de la violence insensée que la contre-révolution mit à repousser le remède; il est très-vrai que le cri de la révolte fut, non pas *Vive tel ou tel prétendant!* mais *Du pain ou du plomb!* il est très-vrai que les bonapartistes et les légitimistes, qui se glissèrent d'abord derrière les barricades, ou n'y restèrent pas, ou ne purent y rester qu'en voilant leur but : loin de nier tout cela, c'est de tout cela que nous composons notre acte d'accusation contre ceux qui aimèrent mieux affronter le plomb que de recourir aux réformes propres à donner du pain. Mais toujours est-il qu'au faubourg Saint-Marcel, au faubourg Saint-Jacques, à Montmartre, à Belleville, il y eut des bonapartistes parmi les combattants ; toujours est-il qu'on en compta surtout à Gentilly, aux Deux-Moulins, à la barrière Fontainebleau, dans la zone enfin qui fut le théâtre du meurtre du général Bréa.

Un des principaux inculpés, un des plus sévèrement frappés dans cette affaire du général Bréa, fut un conducteur des ponts et chaussées, nommé Luc. Or, voici ce que raconte, dans sa déposition, le témoin Pierre Menand, caporal de la garde mobile :

« J'allai au logement de Luc ; j'y trouvai un fusil et une baïonnette : je ne le trouvai pas lui-même ; mais je trouvai une lettre adressée par lui à Napoléon, qui était à Auteuil. »

Quant aux motifs qui, au mois de juin, poussèrent la province sur Paris, ceci demande une explication.

En juin 1848, les idées n'avaient pas encore fait dans les départements les progrès que nous avons vus depuis. Les royalistes, que la peur exilait de Paris, se vengeaient à l'aise de leur humiliation en décriant la Révolution et se auteurs. Les dépêches, les proclamations, dans lesquelles le gouvernement de juin montrait la France vouée à l'incendie, au pillage, furent la confirmation inespérée des calomnies réactionnaires. Le premier mouvement fut partout de s'armer pour courir sus aux *brigands*, et des milliers de volontaires se levèrent. On les appela au feu sans leur donner le temps de se reconnaître, que dis-je ! en leur faisant croire que la République était menacée, qu'il s'agissait de voler à son secours. Et ce fut, en effet, dans ce but unique que des milliers de républicains accoururent à Paris, où la réaction fit artificieusement passer leur présence pour une solennelle protestation de la province contre la capitale et le socialisme.

Mais il advint qu'on ne tarda pas à se demander quel étaient ces ennemis qu'on venait de traquer, de fusiller, de mitrailler sans pitié. On examina les ruines fumantes : les seuls incendies étaient ceux qu'avaient allumés les boulets et les obus du parti de l'ordre ; sur chaque barricade abandonnée, on lisait ce code si bref de l'insurrection : *Mort aux pillards ! mort aux voleurs !* Ce fut en vain que les organes impurs de la police répétèrent leurs odieux récits de massacres, de mutilations, d'empoisonnements ; on finit par apprendre que la seule chose réelle, la seule chose constatée, c'était la barbarie avec laquelle on avait traité les insurgés prisonniers dans les premiers moments de la victoire.

Deux grands faits, dans l'insurrection de juin, ont servs de texte inépuisable aux déclamations de la presse réactionnaire. Ces deux faits sont la mort de l'archevêque de Paris et celle du général Bréa.

La mort de l'archevêque de Paris fut un événement qu'on ne saurait trop déplorer, mais elle ne fut pas le résultat d'un crime. Et, si la responsabilité de ce malheur devait tomber sur un parti, ce qu'à Dieu ne plaise ! ce serait, non pas sur celui de l'insurrection, mais sur celui qui s'intitulait le parti de l'ordre. Qu'on lise la déclaration suivante d'un témoin oculaire :

« Je soussigné, vicaire général de l'archevêque de Paris, qui avais l'honneur de l'accompagner dans la mission de paix et de charité qu'il avait entreprise, atteste, autant qu'il a été possible d'en juger au milieu d'une grande confusion, qu'il n'a pas été frappé par ceux qui défendaient les barricades.

« *Signé :* JAQUEMET, *vicaire général.*

« 26 juin 1848. »

Ce document décisif, écrit et signé de la main du déclarant, a été longtemps en ma possession.

Quel rôle la politique a-t-elle joué dans l'assassinat du général Bréa ?

On sait quelles étaient les relations épistolaires du condamné Luc ; et on a vu, dans le chapitre précédent, que le plus actif, le plus influent des embaucheurs bonapartistes c'était Lahr. Entre autres preuves que Lahr donnait de ce que le peuple avait à espérer de l'avénement de Louis Boparte, il se plaisait à raconter que, soldat dans un régiment d'artillerie, et en garnison au fort de Ham, il avait, un jour, reçu de Louis Bonaparte, pour acheter des pipes et du tabac, une pièce de vingt francs dont le « neveu de l'empereur » lui avait généreusement abandonné le change. Durant leur séjour dans les forts, plusieurs des inculpés dans le meurtre du général Bréa se firent remarquer par l'exaltation de leurs opinions bonapartistes. C'étaient, du reste, les opinions qui dominaient dans la commune des Deux-Moulins, et qui s'y sont manifestées à chaque élection. Assurément, s'il fallait faire du meurtre du général Bréa le crime de tout un parti — et, quant à moi, je rougirais de descendre à tant d'injustice — serait-ee donc au parti socialiste qu'il faudrait demander compte de ce sang ?

Après avoir indiqué les effets, insistons sur les causes car là surtout sont les enseignements à méditer.

Monument impérissable de mauvaise foi et de basse fureur, le rapport de M. Bauchart parut lorsque la réaction triomphante exigeait des victimes. On tortura donc les faits, les paroles, les discours; on fit apparaître ces agents impurs que la police tient au service de tous les mensonges : la *conspiration de juin* fut inventée. A les entendre, nul doute que, dès les premiers jours de mars, on n'eût formé un vaste complot dans lequel étaient entrés la plupart des hommes du parti extrême et qui, prenant au Luxembourg son point de départ, son mot d'ordre, avait gagné les Ateliers nationaux et préparé l'insurrection.

Comment se fait-il, cependant, que, lorsque sont venus les conseils de guerre, on n'ait pas cherché à dévoiler les causes de cet immense soulèvement? Serait-ce qu'au 25 août, la calomnie se trouvait avoir produit tous les fruits qu'on en attendait? Craignait-on que la lumière, une lumière couleur de sang, ne descendît sur le front de

certains hommes? Pourquoi aucune liaison ne fut-elle établie entre les différents procès? Pourquoi les débats
furent-ils circonscrits avec tant de soin dans le cercle des
faits matériels de l'insurrection? Pourquoi furent-ils envoyés *sans jugement* sur les pontons, ceux dont la présence
à la barre aurait pu éclaircir ces questions de complot et
de complicité morale? Pourquoi des juges furent-ils obstinément refusés à Lagarde, à Deflotte, à Terson, à maint
journaliste accusé? Pourquoi M. Pujol, que la première
manifestation des Ateliers nationaux avait mis en si
grande évidence, fut-il envoyé aux pontons, après d'insi-
gnifiants débats?

J'ai expliqué plus haut que, si la résistance, quoique localisée, eut un certain caractère d'ensemble, cela vint de
l'organisation militaire donnée aux Ateliers nationaux par
M. Marie. Mais, comme il fallait absolument charger le
socialisme de la responsabilité d'un *complot*, que fit-on?
On publia bruyamment le plan des insurgés, la disposition
de leurs différents corps de réserve, les mouvements de
l'état-major, l'ordre de l'attaque, l'ordre de la défense; et,
pour mieux appuyer la supposition, l'on traîna devant les
conseils de guerre comme un des *préparateurs de la bataille*,
qui? Le docteur Lacambre, détenu, depuis le mois de mai,
à la Conciergerie (1)!

Non, non : l'insurrection de juin ne fut point préparée.
Ce fut l'explosion soudaine, électrique, irrésistible, d'un

---

(1) Ceci me rappelle que lord Normanby représente se joignant aux
insurgés de juin M. Barbès, alors prisonnier à Vincennes! Il est vrai
que ce n'est point là tout à fait ce qu'on lit dans le texte, où il y a seulement : « Les couleurs de la 12ᵉ légion (Barbès) parurent au sommet
de la barricade, etc... » T. I, p. 46; mais l'*index* est beaucoup plus net :
Barbès joins the insurgents !

Au reste, cet *index* du livre de lord Normanby a cela de remarquable
qu'il donne constamment comme des faits établis ce qui, dans le texte,
n'est que supposé ou suggéré. Exemple : à propos du 16 avril, le texte
dit : « Le résultat des informations secrètes de M. de Lamartine, reçues
de ses agents particuliers, fut qu'il y avait une conspiration organisée
pour renverser le Gouvernement provisoire à l'Hôtel-de-Ville, et nommer
un Comité de salut public composé de MM. Arago, Ledru-Rollin, Flocon, Albert et Louis Blanc. » Or, dans l'*index*, il est dit de chacune des
personnes ici nommées : *Joins the conspiracy to overthrow the government.*
Ah! dans cette habile révision du texte, ne pouvait-on épargner, du
moins, M. Arago?

peuple au désespoir. Imputer au socialisme les désastres nés de la folle violence de ses adversaires, c'est la plus abominable des iniquités ; et nier que ces désastres eussent pu être prévenus par l'adoption des réformes successives que le socialisme indiquait, c'est nier l'évidence. Le général Duvivier, qui reçut une blessure mortelle en combattant les insurgés, était néanmoins si profondément touché de la détresse qui leur avait fait prendre les armes, que ce fut la préoccupation exclusive de ses derniers instants. Sur son lit de mort, il disait : « Ces pauvres ouvriers ont besoin d'être contenus ; mais il faut faire quelque chose pour eux ; il faut leur donner du travail ; il faut que la main de la patrie s'ouvre. » O monsieur de Lamartine, lorsque, dans la séance du 23 juin, vous annonçâtes que vous étiez prêt à marcher en personne contre les insurgés, et « que vous alliez où vous appelait *la gloire !* » aviez-vous donc oublié que, le matin même, vous aviez donné l'ordre écrit à un commandant de la 12e légion de distribuer au Peuple des *vivres en nature* (1), tant il était aux abois, ce peuple infortuné ! Et M. Arago, quelle ne dut pas être son émotion, lorsque, arrivé à la rue Soufflot, avec fantassins, cavaliers et canons, il vit venir à lui, calme, intrépide et respectueux, un de ceux qui allaient mourir, et qui lui dit : « Monsieur Arago, vous êtes un brave homme et nous sommes pleins de déférence pour vous ; mais vous n'avez jamais eu faim ! »

Qu'on n'aille pas croire, du reste, d'après cela, que l'insurrection de juin fut conseillée par les seuls besoins du corps et ne se rapporta qu'à l'action de mobiles grossiers. Outre qu'il n'y a rien de grossier dans le désir, si naturel et si légitime, d'exister par le travail, jamais peuple ne déploya d'une manière plus frappante que le peuple de France, le pouvoir d'endurer la souffrance physique au service d'une grande cause morale. La première Révolution l'avait prouvé ; et les trois mois qui suivirent la Révolution de février montrèrent bien que, sous ce rapport, les

(1) Ce commandant était M. Dupont, le professeur, à qui j'ai entendu raconter le fait.

enfants étaient dignes de leurs pères. La démonstration du mois de mai en faveur de la Pologne, quelque funestes qu'aient été ses conséquences, restera comme un souvenir immortel du désintéressement des sympathies populaires ; et la dissolution des Ateliers nationaux n'eût pas abouti à la guerre civile, si elle n'eût fait partie d'un ensemble de mesures et appartenu à un ordre d'idées qui violaient le principe de la justice. L'ouvrier ne s'arma point au nom de ses souffrances personnelles ; il s'arma parce qu'il souffrait dans son vieux père, dans sa femme, dans ses enfants, dans ses camarades. Il protesta contre le maintien de la misère, non-seulement parce qu'elle torture le corps, mais parce qu'elle opprime l'âme. Ce furent tous les droits de l'homme qu'il défendit, au prix de son sang, dans celui qui les renferme tous : le droit à la vie !

CHAPITRE VINGT-QUATRIÈME

L'OSTRACISME

Quels étaient, après juin, les maîtres de la situation. — Nomination d'une Commission parlementaire, chargée de faire une enquête sur les événements de mai et de juin. — Déposition du garde national Watrin sur ma soi-disant présence à l'Hôtel-de-Ville, le 15 mai. — Cette déposition est démentie par l'unanimité des témoignages et par l'évidence même des faits. — Rapport de M. Bauchart, au nom de la Commission d'enquête. — Mes discours du Luxembourg y sont falsifiés et incriminés. — Le sténographe *officiel* de lord Normanby. — Oubli de Sa Seigneurie, qui me reproche une doctrine que Macaulay a professée. — La majorité de l'Assemblée nous empêche, M. Caussidière et moi, de repousser immédiatement les calomnies du rapport. — Ligue formée contre nous entre les chefs de parti. — Séance du 25 août : discussion du rapport. — Ma défense. — Attitude de la droite pendant mon discours. — Défense de M. Caussidière. — Introduction soudaine d'une demande en autorisation de poursuites contre M. Caussidière et contre moi. — Protestations de MM. Flocon et Théodore Bac. — Le procureur général et le chef du pouvoir exécutif demandent qu'une décision soit prise séance tenante. — L'Assemblée se déjuge à mon égard. — Offre généreuse de M. d'Aragon. — Départ pour Londres. — Épisode en chemin de fer. — Création d'un tribunal exceptionnel pour juger les accusés de mai et de juin. — Je refuse de comparaître devant lui. — Lettre aux journaux, explicative de mon refus. — Godefroy Cavaignac; souvenirs.

A partir du mois de juin, la contre-révolution fit divorce avec toute pratique souterraine et déploya audacieusement son drapeau. Soumise à la majorité parlementaire, la dictature du général Cavaignac n'avait été que nominale et n'avait duré qu'un jour : les vrais maîtres de la situation furent MM. Thiers, de Falloux, de Montalembert, Odilon Barrot, Berryer : des royalistes. De la République, il ne resta que le mot ; et cela même était un malheur, parce qu'on la rendit responsable des attentats qu'en son nom ses plus mortels ennemis commirent contre la liberté.

Le lendemain d'événements aussi désastreux, des hommes qui auraient aimé leur pays d'un amour élevé n'auraient eu qu'une préoccupation : guérir la grande blessure ouverte à ses flancs. Mais, loin de là, les vainqueurs mirent je ne sais quel soin cruel à élargir, à envenimer la plaie saignante. Il y avait dans l'Assemblée certains personnages dont la présence leur était importune, et, pour les écraser, ils se hâtèrent de mettre à profit le bouillonnement des passions déchaînées par la lutte. Telle fut l'origine de la fameuse Commission d'enquête, qui, tout d'abord, résolut de se défaire de M. Caussidière et de moi, et qui, dans ce but, rattacha l'insurrection de juin à l'envahissement de l'Assemblée le 15 mai. En ce qui me concernait, la difficulté n'était pas médiocre ; car je me trouvais protégé contre l'Assemblée par un vote antérieur de l'Assemblée elle-même. Comment obtenir d'elle qu'elle me déclarât aujourd'hui coupable d'un fait dont elle m'avait déjà déclaré innocent ? N'importe ! on ne désespéra pas de l'amener à se déjuger, sous l'empire de la colère et d'un reste de peur.

En attendant, la presse réactionnaire continuait à me poursuivre avec un acharnement sans exemple. Le mépris que m'inspira tant de rage était tel, que je m'abstins de répondre aux libellistes à la suite. Mais, comme le *Journal des Débats* avait apporté dans son opposition au Gouvernement provisoire de la modération et de la dignité, j'adressai à cette feuille, le 17 juillet 1848, une lettre qui à des attaques sans pudeur opposait des textes sans réplique.

La Commission d'enquête fit de la procédure, sous la présidence de M. Odilon Barrot. Le rapporteur fut un de ces agents en sous-ordre que l'armée des victorieux est toujours sûre de trouver blotti dans ses bagages. Il est aujourd'hui bonapartiste. Son nom était Bauchart. Si l'on veut savoir jusqu'où peut descendre la médiocrité au service du mensonge, on n'a qu'à lire le rapport de cet homme.

M'impliquer dans l'insurrection de juin était impossible, et cependant je me demande avec surprise pourquoi on ne l'essaya point. D'un autre côté, on ne pouvait m'imputer le 15 mai, sans revenir sur une décision formelle de l'Assemblée. Voici donc ce qu'on imagina.

Il y avait à Paris un certain Watrin qui, en racontant les prétendus services par lui rendus à la cause de l'ordre le 15 mai, laissa échapper qu'il m'avait vu à l'Hôtel-de-Ville. Cette mensongère vanterie fut, pour la Commission d'enquête, un coup de fortune. Or, on va juger de ce que valait le témoignage de ce malheureux, par l'extrait suivant du procès de Bourges :

« LE CITOYEN WATRIN. — Dans la journée du 15 mai, j'étais de service avec le 2ᵉ bataillon de la 6ᵉ légion, commandant Lescouvé. Je pénétrai dans l'Hôtel-de-Ville peu de temps après la distribution des papiers que les factieux jetaient par les fenêtres; cette distribution pouvait même se continuer encore. J'ignorais, au milieu du tumulte, où se trouvait le bataillon; mais, ayant bien remarqué les fenêtres d'où partaient les papiers, j'avais promptement monté l'escalier, pour arriver à la pièce où se trouvaient les distributeurs. J'avais fini par être seul, les gardes nationaux qui montaient avec moi ayant pris une autre direction. J'ouvris une porte qui était précisément celle où étaient réunis un certain nombre d'individus, les uns écrivant, les autres aux fenêtres. Ayant reconnu que je n'étais suivi par personne, je me suis borné, après avoir ouvert la porte, à faire entendre le cri de « Vive l'Assemblée nationale! » Puis, refermant cette porte aussitôt, je suis descendu pour chercher du renfort. Pendant le court instant où j'ai plongé les yeux sur la réunion d'hommes qui se trouvaient là, un seul a été reconnu par moi, *ou, du moins, je crois* avoir reconnu Louis Blanc...

« ALBERT, *se levant*. — Je jure sur l'honneur que Louis Blanc n'a pas pénétré à l'Hôtel-de-Ville le 15 mai.

« LE CITOYEN WATRIN. — Il était du nombre de ceux qui étaient assis. C'est la seule figure qui m'ait un peu frappé, et que j'ai pour cela même un peu *fixée (sic)*.

« D. — Connaissiez-vous Louis Blanc avant le 15 mai?

« R. — *Je ne le connaissais pas de vue; mais je l'avais aperçu une fois d'un peu loin.*

« D. — Êtes-vous bien sûr d'avoir vu Louis Blanc à l'Hôtel-de-Ville?

« R. — *Je crois bien l'avoir vu.*

« D. — Comment êtes-vous entré dans la salle?

« R. — Je ne suis pas précisément entré; je tenais la porte entr'ouverte.

« LE CITOYEN BARBÈS. — Mais le témoin n'a pas pu arriver à la porte; deux hommes la gardaient; nous eussions été prévenus tout de suite. D'ailleurs, la pièce où nous étions était composée de deux compartiments, et il n'eût pu nous apercevoir...

« LE TÉMOIN. — Depuis ma déposition, on a beaucoup fait, mais inutilement, pour me la faire modifier. Il est vrai qu'une personne est venue me dire qu'il y avait un employé qui ressemblait beaucoup à Louis Blanc *(sensation). Comme je ne voyais pas bien clair, il peut se faire que je me sois trompé!* »

En vérité, je suis honteux pour mon pays d'avoir à constater que c'est un témoignage de cette espèce qui m'a — il y a déjà vingt ans de cela! — envoyé en exil. Il est vrai que ceci était le crime allégué : aux yeux de mes persécuteurs, mon vrai crime était d'avoir servi la cause des damnés de ce monde. A ce point de vue, nul doute que je ne fusse coupable; et, comme je veux rester coupable, mon expiation est encore trop douce!

Ajouterai-je que la déposition de cet homme, qui *ne me connaissait pas de vue*, qui *m'avait aperçu une fois d'un peu loin*, qui *crut me reconnaître* à travers une porte entr'ouverte et aussitôt refermée, qui *ne voyait pas bien clair*, et qui *put se tromper*, fut le seul, absolument le seul prétexte dont il fut possible à la Commission d'enquête de s'armer contre moi? Ajouterai-je que des milliers de témoins de toute condition et de toute opinion, et ceux qui avaient envahi l'Hôtel-de-Ville, et ceux qui étaient chargés de le défendre, et ceux qui le reprirent, vinrent tous affirmer, les uns après les autres, qu'ils ne m'y avaient point vu, et que, si j'y avais été, il n'y aurait pas eu moyen pour eux de ne pas me voir (1)? Rappellerai-je la déclaration que fit, à la tribune, M. Marrast, alors mon ennemi? Citerai-je, et la déposition de M. de Lamartine devant la Haute Cour, et celle de M. Beaumont, commandant en second de l'Hôtel-de-Ville dans la journée du 15 mai (2)? Tout fut inutile : que pouvait valoir contre une affirmation... je me trompe, contre un doute de M. Watrin, l'unanimité de témoignages innombrables en sens inverse?

Deux lettres méritent de trouver place ici. Elles furent écrites par des hommes dont cet excès d'iniquité révolta si profondément l'âme généreuse, qu'ils n'hésitèrent pas à compromettre leur sûreté personnelle pour rendre hommage à la vérité.

« Versailles, 11 août 1848.

« Citoyen représentant, je crois utile de vous informer que j'ai écrit aujourd'hui même au président de la Commission d'enquête et au citoyen Germain Sarrut, que j'ai vu hier désigné, dans le *Courrier français*, en tête de la Commission de contre-enquête sur les événements de mai et juin, à l'effet de les informer que, présent à l'Hôtel-de-Ville le 15 mai, je pouvais affirmer, même par serment, que vous n'étiez pas dans la salle dont parle le citoyen Watrin dans sa déposition. En présence du rapport de la Commission, j'ai été si indigné, que, comme l'ordonne l'Évangile, sans regarder derrière moi, j'ai pris de suite le parti de faire connaître la vérité.

« Salut et fraternité.

« THUMERY,

« *Rue de la Paroisse, 44.* »

(1) Tout cela est consigné dans le procès de Bourges, document très-curieux et très-instructif à consulter pour l'histoire.

(2) On les trouvera tout au long dans le compte rendu circonstancié du procès de Bourges, publié par le journal *le Peuple*, mars 1849.

« Citoyen Louis Blanc,

« Quoique ma position d'inculpé dans les affaires de juin par suite d'une fausse délation me commande la plus grande réserve, la plus grande circonspection, ma conscience ne peut résister plus longtemps à cacher la vérité. Je dois cette vérité à mon pays, je la dois pour confondre ceux qui, par un parjure, veulent atteindre l'homme dans ce qu'il a de plus sacré, son honneur, et qui veulent se jouer impunément de la liberté individuelle. Je suis donc prêt à donner le plus profond démenti à votre vil calomniateur, résolu à subir toutes les conséquences que mon témoignage peut assumer sur ma tête, relativement à ma position actuelle.

« Salut et fraternité.

« PELLOTIER DE LORGES, *détenu politique.*

« Du fort de Romainville, 23 août 1848 (1). »

M'opposer des *faits* n'était pas facile, on le voit : on chercha s'il ne serait pas possible d'invoquer contre moi des mots ; et ce qui fut fait, sous ce rapport, par M. Odilon Barrot, M. Bauchart et leurs associés, passe toute croyance.

Mes discours du Luxembourg, je les avais prononcés comme membre du Gouvernement provisoire ; ils avaient été publiés d'un bout à l'autre et littéralement dans le *Moniteur ;* l'Assemblée les connaissait, lorsqu'elle rendit le fameux décret : « Le Gouvernement provisoire a bien mérité de la patrie. » Eh bien, croira-t-on que, six mois après le vote de ce décret, des hommes qui l'avaient voté prirent texte contre moi, non pas même de l'ensemble de mes discours, mais de sept ou huit phrases prises çà et là, et que, faute de pouvoir incriminer, ils falsifièrent?

Ainsi, je me voyais rétrospectivement refuser la liberté de la parole par des gens dont, membre du Gouvernement

(1) *Voy.* ces deux lettres dans le compte rendu de la séance du 25 août 1848 par le *Moniteur.*

provisoire, j'avais protégé la liberté, au péril de ma vie! Et les quelques mots qu'on me faisait un crime d'avoir laissé tomber de mes lèvres, à une époque de fièvre universelle, au milieu de l'embrasement des esprits, sous l'empire de circonstances extraordinaires, dans le feu de l'improvisation, ces quelques mots, quoique insérés dans le *Moniteur*, n'étaient pas même fidèlement et honnétement rapportés!

Je voudrais, pour l'honneur de l'espèce humaine, qu'il me fût permis de ne pas aborder ce déplorable sujet; mais il le faut, puisqu'il a fourni à tant de personnes et, récemment encore, à lord Normanby, l'occasion de calomnier dans ma personne la cause et le parti que je sers.

Lord Normanby, sur la foi de M. Bauchart, publie huit paragraphes qu'il définit : « Extraits des discours *non publiés* de Louis Blanc aux délégués du Luxembourg, reçus de la main du sténographe officiel qui les recueillit dans le temps (1). »

Lord Normanby ne nomme pas le sténographe qu'il qualifie d'*officiel*, précisément lorsqu'il est mis en jeu comme fournissant un renseignement *non officiel*. Et Sa Seigneurie ne daigne pas davantage déduire les motifs sur lesquels repose l'infaillibilité de ce mystérieux informant, avec lequel on ne m'a jamais confronté. Mais passons.

Des huit paragraphes mis en avant, six sont tirés, avec altération systématique du sens et des termes, de discours publiés au long dans le *Moniteur*, et deux sont tout simplement forgés.

Si lord Normanby avait pris la moindre peine, pour s'acquitter consciencieusement de la tâche qu'il s'était imposée, un coup d'œil jeté sur le *Moniteur* lui eût appris à l'instant que les extraits qu'il donne comme *non publiés*, appartiennent, sauf les altérations qu'on avait besoin d'y faire, soit par voie d'addition, soit par voie de suppression, à des discours de moi que le *Moniteur* a publiés en entier.

Par exemple, chacun peut lire dans ce journal la phrase que voici :

____

(1) *A Year of Revolution in Paris*, t. II, p. 145.

« En dépit de tout, l'égalité triomphera, non pas cette
égalité étroite et stérile qui consiste dans l'abaissement du
niveau général, mais celle qui consiste, au contraire, dans
son élévation progressive, indéfinie ; car, suivant une belle
parole de saint Martin, tous les hommes sont égaux, cela
veut dire tous les hommes sont rois. »

Il n'y avait certes pas à s'y méprendre : cela signifiait
que le progrès véritable doit avoir pour effet, non d'abais-
ser ceux qui sont en haut, mais d'élever ceux qui sont en
bas. C'était, sous une autre forme, la même pensée qu'un
jour Béranger avait exprimée devant moi en ces termes :
« L'égalité doit consister, non pas à raccourcir les habits,
mais à allonger les vestes. »
Maintenant, il est curieux de voir, comment, par l'artifice vulgaire et bas de la modification de certains mots
et de l'omission de certains autres, cette pensée, émise
pour tenir en garde contre tout étroit sentiment d'envie
ceux à qui je m'adressais, se trouve transformée, dans le
rapport de M. Bauchart d'abord, puis dans le livre de lord
Normanby, en une promesse chimérique et insensée :
« Mes amis, sachez-le, vous serez non-seulement puissants,
non-seulement riches, mais rois ; car tous les hommes sont
égaux, tous les hommes sont rois (1). »
Voilà, dans tout son jour, l'art des Laubardemont :
« Donnez-moi une ligne d'un homme, et je le fais pendre. »
Encore faut-il remarquer ici que, si j'avais dit en effet
que chaque être vivant, sans en excepter un seul, serait
un jour roi de tous les autres êtres vivants, aurait un
sceptre à la main, une couronne sur la tête, et serait assis
sur un trône, il eût été vraiment bien dur de me proscrire
à cause de cela ; la justice eût demandé qu'on m'assurât un
refuge aux petites-maisons, et qu'on y envoyât avec moi
mon auditoire, pour m'avoir cru et applaudi.
Après M. Bauchart, lord Normanby cite à ma charge,
comme un forfait dont je ne me laverai jamais, cette
phrase d'un de mes discours :

(1) *A Year of Revolution in Paris*, t. II, p. 146.

« Sentiments de modération tempérés par une résolution
de vigilance ; sentiments d'ordre, tempérés par la volonté
de rester frères, et, s'il le fallait, *douloureuse nécessité,
nécessité bien comprise de se faire soldats* (1). »

Lord Normanby souligne triomphalement les derniers
mots, et j'avoue franchement que, cette fois, il n'a pas
tort : il est très-probable que, quand je les prononçai, ils
étaient soulignés dans ma pensée. Nous étions, en effet,
au lendemain d'un événement né précisément de cette
« nécessité de se faire soldats » que tout le monde alors
félicitait le Peuple d'avoir si bien comprise, depuis les
représentants de l'Université jusqu'à ceux de l'Église, depuis M. Gérusez jusqu'à l'archevêque de Paris, et sans en
excepter le journal l'*Univers*, qui écrivait : « La Révolution de 1848 est une notification de la divine Provi-
dence (2). » Le 29 avril 1848, j'étais bien excusable de
croire et de dire ce que personne alors ne s'avisa de nier
ou même d'avoir l'air de mettre en doute : savoir, qu'il est
des révolutions nécessaires ; que, quand la liberté est menacée, le devoir de tout bon citoyen est de la défendre ; et
qu'un peuple qui ne veille pas avec un soin jaloux sur le
maintien de ses droits, encourage les apprentis tyrans à
les lui ravir. Je raisonnais absolument à la manière de
Macaulay, lorsque, dénonçant l'absurdité et l'immoralité
de l'obéissance passive et de la non-résistance aux pouvoirs
établis, il résume en ces termes la doctrine des whigs du
temps de Guillaume III : « ... It followed that, to entitle
a government to the allegiance of subjects, something was
very different from mere legitimacy, and different also
from mere possession. What that something was the whigs
had no difficulty in pronouncing. In their view, the end for
which all governments had been instituted was the happi-
ness of society (3). »

Et cette doctrine que les peuples ne sont liés envers un

<hr>

(1) *A Year of Revolution in Paris*, t. II, p. 146.
(2) *Voy.* plus haut le chapitre intitulé : *La République univeuselle reconnue.*
(3) *The History of England*, t. III, p. 449.

gouvernement qui manque à sa mission, ni par le principe
de la légitimité, ni par le fait de la possession, cette doctrine, M. Macaulay ne cache point qu'il la partage ; et,
loin qu'on lui ait imputé à crime d'avoir publié un livre où
il la proclame, on l'a créé pair d'Angleterre. Est-ce que
lord Normanby ignore cela?

Du moins, si la phrase pour laquelle il se montre prêt à
me traîner aux gémonies avait été citée, sans suppression
de ce qui la précède et de ce qui la suit! Mais le moyen de
me condamner, si la citation eût été exacte, et si l'on n'eût
pas, avec une dextérité inconnue aux honnêtes gens, omis
le passage suivant, qui la complète : « J'ai une confiance
parfaite, inébranlable dans la victoire de l'idée, de la raison, de la justice. Que l'intelligence de tous se forme par
le développement de la liberté de la presse, de la liberté
de la tribune, de la liberté de l'industrie (1), et, j'en suis
convaincu, la Révolution triomphera. »

Bien vainement lord Normanby essayerait-il de s'abriter
derrière M. Bauchart : de cette perversion de mon langage, je le tiens personnellement responsable, parce que
les manœuvres que je signale ici, je les avais déjà dénoncées et flétries, dans un discours prononcé en pleine
Assemblée nationale, lord Normanby présent (2). Il y
avait donc pour lui question d'équité et question d'honneur
à faire du moins connaître ma réponse, sauf à en montrer
l'insuffisance, s'il pouvait.

Quant à m'imputer d'avoir sonné le tocsin contre les
élus du suffrage universel, d'avoir poursuivi l'ordre social
actuel de je ne sais quelles épithètes frénétiques, et d'avoir
donné lieu au Peuple de penser qu'il suffirait d'un coup de
ma baguette magique pour faire qu'il n'y eût plus ni
riches ni pauvres, tout cela est maladroitement inventé,
d'une fausseté ridicule ; et je mets au défi qu'on trouve

____

(1) J'avais eu soin d'expliquer, bien entendu, que la liberté de l'industrie, telle que je la conçois, n'a rien de commun avec cette compéti-
tion universelle et effrénée qui n'est au fond que la consécration du droit
du plus fort et aboutit à l'oppression du pauvre.

(2) Il l'avoue lui-même. *Voy. A Year of Revolution in Paris*, t. II,
p. 146.

quoi que ce soit de semblable dans aucun de mes écrits. Ce que j'ai dit, et ce qu'après beaucoup d'autres qui ont plus d'autorité que moi, je crois fermement, c'est que l'ordre social actuel est injuste ; c'est que l'esprit de progrès consiste à regarder la pauvreté comme un mal qui, graduellement, doit et peut disparaître ; c'est que les mots « progrès de la civilisation, » pris dans leur acception véritable, ne sauraient avoir un autre sens. Et il est très-vrai que contribuer à ce résultat de toute la puissance de mon être est un engagement que j'ai pris de bonne heure avec moi-même, et auquel j'ai l'orgueil de croire que je resterai fidèle jusqu'à la mort.

Dirai-je maintenant de quelle façon lord Normanby réussit à ajouter son grain de poison aux préparations de M. Bauchart ? et comment, après m'avoir, de son autorité privée, posé en Attila de la propriété, il part de là pour m'accuser... de quoi ? Il faut l'entendre lui-même.

Chacun sait que, le 13 juillet 1848, M. Proudhon ayant émis, à la tribune, des vues qui ne sont pas les miennes, et cela, dans un discours qui avait la prétention de ne laisser debout rien ni personne, je votai contre ce discours. Eh bien, lord Normanby s'écrie, à ce sujet :

« Vraiment le citoyen Proudhon aurait pu dire : « Est-« ce là ce que vous appelez appuyer vos amis?... » Louis Blanc avait changé avec la saison. Celui du mois d'août n'était plus celui du mois de février ! Était-ce l'effet de quelque repentir tardif, ou bien la crainte des révélations qui allaient sortir d'un certain rapport en perspective (1)?

O chance ! Voilà que j'ai justement sous la main de quoi répondre à Sa Seigneurie, et de telle manière, que sa curiosité n'ait plus rien à désirer. C'est M. Proudhon qui va lui apprendre les motifs de mon opposition à M. Proudhon :

« *Le vote de Louis Blanc fut le plus consciencieux de l'Assemblée. Il y a un abîme entre nous... Le socialisme,*

____

(1) *A Year of Revolution in Paris*, t. II, p. 147.

tel que je le comprends, c'est l'antipode du socialisme de
Louis Blanc. Cette opposition est fatale, et j'insiste là dessus, non pour le plaisir de contredire un chef d'école, mais
parce que cela est nécessaire à l'éducation du Peuple (1). »

Que penser de lord Normanby, après cela? Quoi! il a
vécu si longtemps à Paris sans savoir combien les opinions
de M. Proudhon diffèrent des miennes! Qu'imaginer de
plus burlesque que de m'accuser de désertion à l'égard
d'un homme qui fut toujours et n'a jamais cessé d'être mon
adversaire? Et de quel nom baptiser le procédé qui consiste à donner pour point d'appui à une insinuation calomnieuse une pitoyable bévue (2).

Trois représentants du Peuple étaient calomniés dans le
rapport de M. Bauchart d'une manière officiellement honteuse : MM. Ledru-Rollin, Caussidière et moi. Il fut permis au premier de se défendre, le jour même de l'attaque;
à Caussidière et à moi on se hâta d'interdire ce droit, sous
prétexte que notre défense serait mieux placée après la
publication des pièces, et l'on nous força d'attendre que

____

(1) *Confessions d'un Révolutionnaire*, p. 54.
(2) Lord Normanby (t. II, p. 180) cite tout au long une déposition de
M. Trélat qu'il reconnaît avoir « rencontré peu de créance; » ce qui ne
l'empêche pas de la publier. Elle se rapporte à je ne sais quelle proposition que j'aurais faite à M. Émile Thomas, et dont ce dernier aurait
rendu compte à M. Trélat. Si M. Émile Thomas avait jamais prétendu
rien de semblable, ce serait un miracle d'impudence, car je n'ai vu cet
homme de ma vie. Mais c'est précisément là ce que lui-même dit aussi
de moi, lorsqu'il fut interrogé par la Commission d'enquête, et il ajouta:
« L'assertion de M. Trélat est un mensonge. » Je rappelai le fait, le
25 août, dans un discours que lord Normanby a entendu, puisqu'il était
là. Pourquoi donc s'est-il abstenu de mentionner ma remarque, si acca-
blante pour M. Trélat? Lord Normanby a-t-il voulu, par cette omission
évidemment intentionnelle, laisser aussi croire à ses lecteurs que je
n'avais peut-être pas été sans avoir quelques rapports avec le directeur
des Ateliers nationaux?
M. Trélat est l'homme qui, pour m'impliquer dans l'insurrection de
juin, assura avoir reconnu dans le son de voix des ouvriers mon son de
voix, et dans leurs gestes mes gestes! Nous avions été longtemps liés.
Peu de jours après l'établissement du Gouvernement provisoire, mon
frère vint me dire : « J'ai rencontré Trélat tout à l'heure. Quel ennemi
tu as là! — Allons donc, répondis-je en riant, Trélat mon ennemi! —
Oui, oui, répliqua Charles Blanc. J'ai lu cela dans ce peu de mots et
dans la manière dont il les a prononcés : « Charles, votre frère, en tout
« ceci, m'a oublié! »

les faussetés du rapport, en l'absence de tout débat contradictoire, eussent produit sur l'opinion publique l'effet
désiré.

Il en résulta que, pendant plusieurs jours, nous demeu-
râmes exposés aux morsures des vipères. Œuvre de grossier
dépit et de rage impuissante, le rapport ne condamnait en
réalité que ses auteurs, et c'est ce que dirent, d'une commune voix, tous les honnêtes gens. Mais les âmes déjà gâ-
tées reçurent avidement le poison qui leur était destiné.
Les commentaires, d'ailleurs, ne manquèrent pas au texte.
Reproduit, développé, enrichi de nouveaux mensonges,
tiré par les divers journaux à cinq ou six cent mille exemplaires, l'odieux libelle alla répandre dans toute l'Europe
une accusation que chaque écho placé sur la route grossis-
sait en la prolongeant. Et lorsque, indignés de ce lent
assassinat moral, nous demandions que la parole nous fût
donnée ; lorsque nous demandions le droit d'accuser, à
notre tour, nos accusateurs, on nous répondait : « Les co-
pies des pièces justificatives à publier ne sont pas encore
prêtes, » ou bien : « L'impression n'est pas terminée. » Et,
pendant ce temps, le rapport de la Commission d'enquête
à la main, on travaillait, avec une infatigable ardeur, *à
faire l'opinion publique!*

Malgré cela, nul doute que la victoire ne fût restée à la
vérité, soutenue cette fois par l'évidence, s'il ne s'était
formé contre nous, au sein de l'Assemblée, une ligue dont
il convient de bien déterminer l'origine et le caractère.

En votant la publication du rapport, l'Assemblée avait
décidé, par mégarde sans doute, que *toutes* les pièces justificatives seraient aussi publiées. Or, quand on fut pour
obéir à ce vote, on s'aperçut qu'il contenait d'immenses
périls.

Ne prévoyant pas que les procès-verbaux de la Commission d'enquête dussent jamais être mis au jour, d'importants personnages s'étaient dénoncés les uns les autres ; il
y avait eu de formidables indiscrétions, des confidences
fatales ; la trahison ne s'était pas gênée, se croyant protégée par l'anonyme. Que pouvait-il donc sortir de là, quand
on en serait venu à lever le voile ? Procès en diffamation,

duels, animosités de la vie entière, scandale énorme dans le public, guerre civile dans l'Assemblée, voilà ce qu'avaient couvé les petites rancunes de M. Barrot et de ses amis, voilà ce qu'allait produire l'intégrale publication des pièces. L'effroi fut général.

Or, parmi ceux qui avaient le plus à redouter un éclat de ce genre, se trouvait précisément le général Cavaignac. Sa dictature, installée, au mois de juin, sur les débris de la Commission exécutive, avait donné lieu, dans la salle des Pas-Perdus, à d'étranges chuchotements, qui, devant la Commission d'enquête, s'étaient transformés en dépositions accusatrices. On le montrait laissant construire les barricades qu'il aurait pu empêcher, se ménageant le sacrilége honneur d'étouffer dans le sang une insurrection qui pouvait être prévenue, fermant l'oreille aux ordres de la Commission exécutive , affichant pour l'intervention armée de la garde nationale un dédain qui était une flatterie à l'adresse des troupes, se conduisant, en un mot, de manière à rendre, au milieu de Paris embrasé, le renversement de la Commission exécutive tout à fait inévitable et sa dictature, à lui, nécessaire.

Or, ces imputations, contre lesquelles il a été protégé, depuis, dans une séance fameuse, et par leur gravité même et par le besoin que la réaction avait encore de lui ces imputations venaient de témoins revêtus d'un caractère officiel, d'hommes dont il avait été le collègue au pouvoir, dont il était le collègue à l'Assemblée. Ainsi, que le général fût, oui ou non, en mesure de se justifier, il n'en est pas moins vrai que son rôle de dictateur aurait eu singulièrement à souffrir de sa position d'accusé. C'est ce que son parti comprit à merveille, et *le National* fit, pour empêcher la publication intégrale des pièces, des efforts prodigieux. Mais le vote de l'Assemblée était là, impérieux, décisif. Il ne restait donc plus au parti du général Cavaignac, s'il voulait éviter un débat d'une portée funeste, qu'à se rapprocher du parti représenté par la Commission d'enquête.

De leur côté, les réactionnaires de l'enquête avaient à ce rapprochement momentané un intérêt manifeste. Abandonnés à leurs propres forces, ils n'avaient point la majorité dans l'Assemblée et couraient risque de succomber sous un ordre du jour qui, de la catégorie des juges, les eût rejetés dans celle des calomniateurs. En outre, leur jeu était de se servir des républicains du *National* contre les socialistes, du général Cavaignac contre Caussidière et contre moi, sauf à briser l'instrument après l'avoir usé.

De cette communauté d'intérêts et de périls naquit le pacte d'iniquité dont Caussidière et moi avons été victimes.

Quant à Ledru-Rollin, accusé en même temps que nous, il se trouvait avoir sur nous cet avantage, qu'ayant été membre de la Commission exécutive, il était du nombre de ceux que le général Cavaignac avait à redouter comme accusateurs. Il fut donc résolu qu'on le ménagerait, et c'est ce qui explique la célèbre poignée de main qu'en pleine Assemblée le général lui donna lorsque, pour la première fois, Ledru-Rollin fut appelé à se défendre !

On n'oubliera pas de si tôt que, le 25 avril 1849, par un raffinement tout à fait imprévu d'imbécillité et de bassesse, M. Baroche osa faire afficher les noms des contumaces du 15 mai sur des poteaux, que, dans l'élan d'une admirable et poétique indignation, le Peuple se hâta de couvrir de fleurs. Eh bien, le lendemain, on lisait dans le journal *la Presse* :

« Si M. le général Cavaignac est passé hier sur la place du Palais-de-Justice, au moment où était suspendu à un poteau l'arrêt qui condamne M. Louis Blanc à la peine de la déportation, M. le général Cavaignac a dû éprouver un sentiment douloureux, car celui qui écrit ces lignes a entendu, le 26 août, M. le général Cavaignac lui dire : « Quant à Louis Blanc, ma conviction profonde est qu'il « n'est pas plus criminel que moi... » Comment expliquer qu'ayant cette conviction, M. Cavaignac, quelques heures auparavant, soit monté à la tribune pour y tenir un langage tout différent ? »

Un peu plus tard, le 15 juillet 1849, M. Émile de Girardin, dans une lettre de lui au général Cavaignac, disait :

« ... Pour arriver jusqu'à vous, il fallait traverser une
nuée d'aides de camp et d'huissiers. Il était cinq heures
J'étais venu la veille; mais, la veille, vous m'aviez invité
à revenir le lendemain, parce que vous succombiez sous le
poids de la fatigue d'une nuit passée sur les bancs de
l'Assemblée nationale : c'était la nuit dans laquelle vous
étiez monté deux fois à la tribune afin que l'Assemblée
accordât l'autorisation de poursuivre deux de ses membres:
MM. Caussidière et Louis Blanc. Je n'oublierai jamais
que, me parlant d'eux, vous me dîtes : « Louis Blanc n'est
« pas plus coupable que moi. » Cependant, vous aviez demandé et pris la parole contre lui. Dès cet instant, vous
fûtes jugé dans ma conscience et condamné dans mon
esprit (1). »

A cette affirmation si précise, à cette interpellation si
pressante, que répondit le général Cavaignac? Il garda le
silence.

Il n'ignorait point, pourtant, que son frère m'avait eu
pour compagnon d'armes, pour collaborateur, pour ami;
que sa mère avait trouvé en moi une affection toute
filiale; qu'au moment de dire adieu à la vie, Godefroy
Cavaignac m'avait laissé l'héritage de ses plus chères
pensées... Serait-ce qu'à l'ardeur d'une ambition saisie
d'inquiétude se serait joint l'aiguillon de quelque secret
ressentiment? Voici des faits : je m'abstiens de tout commentaire.

Quand la Révolution de février éclata, le général Cavaignac servait depuis longtemps en Algérie. Je ne l'avais
donc vu que deux ou trois fois, lors de ses rapides excur-
sions à Paris. Mais il passait pour républicain, et, d'ailleurs, je l'aimais dans son frère.

Aussi, ce fut avec une véritable chaleur d'âme que, dans
le sein du Gouvernement provisoire, je m'unis à mes collègues Flocon et Ledru-Rollin, pour faire élever M. Eugène

(1) *Voy. la Presse* du 15 juillet 1849.

Cavaignac à la dignité de lieutenant-général, et agrandir sa fortune, tout à coup associée aux destins de la République. Il y avait un ministre de la guerre à choisir : le général fut proposé, accepté, et le Gouvernement provisoire lui en écrivit. Comment exprimer ce que nous éprouvâmes à la lecture de sa réponse? C'était la notification de son refus, conçue en termes d'une arrogance mal dissimulée. Il paraissait nous reprocher de n'avoir pas placé les troupes assez haut dans nos préoccupations et nos égards ; le citoyen disparaissait derrière le soldat; un seul cri, je m'en souviens, sortit de toutes les bouches, cri de surprise ou, plutôt, d'indignation. Que signifiaient, en effet, ces airs de proconsul indépendant? Où s'emportait l'audace de ce soldat de fortune envers des hommes qui, après tout, n'avaient qu'un signe à faire pour lui briser son épée dans la main? L'armée! Loin de la tenir en petite estime, nous la rendions à toute l'héroïque grandeur de son rôle, en ne lui voulant pour ennemis que ceux de la France, et en cherchant à écarter d'elle la possibilité de cette affreuse guerre, de cette guerre sacrilége des carrefours et des rues. Il fut décidé que le Gouvernement provisoire ferait passer au général Cavaignac l'expression de son mécontentement dans une lettre impérieuse, que trois de ses membres furent chargés de rédiger : François Arago, Armand Marrast et moi.

En conséquence, et le lendemain même du jour où cette décision avait été prise, je me rendis au ministère de la marine, où MM. François Arago et Marrast m'attendaient. J'avais déjà préparé le projet de lettre : je l'apportais, et j'en donnai lecture. Il traduisait avec fidélité, dans une forme à la fois mesurée et hautaine, les sentiments du Conseil. La dernière phrase, sévère mais provoquée, était, si j'ai bonne mémoire, celle-ci :

« Le moment n'est pas éloigné peut-être où *une guerre avec l'Europe* nous sera imposée : *restez en Afrique, général, le gouvernement vous y retient au service de la République.* »

Ma rédaction convint à MM. François Arago et Marrast. Seulement, comme ce dernier ne la jugeait pas encore assez amère, il mit en marge quelques expressions destinées à la rendre plus blessante pour le général. Mais les additions de M. Marrast, ce futur Pilade du général Cavaignac, furent rejetées par le Conseil, qui les trouva de nature à dépasser le but. De sorte que la lettre fut envoyée telle que je l'avais rédigée. En sa qualité de ministre de la guerre *par intérim*, M. Arago la signa.

Des confidences ultérieures ont-elles appris au général Cavaignac ce que je viens de raconter? Je l'ignore et me tais.....

La résolution de frapper M. Caussidière et moi ayant été prise, est-il besoin de dire pourquoi l'on convint de terminer tout dans une seule séance, dût cette séance unir deux levers du soleil? Rien, assurément, n'était plus injuste. Car enfin, c'était nous enlever d'avance le bénéfice d'un retour possible de l'opinion; c'était refuser une heure à l'effet moral de la défense, lorsqu'on avait donné une semaine à l'effet moral de l'accusation.

La question fut enfin soumise à l'Assemblée le 25 août. J'avais résolu de ne pas me défendre, d'attaquer. Et en effet, de quel crime avais-je à me laver? J'avais à expier une défaite : voilà tout. Aujourd'hui, plus vivement même qu'alors, je suis convaincu que cette résolution était la bonne. Malheureusement, mes amis, dans l'Assemblée, avaient été induits en erreur sur les dispositions d'une partie du côté droit : ils refusaient de croire que l'Assemblée descendît à se déjuger; ils se berçaient de l'espoir que la majorité se diviserait. Ils me pressèrent donc, ils me supplièrent de ne pas sacrifier la chance d'une victoire importante au plaisir amer de braver mes ennemis. Je cédai avec répugnance, mais je cédai.

Et toutefois, comme, en dépit de leurs assurances, je sentais bien que je montais à la tribune pour la dernière fois, je ne voulus point perdre cette occasion de rendre un solennel hommage à la cause que je sers . *Cæsar, morituri te salutant!* J'affirmai donc la haute moralité et la valeur scientifique du socialisme, tel que je le comprends, tel que je l'avais exposé au Luxembourg. Je dis que l'ordre social actuel ne réalisait — ni la liberté, parce qu'elle n'existe pas là où des milliers d'hommes, s'ils ne vendent pas au rabais leur corps et leur âme, meurent de faim; — ni l'égalité, parce qu'elle consiste, pour tous, dans leur droit *égal* au développement de leurs facultés *inégales*, et que ce droit est aujourd'hui enlevé à une portion considérable de la race humaine par la monopolisation des instruments de travail; — ni la fraternité, parce que la concurrence illimitée repose sur le même principe que le duel au couteau, et reproduit la guerre sous une autre forme. Je dis que, loin de tendre à l'abolition de la propriété, le socialisme voulait la rendre accessible à tous, la regardant comme la réalisation du droit de tous : le droit de la vie; que, loin d'être hostile à la famille, il en proclamait le principe admirable et le proposait pour modèle à la société universelle, les traits caractéristiques de la famille étant ceux-ci : commandement désintéressé et dévoué de la part du père, obéissance volontaire de la part des enfants, et surcroît de tendresse à l'égard de l'infirme ou du malade (1).

On me reprochait cette phrase d'une de mes harangues du Luxembourg : « Presque enfant, j'ai fait contre cet ordre social, qui rend si malheureux un grand nombre de mes frères, le serment d'Annibal. » Je convins que ces paroles, prononcées dans l'élan d'une improvisation rapide et sous l'aiguillon d'événements qui ne permettaient pas de préparer un discours, encore moins d'en peser à l'avance chaque mot, étaient effectivement trop vives eu égard à ma position officielle; et c'est parce que j'avais compris cela moi-même, que, sans en changer le sens le moins du monde, je les avais adoucies comme forme sur l'épreuve de mon discours, conformément à la pratique de tous ceux qui parlent en public, de tous les membres de nos assemblées (2); mais ce que je déclarai sans détour,

(1) *Voy.* dans le *Moniteur* le compte rendu de la séance du 25 août 1848.
(2) La phrase que je substituai à celle qu'on m'a tant reprochée était celle-ci : « J'ai pris devant Dieu et devant ma conscience l'engagement de... etc. » Était-ce là, je le demande à tout homme de bonne foi, changer entièrement le sens, *certainly completely altering the ense*, comme lord Normanby ne rougit pas de le dire?

c'est que les paroles incriminées rendaient trop bien mon sentiment pour être de ma part l'objet d'un désaveu : « Je n'ai rien à rétracter de ces paroles! m'écriai-je; oui, c'est très-vrai, ce que j'ai dit du haut de la tribune du Luxembourg, est ce que j'ai dit toute ma vie. Les paroles que j'ai prononcées comme membre du Gouvernement provisoire sont les mêmes qu'il y a douze ans, j'écrivais au fond d'une mansarde. Je ne me justifie pas de n'avoir point changé avec la fortune (1). »

Comme émanation de la misérable science des Laubardemonts et des Jefferies, le rapport de M. Bauchart étant une sorte de prodige, peut-être la reproduction de l'analyse critique à laquelle je le soumis ne serait-elle pas dénuée d'intérêt; mais quel douloureux intérêt, juste ciel! Pour ceux qui peuvent, sans que leur cœur se brise, sonder les abîmes de l'iniquité, le *Moniteur* est là.

Ma défense fit beaucoup d'impression sur le côté gauche (2). Mais lord Normanby a bien raison quand il écrit qu'elle fut « ineffective, » la majorité ayant son parti pris, *the majority being determined to be diverted by no argument from their foregone conclusions* (3). » Le fait est que, pendant que je parlais, j'aperçus un membre du côté droit qui, au pied de la tribune, se frottait les mains; et je l'entendis murmurer : « Va, va, parle tant que tu voudras; tu n'en es pas moins... perdu. » Je fais grâce au lecteur du mot grossier qui fut employé, et dont celui de *perdu* n'est que l'équivalent.

Je terminai en ces termes : « Je vous ai dit la vérité. A ceux qui ne me connaissent pas, il fallait des preuves; mais j'ose dire ici que, pour ceux qui me connaissent, ma parole eût suffi, car ceux-là savent bien que la vie me paraîtrait achetée trop cher au prix d'un mensonge (4). »

Il était alors onze heures du soir. La séance, qui avait commencé le matin, qu'il avait fallu interrompre, et qui dura toute la nuit, tant on craignait l'impression produite

(1) *Voy.* le *Moniteur*, compte rendu de la séance du 25 août 1848.
(2) *Ibid.*
(3) *A Year of Revolution in Paris*, t. II, p. 179.
(4) *Moniteur*, séance du 25 août 1848.

sur le dehors! fut une des plus longues que fournissent les annales parlementaires. Sinistre était l'aspect de l'immense salle, qui ressemblait à un caveau où brûlent des lampes funéraires. Sûre de son triomphe, la majorité en attendait le moment précis, avec une impatience contenue. Pour la première fois depuis longtemps, ces hommes se montraient calmes et immobiles. Sur les bancs de la gauche régnait le silence de l'anxiété; sur ceux de la droite, celui de la haine. Dans les galeries, encombrées de spectateurs, la morne curiosité des passions semblait lutter contre la fatigue sur maint visage pâli.

A son tour, M. Caussidière prit la parole. Il avait cru devoir opposer à l'acte d'accusation une défense écrite, soigneusement élaborée; et certes, elle ne laissait rien à désirer, ni comme exposition des faits, ni comme enchaînement de preuves. Mais M. Caussidière ne tarda pas à se sentir gêné dans le cadre qui emprisonnait ses inspirations, et, à plusieurs reprises, laissant là son manuscrit, il éclata par des saillies pleines d'originalité et de force. Le silence continuait, menaçant, implacable.

Tout à coup, le président se lève, et donne lecture du réquisitoire qui demandait à l'Assemblée, contre Caussidière et contre moi, une autorisation de poursuites que cette même Assemblée, en ce qui me concernait, avait déjà repoussée par un vote solennel. En vain M. Laurent (de l'Ardèche) protesta contre le coup d'État qu'on enveloppait lâchement dans un acte judiciaire; en vain M. Théodore Bac fit entendre, pour me défendre ou me venger, la voix d'une amitié éloquente et intrépide; en vain M. Flocon disputa Caussidière, son ancien compagnon d'armes, aux fureurs d'un parti qui ne se consolait pas d'avoir été vaincu sans être écrasé...: les votes étaient comptés d'avance, et une majorité, devenue tyrannique, ne discute pas, elle vote.

Toutefois, la décision à prendre contre moi était grave; car on ne pouvait y arriver qu'en traversant un scandale, et l'Assemblée allait être condamnée à se *déjuger*. C'est ce que je tins à bien constater, des arrêts du genre de celui

qu'on se disposait à rendre ayant toujours été sujets à révision ! La déposition de M. Watrin, c'est-à-dire un faux
témoignage manifeste, une imposture éclatante et avérée,
voilà de quel prétexte M. Corne, procureur général de la
République, se servit pour remettre sur le tapis une question complétement résolue !

Le général Eugène Cavaignac vint, de son côté, demander qu'on pressât la conclusion. Je ne l'entendis pas, je ne
l'écoutai pas. Tandis qu'il parlait contre moi, je pensais à
Godefroy Cavaignac ; à Godefroy, qui, dans cette même
ville de Londres où m'a envoyé la nuit du 25 août, m'avait
dû un exil moins rigoureux ; à Godefroy, le plus regretté,
le plus cher de mes amis, et, qui, sur son lit de mort, me
disait : « Tu es mon second frère. »

Pendant ce temps, un grand nombre d'ouvriers rem-
plissaient la rue de Lille, attendant le résultat avec sollicitude ; et, bien que, depuis les journées de juin, le
Peuple ne fût plus qu'un lion enchaîné, on le craignait
encore.

Aussitôt que la décision fut connue, mon frère et mes
amis me conjurèrent de m'éloigner. Je résistai d'abord,
par un sentiment qu'on devine. Et cependant, des considérations pressantes m'en conseillaient le sacrifice. S'il arrivait que mon arrestation devînt le signal de quelques troubles, n'aurais-je aucun compte à rendre, et aux autres et
à moi-même ? N'était-ce rien, d'ailleurs, que d'enlever à
mes ennemis la joie de disposer de mon sort ? n'était-ce
rien que de me réserver, pour les combattre encore, l'espace et la liberté ? Un représentant du Peuple, homme
loyal et noble entre tous, M. d'Aragon, m'aborda, et me
tendant la main : « Je ne partage pas vos opinions, me
dit-il, mais je vous estime et je vous aime. Si je vous pa-
rais digne de votre confiance, venez. » Touché jusqu'au
fond de l'âme, je le suivis. — La mort de cet excellent
homme, dont la nouvelle me parvint quelque temps après
mon arrivée à Londres, a été la première douleur ajoutée
au deuil de mon exil ! — Arrivé dans la maison de M. d'A-
ragon, je me jetai tout habillé sur un lit, et m'endormis
profondément. Deux heures après, je suis réveillé par mon

hôte. Mon frère, averti que la police avait reçu l'ordre de fouiller mes papiers, venait de partir à la hâte pour empêcher, s'il était possible, la violation de mon domicile, et prendre l'argent que nécessitait mon départ. Je voulais l'attendre : mon généreux hôte, qu'étaient venus joindre deux de mes amis, Eugène Duclerc et Félix Pyat, trembla qu'un plus long délai ne fût fatal : il me glissa dans la main un petit portefeuille contenant deux billets de banque, et me poussa dans une voiture qui me conduisit à Saint-Denis, où je devais prendre le chemin de fer du Nord. M. Félix Pyat m'accompagnait. En le quittant, je lui remis, avec prière de la publier, une lettre par laquelle je promettais de me présenter, le moment des débats judiciaires venu, devant les juges que me donnait la loi. Au moment du départ, Félix Pyat, d'une voix émue, me dit ces paroles, qui contenaient une prophétie plus qu'à moitié réalisée depuis : « Adieu, mais pour peu de temps. Vous ouvrez la marche ; les autres républicains suivront : nous irons vous retrouver là-bas, tous, tous ! »

Je n'avais pris aucune précaution pour éviter le danger d'être reconnu, préférant tout à l'humiliation de descendre à un déguisement. Mais j'ai lieu de croire que le gouvernement, convaincu comme il l'était de mon innocence, craignait fort le scandale de mon arrestation, et fut charmé, au fond, d'être délivré de ma présence sans l'intervention des geôliers. Il est certain que, s'il eût voulu m'arrêter, cela ne dépendait que de lui ; et j'en donnerai pour preuve un fait qui, aussi bien, montre à quoi tiennent les antipathies que beaucoup de gens conçoivent à l'égard de cette classe particulière d'infortunés : les hommes publics.

Il arriva que, sur le chemin de fer, je me trouvai, d'abord, placé au milieu de personnes qui, ne me connaissant pas, se mirent à causer librement de la grande affaire du jour. De ce nombre était une jeune dame d'une figure singulièrement douce. Elle s'enquit du résultat de la séance nocturne, que très-peu connaissaient encore, parce que la clôture avait eu lieu le matin même ; et, apprenant que le vote de l'Assemblée m'avait été défavorable, elle en témoigna sa joie avec une exaltation qui me sembla toucher presque à de la cruauté. Cet amer langage sur des lèvres qui semblaient faites pour consoler et pour bénir, m'entra comme un poignard dans le cœur. Je gardai le silence. Cependant, le bruit s'était repandu dans les autres compartiments que j'étais là, de sorte que, quand le train s'arrêta, les curieux accoururent. Quelques-uns me marquèrent de l'affection, la plupart fronçaient le soucil. Quoi qu'il en soit, mes voisins avaient cessé d'ignorer qui j'étais ; et leur conduite à mon égard fut, dès ce moment, pleine de convenance et de délicatesse. Quant à la jeune dame, il était aisé de lire dans l'expression de sa physionomie combien elle souffrait d'avoir, à son insu, ajouté aux chagrins d'un homme tombé. Arrivée à la station où elle devait quitter le convoi, elle descendit avec son mari, s'éloigna d'un air d'hésitation ; puis, revenant vite sur ses pas au moment où le train allait repartir, elle me tendit la main avec beaucoup de noblesse, et, d'un ton qui respirait la compassion la plus généreuse, me dit : « Puissiez-vous être heureux ! »

A Londres, j'attendais impatiemment le jour de l'épreuve judiciaire, bien sûr qu'il aboutirait à une flétrissure éclatante de l'iniquité commise. Quels furent mon étonnement et mon indignation, à la nouvelle que le tribunal devant lequel on me sommait de comparaître était un tribunal créé tout exprès pour l'occasion, créé après coup, composé de juges politiques, un de ces tribunaux d'exception enfin que M. Bérenger — qui, chose monstrueuse, consentit à le présider — avait lui-même autrefois défini en ces termes :

« Sous quelque couleur qu'on les représente, quelque nom qu'on leur donne, sous quelque prétexte qu'on les institue, on doit les regarder comme des *tribunaux de sang...* La seule doctrine d'un tribunal d'exception est d'accomplir l'objet pour lequel il a été institué. N'attendez de lui ni pitié, ni humanité, ni sentiment de justice... Tout homme assez lâche pour accepter une mission qui le met dans le cas de punir des actions qui ne sont réputées crimes que parce qu'elles déplaisent à un despote ou à une faction, fait le sacrifice de son honneur, et, dès lors, il est acquis à l'injustice (1). »

Pour comble, au lieu d'ouvrir l'arène à Paris, où d'innombrables témoins auraient pu servir la vérité, on avait soin de transporter le débat à Bourges, afin que la vérité y succombât.

Je fus informé que Barbès et Albert étaient décidés à repousser d'une manière absolue la compétence d'un tribunal aussi odieusement dérisoire. Le sentiment qui m'empêcha de me présenter fut celui qui les empêcha de se défendre, avec cette différence que ma résolution à cet égard n'avait rien de méritoire, puisque j'étais libre, tandis que la leur avait quelque chose d'héroïque, puisqu'ils étaient prisonniers.

Voici la lettre que, de Londres, j'adressai à ce sujet aux divers journaux de France :

« Londres, le 3 mars 1849.

« Le 26 août, en quittant Paris, j'ai écrit que, le jour des débats venu, je me présenterais devant le jury, et rien au monde ne m'aurait empêché d'accomplir cette promesse, tenir sa parole étant un devoir d'honnête homme et une vertu de républicain.

« Mais je ne me suis pas engagé, au mois d'août, à comparaître devant un tribunal institué seulement au mois de novembre !

« Je ne me suis pas engagé, au mois d'août, à comparaître devant une juridiction exceptionnelle, créée, trois mois après, par les mêmes hommes qui m'avaient proscrit, et en vue d'une condamnation désirée, au mépris d'un principe d'éternelle justice, celui de la *non-rétroactivité*.

« La décision par laquelle l'Assemblée m'a livré, *en se déjugeant*, et l'acte d'accusation, qui ne contient pas une

____

(1) *De la justice criminelle en France*, p. 84 et 85, par **M**. Bérenger (président, depuis, de la haute cour de Bourges) !

seule charge précise, disent assez que l'évidence n'est rien là où les passions politiques sont tout.

« Plus que jamais, Paris est abandonné à l'empire de la force : on y épuise le scandale des arrestations arbitraires ; la contre-Révolution y est dominante et furieuse.

« En de telles circonstances, placé sous le coup de la plus honteuse iniquité qui fut jamais, je me réserve le droit de décider si, pour servir ma cause, je n'ai rien de mieux à faire que de me jeter aux mains de ses ennemis. Je reste maître de ma résolution.

« Le jour ne peut être éloigné où les haines de parti céderont la parole à la vérité. Je proteste et j'attends.

» J'ai lu l'acte d'accusation, et j'ai senti mon cœur hésiter entre l'indignation et la pitié.

« Il porte :

« Que je suis parvenu, le 15 mai, à m'évader de l'Hôtel-de-Ville, *que le bruit en a couru !*

« Que, le 15 mai, loin d'engager la foule à se dissiper, je l'ai félicitée sur le droit de pétition conquis ; et, quelques lignes plus bas, on me montre engageant le Peuple à laisser l'Assemblée délibérer librement !

« Que, le 13 mai, au Luxembourg, je tenais je ne sais quel discours factieux : et, le 13 mai, le *Moniteur* constate que je n'étais plus au Luxembourg, donné alors pour demeure à la Commission exécutive !

« Voilà ce que c'est que la justice en France, dans ce moment. Je n'ajoute pas un mot.

« LOUIS BLANC (1). »

Tel est l'exposé fidèle des faits qui m'ont valu un exil dont la durée se trouve aujourd'hui avoir été de vingt ans. Le résumé, c'est : *Ostracisme* (2) !

____

(1) Cette lettre se trouve dans les journaux français du 6 ou du 7 mars 1849. *Voy.* notamment le journal *le Peuple* du 6 mars, n° 107.

(2) J'ai parlé, dans ce chapitre, de Godefroy Cavaignac. Parmi les souvenirs qui, à ce nom, me reviennent en foule, quelques-uns peuvent servir à mieux faire connaître cette grande et belle nature : qu'il me soit permis de les consigner ici.

Un léger service que j'eus occasion de lui rendre lorsqu'il était exilé à Londres et dont le hasard seul l'informa longtemps après, fut la source de notre amitié. Celle qu'il me voua fut égale à son affection pour Guinard, Guinard, qui avait tant et si vaillamment combattu pour la République quand son règne était encore si éloigné, et de qui l'on peut dire, comme de Barbès, qu'il a été, de nos jours, le Bayard de la démocratie. La vie politique de Godefroy Cavaignac est assez connue; mais les vertus de sa vie privée, son culte pour sa mère, son dévouement d'ami, je ne sais quelle gaieté d'enfant spirituel et espiègle par où ressortaient d'autant mieux les traits d'une intelligence sérieuse, d'un caractère fier et d'une âme fortement trempée, le fonds tendre de spiritualisme qui perçait quelquefois à travers ses saillies de nourrisson du dix-huitième siècle, et ses aspirations vers un monde idéal, tout cela, qui le pourrait dire, sinon ceux qui ont vécu près de son cœur?

Un jour que nous courions ensemble les chemins, en quête d'actionnaires pour le journal *la Réforme*, qui fut son œuvre et celle de Flocon, il mit la conversation sur un chapitre de l'*Histoire de dix ans*, celui où il est rendu justice aux grandes qualités militaires que son frère avait déployées en Afrique. Tout à coup son œil devient humide, sa voix s'altère, et il me dit : « Sais-tu ce qui, dans ce chapitre, m'a particulièrement touché? C'est la note qui apprend au lecteur que le Cavaignac d'Afrique est mon frère; mais pourquoi n'as-tu pas ajouté qu'il est le fils de cet autre Cavaignac... » Il regarda le ciel, et ne put continuer, tant il était ému.

Un autre jour — hélas! ce n'était plus cette fois dans une de nos pérégrinations : la maladie cruelle qui nous l'enleva était au plus fort de ses ravages; la mort approchait; et moi, assis tristement au pied de son lit, j'attendais qu'il se réveillât, car il paraissait dormir. Il ouvrit les yeux, « Eh bien, lui dis-je, comment te sens-tu? » Il répondit : « J'ai froid, et j'étais à réfléchir au sort de tous ces pauvres gens qui, dans l'hiver, n'ont pas de feu! »

Peu de temps avant sa fin, il lui prit un désir extraordinaire d'entendre une fois encore de la musique. Je connaissais Chopin : je m'offris à l'aller trouver et à l'amener si le médecin ne s'y opposait pas. Ses instances prirent alors le caractère d'une supplication. Avec le consentement, ou plutôt sur la prière instante de madame Cavaignac, je me rendis chez Chopin. Madame George Sand y était. Elle exprima d'une manière touchante le vif intérêt que lui inspirait le malade; et Chopin se mit à mon service avec beaucoup d'empressement et de grâce. Je le conduisis donc dans la chambre mortuaire, où se trouvait un mauvais piano. Le grand artiste commence... Soudain, il est interrompu par des sanglots. Godefroy, dans un transport de sensibilité qui lui donna un moment de force physique tout à fait inattendu, s'était soulevé sur son lit de douleur, et avait le visage baigné de larmes. Chopin s'arrêta, fort troublé. Madame Cavaignac, penchée vers son fils, l'interrogeait du regard avec angoisse. Lui, fit effort pour se remettre; il essaya un sourire, et d'une voix faible : « Ne t'inquiète pas, maman, ce n'est rien, un véritable enfantillage... Ah! que c'est beau la musique, comprise ainsi! » Sa pensée était — nous le devinâmes bien — qu'il n'entendrait plus rien de tel en ce monde; mais il s'abstint de le dire.

Ce fut par suite de ces circonstances, et par mon intermédiaire, que madame Cavaignac fit personnellement connaissance avec madame George Sand, dont elle avait toujours admiré le génie, mais dont elle se formait une idée fausse que je n'avais pu réussir jusqu'alors à rectifier. Il y avait, en effet, dans madame Cavaignac, femme d'ailleurs très remarquable, un mélange singulier d'opinions et de tendances contradic-

toires ; républicaine ardente, elle ne parlait cependant jamais du premier
Napoléon qu'avec enthousiasme ; douée d'un esprit hardi et indépendant,
elle était néanmoins d'une dévotion qui n'était pas sans laisser accès
auprès d'elle à des influences de sacristie. Quoi qu'il en soit, l'effet de
sa première entrevue avec madame George Sand fut sur elle décisif ; et
elle m'en rendit compte elle-même en ces termes : « Eh bien, je l'ai vue
enfin, cette terrible femme de génie. Et me voilà séduite, mais ce qui
s'appelle séduite. »

Godefroy Cavaignac, en mourant, m'avait laissé des papiers auxquels
il attachait beaucoup de prix, parmi lesquels des manuscrits destinés à la
publication. Quelque temps après mon arrivée à Londres, le général, son
frère, désira les avoir ; et, n'osant pas s'adresser à moi directement pour
cela, il me les fit demander par M. Schœlcher. Ma réponse, qui n'était
que l'expression pure et simple d'un fait vrai, se trouva contenir un enseignement, et quel enseignement ! Je fis savoir au général que j'éprou-
vais un vif regret de ne pouvoir satisfaire son désir, mais que les papiers de son frère n'étaient plus en ma possession ; qu'ils avaient été
saisis, avec beaucoup d'autres qui m'étaient chers, par les agents de police qui, sous son gouvernement, à lui, général Cavaignac, avaient
violé mon domicile le matin du 26 août 1848, et que c'était à eux, conséquemment, que je me voyais forcé, à mon très-grand chagrin, de le
renvoyer !...

CHAPITRE VINGT-CINQUIÈME

UNE VISITE AU FORT DE HAM

De la prétendue adhésion des socialistes au mouvement bonapartiste, dernier mot à lord Normanby. — Historique de mes relations personnelles avec Louis Bonaparte. — Article critique publié dans la *Revue du Progrès*, sur les *Idées napoléoniennes*. — Réplique d'un bonapartiste fanatique. — Échauffourée de Boulogne. — Polémique soutenue par *le Bon Sens* contre le renvoi des accusés devant une juridiction exceptionnelle. — Remercîments de Louis Bonaparte. — Il m'invite à le venir voir à Ham. — Madame Gordon et les coryphées du parti bonapartiste. — M. Acar. — Une prison princière. — Mes entretiens avec Louis Bonaparte. — Comment il entendait la souveraineté du Peuple, et ce qu'il pensait de l'Empire. — Opinions socialistes émises par lui. — Son indignation à propos de la surveillance dont il était l'objet, et du système d'espionnage en général. — Il accourt me voir à Londres, lors de mon exil. — Ses protestations de sympathie politique. — Cénacle bonapartiste à l'*hôtel du Prince de Galles*.

« On assure, dit lord Normanby, écrivant au mois de juin 1848, que ceux-là appuient le mouvement bonapartiste, qui, parmi les *basses classes* (*the lower classes*), sont accessibles à l'influence de Louis Blanc (1). »

Le sens de cette phrase n'est pas bien clair. Si lord Normanby a voulu insinuer que j'étais pour un prétendant, l'insinuation serait pire qu'une erreur; et je n'y saurais

____

(1) *A Year of Revolution in Paris*, t. I, p. 456.

mieux répondre que par l'exposé fidèle de mes relations personnelles avec Louis Bonaparte ; — exposé, du reste, auquel sa position d'aujourd'hui donne un caractère particulier d'intérêt et d'importance.

Qui ne se souvient qu'après l'échauffourée de Boulogne, Louis Bonaparte devint la risée de l'Europe? Quelque étrange que le fait puisse paraître en ce moment, sa chute fut saluée, d'un bout de la France à l'autre, par toutes sortes d'invectives, mêlées à un immense éclat de rire. Jamais, peut-être, il n'y eut pareille explosion d'injures. Contre les dards qui, de chaque coin du pays, lui furent lancés, son nom lui fut un bouclier dérisoire. Ses amis eux-mêmes l'abandonnèrent. Un journal établi à ses frais, sous le titre de *Capitole*, pour plaider la cause de ses prétentions, suivit l'impulsion générale. Le conspirateur de Strasbourg avait reçu son pardon : si Louis-Philippe eût fait fusiller le conspirateur de Boulogne, il est douteux qu'on y eût trouvé à redire.

Je publiais, à cette époque, une revue démocratique, la *Revue du Progrès*, recueil où écrivaient les hommes les plus distingués du parti républicain, entre autres MM. François Arago, Michel (de Bourges), Thoré, Henri de Latouche, Félix Pyat, Marrast, Godefroy Cavaignac, Lamennais ; et, dans cette revue, j'avais rendu compte, un an auparavant, d'un livre de Louis Bonaparte, *les Idées napoléoniennes*. La conclusion de l'article était celle-ci : « On vous dit : « Il faut refaire l'Empire ! » Mais ce serait... l'*Empire moins l'empereur*. »

Ce travail fit une grande impression dans Paris. Le lendemain, vers dix heures du soir, comme je rentrais chez moi, un inconnu m'asséna sur la tête, par derrière, un violent coup de bâton qui me renversa sans connaissance. On me releva baigné dans mon sang, et je fus porté, rue de la Paix, chez un pharmacien, M. Béral. Un médecin fut appelé en toute hâte, et, dès qu'il eut jeté les yeux sur moi, il déclara que j'étais perdu. Le fait est que je ne me rétablis que difficilement, et après un mois de cruelles souffrances. Bien que la rue fût remplie de monde au moment où je fus frappé, l'assassin avait disparu. Les recherches de la police pour le découvrir restèrent sans résultat. Tout ce qu'on put savoir, en interrogeant les voisins, fut que le misérable avait l'air d'un homme déguisé, et qu'on l'avait remarqué se promenant devant ma porte pendant longtemps. Dieu me garde d'accuser un parti du crime d'un homme! Mais j'ai le droit de dire qu'à cette époque, l'opinion générale, telle que les journaux l'exprimèrent, fut que cette tentative de meurtre était la réponse d'un bonapartiste fanatique à mon compte rendu des *Idées napoléoniennes*.

J'ignore si lord Normanby trouvera dans ces faits une preuve de mon adhésion au « mouvement bonapartiste. » En tout cas, voilà les fruits qu'elle avait portés, lorsque, au mois d'août 1840, la conspiration de Boulogne fut déjouée et son auteur jeté en prison. Autant que personne, je condamnais les desseins de Louis Bonaparte. Mais, en reconnaissant parmi ceux qui le poursuivaient le plus furieusement de leurs invectives, les vils adulateurs de son oncle, je ne pus me défendre d'une indignation mêlée de mépris. Je me rappelai que Malet, quand ses juges lui demandèrent : « Et vos complices? » avait répondu admirablement : « Vous, si j'avais réussi! » Je ne doutai pas que, si jamais la fortune de Louis Bonaparte l'emportait, il n'eût à ses pieds ceux qui alors insultaient à son malheur. On peut voir aujourd'hui si je me trompais! Aussi bien, ma conviction a toujours été qu'en aucune circonstance, on ne doit se départir des règles strictes de la justice. Que Louis Bonaparte fût jugé, condamné, comme prétendant et comme factieux, qui aurait osé y contredire? Mais le traîner devant une juridiction exceptionnelle, c'était le traiter en ennemi, quand il s'agissait de le traiter en coupable. Je développai ces considérations dans un article de la *Revue du Progrès*, qui parut le 1er septembre 1840. Il retentissait soudainement comme une note discordante au milieu d'un concert d'injures; et, sous ce rapport du moins, il ne pouvait manquer de fixer l'attention de Louis Bonaparte.

Du château de Ham, où il fut enfermé, il m'écrivit une lettre dans laquelle il me remerciait de n'avoir pas mis le pied sur un adversaire abattu, et témoignait un vif désir de m'avoir auprès de lui à Ham, pour quelques jours.

En ce temps-là, il était entouré du seul prestige que puisse consentir à saluer une âme vraiment républicaine : il était malheureux. Sa dernière révolte s'était évanouie comme dans la fumée d'une aventure. On cherchait son parti. Et lui, porté par terre, jugé, condamné, renié par ses amis d'alors, raillé et insulté par ses flatteurs d'aujourd'hui, il gémissait dans une forteresse solitaire, sans autres confidents de ses tristesses que le docteur Conneau, son médecin, et un pharmacien de l'endroit, M. Acar. *Res sacra miser.* J'aurais repoussé la requête du prince : je me rendis à celle du prisonnier. Il obtint pour moi du ministre de l'intérieur la permission de le visiter dans sa prison, et je me mis en route.

Je savais, du parti bonapartiste, quelque chose de plus que ce qui en était connu généralement, par madame Gordon, qui, avec le lieutenant Laity, avait été l'âme de la conspiration de Strasbourg. Madame Gordon était une femme très-remuante, plus adonnée qu'il ne convenait aux intrigues politiques, mais qui à de la beauté joignait beaucoup de chaleur d'âme, une éloquence naturelle, de la persévérance et du courage. Je tenais d'elle que, les conspirateurs de Strasbourg ayant besoin d'un vieux soldat dont le nom et le grade pussent faire impression sur la garnison de Strasbourg, elle s'était rendue à Dijon, où se trouvait alors le colonel Vaudrey, et avait combattu ses hésitations avec tant d'empire, qu'elle l'avait entraîné à Strasbourg, séance tenante pour ainsi dire, et sans presque lui laisser le temps de quitter ses pantoufles. La vérité est que le culte de madame Gordon pour la mémoire de Napoléon était volontairement aveugle, superstitieux, sans bornes ; mais elle ne faisait pas grand cas du parti bonapartiste, qu'elle disait manquer d'hommes intelligents et résolus, exception faite de MM. Laity, Aladenise et Fialin. M. Fialin, qui avait pris le nom de Persigny, et, pour devise, ces mots *Je sers*, était, aux yeux de madame Gordon, la colonne du parti. Quant à Louis Bonaparte, elle paraissait le priser fort peu. Un jour que je lui demandais, par manière de plaisanterie, si elle l'aimait : « Je l'aime politiquement, » répondit-elle avec un sourire ; Et elle ajouta : « A dire vrai, il me fait l'effet d'une femme. »

Voilà ce que, durant mon voyage, j'étais en train de repasser dans mes souvenirs.

La première personne que je vis à Ham fut M. Acar. La foi politique de M. Acar était un accouplement inexplicable de bonapartisme et de républicanisme. Louis Bonaparte n'avait pas d'ami plus dévoué ; et cependant, il assurait être républicain : ce qu'il était, je crois, à sa manière. Il sembla ravi de mon arrivée. « Voici, s'écria-t-il gaiement, des forces auxiliaires, et j'espère que nous aurons enfin raison de Louis Bonaparte. » Puis, il me dit que les amis du prisonnier étaient divisés en deux catégories ; qu'à la tête de l'une figuraient M. de Persigny et quelques partisans fanatiques de l'Empire ; que l'autre contenait des républicains sincères et ardents, parmi lesquels MM. Frédéric Degeorge, Peauger, Joly, le lieutenant Laity, et lui-même ; qu'entre ces deux impulsions contraires, Louis Bonaparte vacillait, incertain ; qu'il était juste de lui tenir compte de la difficulté de sa position ; que ses intentions étaient droites, mais risquaient de s'égarer, pour peu qu'on l'abandonnât à l'influence de ses conseillers impérialistes, et qu'il importait d'y aviser. Pendant qu'il parlait ainsi, je le regardais avec un étonnement extrême, ne pouvant comprendre en quoi l'établissement de la République pouvait dépendre de l'adhésion ou de la non-adhésion de Louis Bonaparte.

Quoi qu'il en soit, j'allai au château, où je fus introduit dans un appartement large, bien meublé, et pourvu de tout ce que le confort domestique réclame. Il ne me fallut qu'un coup d'œil pour juger — ceci soit dit en l'honneur de Louis Philippe — que le prisonnier était traité avec bonté. Il était assis dans un grand fauteuil, entre la cheminée et une table couverte de papiers et de livres. A ma vue, il se leva, vint à moi, et me tendit la main d'une manière cordiale, non sans un mélange de réserve. Mon impression du moment fut que l'idée de prendre un air imposant lui avait traversé l'esprit; mais cette idée, s'il l'eut, ne fut qu'un éclair : nous entrâmes en conversation. Je ne l'avais jamais vu; et, comme je ne connaissais pas, à cette époque, les autres membres de la famille de Napoléon, je n'eus pas occasion de remarquer combien il différait d'eux, par les traits et par les manières. Toutefois, il ne m'échappa point qu'il n'y avait rien en lui du type napoléonien ; que son accent avait quelque chose d'étranger, et qu'il s'exprimait avec une difficulté singulière.

Aussi longtemps que l'entretien porta sur la politique de Louis-Philippe, nous fûmes d'accord : un gouvernement ne pouvait durer, avec la corruption au dedans, et l'humiliation nationale au dehors. Mais aussitôt que la question de l'avenir fut posée, le dissentiment éclata (1).

Comme il se proclamait un sincère démocrate, et déclarait reconnaître le principe de la souveraineté du Peuple :

« Mais comment, lui demandai-je, entendez-vous l'application de ce principe? »

Il répondit sans hésiter :

« Par le suffrage universel.

— Jamais, repris-je, le suffrage universel n'a eu de plus chaud partisan que moi, en principe; mais il faut avoir le regard constamment tourné vers le résultat. Vous n'ignorez pas combien, en France, l'ignorance est grande parmi les paysans, et que beaucoup ne savent même pas lire. D'autre part, que d'hommes du Peuple, dans l'ordre social actuel, dépendent d'autrui, pour leur pain quotidien ou celui de leurs familles !

— Voulez-vous dire qu'il n'y a pas à tenir compte de la volonté de la nation, et que vous avez le droit, si vous en

_____

(1) En revenant de Ham, je pris des notes sur ce que j'avais vu et entendu. C'est d'après ces notes, qui me répondent de la fidélité de mes souvenirs, qu'est composé mon récit.

avez le pouvoir, d'imposer vos convictions politiques à une majorité qui les repousserait?

— Je ne dis pas cela; mais mon opinion est que le suffrage universel ne doit pas être un pistolet chargé dans les mains d'un enfant. La souveraineté du Peuple n'implique en aucune façon l'abdication intellectuelle de ceux qui sont en état d'imprimer à la volonté publique, soit par leurs écrits, soit par leurs discours, une impulsion généreuse et éclairée. C'est le droit de tout honnête homme et c'est son devoir de chercher à attirer la majorité à lui, et de s'opposer à ce qu'on se serve du Peuple lui-même pour l'opprimer.

— Soit.

— Il ne suffit donc pas de proclamer théoriquement la souveraineté du Peuple; il faut savoir où l'on veut aller en la proclamant, et de quel côté on contribuera, dans la mesure de ses forces, à la faire pencher; il faut avoir un *Credo* politique.

— Mon *Credo*, dit Louis Bonaparte après un instant de silence, c'est l'Empire. L'Empire n'a-t-il pas élevé la France au sommet de la grandeur? Ne lui a-t-il pas rendu l'ordre? Ne lui a-t-il pas donné la gloire? Pour moi, je suis convaincu que la volonté de la nation, c'est l'Empire.

— Mais l'Empire, c'est le principe héréditaire.

— Sans doute.

— Et comment concilier avec le principe héréditaire celui de la souveraineté du Peuple? Il y a contradiction dans les termes mêmes : le second est la négation du premier. La volonté d'un peuple peut changer, et il est conforme à la nature des choses qu'elle change, tandis que le pouvoir héréditaire est, par essence, immuable. Il est absurde que la volonté nationale d'aujourd'hui soit appelée à annuler d'avance la volonté nationale de demain, et que le Peuple renonce à sa souveraineté par un acte de sa souveraineté. Embrasser un homme pour l'étrangler est un fait de trahison, ce n'est pas un principe. Comment la génération présente pourrait-elle légitimement confisquer, par la déclaration de l'hérédité, le droit de toutes les générations à venir? Un pareil contrat est évidemment nul. »

Louis Bonaparte n'insista pas, comme s'il eût senti qu'il était sur un mauvais terrain. Et bientôt, donnant un autre tour à la conversation.

« Au fond, dit-il, l'important, c'est que le gouvernement, quelle que soit sa forme, s'occupe du bonheur du Peuple. »

Alors, il se mit à parler de l'urgence des réformes sociales; et ses vues à cet égard ne me parurent pas beaucoup différer des miennes. Ce qui est sûr, c'est que, autant ses opinions politiques m'avaient déplu, autant je fus étonné de son empressement à admetre ces principes du socialisme dont, plus tard, il devait si bien faire usage pour se frayer une route à l'Empire.

J'ai encore en ma possession un livre que je tiens de lui, et dont la première page porte ces mots, écrits de sa main :

A Louis Blanc, souvenir d'estime et d'amitié, de la part de l'auteur.

L.-N. B.

Or, ce livre, tout plein d'aspirations socialistes, est intitulé : *Extinction du paupérisme!*

Ma permission n'était que pour trois jours. Ils furent employés à passer en revue tout ce qui avait trait, soit à l'état général des affaires, soit à la position particulière du prisonnier.

Parmi les diverses circonstances présentes à ma mémoire, il en est une qui veut être mentionnée. Une après-midi, il était en train de me raconter les particularités de son expédition de Boulogne, lorsque soudain la voix lui manqua. Il s'arrêta; fit effort, mais en vain, pour refouler son émotion au dedans de lui, et fondit en larmes.

Je n'oublierai jamais non plus notre promenade sur l'étroit rempart assigné à ses mélancoliques promenades, et que, de toutes parts, surveillaient des sentinelles. Il me

semble le voir encore marchant à pas lents, la tête penchée; il me semble entendre encore les paroles qu'il pro-
nonçait à voix basse, de peur que le vent ne les portât au
geôlier. La conversation roulait, cette fois, sur l'*Histoire
des Empereurs*, par un écrivain que Louis Bonaparte
louait fort d'avoir pris la défense de ces tyrans, marqués
à l'épaule par Tacite, et pour jamais. Suivant Louis Bonaparte, Tacite avait tort. Je n'avais pas lu le livre que le
prisonnier admirait tant, mais les motifs de son admiration n'étaient pas difficiles à deviner. Je la combattis, et
avec une vivacité qui provoqua, de sa part, une recommandation inattendue.

« Parlez bas! » me dit-il.

Et, se tournant, il me montra un homme qui, enveloppé
dans un manteau, nous suivait à peu de distance, sans
nous perdre un seul instant de vue. Louis Bonaparte, probablement, ne se rappelle pas, mais je me rappelle, moi,
qu'il partit de là pour flétrir en termes énergiques la bassesse de ces gouvernements auxquels il faut une noire armée d'espions, et qui, cherchant leur force dans les mobiles les plus impurs de la nature humaine, triomphent de
la dégradation même de leurs agents !

Le terme de ma visite approchant, je crus devoir faire
un dernier appel aux sentiments de mon hôte, et je lui
dis :

« Souvenez-vous que l'Empire, c'était l'empereur.
L'empereur peut-il sortir de son tombeau? La marche du
temps nous a fait des conditions de vie nouvelles. La
France d'aujourd'hui n'est plus la France d'il y a cinquante ans. L'idée du travail a remplacé l'image des batailles. D'autres aspirations et d'autres besoins appellent
d'autres institutions, d'autres héros. Les peuples ont cessé
de mettre leur ambition à aller, sous l'uniforme, tuer et
mourir. La question est désormais, non pas d'asservir et
d'étonner les hommes, mais de les rendre meilleurs et
heureux. Non, non : Napoléon lui-même, s'il revenait à
la vie, ne se répéterait pas. Comment accompliriez-vous
avec son nom ce qu'il ne lui serait pas donné, à lui, d'ac-

complir, de nos jours, avec son génie? L'Empire, ressus-
cité, ne serait possible que sous la forme d'un météore
sanglant. Du temps de votre oncle, le despotisme n'apparaissait du moins que couvert du manteau de pourpre de la
gloire, et, même ainsi, le squelette fit horreur. Souvenez-
vous que la France laissa tomber Napoléon, faute de le
pouvoir porter plus longtemps. S'il n'eût été abandonné
par elle, sa destinée n'eût pas fini à Waterloo. Souvenez-
vous comment il est mort, et où il est mort! Qu'il soit absolument impossible de baptiser dans le sang une monarchie nouvelle, et, momentanément, de la maintenir en
entourant Paris de soldats, en introduisant partout des
espions, en bâillonnant la presse, en poussant au culte
ignoble des intérêts où l'âme n'a point de place, et en ren-
dant leurs livrées aux sénateurs et aux valets, c'est ce
que je n'affirmerai pas. Mais que vaudrait une couronne
conquise, une couronne conservée, à ces conditions?
Croyez-moi, la seule chose acceptable en France est la
République, — une République fidèle à son principe, —
parce qu'un demi-siècle de révolutions a indissolublement
lié la France à la doctrine de l'égalité. Abandonnez donc
ce rôle de prétendant, pour lequel une scène vous manque.
Fiez-vous à votre désintéressement du soin de votre destinée. Osez devenir et vous déclarer républicain. »

Non-seulement Louis Bonaparte ouvrit l'oreille à ce
langage, mais il en parut vivement touché. Quand je pris
congé de lui, je remarquai qu'il avait les yeux humides,
et il me serra dans ses bras, avec un élan dont je ne pus
me défendre d'être ému. Au bas de l'escalier, j'entends
sa voix, je me retourne. Et lui, de me crier en riant :
« Ah! ah! n'oubliez pas d'embrasser pour moi madame
Gordon. » C'est ainsi que nous nous quittâmes.

Dès lors, jusqu'au jour où il s'échappa de Ham, j'entre-
tins avec lui, par l'intermédiaire d'un ami commun, quelques rapports d'un caractère purement personnel. J'avais,
je l'avoue, l'extrême naïveté de regarder comme une
chose possible, à la rigueur, sa conversion définitive à la
République; et cet espoir se trouve exprimé dans une lettre

de moi, que je lui adressai lorsqu'il était encore au fort de Ham, et qu'il fit publier lorsqu'il se présenta comme candidat pour la présidence, pensant que cette publication pourrait le servir auprès des ouvriers de Paris. La lettre était confidentielle, cependant, et il ne m'avait pas demandé l'autorisation d'en faire usage !

Après sa fuite de Ham, nos rapports furent entièrement suspendus. Je ne le vis même pas en février 1848, à l'époque où il vint faire au Gouvernement provisoire l'offre de ses services.

J'ai déjà raconté comment j'appuyai son admission dans l'Assemblée nationale, dont il avait été élu membre, mais non sans proposer du même coup que le principe de la présidence fût écarté : sûr moyen de déjouer ses prétentions, tout en respectant la justice. Malheureusement, l'Assemblée eut la folie d'écrire, dans la Constitution de 1848, qu'il y aurait un président, ce qui revenait à voter un second 18 brumaire.

Lui, toutefois, ne s'était pas encore prévalu du décret qui lui ouvrait la France, lorsque, proscrit après avoir protesté contre la proscription de la famille d'Orléans et celle de Bonaparte, j'arrivai à Londres. C'était au commencement de septembre. Je descendis à l'*hôtel de Brunswick*, dans Jermyn street. A peine y étais-je, qu'un visiteur m'est annoncé : Louis Bonaparte. Il accourut à moi avec beaucoup de cordialité, et exprima la plus vive indignation du traitement que j'avais subi. J'éprouvai un grand embarras. Repousser brutalement ses civilités, je ne le pouvais sans manquer aux lois de la politesse et du bon goût ; et, d'un autre côté, j'avais de sérieux motifs politiques pour vouloir éviter désormais toute relation avec lui. Je ne m'étudiai à cacher ce sentiment que dans la mesure prescrite à tout homme bien élevé ; et j'ai quelque raison de croire qu'il le devina : car il se montra évidemment pénétré du désir de me convaincre que servir la République était son unique ambition ; qu'il était entièrement dévoué à la cause du Peuple ; et que, sur les questions sociales notamment, ses vues avaient beaucoup d'analogie avec les miennes.

Des diverses mesures adoptées par la politique impériale, une seule pourrait être citée comme rentrant dans mes opinions : celle de l'emprunt direct et national. Il y a longtemps déjà, j'émis cette idée dans *le Bon Sens*, dont j'étais alors rédacteur en chef, et elle donna lieu, entre le célèbre banquier Jacques Laffitte et moi, à une polémique qui remplit, pendant plusieurs jours, les colonnes de mon journal, et eut du retentissement.

Quoi qu'il en soit, le langage que Louis Bonaparte me tint à Londres conduisait si peu à l'idée d'Empire, que, lorsque je recueille à cet égard mes souvenirs, l'impression produite sur mon esprit est celle d'un rêve.

Au reste, s'il m'eût été possible, à cette époque, de me laisser aller à la confiance, certains faits m'auraient bien vite détrompé.

Un soir, retournant tard de Richmond, où j'étais allé passer la journée, je trouvai la maison que j'habitais dans Piccadilly livrée à une agitation inaccoutumée. La *land-lady*, très-animée, accourt au-devant de moi, disant : « Monsieur, quelque événement de grande importance est sans doute arrivé à Paris. Quelle chose singulière! — Eh bien? — Un jeune homme vient de se présenter, qui voulait absolument vous voir. J'ai eu beau assurer que vous étiez absent, il a refusé de me croire. Il paraissait excité outre mesure. Et c'est au point que, malgré mes remontrances, il est monté à votre chambre pour bien s'assurer que vous n'y étiez pas. Il avait d'abord fait mine de vous attendre, mais, au bout de quelques minutes, il s'est décidé à partir, laissant ceci. » Et la dame du logis me tendit une carte où je lus ces mots tracés à la hâte : « A quelque heure de la nuit que vous rentriez, de grâce rendez-vous sans perdre un moment à *l'hôtel du Prince de Galles*, Leicester square. L'affaire est grave et n'admet pas de délai. »

Comme on pense bien, une invitation de ce genre, si mystérieuse, et à pareille heure, me sembla fort singulière, et je me sentis tout d'abord peu disposé à l'accueillir. Toutefois, ma curiosité venait d'être éveillée. La situation en France était incertaine; elle pouvait changer du jour au lendemain. Peut-être une communication véritablement sérieuse m'attendait. La soirée était très-avancée ; il pleuvait à verse : preuve de plus qu'il s'agissait d'une chose urgente. Je pris mon parti

Au lieu indiqué, sur le seuil même de l'hôtel, j'aperçus un groupe d'hommes qui chuchotaient entre eux, et dont l'apparence était suspecte. J'entre ; l'on m'introduit dans une chambre au rez-de-chaussée; et je me trouve en présence de deux personnes, dont l'une était un tout jeune homme, et l'autre Louis Bonaparte. Sans me donner le temps de me remettre de ma surprise, et avec une extrême volubilité de langage, l'étranger m'expliqua qu'il venait de Lille ; qu'il y avait eu, avec les membres les plus influents de la démocratie de l'endroit, une entrevue décisive ; que les chefs du parti démocratique et les adhérents du *prince* marchaient d'accord ; en un mot, que tout était prêt, en France, pour le triomphe du *Peuple* dans la personne du neveu de l'empereur. Ce que j'éprouvai, on le devine. L'âge de l'homme qui parlait, le lieu, l'heure, le groupe formé sur le seuil de l'hôtel, et le caractère d'une communication semblable faite à un républicain, assez connu comme tel, Dieu merci! tout cela était si étrange, que je ne voulus pas en entendre davantage ; et je me retirai aussitôt, partagé entre l'étonnement et l'indignation.

Le lendemain, je reçus la visite de Louis Bonaparte. Il venait me dire qu'il regrettait extrêmement ce qui s'était passé; qu'il n'y était pour rien, et qu'il avait été attiré, de son côté, à l'*hôtel du Prince de Galles* absolument de la même manière. Mais j'en avais vu et entendu assez! Peu de temps après, il partit pour Paris; et, depuis ce moment, il me devint, personnellement, aussi étranger que si nous ne nous étions jamais rencontrés.

CONCLUSION

—

Ici se termine le récit des événements auxquels j'ai été mêlé.

Ceux-là mêmes qui abusèrent, contre nous de leur triomphe d'un jour, ont-ils évité le châtiment de leurs actes? Non. Les persécuteurs ont été persécutés; les proscripteurs ont été proscrits; les hommes qui nous avaient foulés aux pieds, sous prétexte que la *société devait être sauvée à tout prix*, ont été, absolument sous le même prétexte, foulés aux pieds à leur tour.

J'exposerai en quelques mots comment cela s'est fait, non par un vulgaire sentiment de satisfaction vindicative, mais parce qu'il résulte de là ce solennel enseignement : qu'aucun parti n'est sûr, lorsqu'il viole les lois éternelles de la justice, qu'il ne sera pas, un jour, réduit à invoquer leur protection.

Parmi les diverses causes d'où est né l'empire, il en est une qui mérite d'être signalée plus particulièrement comme ayant exercé une influence désastreuse : c'est l'établissement de la ligue connue sous le nom de *rue de Poitiers*. Cette ligue, composée de tous les chefs du parti réactionnaire, et au sujet de laquelle d'Orsay m'écrivait : « La rue de Poitiers est le choléra de Paris, » ouvrit, lors de la présidence de Louis Bonaparte, une souscription ayant

pour objet de *sauver la société*, et qui ne tarda pas à rapporter près de deux cent mille francs

Or, tout l'argent provenant de cette souscription fut
employé à imprimer et à répandre des libelles contre le
socialisme. En ces pages remplies de venin et qu'on eut
soin de distribuer *gratis*, de distribuer à profusion dans
chaque ville, dans chaque village, et jusque dans les
hameaux les plus reculés, quiconque était coupable du
crime de désirer quelque amélioration profitable au Peuple,
était baptisé *communiste*. Et être *communiste*, c'était sou-
pirer après la loi agraire, bien que les communistes, au
contraire, eussent adopté le principe de la grande culture ;
— c'était vouloir la promiscuité des sexes, bien que les
communistes fussent pour l'institution du mariage (1) ; —
c'était pousser à la destruction du sentiment religieux,
bien que les communistes eussent basé leur économie sociale sur la morale de l'Évangile (2) ; — c'était ne respirer
que violence, bien que, parmi les communistes, quelques-
uns condamnassent, avec une exagération dangereuse,
tout recours à la force (3). Un des points de la doctrine
communiste était que les enfants, après avoir passé leurs
premières années sous l'aile maternelle, doivent être admis
à jouir des bienfaits de l'éducation publique, et cela, aux
frais de la société tout entière, une bonne éducation donnée à tous étant affaire d'intérêt général, autant et plus
que le maintien d'une armée : sur cette opinion fut greffée
l'imputation monstrueuse que les communistes deman-

(1) Cette institution n'eut jamais de plus zélé partisan que M. Cabet,
qui, cela va sans dire, en fit un des pivots de sa colonie icarienne.
(2) *Voy.* le livre de M Cabet, intitulé *le Vrai Christianisme*.
(3) M. Cabet, par exemple, qui repoussait, *par principe*, l'emploi de la
force physique.
Comme on s'est étudié à faire du socialisme un épouvantail, et que le
succès de cette manœuvre a rallié certaines gens au *coup d'État*, l'anec-
dote qui suit paraîtra, peut-être, digne de trouver place ici.
Un jour, je discutais avec Pierre Leroux, en présence de quelques
amis communs, sur la légitimité de la guerre et de la résistance à l'oppression. Tout en reconnaissant que la guerre et les révoltes à main
armée étaient des maux dont la suppression importait fort à l'humanité,
je déclarai que, quant à moi, je les jugeais nécessaires, aussi longtemps
que les *causes* d'oppression et de guerre existeraient. Là-dessus, Pierre
Leroux soutint qu'il n'y avait que deux doctrines entre lesquelles il

daient l'abolition de la famille. Ils avaient indiqué comme le résultat, encore éloigné mais désirable, des progrès de l'humanité, un ordre social dans lequel on mettrait à profit tous les avantages attachés au régime de l'association, tels que salles communes de réception, de récréation, de lecture, conformément à ce qui est pratiqué aujourd'hui même dans les établissements thermaux des Pyrénées, dans certains grands hôtels de nos villes, dans les clubs de Londres, — réserve faite pour chacun, bien entendu, de son indépendance, de sa personnalité, du choix de ses amis, de son intérieur, de son foyer de famille, sanctuaire inviolable : de là cette autre imputation, que les communistes avaient en vue je ne sais quel immoral et hideux amalgame.

Par malheur, ce système de calomnies fut aidé par deux circonstances : d'abord la physionomie même du mot *communisme*, expression très-mal choisie, en ce qu'elle semblait effectivement impliquer une idée de promiscuité, et qu'on eut le tort d'employer avant que le public eût le temps de connaître sa signification réelle ; ensuite, le pouvoir considérable des accusateurs, rapproché des faibles ressources dont les accusés disposaient. Deux ou trois journaux, d'une circulation très-limitée, et quelques livres peu connus, voilà tout ce que les derniers eurent à opposer à une propagande de mensonge à faire frémir.

Le 15 septembre 1849, j'adressai de Londres, par la voie du journal que j'y rédigeais alors, la lettre suivante aux membres du Comité de la rue de Poitiers :

fallait que les penseurs, amis de l'humanité, se décidassent résolûment ; celle de Mahomet, qui combat le mal par des moyens qui en découlent, comme l'emploi de l'épée ; et celle de Zoroastre, qui n'oppose au mal que le bien. La dernière, selon lui, était la seule vraiment effective, la seule qui conduisît droit au progrès. Je lui posai alors cette question : « Vous vous croyez certainement utile à vos semblables par vos écrits, vos discours, vos exemples. Eh bien, je suppose qu'attaqué à main armée, vous soyez placé dans l'alternative, ou de perdre la vie, ou de vous défendre contre un homme réputé par vous un monstre, un fléau de l'humanité, que feriez-vous ? » Il répondit sans hésiter : « Ceci étant établi que je meurs pour la vérité, je me laisserais tuer, convaincu que, de tous les moyens de servir ma cause, nul ne saurait être plus efficace. — De sorte que ce moyen, selon vous, serait... — *Le martyre.* »
Et voilà le socialiste que lord Normanby, parlant de son élo... Paris, appelle un *violent* démagogue !

« Messieurs,

« Pour sauver le vieux monde, qui s'en va ;

« Pour couper les ailes au socialisme ;

« Pour persuader aux martyrs de tant d'inégalités conventionnelles, qu'en leur prêchant l'égalité on les mène dans le pays des songes ;

Pour donner aux misérables leur misère à adorer ;

Pour faire savoir aux pauvres que la pauvreté est de commandement divin et d'essence immortelle ;

« Pour prouver qu'on ne doit à personne la certitude d'avoir du pain en le gagnant..., et prouver cela à des affamés ;

« Pour montrer aux ouvriers de la ville, esclaves du salaire, et aux cultivateurs de la campagne, serfs de l'usure, l'idole du capital sur l'autel, et crier de manière à être entendu de la France entière : « A genoux! »

« Pour orner enfin de bandelettes le front des victimes du mal et leur recommander le culte des faux dieux en l'honneur desquels on les immole... ;

« Vous avez, messieurs, ouvert une liste de souscription ; et, l'argent étant venu en toute hâte, à votre voix, défendre la domination de l'argent, vous avez recueilli 169,554 francs.

» Faut-il vous l'avouer? Cette nouvelle nous a fait d'abord tressaillir de joie, nous contre qui allait être conduite cette grande croisade. La discussion ne tue que l'erreur ; et, comme nous sommes sûrs d'avoir pour nous la vérité, il ne pouvait nous déplaire de vous voir, à vos frais, agrandir le champ de bataille et généraliser le combat.

« D'ailleurs, portés naturellement à nous respecter dans nos adversaires, nous comptions sur la probité de vos répugnances, sur la loyauté de vos terreurs et de vos haines. Nous nous promettions d'avance qu'en nous accusant, vous prendriez souci de justifier vos accusations ; qu'en nous réfutant, vous nous citeriez ; en avez-vous agi de la sorte?

« J'ai sous les yeux votre compte rendu. Il en résulte que vous avez fait composer trente et une brochures imprimées à 2,500,000 exemplaires. Voilà, certes, une publicité formidable, et, pour peu que la raison soit de votre côté, c'en est fait : à l'heure où je parle, le socialisme est mort!

« Mais voyons un peu ce que disent ces brochures? J'ouvre et je lis; — car nous autres, socialistes, nous n'inventons rien : nous prouvons, et, quand il nous arrive d'attaquer, nous nous croyons tenus de *citer* :

« Je ne sais vraiment pas où ces gens-là ont la tête, ni
« à quoi ils songent, pour venir nous conter de semblables
« sottises. Il faut qu'ils nous croient bien bêtes, bien igno-
« rants ou bien corrompus. Eux qui n'ont rien à perdre,
« rien à ménager, et qui ne peuvent que gagner au dé-
« sordre, ils font leur métier d'anarchistes et de bandits;
« cela se conçoit. Ils voudraient pouvoir voler et piller tout
« le monde. Ils ne respectent rien, pas plus le passé que le
« présent, pas plus ce qui a été que ce qui est. Ils ne s'in-
« quiètent de rien ; car que leur importe la justice, la loi,
« la morale, la société, la religion? Leurs idées n'ont rien
« de commun avec celles-là. Quand j'entends ces parta-
« geux-là me parler, il me prend toujours envie de les
« chasser à coups de trique. »

(Les Partageux, par Wallon, p. 58.)

« Si je tenais Proudhon, je crois que je l'étranglerais. »

(Lettre de Pierre Favel, p. 3.)

« Sans famille, l'homme descendrait au niveau de la
« brute qui nourrit ses petits et ne les reconnaît pas en-
« suite : tel est le progrès que vous prêchent les réforma-
« teurs de la société. »

(Le Club de village, par M. Lamarque-Plaisance, p. 16.)

« Toujours et toujours le même système. Prendre aux
« uns pour donner aux autres, prendre à ceux qui possèdent
« légitimement pour donner à ceux qui n'ont aucun droit.
« Seulement, jusqu'à présent, on voulait accabler les

« riches, sans profit pour les pauvres, même à leur préju-
« dice, en satisfaisant des passions de haine et d'envie.
« Ici, c'est le pauvre lui-même que l'on dépouille, afin
« d'enrichir nous ne savons qui, et surtout pour éblouir,
« au moment des élections, ceux qui auraient l'innocence
« de se laisser tromper. Tel est le dernier progrès du so-
« cialisme ; telle est la plus odieuse de ses machinations. »

(Le Budget de la République rouge, p. 33.)

« Vous vous rappelez, vous surtout, ouvriers de Paris,
« cette indigne charlatanerie. Sous prétexte d'organiser le
« travail, de soi-disant tribuns du peuple, très-amateurs de
« toutes les jouissances de la vie, s'étaient installés dans un
« pompeux palais, au Luxembourg. Aux dépens du Trésor
« public, ils y faisaient grande chère ; ils arrosaient des per-
« dreaux truffés avec des vins des meilleurs crus, et, dans
« l'intervalle de ces occupations, ils jetaient, chaque jour,
« à de pauvres gens trompés des théories inintelligibles. »

(La Vérité aux ouvriers, aux paysans, aux soldats,
par M. THÉODORE MURET, p. 5.)

« ... M. Cabet, avec son Icarie ; M. Cabet, qui, avec ses
« dehors doucereux, a entraîné tant de malheureux dans
« l'abîme ; M. Cabet, dont le nom nous apparaît, chaque
« jour, dans les feuilles publiques mêlé aux turpitudes et
« aux escroqueries de toutes sortes ; M. Cabet, enfin, qui
« pratique peut-être aujourd'hui, dans l'estomac d'un cro-
« codile icarien, ses charmantes théories... »

(Où est le salut du pays? par UN AMI DE LA FRANCE,
p. 8 et 9.)

« Les socialistes et les communistes sont des monta-
« gnards renforcés... C'est un ramassis d'aventuriers,
« d'hommes ruinés, criblés de dettes, échappés des galères ;
« une foule de vauriens, de libertins, de fainéants qui
« veulent vivre à leur aise aux dépens d'autrui. »

(Petit Manuel du paysan électeur, p. 22.)

« Je m'arrête, de dégoût. Oui, c'est pour trouver partout des échos à ces prodigieuses vilenies ; c'est pour infecter du venin de ces mensonges le lait dont se nourrissent les esprits ignorants et les cœurs simples ; c'est pour assurer une prime à ce libertinage de style, qui étonnerait le fantôme évoqué d'Hébert lui-même, qu'on aura bientôt dépensé deux cent mille francs... de quoi sauver de la faim, pendant un an, deux cents familles !

« Ah ! ces livres que vous faites faire et que vous payez, vous ne les avez pas lus, messieurs, n'est-ce pas ? Non, il n'est pas possible que vous laissiez votre responsabilité s'égarer à ce point et descendre si bas, vous, monsieur Thiers, qui avez eu l'honneur de vous asseoir autour du tapis vert où se joue la partie des rois contre les peuples ; vous, monsieur de Montalembert, qui devez avoir les scrupules d'un dévot ; vous, monsieur Baraguay-d'Hilliers, qui êtes un soldat ; vous tous enfin qui formez le conseil des soixante-quinze ; doctes économistes, savants à la démarche grave et au front pensif, élégantes célébrités de la rive gauche de la Seine, héros du savoir-vivre, Camille Desmoulins de la contre-révolution ! Mais on vous compromet, je vous en avertis. Vos serviteurs mangent leurs gages à vous faire un mauvais renom. Songez-y ! songez-y ! L'on déshonore votre livrée.

« Où donc veulent en venir ceux qui s'en vont décriant de la sorte un si haut patronage ?

« A nous faire égorger ? Il faut bien le croire, quand nous avons entendu un de ces honnêtes philosophes crier : « Il n'y a qu'un argument à opposer aux socialistes, le fusil ou la fourche. »

« A vous, messieurs, de voir si vous ne feriez pas bien de désavouer cette rage subalterne, au lieu de lui laisser prendre vos couleurs ; car, vous qui avez certainement médité sur l'histoire et ses enseignements, vous n'ignorez pas qu'à poursuivre une doctrine avec la fourche et le fusil, le péril est extrême ; que, dans la chasse aux pensées, quand on la veut sanglante et que le cor sonne l'hallali, il est arrivé plus d'une fois aux chiens de se retourner contre les chasseurs ; que la grande affaire, en ce monde, est d'avoir raison, au moyen de la raison ; que la calomnie, en définitive, n'a jamais porté aussi loin qu'une idée juste ; que les premiers chrétiens, traités de brigands, furent livrés aux bêtes fauves, ce qui accéléra le triomphe du christianisme, et que, si leur maître mourut crucifié entre deux voleurs, ce fut précisément afin que, changeant plus tard l'infamie en gloire, la vérité nous donnât pour symbole de la rédemption du genre humain... l'opprobre d'un gibet.

« Croyez-moi, messieurs, dans le cas où vos convictions seraient de la trempe des nôtres, ce que vous avez de mieux à faire, c'est d'employer à nous combattre deux cent mille francs... deux cent millions, s'il se peut, en y mettant de la bonne foi et de la décence.

« Voulez-vous que vos scribes prennent l'engagement de ne pas nous calomnier, de ne pas nous prêter mensongèrement des idées qui ne furent jamais les nôtres, et des projets qui nous font horreur ? Voulez-vous qu'ils s'obligent d'avance, quand il nous réfuteront, à *nous citer ?*

« A cette condition, messieurs, je souscris pour votre œuvre de propagande ; que dis-je ? j'ouvre une souscription populaire destinée à l'agrandir.

« Mais donnez un budget à la discussion : jusqu'ici, sans le savoir, je pense, vous n'en avez donné un qu'à la calomnie. »

Le défi ne fut pas relevé ; l'appel ne fut pas entendu ; et la France continua d'être inondée de pamphlets où la vérité était outragée presque à chaque page. On y faisait sonner bien haut, en leur donnant l'accent de la menace, ces mots : *loi agraire;* on y parlait d'un *parti des partageux,* prêt à mettre le pays en lambeaux. Beaucoup d'hommes honorables, mais ignorants, prirent l'alarme. D'autres, qui tiraient avantage d'abus dont ils avaient conscience, furent charmés d'avoir un voile à jeter sur ce que leurs inquietudes réelles avaient de peu avouable. On répandit que les élections de 1852 allaient être le signal du meurtre et du pillage.

Quelque insensés que fussent ces pronostics, ils valurent

l'appui de la bourgeoisie aux réactionnaires de l'Assemblée, dans leur guerre à mort contre ce qui restait de la Révolution de février ; et ils profitèrent de cette circonstance, non-seulement pour détruire le suffrage universel, mais encore pour desarmer le peuple de Paris ; ce qui revenait à supprimer la seule force qui eût pu efficacement les protéger contre l'éventualité d'un coup d'État. Puis, afin que rien ne manquât à cette œuvre de folie, ils finirent par mettre l'armée à la disposition de Louis Bonaparte — ceci, hélas ! avec l'appui de ceux du côté gauche, dupes en cette occasion de la crainte que leur inspirait le général Changarnier et la perspective d'un second 18 fructidor. Ce fut le dernier coup porté au régime parlementaire. Les apôtres de la grande croisade prêchée contre le socialisme se trouvaient avoir fourni à Louis Bonaparte le prétexte et les moyens de *sauver la société*, sans eux, et contre eux. La mine fit sauter ceux qui la creusèrent.

Quelques mots encore.

Il y a bien longtemps déjà que, comme conclusion de l'*Histoire de dix ans*, j'écrivais :

« Dieu nous garde, pourtant, de désespérer de notre pays ! Il est des sociétés roides en quelque sorte, inflexibles, et que volontiers l'on comparerait à ces lourds cavaliers du moyen âge, bardés de fer : difficilement on les atteignait au travers de leur épaisse armure ; mais, une fois par terre, ils ne pouvaient plus se relever. Autre est la France, société douée. dans sa force, d'une souplesse merveilleuse, et qui semble éternellement jeune. A quelles fatigues sans exemple et sans nom n'a-t-elle pas résisté ! De 1789 à 1815, elle a eu des colères, enduré des souffrances, et accompli des travaux à éreinter la nation la plus vigoureuse. Elle n'est pas morte, néanmoins, et en 1830, après quinze ans d'apparente langueur, il s'est trouvé qu'elle avait réparé son sang. Oui, la France est faite pour vivre plusieurs vies. Elle porte en elle de quoi étonner les hommes sous des aspects différents et imprévus. Jamais peuple eut-il, suivant l'expression de Montaigne parlant d'Alexandre, une beauté illustre par tant de visages? La France n'a-t-elle pas suffi aux rôles les plus divers comme les plus éclatants? N'a-t-elle pas été successivement la Révolution et l'Empire? Pourquoi nous découragerions-nous? Le mal vient d'une erreur qu'il est si facile de réparer! Comment croire que la Bourgeoisie s'obstinera dans son aveuglement! Tutrice naturelle du Peuple, est-il possible qu'elle persiste à se défier de lui comme d'un ennemi? Ceux qui l'y excitent la trompent et se préparent à l'asservir; à force de lui faire peur des hommes du peuple, on lui a ôté la conscience de ses véritables dangers. Ils sont moins à ses pieds que sur sa tête et autour d'elle. Qu'elle y songe! »

Ce passage contenait deux prédictions, l'une heureuse, l'autre menaçante; et toutes les deux se sont accomplies. En premier lieu, la Révolution de 1848 est venue montrer tout ce que la France avait en elle de vie. En second lieu, le coup d'État de décembre a révélé d'une manière terrible les périls et les malheurs que la Bourgeoisie doit inévitablement attirer sur elle, toutes les fois qu'elle refusera de faire cause commune avec le Peuple. Qu'avons-nous vu, en effet? Pendant que les prétendus *sauveurs de la société* insultaient chaque jour les ouvriers, les dépouillaient du suffrage universel, les appelaient « vile multitude, » et leur enseignaient de la sorte à regarder la dictature éventuelle du général Changarnier comme le pire des fléaux, la Bourgeoisie, de son côté, saisie d'effroi à la seule idée des élections de 1852, se disposait à fuir, éperdue, un vain fantôme, au risque d'aller tomber dans un abîme : l'abîme béant d'une dictature militaire.

Mais qui donc pourrait croire un seul instant que le génie de la France est éteint, que son pouls a cessé de battre, que ses nobles aspirations sont pour jamais évanouies? Non, non. Elle se tait, mais son silence est plein de pensées. Sous la surface glacée, le fleuve poursuit son invincible cours. La lampe a été momentanément mise sous le boisseau, mais elle brûle, inextinguible.

APPENDICE

—

Nᵒ 1

DOCTRINE DE L'ÉTAT (1)

Qu'est-ce que l'État?

L'État, en un régime monarchique, c'est le pouvoir d'un homme, la tyrannie dans un seul.

L'État, en un régime oligarchique, c'est le pouvoir d'un petit nombre d'hommes, la tyrannie dans quelques-uns.

L'État, en un régime aristocratique, c'est le pouvoir d'une classe, la tyrannie dans plusieurs.

L'État, en un régime anarchique, c'est le pouvoir du premier venu qui se trouve être le plus intelligent ou le plus fort, c'est la tyrannie dans le chaos.

L'État, dans un régime démocratique, c'est le pouvoir de tout le Peuple, servi par ses élus, c'est le règne de la liberté.

Oui, l'État, la liberté! ces deux termes sont corrélatifs.

(1) La polémique qu'on va lire est extraite du *Nouveau Monde*. Le lecteur remarquera que je me suis fait un devoir de reproduire les arguments de M. Proudhon d'une manière textuelle. Je n'ai supprimé de ma réponse, telle qu'elle parut à cette époque, que quelques passages qui, provoqués par le ton des attaques de M. Proudhon, étaient empreints de trop de véhémence et ne méritent pas de figurer dans une discussion de principes.

En quoi consiste la liberté? Dans le développement complet des facultés de chacun.

Tous les hommes ont-ils les mêmes facultés? tous sont-ils égaux en force et en intelligence? Non.

Qu'arrivera-t-il si on laisse le plus intelligent ou le plus fort mettre obstacle au développement des facultés de qui est moins fort ou moins intelligent? Il arrivera que la liberté sera détruite.

Comment empêcher ce crime? En faisant intervenir entre l'oppresseur et l'opprimé tout le pouvoir du Peuple.

Si Jacques opprime Pierre, les trente-quatre millions d'hommes dont la société française se compose accourront-ils tous à la fois pour protéger Pierre, pour sauvegarder la liberté? Le prétendre serait une bouffonnerie.

Comment donc la société interviendra-t-elle? Par ceux qu'elle aura choisis pour la représenter à cet effet.

Mais ces représentants de la société, ces serviteurs de tout le Peuple, qui sont-ils? L'État.

Donc, l'État ici n'est autre chose que la société elle-même, agissant *comme société*, pour empêcher... quoi? L'oppression; pour maintenir... quoi? La liberté.

Donc, demander la suppression de l'État, même quand il n'exprime que le pouvoir de *tous*, à l'égard de *chacun*, c'est demander que la société soit dissoute en tant que société; c'est livrer les hirondelles aux oiseaux de proie; c'est faire qu'il y ait toujours des exploiteurs et des exploités, des riches et des pauvres; c'est installer la tyrannie au sein de la confusion universelle; c'est non-seulement sortir des voies du socialisme, mais prêcher l'individualisme dans ce qu'il a de plus frénétique; c'est pousser droit à la destruction de la liberté.

Ceux qui s'en vont criant : « Que l'État soit ceci ou cela, il nous importe peu, nous n'en voulons plus d'aucune sorte, » ceux-là se rendent-ils bien compte de ce qu'ils veulent? le comprennent-ils eux-mêmes? Je n'hésite pas à répondre non.

S'ils n'acceptent pas le principe de la souveraineté du Peuple, qu'ils en conviennent. S'ils l'acceptent, tout est dit. Car il est bien manifeste que la souveraineté du Peuple ne saurait consister dans le droit reconnu à plusieurs millions d'hommes de s'entr'égorger jusqu'à ce que les plus forts règnent sur des cadavres.

Si par souveraineté du Peuple on ose entendre une cohue de volontés se livrant, *en toute liberté*, une guerre d'extermination, il faut qu'on s'en explique franchement. Nous saurons alors à quoi nous en tenir; et, s'il nous faut absolument choisir entre deux tyrannies, eh bien, nous nous résignerons à subir celle qui se montrera prête à nous frapper sans nous tromper.

En attendant, nous dirons, nous qui croyons d'une foi profonde à la souveraineté du Peuple, nous qui la voulons pleinement et nettement réalisée, et qui ne mettons pas des mots à la place des choses, que la souveraineté du Peuple est le pouvoir exercé, au nom du Peuple, sous son regard, sous sa dépendance, dans son intérêt, par ceux qu'il a choisis pour l'exercer.

Or, voilà justement ce qu'exprime, au point de vue démocratique, le mot *État*.

Prétendre qu'on aspire à remplacer l'État par la société, dans un régime vraiment démocratique, c'est mettre en avant une sottise qui ne vaut pas qu'on s'y arrête; cela revient à dire qu'on aspire à remplacer la société... par la société.

Dans un livre publié sous ce titre : *les Confessions d'un révolutionnaire*, et que je définis sans détour : le CODE DE LA TYRANNIE PAR LE CHAOS, M. Proudhon dit : « Quiconque met la main sur moi pour me gouverner est un usurpateur et un tyran : je me déclare son ennemi. » Et moi aussi.

Mais c'est justement pour empêcher ce crime insolent que j'affirme l'État, alors que M. Proudhon le nie. Car, si mon ennemi est plus fort que moi, et qu'entre lui et moi il n'y ait absolument rien, qui l'empêchera de devenir mon tyran?

M. Proudhon croit savoir que, lorsque les premiers hommes s'assemblèrent au bord des forêts pour fonder la société, ils ne se dirent point, comme feraient les actionnaires d'une commandite : « Organisons nos droits et nos

« devoirs, de manière à produire pour chacun et pour tou.
« la plus grande somme de bien-être, et amener en mêm
« temps notre égalité et notre indépendance. » J'ignore
si les premiers hommes qui s'assemblèrent au bord des
forêts tinrent exactement ce langage; mais je m'assure
que les hommes, en formant les sociétés, n'ont pu avoir
d'autre but que de se protéger mutuellement contre les
entreprises des plus rusés, des plus audacieux ou des plus
forts. De sorte que l'idée de l'*État* est précisément née du
besoin de se garantir de la *tyrannie*.

Maintenant, que, par suite de sa mauvaise constitution.
l'autorité ait menti à son origine; que les gardiens de la
liberté se soient servis de la puissance qui leur était con-
fiée contre la liberté elle-même; qu'à l'oppression par
voie d'anarchie ait succédé l'oppression par voie de gouvernement; qu'un despotisme artificiel, convenu, habilement et odieusement réduit en système, ait fait suite à
l'ancien despotisme du premier venu, c'est très-vrai. Seulement, là n'est point la question. Comment! voici des rai-
sonneurs qui ont foi au progrès, ils nous le jurent, et, de
ce que, jusqu'ici, les moyens n'ont pas été mis en rapport
avec le but, ils concluent que le but est chimérique!

Des maîtres, nous n'en voulons plus sous aucun nom,
sous aucun prétexte, d'aucune sorte : voilà qui est bien
entendu. Nous voulons que les gouvernants — et nous
sommes prêts à supprimer le mot, pour peu qu'il choque
les puristes de l'anarchie — soient tout simplement les
agents du Peuple, ses mandataires révocables et responsables, ses commis, ses serviteurs. Ces conditions une fois
remplies, que devient le pompeux anathème lancé contre
l'État comme principe?

Le Peuple a-t-il le droit d'avoir des commis, élus par
lui, et qu'il renvoie quand ils s'acquittent mal de leur emploi? Trente-quatre millions d'hommes, par exemple,
peuvent-ils se passer, pour faire leurs affaires, de ce dont
il est impossible au moindre négociant de se passer? Si
vous répondez oui, j'admire l'audace de votre folie; si vous
répondez non, votre guerre à l'État est un non-sens.

Chose inconcevable! Pour arriver à cette notion : l'État

serviteur, il y a eu mille combats terribles à soutenir, mille révolutions meurtrières à traverser, et, lorsque la puissance exercée pendant si longtemps contre le Peuple est à la veille de s'exercer pour lui, il se trouve des gens qui viennent nous proposer de reculer dans l'histoire jusqu'à la tyrannie du premier venu, de nous rendre libres à la manière des sauvages, de nous rendre souverains à la manière des habitants de la Terre-de-Feu ou de Van-Diémen!

M. Proudhon demande : « Qui osera dire enfin : « Tout « pour le Peuple, et tout par le Peuple, même le gouver- « nement (1)? »

Qui l'osera? Quiconque admet autrement qu'en paroles le principe de la souveraineté du Peuple, quiconque met au-dessus des tyrannies individuelles la puissance de tous ou l'État, quiconque est un vrai démocrate socialiste...

Qui l'osera? Moi.

Elle n'est pas neuve, au surplus, cette théorie de la souveraineté de chacun, comme négation de la souveraineté de tous : c'est celle des libéraux, qui étaient conséquents, eux. Adorateurs de Baal, ardents à écarter du Capital (2), tout ce qui aurait pu le gêner dans son action despotique, ils avaient imaginé les belles maximes : *Laissez faire, laissez passer; chacun chez soi, chacun pour soi.* C'était la liberté comme on l'entend chez les sauvages : « Je suis plus fort que toi, je te tue. » Seulement, on disait ici : « Je suis plus riche que toi, je te ruine. » Nous ne nous attendions guère à entendre les adversaires du Capital recommander l'adoption du procédé au moyen duquel ses docteurs sont parvenus à fonder si heureusement son empire!

Quand les Tallien et les Bourdon (de l'Oise) eurent juré la perte de la Révolution, rappelons-nous comment ils s'y prirent. Ils firent sonner bien haut leur haine du *pouvoir*,

(1) *Les Confessions d'un Révolutionnaire*, p. .
(2) Inutile de faire remarquer que ce n'est point le capital en lui-même que les socialistes ont jamais attaqué, ce qui serait pure démence : ce qu'ils trouvent injuste, c'est que, dans ses stipulations avec le travailleur, le capitaliste ait la part du lion.

et ce fut avec le mot *dictature*, aiguisé en couperet, qu'ils assassinèrent Robespierre.

Il est vrai que, bon logicien en ceci du moins, M. Proudhon n'y trouve pas trop à redire. Je cite textuellement :

« . . . . Admirez la puissance des principes. A peine réunis pour venger la Révolution des parjures de la royauté, ces hommes furent saisis d'une véritable fureur de gouvernement. Des mesures de salut public, affranchies des formalités légales, étaient devenues nécessaires ; bientôt le bon plaisir des dictateurs fut toute leur raison ; ils ne surent que proscrire et guillotiner. Ils étaient le pouvoir, ils agissaient comme des rois. L'absolutisme revivait dans leurs décrets et dans leurs œuvres. C'étaient des philosophes, pourtant!... Il fallut réagir contre cette frénésie despotique : le 9 thermidor fut un avertissement donné par le pays à l'autorité conventionnelle. Tant que le Peuple avait craint pour les conquêtes de la Révolution, pour l'indépendance du territoire et l'unité de la République, il avait toléré la dictature des comités. Le jour où la Terreur devint un système, où ce provisoire de sang parut vouloir devenir définitif, où l'utopie pénétra dans les conseils, où Robespierre, l'homme des vengeances plébéiennes, ne fut plus qu'un chef de secte, ce jour-là une crise devint inévitable. La logique du vertueux réformateur le poussait à supprimer les hommes en même temps que les abus : c'est le pouvoir qui a perdu les Jacobins (1). »

Ainsi, lorsque Robespierre et Saint-Just voulurent, non pas que la Terreur devînt, mais qu'elle cessât d'être un système, ils ne savaient que *proscrire et guillotiner !* Lorsque, avec un dévouement presque fabuleux, ces héros du salut public abandonnaient, volontairement et d'avance, leur cœur à d'incomparables tortures, leur tête au bourreau, leur corps aux gémonies, leur nom aux mensonges de l'histoire écrite par les vainqueurs, *ils agissaient*

____

(1) *Confessions d'un Révolutionnaire*, p. 10.

comme des rois! Lorsque, succombant à la coalition des fourbes et des égoïstes, des lâches et des corrompus, Robespierre s'écriait : « Les brigands l'emportent! » il ne s'apercevait pas que c'était le *pays* qui l'emportait, et c'était le *peuple* qui, fatigué de la dictature des comités, et incarné probablement dans l'honnête Tallien, envoyait à un *chef de secte* ce célèbre *avertissement...* qui fut un coup de hache!

Proudhon dit que ce fut le *pouvoir* qui perdit les Jacobins; mais il oublie d'ajouter que ce furent les contre-révolutionnaires qui se déchaînèrent contre le pouvoir des Jacobins. Et ce faisant, ils ne se trompaient pas d'ennemis; car, entre les mains de Robespierre et de Saint-Just, le *pouvoir* des Jacobins, c'était la Révolution même.

Voilà ce que comprirent bien, quoique trop tard, hélas! les quelques patriotes qui, tels que Billaud-Varenne et Cambon, eurent le malheur de tremper dans l'attentat de Thermidor. Depuis ce moment fatal, Cambon fut poursuivi d'un remords dont il ne parvenait à calmer qu'en l'avouant l'amertume poignante, et Billaud-Varenne est mort en se frappant la poitrine, il est mort en demandant pardon aux mânes de Robespierre.

Quant à nous, nous n'avons pas, ainsi que Proudhon, le fanatisme de l'anarchie, mais nous n'avons pas non plus celui du pouvoir. Nous l'aimons tutélaire, généreux, dévoué, prenant pour devise ces profondes paroles de l'Évangile : « Que le premier d'entre vous soit le serviteur de tous les autres, » et nous le haïssons dépravé, corrupteur, oppressif, faisant du Peuple sa proie. Nous l'admirons représentant la partie généreuse et vivante de l'humanité, nous l'abhorrons quand il en représente la partie cadavéreuse. Nous nous révoltons contre ce qu'il y a d'insolence, d'usurpation, de brigandage dans cette notion : *l'État maître*, et nous applaudissons à ce qu'il y a de touchant, de fécond et de noble dans cette notion : *l'État serviteur*.

Disons mieux : il est une croyance à laquelle nous tenons mille fois plus qu'à la vie, c'est notre croyance dans la prochaine et définitive transformation du *pouvoir*. Là

est le passage triomphal du monde ancien au monde nouveau.

« La Révolution économique accomplie, dit M. Proudhon, le gouvernement doit-il subsister encore ? »

Mais la question est justement de décider si l'intervention de l'État n'est pas, d'abord, nécessaire pour que la
Révolution économique s'accomplisse.

« Nous affirmons, et, jusqu'à présent, nous sommes les
seuls à l'affirmer, — je le crois, parbleu, bien ! — que la
disparition de l'État est la conséquence nécessaire de l'organisation du crédit et de la réforme de l'impôt. »

C'est ce qu'il faudra voir ; mais, en attendant, le citoyen
Proudhon s'enfonce de plus belle dans son péché favori :
la *pétition de principe*. Car, avant d'*affirmer* que la disparition de l'État est la conséquence nécessaire de l'organisation du crédit et de la réforme de l'impôt, il serait bon
de *prouver* que l'organisation du crédit et de la réforme de
l'impôt ne sont pas les conséquences nécessaires d'une
intervention de l'État. Or, je me permets de croire que la
Banque du citoyen Proudhon témoigne faiblement en faveur des essais d'organisation du crédit tentés en dehors
de l'État, et j'ose mettre en doute que l'impôt se réforme
de lui-même !

« Pour eux, — Louis Blanc et Pierre Leroux, — la
question politique, au lieu de s'annihiler en s'identifiant
à la question économique, subsiste toujours ; ils maintiennent, en l'agrandissant encore, l'État, le pouvoir, l'autorité, le gouvernement. Ce qu'ils font, c'est de changer les
appellations ; de dire, par exemple, au lieu de l'*État
maître*, l'*État serviteur*, comme s'il suffisait de changer
les mots pour transformer les choses ! »

J'ai défini avec précision ce qu'il y avait à entendre par

l'*État serviteur*. J'ai expliqué que, dans un régime démocratique, le pouvoir devait être issu du suffrage universel; que ceux qui l'exerçaient, en vertu de la volonté du Peuple, n'avaient aucun droit, comme serviteurs du Peuple, à un surcroît de jouissances ou de fortune, et contractaient seulement, en cette qualité, de plus grands devoirs; que la durée de leur mandat devait être aussi courte que possible; qu'ils devaient être révocables; qu'ils devaient être responsables; qu'il importait de leur enlever dans la libre disposition de l'armée un moyen de tyrannie, et dans le maniement clandestin du trésor public un moyen de corruption. Est-ce changer les mots sans transformer les choses, que de vouloir, à la place d'un maître qui commence à régner dans le ventre de sa mère, des commis chargés par le Peuple de s'occuper des affaires de la communauté? Est-ce changer les mots sans transformer les choses, que de faire du pouvoir une charge et une haute occasion de dévouement, au lieu d'en faire un appât pour l'égoïsme et une proie offerte à ce qu'il y a de plus cupide et de plus vil dans l'ambition? Avoir des serviteurs qu'on renvoie quand ils s'acquittent mal de leur emploi et posséder la faculté de les punir, est-ce la *même chose* que de vivre courbé sous un chef inviolable et qui, pour maintenir son inviolabilité, a sous la main des canons chargés à mitraille?

» Pour vider le différend, nous avons à considérer l'État, non plus au point de vue de l'ancienne société, qui l'a naturellement et nécessairement produit, et qui va finir, mais au point de vue de la société nouvelle. »

C'est cela même.

« Or, si nous prouvons qu'à ce dernier point de vue, l'État, considéré dans sa nature, repose sur une hypothèse complétement fausse; qu'en second lieu, considéré dans son objet, l'État ne trouve de raison d'existence que dans une seconde hypothèse également fausse; qu'enfin, considéré dans les motifs d'une prolongation ultérieure, l'État ne peut invoquer encore qu'une hypothèse, aussi fausse que les deux premières : ces trois points éclaircis, la question sera jugée ; l'État sera reconnu chose superflue, par conséquent nuisible, impossible ; le Gouvernement sera une contradiction. »

D'accord. Nous écoutons.

1° DE LA NATURE DE L'ÉTAT

Après avoir cité la définition donnée par moi des diverses formes de gouvernement, M. Proudhon dit :

« Il paraît que personne, parmi les citoyens délégués, n'a appris le grec. Autrement, ils auraient vu que leur maître et ami Louis Blanc, au lieu de dire ce que c'est que l'Etat, n'a fait autre chose que traduire en français les mots grecs *monos*, un ; *oligoï*, quelques-uns ; *aristoï*, les grands ; *demos*, le Peuple, *a* privatif, qui veut dire *non*. C'est à l'aide de ces qualificatifs qu'Aristote a différencié les différentes formes de l'État, lequel s'exprime par *archê*, autorité, gouvernement, État. Nous en demandons bien pardon à nos lecteurs, mais ce n'est pas notre faute si la science politique du président du Luxembourg ne va pas plus loin que l'étymologie. »

C'est la première fois, peut-être, depuis qu'on déraisonne en ce bas monde, qu'on s'est avisé de reprocher à une définition d'être conforme à l'étymologie (1). Mais ne nous étonnons pas pour si peu : nous allons en voir bien d'autres.

« L'État est la constitution extérieure de la puissance sociale...

« Cette constitution externe de la puissance collective, à laquelle les Grecs donnèrent le nom d'*archê*, principauté,

---

(1) Et le reproche, dans la bouche de M. Proudhon, est d'autant plus singulier, que, pour montrer combien lui-même respectait l'étymologie, il a eu soin d'écrire le mot qui résume son prétendu système : *an-archie*.

autorité, gouvernement, repose donc sur cette hypothèse, qu'un peuple, que l'être collectif qu'on nomme une société, ne peut se gouverner, penser, agir, s'exprimer par lui-même d'une manière analogue à celle des êtres doués de personnalité individuelle; qu'il a besoin, pour cela, de se faire représenter par un ou plusieurs individus, qui, à un titre quelconque, sont censés les dépositaires de la volonté du Peuple, et ses agents. Il y a impossibilité, suivant cette hypothèse, à ce que la puissance collective, qui appartient essentiellement à la masse, s'exprime et agisse directement, sans l'intermédiaire d'organes constitués exprès, et, pour ainsi dire, apostés *ad hoc*. »

Comment! c'est là une des hypothèses *fausses* dont on nous parlait tout à l'heure. Comment! nous aurons fait une hypothèse fausse quand nous aurons supposé que trente-quatre millions d'hommes, disséminés sur cette vaste étendue qu'on appelle la France, ne peuvent pas s'entendre sans se servir d'intermédiaires, ne peuvent pas former un être collectif sans s'être associés, ne peuvent pas s'associer sans que l'association ait des bases convenues, ne peuvent pas convenir de ces bases sans donner une réalité, une action, une vie, à ce qu'il y a de collectif dans la volonté de Pierre, de Jacques, de Paul, de François, lesquels ne forment justement un être collectif qu'au moment où ils s'unissent pour suivre des règles communes et choisir de communs mandataires! Et de quelle façon l'être collectif, sans cette hypothèse qu'on déclare *fausse*, se dégagerait-il du milieu de trente-quatre millions d'hommes dont chacun, après tout, a son organisation particulière, une vie individuelle, une volonté qui lui est propre? Si cet être collectif dont M. Proudhon avoue l'existence est autre chose qu'une collection de syllabes vides de sens, il faut bien qu'il se *réalise*. Mais l'être collectif *réalisé*, c'est précisément l'État. De sorte qu'en voulant prouver que l'État ne doit pas exister, M. Proudhon établit lui-même, sans y prendre garde, qu'il est nécessaire que l'État existe; car, s'il n'y a point d'État, l'être collectif n'est point *réalisé*, et, s'il n'est point réalisé, c'est comme s'il n'était pas.

J'ignore si M. Proudhon voudra bien consentir, jusqu'à nouvel ordre, à conserver une forme quelconque de société; mais, dans ce cas, il serait urgent qu'il daignât nous dire en quoi consistera le lien de ceux qui la composeront et ce qui constituera l'*unité sociale*. Pour peu que l'*an-archie* de M. Proudhon borne ses bienfaits à nous assurer l'indépendance du polype sur son pied de corail, plus de chemins de fer, plus de canaux, plus d'écoles, plus d'ateliers, plus de bazars. Seulement, il restera un je ne sais quoi qui flottera dans l'air, pour que M. Proudhon l'appelle _'être collectif! Mais l'échange, mais le crédit gratuit par la mutualité des services, mais la Banque du Peuple... Un instant. Tout cela ne dispense pas de l'État le moins du monde. Lorsqu'il s'est agi d'expliquer la chute de la Banque du Peuple, le citoyen Proudhon s'est plaint de n'avoir pas été suffisamment secondé : on avait voulu lui imposer des idées qui n'étaient pas les siennes; on avait fait obstacle à son *pouvoir* ; enfin, il avait subi l'épreuve de sa chère *an-archie*, et la Banque du Peuple avait péri, en partie. faute d'une constitution assez unitaire, assez forte, de l'État-Proudhon.

« Nous nions le gouvernement et l'État, parce que nous affirmons, ce à quoi les fondateurs d'État n'ont jamais cru, la personnalité et l'autonomie des masses. »

Permettez. Nous croyons parfaitement à l'autonomie des masses, c'est-à-dire à leur gouvernement par elles-mêmes. Mais nous ne nous contentons pas du mot, nous voulons la chose ; et c'est pour réaliser cette autonomie, que nous affirmons l'État.

Jusqu'ici, on le voit, le citoyen Proudhon n'a procédé que par assertions tranchantes : sur quelles preuves les fonde-t-il ? Il établit, dit-il, la nécessité de l'*an-archie* de deux manières :

« D'abord, par la méthode historique et négative, en

démontrant que toute constitution de pouvoir, toute organisation de la force collective par extérioration est devenue
pour nous impossible. — C'est ce que nous avons commencé de faire dans les *Confessions d'un Révolutionnaire*,
en racontant la chute de tous les gouvernements depuis
soixante ans, en dégageant la cause de leur abolition, et
signalant en dernier lieu l'épuisement et la mort du pouvoir dans le règne corrompu de Louis-Philippe, dans la
dictature inerte du Gouvernement provisoire, et la présidence insignifiante du général Cavaignac et de Louis Bonaparte. »

En d'autres termes, le pouvoir de Louis-Philippe étant
mort de corruption, il est clair qu'un pouvoir non corrompu périrait de même ; la dictature du Gouvernement
provisoire ayant été inerte, un gouvernement actif est impossible ; et la présidence du général Cavaignac et de
Louis Bonaparte montre de reste que l'État ne signifie
rien du tout. Ah ! cela se nomme la méthode historique?
On fait bien de nous en prévenir. Jamais nous ne l'aurions
deviné. Passons à la seconde preuve.

« Nous prouvons, en second lieu, notre thèse, en expli-
quant comment, par la réforme économique, par la solidarité industrielle, et l'organisation du suffrage universel,
le Peuple passe de la spontanéité à la réflexion et à la
conscience ; agit, non plus par entraînement et fanatisme,
mais avec dessein ; se comporte, sans maîtres ni serviteurs,
sans délégués comme sans aristocrates, absolument comme
ferait un individu. Ainsi, la notion de personne, l'idée du
moi, se trouve étendue et généralisée : il y a la personne
ou le *moi* individuel, comme il y a la personne ou le *moi*
collectif ; dans l'un comme dans l'autre cas, la volonté,
l'action, l'âme, l'esprit, la vie, inconnus dans leur principe,
insaisissables dans leur essence, résultant du fait ani-
mique et vital, l'organisation. La psychologie des nations et
de l'humanité devient, comme la psychologie de l'homme,
une science possible. C'est à cette démonstration positive
que nous avons préludé, tant dans les publications que

nous avons faites sur la circulation et le crédit, que dans le chapitre XIV du manifeste de la *Voix du Peuple*, relatif à la Constitution. »

A la suite de ce passage que, dans l'irrespectueuse crudité de son bon sens, Voltaire aurait appelé du galimatias double, croirait-on que l'auteur s'écrie fièrement : « Il nous semble, qu'en dites-vous, lecteurs ? que la question de l'État commence à devenir quelque peu claire ! » Oh ! pour le coup, c'est trop fort, et le public n'est pas aussi sot qu'on l'imagine.

Tout ce qu'il nous est possible de comprendre, c'est que M. Proudhon compare le *moi* collectif au *moi* individuel et veut qu'il se comporte de la même façon. Eh bien, nous admettons d'autant mieux cette comparaison, que, selon nous, le corps humain est le modèle proposé à l'imitation des hommes par la nature elle-même, modèle divin dont, à mesure qu'elles se perfectionnent, les sociétés tendent à se rapprocher de plus en plus, et dont la reproduction fidèle au sein de l'organisme social serait le dernier terme où puisse conduire le génie de la politique.

Or, il y a cela de remarquable dans le corps humain, que tous les membres y sont, sous la loi d'une solidarité parfaite, serviteurs les uns des autres ; et, loin d'entraîner l'esclavage d'aucun d'eux, cette dépendance, par cela seul qu'elle est mutuelle, assure leur liberté commune. Pas un membre du corps qui, dans l'accomplissement de sa fonction spéciale, soit tenu au delà de ce qu'il peut. — *De chacun suivant ses facultés !* — Pas un qui, pour l'accomplissement de sa fonction spéciale, reçoive moins que ce qui lui est nécessaire. — *A chacun selon ses besoins !* — C'est l'image de l'égalité. Le pied ou la main viennent-ils à être affectés d'une manière fâcheuse, tout le corps souffre. C'est l'image de la fraternité. Mais n'y a-t-il rien qui explique ce merveilleux accord, qui préside à cet ensemble ? Voici un objet à saisir, qu'arrive-t-il ? L'œil le discerne, le pied y mène, la main le prend. Mais ces fonctions diverses ne sont-elles pas amenées à concourir au même résultat par quelque chose ? Évidemment, et ce quelque chose, c'est le cerveau, qui représente, non pas l'idée d'oppression, mais, au contraire, celle d'unité et d'harmonie.

2° DU BUT OU DE L'OBJET DE L'ÉTAT

Comme suite à la définition que j'ai donnée de l'État dans le dernier numéro du *Nouveau Monde*, le citoyen Proudhon dit :

« Voilà qui est clair. L'État est une *représentation* de la société, organisée extérieurement pour protéger le faible contre le fort ; en d'autres termes, pour mettre la paix entre les combattants et faire de l'ordre! Louis Blanc n'est pas allé loin, comme l'on voit, pour trouver la destination de l'État. Elle traîne, depuis Grotius, Justinien, Cicéron, etc., dans tous les auteurs qui ont parlé de droit public. C'est la tradition orphique, rapportée par Horace. »

Je suis tout à fait charmé qu'on en convienne. Cela prouve que le bon sens n'est pas d'hier.

« Le pouvoir est né de la barbarie, son organisation atteste, chez les premiers hommes, un état de férocité et de violence, effet de l'absence totale de commerce et d'industrie. C'est à cette sauvagerie que l'État dut mettre fin, en opposant à la force de chaque individu une force supérieure, capable, à défaut d'autre argument, de contraindre sa volonté. La constitution de l'État suppose donc, nous le disions tout à l'heure, un profond antagonisme social, *homo homini lupus :* c'est ce que dit Louis Blanc lui-même, lorsque, après avoir distingué les hommes en *forts* et en *faibles*, se disputant, comme des bêtes féroces, leur nourriture, il fait intervenir entre eux, comme médiateur, l'État.

« Donc, l'État serait inutile, l'État manquerait d'objet comme de motif, l'État devrait s'abroger lui-même, s'il venait un moment où, par une cause quelconque, il n'y eût plus dans la société ni *forts* ni *faibles*, c'est-à-dire où l'inégalité des forces physiques et intellectuelles ne pùt pas être une cause de spoliation et d'oppression, indépendamment de la protection, plus fictive d'ailleurs que réelle, de l'État.

« Or, telle est justement la thèse que nous soutenons aujourd'hui.

« Ce qui adoucit les mœurs, et qui fait peu à peu régner le droit à la place de la force qui fonde la sécurité; qui crée progressivement la liberté et l'égalité, c'est, bien plus que la religion et l'État, le travail; c'est, en premier lieu, le commerce et l'industrie; c'est, ensuite, la science, qui le spiritualise; c'est, en dernière analyse, l'art, sa fleur immortelle. La religion par ses promesses et ses terreurs, l'État par ses tribunaux et ses armées, n'ont fait que donner au sentiment du droit, trop faible chez les premiers hommes, une sanction, la seule intelligible à des esprits farouches. Pour nous, que l'industrie, les sciences les lettres, les arts, ont corrompus, comme disait Jean-Jacques, cette sanction réside ailleurs : elle est dans la division des propriétés, dans l'engrenage des industries, dans le développement du luxe, dans le besoin impérieux de bien-être, besoin qui fait à tous une nécessité du travail. Après la rudesse des premiers âges, après l'orgueil des castes et la constitution féodale des premières sociétés, un dernier élément de servitude restait encore : c'était le capital. Le capital ayant perdu sa prépondérance, le travailleur, c'est-à-dire le commerçant, l'industriel, le savant, l'artiste, n'a plus besoin de protection : sa protection, c'est son talent, c'est sa science, c'est son industrie. Après la déchéance du capital, la conservation de l'État, bien loin de protéger la liberté, ne peut que compromettre la liberté. »

Ainsi, l'on accorde que, lorsqu'il n'y avait ni commerce ni industrie, l'État « dut mettre fin à cette sauvagerie, en opposant à la force de chaque individu une force supérieure. » Ce n'était pas de la sorte qu'on s'exprimait dans les *Confessions d'un Révolutionnaire* (p. 6), en rappelant l'origine de l'idée *État;* mais enfin, n'importe! Avec

M. Proudhon, les contradictions ne comptent pas. Voici donc un premier point de gagné : Lorsque le commerce et l'industrie n'existaient pas, lorsque la force physique décidait de tout, lorsque le plus faible était la proie du plus vigoureux, il a fallu que l'État mit fin à cette sauvagerie, au droit du plus fort.

Mais, depuis qu'à cette première phase des sociétés a succédé l'ère de l'industrie, est-ce qu'un autre genre de tyrannie ne s'est pas produit? Est-ce que nous n'avons pas vu succéder à l'inégalité des forces musculaires celle des moyens de développement, à l'abus de la supériorité physique celui de la supériorité intellectuelle, au règne des Antée et des Procuste la domination des Rothschild, et au droit matériel du plus fort : le pugilat, le droit industriel du plus fort : la concurrence? Or, si l'État a été nécessaire contre l'inégalité sous sa forme ancienne, pourquoi ne le serait-il pas contre l'inégalité sous sa forme moderne? Si l'État a dû être invoqué pour couper court à l'écrasement des faibles par les forts, pourquoi ne l'invoquerait-on pas pour empêcher l'asservissement du travailleur au capitaliste?

Et à ce propos, comment M. Proudhon peut-il prétendre que ce qui fait peu à peu régner le droit à la place de la force, c'est le travail? Fait-il régner le droit à la place de la force, le travail du nègre américain, qui se courbe et gémit sous le fouet du commandeur? Fait-il régner le droit à la place de la force, le travail du prolétaire d'Europe, qui, après avoir creusé le sol nourricier, fabriqué des étoffes d'or et de soie, bâti des palais magnifiques, est exposé à manquer de pain, de vêtement et d'asile? Tel qu'il est compris aujourd'hui, le travail, loin de faire régner le droit à la place de la force, est le produit de la force remplaçant le droit. Ce n'était donc pas du travail pris en lui-même qu'il fallait parler ici, c'était de la manière de l'organiser. Or, nous le prouverons plus loin, qui dit meilleure et équitable organisation du travail, dit transformation et intervention de l'État.

Il ne sert à rien d'affirmer qu'aujourd'hui la sanction du sentiment du droit est dans la division des propriétés ; —

ear, de quelle division des propriétés s'agit-il ? ou dans
l'engrenage des industries ; — car de quelle espèce d'engrenage est-il question ? ou dans le développement du
luxe ; — car en vertu de quelle organisation sociale ce
développement sera-t-il profitable à tous ? ou dans le besoin impérieux du bien être, — car à quelles conditions ce
besoin sera-t-il, dans tous également, reconnu légitime et
satisfait ? Si le citoyen Proudhon entend, par division des
propriétés, la loi agraire ; par engrenage des industries,
la concurrence ; par développement du luxe, l'essor de ce
faste insolent au moyen duquel on cherche à éclipser ou à
humilier son voisin ; par besoin impérieux du bien-être
la soif d'un bonheur solitaire ou violemment conquis..,
ce ne sera point le règne du droit, ce sera celui de la
force. Si, au contraire, M. Proudhon veut que la propriété
soit le trésor des joies communes, que les industries de-
viennent solidaires, que le luxe se développe collectivement, que le besoin de bien-être soit satisfait chez tous
par l'application de cette formule : *A chacun suivant ses
besoins...*, oh ! alors, c'est à merveille ! la force expire
aux pieds du droit triomphant. Mais alors aussi, voilà
M. Proudhon condamné à avoir la même doctrine que ces
pauvres délégués du Luxembourg; le voilà condamné à
vouloir l'unité sociale, c'est-à-dire l'État dans la société,
et, dans le corps humain, la tête !

3° D'UNE DESTINATION ULTÉRIEURE DE L'ÉTAT

« Quant à une transformation utilitaire de l'État, nous
la considérons comme une utopie que contredisent à la
fois, et la tradition gouvernementale, et la tendance révolutionnaire, et l'esprit des réformes économiques désormais
admises. Dans tous les cas, nous disons qu'à la liberté
seule appartiendrait de réorganiser le pouvoir, ce qui
équivant aujourd'hui à une exclusion complète du pouvoir. »

Quatre assertions dans ce passage : quatre erreurs fondamentales.

1° Il n'est ni exact en fait ni vrai en principe que la transformation utilitaire de l'État soit une utopie contredite par la tradition révolutionnaire ; car la tradition révolutionnaire nous montre dans le Comité de salut public un pouvoir, violent sans doute comme la situation qui l'engendra, mais intrépide, dévoué, initiateur dans le sens le plus magnanime du mot et dévoué au Peuple jusqu'à la mort. Mais, alors que l'histoire ne nous offrirait rien de semblable, on ne saurait conclure légitimement de ce qui a été à ce qui doit être. Autant vaudrait alors nier le progrès, et, à ce compte, M. Fould s'empresserait d'établir, au moyen de la tradition capitaliste, que l'équation du travail et du capital est une chimère. M. Proudhon raisonne absolument comme les réactionnaires. Qu'il y prenne garde !

2° Il n'est pas vrai que la transformation utilitaire de l'État soit une utopie contredite par la tendance révolutionnaire. Ce qui est vrai, au contraire, c'est que la doctrine de l'initiative du Peuple dans l'État et par l'État est la doctrine de l'immense majorité de notre parti. Et je n'en veux pour preuve que les prédictions de M. Proudhon lui-même, qui, par une de ces contradictions dont il nous a enlevé le droit d'être surpris, nous appelle, Pierre Leroux et moi, les *derniers représentants* de l'idée ÉTAT, et aussitôt, sans changer de plume, écrit ce qui suit :

« D'après cette disposition de notre chère et malheureuse patrie, et vu la rapidité des événements, ces prévisions, très-impartiales, comme vous allez juger, sont que la République démocratique et sociale s'établira sous l'influence des idées dont vous êtes l'organe ; et qu'un jour, bientôt peut-être, vous occuperez ce poste éminent que vous ambitionnez dans l'État. Il faut que le carnaval démagogique prédit par moi, s'accomplisse. Les événements allant plus vite que les idées, votre théorie de l'État, toute d'imagination, étant plus facilement saisie que la théorie scientifique de la liberté, il me paraît presque inévitable que nous échappions à l'expérience des théories du Luxembourg. »

3° L'esprit des réformes économiques désormais admises, loin de contredire ce que M. Proudhon nomme l'utopie de la transformation utilitaire de l'État, est, au contraire, ce qui démontre le plus victorieusement la nécessité de cette transformation. Exemple : la gratuité du crédit. Pour que les travailleurs jouissent de la gratuité du crédit, ne faut-il pas qu'ils cessent d'avoir besoin du capital individuel, qui se prête à intérêt? Pour qu'ils cessent d'avoir besoin du capital individuel qui se prête à intérêt, ne faut-il pas qu'ils trouvent moyen de se créer un capital collectif? Pour qu'ils se créent un capital collectif, ne faut-il pas qu'ils s'associent fructueusement? Pour qu'ils s'associent fructueusement, ne faut-il pas qu'on leur fasse des avances considérables, qu'ils se partagent en associations solidaires les unes des autres? Et, pour que cette solidarité soit maintenue, dirigée, protégée contre la pression d'un milieu hostile d'abord, et ensuite contre les prétentions tyranniques de l'égoïsme individuel, ne faut-il pas qu'il y ait un centre, une unité d'action, un pouvoir : le Peuple résumé, l'État? Le crédit gratuit ne saurait s'établir sans l'association universalisée, l'association ne saurait être universalisée et se maintenir telle sans l'État. Donc, entre le crédit actuel et l'État, il existe une relation impossible à nier ou à détruire.

Ici, je ferai remarquer en passant, puisque l'occasion s'en présente, que l'abolition du prêt à intérêt, le crédit gratuit, constituent justement le fond du système développé par moi, dans l'*Organisation du travail*, alors que je ne connaissais rien de M. Proudhon, pas même son nom. De sorte qu'il aurait fort mauvaise grâce à s'attribuer l'invention de la gratuité du crédit, dont l'excellence a été proclamée il y a si longtemps et avec tant d'éloquence par saint Grégoire de Nysse, saint Ambroise, et maint Père de l'Église. Ce qu'il est juste de reconnaître, et je me plais à le faire, c'est que le citoyen Proudhon a puissamment contribué à répandre, à vulgariser cette vérité. Mais il ne suffit pas de crier : « Le crédit gratuit! le crédit gratuit! » L'important, c'est de le réaliser; et, sans l'association, c'est impossible.

4º Affirmer qu'à la liberté seule il appartient d'organiser le pouvoir, c'est dire vrai, en tant que, par liberté, ici, on entend la volonté du Peuple s'exprimant librement par le suffrage universel ; mais ajouter que cela « équivaut aujourd'hui à une exclusion complète du pouvoir, » c'est dire une chose tout à fait incompréhensible, et dont nous attendrons l'explication, si toutefois le citoyen Proudhon s'est compris lui-même.

« Je vous en préviens à l'avance, vous ne gouvernerez pas comme vous l'imaginez, ni vous ni personne. L'ouvrier, quelque faveur qu'il montre pour vos idées, ne vous laissera pas, cette fois, l'initiative : il entend gouverner lui-même ; vous serez l'instrument d'une multitude désorganisée, et vous aurez compromis, pour la seconde fois, la Révolution de février, en agitant sans cesse, au lieu de l'idée, la passion révolutionnaire. »

Cette menace de voir le Peuple gouverner, nous l'acceptons, nous, comme une espérance. Le Peuple gouvernera? Mais c'est bien ainsi que nous l'entendons! Lorsque nous poussons si vivement les ouvriers à s'associer et les associations à s'entendre, quel est donc notre but, sinon d'amener le Peuple à avoir toujours l'œil et la main dans ses propres affaires? sinon de préparer l'avénement de l'État serviteur? Nous redoutons peu cette multitude qu'on annonce comme devant être *désorganisée*, à moins sans doute que l'*an-archie* ne l'organise ! Et, quant à devenir son instrument, ce n'est pas une honte, c'est un honneur quand on est résolu à n'abdiquer devant elle ni sa dignité, ni sa conscience, ni sa raison. Or, vous, mes amis, sous les regards de qui j'ai traversé ces deux mois orageux de mars et d'avril, dites, dites si j'ai jamais encouragé une exigence injuste, ou seulement une prétention trop hâtive ; si j'ai jamais sacrifié le devoir de servir le Peuple au désir de lui plaire. Ah ! ils ne vous comprennent pas, ils vous calomnient, travailleurs qui serez bientôt le vrai souverain, ceux qui s'imaginent qu'il vous faut, comme aux rois, des complaisants et des flatteurs. Que M. Proudhon l'apprenne et s'en souvienne : le Peuple a un instinct merveilleux pour savoir qui l'aime ; jusque sous les paroles qui lui déplaisent, il est capable de deviner les palpitations de tout cœur qui est à lui, et il applaudit, quand on lui résiste pour lui être utile.

Et maintenant, accusé par M. Proudhon d'avoir compromis la Révolution de février, essayerai-je de me défendre ? Le citoyen Proudhon lui-même se trouve l'avoir fait à ma place.

Voici ce qu'il a écrit :

« Il y avait au Gouvernement provisoire un homme d'une célébrité précoce, engagé par ses antécédents, et bien décidé par caractère à ne pas manquer l'occasion. Cet homme était LOUIS BLANC. Ce fut lui qui posa la question révolutionnaire.

« Quelques années avant la Révolution, il avait publié une brochure qui, malgré son titre, *Organisation du travail*, ne contenait guère autre chose qu'une critique éloquente de la concurrence, avec quelques aperçus, plus ou moins exacts, sur les associations ouvrières. Je puis dire aujourd'hui, sans faire tort à l'ouvrage pas plus qu'à l'écrivain, ce que je pense de cet écrit, dont le contenu disparaît sous ce frontispice : *Organisation du travail*. Qu'importe, en effet, le contenu, la valeur scientifique du livre ? C'est le but qu'il faut voir. La veille de la Révolution, le livre de Louis Blanc n'était qu'un admirable morceau de littérature ; le lendemain, c'était un événement politique. L'envie a pu dire que l'auteur, agitant au Luxembourg la question du travail, faisait des réclames pour son libraire : l'historien sérieux ne s'arrête point à ces vilenies. L'*Organisation du travail*, tel est le problème de la Révolution de février ; et ce problème, c'est Louis Blanc qui l'a posé. Cela suffit pour rendre immortels le nom de l'auteur et le titre de l'ouvrage.

» Maintenant, qu'est-ce que l'organisation du travail ? Comment le travail doit-il être organisé ?... Louis Blanc a pu se tromper sur la réponse : nul n'est en droit de lui en faire un reproche. Son droit, à lui, son devoir, sa gloire,

était de dire, de manière à être entendu de tout le monde
« Le problème de la Révolution de février, c'est le pro
« blème de l'organisation du travail! »

« Louis Blanc, pamphlétaire, journaliste, orateur, historien, homme d'imagination, de sentiment et de symbolisme, avait auprès de lui, comme collègue et assesseur, un ouvrier, ALBERT : le travailleur donnant la main à l'homme de lettres!... Leur mission, à tous deux, fut de préparer les âmes, de répandre la semence révolutionnaire, de la faire germer en l'arrosant de poésie et d'éloquence.

« Avec la propagande socialiste, naquit bientôt la réaction. Dès que la République connut son nom et son prénom, elle connut aussi ses adversaires. Le temps des tribulations commença pour elle. La secte économiste fulmina contre les conférences du Luxembourg; l'Institut se mit de la partie; les journaux prêtèrent leurs colonnes. Quiconque alors voulait faire son chemin sous le nouveau gouvernement, gagnait ses grades en attaquant Louis Blanc. Combattre le socialisme devint la meilleure recommandation sous une République essentiellement socialiste. MM. Falloux et Faucher sont au ministère : Louis Blanc est à Londres, Albert à Vincennes. Ce fut une mode de dire que l'*Organisation du travail* de Louis Blanc avait désorganisé le travail. Je voudrais savoir si la confiance-Faucher rétablit mieux nos affaires... (1)? »

Dans un précédent article, j'ai prouvé que la guerre à l'État aboutissait à la négation de la liberté : je ne quitterai pas la plume sans avoir prouvé qu'elle aboutit du même coup à la négation de l'égalité et de la fraternité.

Et n'est-il pas, en effet, bien remarquable que l'homme i ardent à vouloir supprimer l'État soit celui qui ose écrire : *A chacun selon ses besoins, c'est moins que l'égalité !* Comme si l'égalité pouvait être là où les besoins de l'un sont satisfaits sans que les besoins de l'autre le soient, là où les lois de la nature, obéies chez le premier, sont méconnues chez le second !

(1) *Le Peuple* du 19 février 1849.

A chacun selon ses œuvres, telle est donc la doctrine saint-simonienne de ces grands adversaires de l'État. Mais qui décidera de la valeur et de la légitimité des œuvres ? Sera-ce un pouvoir quelconque ? M. Proudhon n'en admet d'aucune sorte, moins conséquent en cela que les saint-simoniens, qui, eux du moins, reconnaissaient un pape. Sera-ce cette règle tant vantée par les économistes de l'école libérale, cette règle fille du hasard et mère de l'oppression, ce fait brutal insolemment érigé en principe : le rapport de l'offre à la demande ? Résignons-nous alors. Nous voilà emprisonnés à jamais dans la société actuelle. Laissez faire le capital, laissez passer la justice de la concurrence.

A chacun selon ses œuvres ! Cette loi de répartition est si fausse, si évidemment absurde et injuste, que la société deviendrait impossible le jour où on cesserait de la violer. Est-ce la formule *à chacun selon ses œuvres*, ou celle *à chacun selon ses besoins*, que met en pratique la mère qui allaite son fils, dont les œuvres présentes sont nulles et les œuvres à venir ignorées ?

Est-ce la formule *à chacun selon ses œuvres*, ou celle *à chacun selon ses besoins* que met en pratique le fils qui soigne son vieux père, sans mesurer les soins qu'il lui rend, soit aux œuvres présentes, soit aux œuvres passées ? Est-ce la formule *à chacun selon ses œuvres*, ou celle *à chacun selon ses besoins* que les yeux de l'âme lisent sur la porte des colléges où l'on élève les enfants, des hôpitaux où l'on panse les blessés, des hospices où l'on recueille les vieillards, des maisons où l'on nourrit les fous ? O société inconséquente, qui hésites à appliquer logiquement et complétement un principe sans lequel tu laisserais mourir les vieillards et les enfants, sans lequel tu perdrais ce qui fut et ce qui sera, hier et demain !

Mais, objecte M. Proudhon, comment donner pour règle à la répartition la loi des besoins, puisque le besoin de consommation est infini et la production limitée ? Ah ! vraiment ! Ainsi des gens se trouvent de par le monde, qui ont le besoin infini d'habiter en même temps cent palais et plus, de porter à la fois mille vêtements et plus, de faire dix mille repas et plus par jour! Nous avions cru jusqu'ici que la consommation avait pour limites nécessaires les limites mêmes de la production. Mais il paraît que c'était une grave erreur économique, et qu'il est possible à un homme, sans courir risque d'être envoyé à Charenton, de vouloir manger plus de blé que la terre entière n'en produit!

Que, dans une société construite comme celle d'aujourd'hui, au point de vue de l'individualisme, la formule *à chacun selon ses besoins* soit, en sa généralité, d'une application impossible et ne soit applicable qu'au régime de l'association fraternelle; que même dans ce dernier régime, s'il était immédiatement inauguré, le développement du vrai principe d'égalité et de justice rencontrât des obstacles, parce que la civilisation corrompue qui nous tient encore sous son empire a créé maint besoin factice et maint goût dépravé qui pourraient donner lieu à des exigences injustes, c'est ce que je suis le premier à reconnaître. Mais il n'en est pas moins certain que c'est là le principe à adopter, le but à marquer, et que c'est en vue de cette réforme suprême que la révolution sociale doit s'accomplir.

Après tout, l'homme a des besoins physiques dont la nature elle-même assigne la limite. Il a des besoins moraux qui, dans une association régulière et progressive, trouveraient à se satisfaire et à se développer collectivement. Pour ce qui est des besoins purement factices que crée une civilisation vicieuse et qui peuvent faire naître des exigences extravagantes, ou ils ne se produiraient pas dans une association régulière, ou ils y constitueraient des maladies individuelles que la société se devrait non pas d'alimenter, mais de guérir.

Encore un mot, et ce sera le dernier. Pour prouver qu'en lançant cette thèse de l'*an-archie*, M. Proudhon n'a voulu que jongler avec des phrases, ou bien ne s'est pas compris lui-même, nous invoquerons l'autorité de qui? De M. Proudhon lui-même, dont voici le programme politique, cité textuellement:

« Il faut, pour qu'une nation se manifeste dans son unité,

que cette nation soit centralisée dans sa religion, centralisée dans sa justice, centralisée dans sa force militaire, centralisée dans son agriculture, son industrie et son commerce, centralisée dans ses finances, centralisée, en un mot, dans toutes ses fonctions et qualités ; il faut que la centralisation s'effectue de bas en haut, de la circonférence au centre, et que toutes les fonctions soient indépendantes et se gouvernent chacune par elle-même.

« Groupez ensuite, par leurs sommités, ces administrations différentes : vous avez votre conseil des ministres, votre *pouvoir exécutif*, qui pourra très-bien alors se passer de conseil d'État.

« Élevez au-dessus de tout cela un grand jury, législature ou assemblée nationale, nommée directement par la totalité du pays, et chargée, non pas de nommer les ministres — ils tiennent leur investiture de leurs commettants spéciaux — mais de verifier les comptes, de faire les lois, de fixer le budget, de juger les différends entre les administrations, le tout après avoir entendu les conclusions du ministère public, ou ministre de l'intérieur, auquel se réduira désormais tout le gouvernement : et vous avez une centralisation d'autant plus forte, que vous en multipliez davantage les foyers, une responsabilité d'autant plus réelle, que la séparation entre les pouvoirs sera plus tranchée : vous avez une constitution à la fois politique et sociale.

« Là, le gouvernement, l'État, le pouvoir, quel que soit le nom que vous lui donniez, ramené à ses justes limites, qui sont, non de *légiférer* ni d'*exécuter*, pas même de *combattre* ou de *juger*, mais d'assister, comme ministère public, aux débats des tribunaux et aux discussions du parlement ; de rappeler le sens des lois et d'en prévenir les contradictions ; de surveiller, comme police, leur exécution et de poursuivre les infractions : là, dis-je, le gouvernement n'est autre chose que le proviseur de la société, la sentinelle du peuple (1). »

Voilà donc que ce terrible adversaire de l'État, de l'État

____

(1) *Confessions d'un Révolutionnaire*, p. 68.

en principe, de l'État quel qu'il soit, vient ici nous parler de *centraliser* toutes choses, d'avoir une *représentation nationale*, un *pouvoir exécutif*, un ministère public, un *ministère de l'intérieur;* il ne dédaigne pas les *vérifications des comptes*, il admet un *budget*, il s'accommode fort de l'existence de *tribunaux*, il veut des *poursuites* contre tout infracteur des lois, horreur! il demande une *police*, et il va usqu'à proposer un gouvernement, oui — le mot est de lui — un *gouvernement proviseur!*

Ceci dispense de tout commentaire et clôt la dispute!

LA LIBERTÉ

Que des esprits généreux, des philosophes dans le talent desquels j'ai senti si souvent palpiter le cœur de l'homme, aient été souvent si mal inspirés dans leurs recherches sur la question du travail, c'est là certainement une des preuves les plus poignantes de l'empire des préjugés en vogue, et de la force de résistance que possèdent les erreurs de longue date.

Quoi! ils parlent de Liberté, et ils ne comprennent pas que l'ignorance et la misère constituent le plus dur de tous les genres d'esclavage!

Et ils appellent *sectaires* — mot emprunté à la grammaire de l'inquisition — ceux qui mettent au premier rang des devoirs sociaux, le devoir d'intervenir pour empêcher l'oppression de qui ne saurait, abandonné à sa faiblesse, se défendre!

Et ils trouvent inattaquable ce système immense de *réglementation*, en vertu duquel un homme pauvre, parce qu'il est né d'un pauvre, n'a pas le droit de gratter ce morceau de terre, de boire à cette fontaine, de cueillir ce fruit, de tuer cet oiseau pour s'en nourrir, de jeter sa ligne dans cette rivière.

Et ils refusent, sous prétexte de *réglementation*, tout dédommagement social à ces millions d'hommes à qui cependant ils demandent de respecter et de chérir la loi, *réglementaire* s'il en fut jamais, qui tend, par l'hérédité, à la concentration de tous les instruments de travail!

Et lorsqu'ils déclarent le droit de propriété un droit naturel, un droit essentiel à la nature de l'homme, ce qui est vrai, ils ne voient pas que c'est à cause de cela même qu'il faut, par l'association, rendre ce droit accessible à tous, afin que nul ne manque de ce qui est *essentiel à sa nature!*

Et ceux qui ne doutent pas de l'équité d'un système général d'impôts qui appelle tant de travailleurs à contribuer au maintien d'un ensemble d'institutions dont profitent tant d'oisifs, ils s'indignent à l'idée d'une taxe ayant pour but de fournir du travail à ceux qui, voulant travailler, meurent de faim, faute d'emploi!

Et ceux qui n'ont rien à objecter à l'intervention de l'État quand, sous forme de gendarme, de soldat, ou de sergent de ville, elle protége la propriété du riche, ils lui crient anathème, quand on lui demande de s'exercer, sous forme scientifique, pour la protection de la vie du pauvre!

Et il leur échappe que, dans une démocratie, l'État, c'est tout le monde prenant souci de ce qui est l'intérêt de tout le monde!

Et parce que, *en droit*, nul abîme ne peut se creuser entre le travail et le capital, » ils ne veulent pas qu'on s'inquiète de savoir si cet abîme se creuse *en fait!*

Et parce que « le capital a autant besoin du talent et de la main-d'œuvre, que le talent et la main-d'œuvre du capital, » ils s'imaginent que le capitaliste a autant besoin du travailleur, que le travailleur, du capitaliste, ne prenant pas garde que le premier stipule pour son gain, et le second pour son pain, le premier pour s'enrichir, le second pour ne pas mourir ; — ce qui établit entre eux toute la différence qu'il y a entre pouvoir attendre et ne le pas pouvoir, entre être *libre* et ne l'être pas!

Et ils pensent être des partisans de la *liberté*, quand ils ont dit que « le marché s'établit par la force des choses, » comme si la loi du plus fort était la *liberté*, et comme s'ils n'avaient jamais lu, sur ce point, une des plus saisissantes fables de la Fontaine!

Et ils nient le droit au travail : pourquoi pas le droit à la vie?...

Si l'on me demandait quel est le mot dont on a le plus abusé dans notre civilisation moderne, celui qui a le mieux servi à masquer l'oppression et à déjouer le désespoir de ses victimes, je répondrais : c'est le mot *liberté*.

De ces deux hommes, faits tous les deux, dit-on, à l'image de Dieu, le premier vend la vie, oui, la vie même, et le second l'achète : laissez passer la liberté des transactions !

Shylock, un contrat dans une main et un couteau dans l'autre, va tailler dans la poitrine de son débiteur Antonio la livre de chair convenue : laissez passer la liberté du capital !

La concurrence donne la nature inanimée pour rivale à la nature qui pense, qui sent et qui souffre; elle remplace par le travail d'une machine, qui n'a jamais faim, celui d'un être vivant, qui meurt si l'emploi manque; elle montre à la place de l'homme disparu une manivelle qui tourne : laissez passer la liberté de l'industrie !

La Bourse est ouverte : laissez passer la liberté de l'agiotage !

Mais que ce malheureux au visage pâle n'invoque pas la pitié du passant; que ce prolétaire sans asile ne s'endorme pas sur le pavé entre deux rangées de palais vides; est-ce qu'on laisse passer la liberté de la misère?

Dieu en soit loué! On n'est pas encore parvenu à s'approprier exclusivement les rayons du soleil. Sans cela, on nous aurait dit : « Vous payerez tant par minute pour la « clarté du jour, » et le droit de nous plonger dans une nuit éternelle, on l'aurait appelé liberté !

O Liberté! Liberté ! déesse des cœurs fiers, que de tyrannies se sont donné carrière en se couvrant de ton nom !

Il est temps de s'entendre. Vous me parlez de ce que la Liberté vaut? Je veux d'abord savoir ce qu'elle est.

Or, je la trouve définie avec autant de netteté que de profondeur dans la *Déclaration des Droits.* « La liberté est « le *pouvoir* qui appartient à l'homme d'exercer, à son

« gré, toutes ses facultés : elle a la justice pour règle, les
« droits d'autrui pour bornes, la nature pour principe et
« la loi pour sauvegarde. »

Qu'on remarque bien le mot *pouvoir*, car il contient
toute une doctrine.

Droit, pouvoir! Entre ces deux idées, il existe la même
différence qu'entre la théorie et la pratique, l'abstraction
et la réalité, l'ombre et le corps. Qu'importe que vous disiez à ce paralytique qu'il a le *droit* de se lever et de marcher? Il lui en faut le *pouvoir*. Donnez-le-lui, médecins
qui voulez le sauver : il vous bénira.

La question se réduit donc à rechercher quel est l'ordre social dans lequel chacun *pourrait* le mieux développer,
à son gré, toutes ses facultés, sans nuire au développement
de celles d'autrui.

On a reproché aux idées que nous servons de conduire
à l'anéantissement de la liberté individuelle, au pur despotisme. Nous, ennemis de la liberté? Mais ce qui a fait
couler en nos veines, dès notre entrée dans la vie, l'amour
de la République avec le sang, ce qui a toujours été l'objet
de nos aspirations les plus vives, ce qui nous rend le principe d'association si cher, ce qui nous pousse à réclamer
si ardemment l'intervention démocratique de l'État dans
la grande affaire du Peuple à affranchir, c'est... *la liberté*.

Et voilà ce que je me propose d'établir ici d'une manière péremptoire, une fois pour toutes.

Et d'abord, dans quel monde nouveau a-t-elle la prétention de conduire, cette doctrine au bout de laquelle on
nous montre d'un air effrayé la compression de tout élan
spontané, l'étouffement d'un régime réglementaire à l'excès,
la discipline d'un couvent, comme a dit quelque part M. de
Lamartine, ou le gouvernement de Méhémet-Ali, comme
disait, un jour, du haut de la tribune, M. de Lamoricière?

Le monde au milieu duquel, sous tant d'aspects divers,
on s'étudie à faire apparaître le spectre du despotisme,
c'est celui que j'ai décrit déjà (1), c'est celui :

Où, grâce à l'éducation commune, gratuite et obliga-

____

(1) *Catéchisme des socialistes*, 1849.

toire, tous les citoyens seraient admis à s'élever aussi haut que possible par l'intelligence et par le cœur;

Où, par conséquent, seraient étouffés, à leur origine, les vices, les crimes et les malheurs qui naissent de l'ignorance;

Où la religion consisterait dans une philosophique et sincère application des lois morales de l'Évangile;

Où le domaine de l'industrie et celui de l'agriculture, au lieu de présenter le spectacle d'un champ de bataille couvert de ruines et de morts, seraient fécondés par des associations fraternelles, solidairement liées l'une à l'autre;

Où la distribution du travail et la répartition de ses fruits seraient basées sur ce principe, qui est aujourd'hui le principe constitutif de la famille : *De chacun selon ses facultés et à chacun selon ses besoins*;

Où, l'intérêt de chacun se trouvant inséparablement uni à l'intérêt de tous, l'émulation cesserait d'être dans l'envie, dans la cupidité, dans l'orgueil, dans la haine;

Où la richesse publique, dont la concurrence aveugle et anarchique arrête les progrès, recevrait de l'harmonieuse combinaison de toutes les aptitudes et de toutes les forces un accroissement indéfini;

Où ne se presserait plus, pour en dévorer la substance, cette foule d'agents parasites que la séparation des intérêts et leur antagonisme rendent seuls maintenant nécessaires;

Où la fraternité, rapprochant les peuples après avoir rapproché les individus, finirait par rendre la guerre impossible et aboutirait à la suppression des armées;

Où l'État ne serait qu'une réunion d'hommes dévoués et intelligents, librement choisis par leurs égaux, pour jouer, à l'égard de la société, le rôle que, dans l'organisme humain, la tête joue à l'égard du corps;

Où l'impôt ne serait qu'une portion du bénéfice commun affectée aux choses d'utilité générale;

Où, les méchants étant considérés comme des malades, on songerait moins à s'en venger qu'à s'en préserver, et moins à les torturer qu'à les guérir;

Où, enfin, la civilisation, qui fait reculer devant elle,

en s'avançant, les bêtes fauves et tend à en détruire la
race, serait arrivée de même à détruire la misère, et,
avec la misère, tous les vices, tous les crimes, tous les
malheurs dont elle est la source.

Voilà le *nouveau monde :* voyons comment le despotisme pourrait y avoir accès.

Dans un pareil état social, la société tout entière étant
appelée à veiller à l'existence de chacun de ses membres,
les enfants grandiraient sous l'aile des parents sans avoir
à souffrir de la pauvreté paternelle. Donc, plus de malheu-
reuses créatures forcées pour vivre de travailler à sept
ans ou de se prostituer à dix-sept ; plus d'infanticides par
misère ; plus d'hospices ouverts à la maternité qui s'ab-
dique ; plus de *tours* ménagés à la pudeur de la femme qui,
en sacrifiant le fruit de ses entrailles, ne garde plus que la
force de rougir. Et ainsi, pour des milliers d'êtres, *la liberté de vivre* se trouverait au seuil même de la vie.

L'éducation étant commune, gratuite et, au profit de
tous, obligatoire, nul n'aurait à gémir de cet étouffement
de l'esprit, de cette compression du cœur, par où se révèle
le despotisme de l'ignorance ; nul ne serait privé de cette
éducation qui est au *libre* développement de l'homme ce
qu'est l'eau dont elles sont arrosées au *libre* développement
des plantes.

Toutes les fonctions utiles étant réputées également honorables et leur diversité n'ayant point pour effet de mettre
les jouissances d'un côté et les privations de l'autre, plus
d'obstacle à ce que chacun choisît la fonction qui corres-
pondrait le mieux à ses goûts et à ses aptitudes ; un homme
né pour être, comme Louis XVI, un brave et excellent
serrurier, ne serait pas mis au faîte de l'État, proie destinée à l'échafaud ; un homme né avec du génie ne se trouverait pas relégué, dès sa naissance, dans l'abrutissante
obligation de façonner, sa vie durant, à douze heures de
travail par jour, des têtes d'épingle ; de sorte que le despotisme du hasard serait chassé du classement des fonctions sociales et remplacé par la première des libertés :
la liberté des vocations.

La répartition des jouissances sociales ne se réglerait

plus sur la différence des grades hiérarchiques ; ces grades, quels qu'ils fussent, ne conféreraient plus aucun privilége, et, d'un autre côté, nul n'aurait pour supérieurs hiérarchiquement que ceux qu'il aurait eu lui-même intérêt à élire tels. Il y aurait commandement désintéressé de la part des uns et volontaire obéissance de la part des autres : où serait le despotisme ? Et quelle part plus grande pourrait être faite à la *liberté ?*

Comme nul ne serait tenu de travailler ni au delà de ses forces ni en dehors de ses aptitudes, et que nul — dans un état de société où la masse des richesses serait centuplée par l'union des forces substituée à leur ruineux antagonisme — n'aurait à recevoir moins que ses besoins et ses goûts n'exigeraient, le despotisme du travail répugnant et imposé ferait place à la *liberté du travail choisi,* en même temps que la *liberté de l'abondance* se montrerait où nous ne voyons aujourd'hui que le despotisme de la faim.

Et qu'on n'objecte pas l'impossibilité ou la difficulté d'atteindre à cet idéal ; car, il ne s'agit pas, en ce moment, pour nous, de prouver que nos doctrines sont graduellement réalisables, chose bien facile, du reste, à démontrer : ce qu'on nous oppose, ce à quoi nous avons à répondre, c'est qu'elles contiennent le despotisme. Là est l'unique point en discussion, et on ne doit point s'en écarter, sous peine de tout confondre.

Or, y eut-il jamais erreur comparable à celle de nos adversaires, lorsqu'ils s'en viennent déclarer contraire à la liberté un ordre social dans lequel chacun recevrait le *pouvoir* d'exercer toutes ses facultés, le *pouvoir* de satisfaire tous ses besoins et tous ses goûts, le *pouvoir* enfin de vivre selon les lois de son organisation et d'accomplir sa destinée sur la terre selon les lois de la nature ?

Mais combien l'étonnement redouble quand on songe à la défense de quel régime s'appliquent ceux qui se présentent contre nous comme les amants de la liberté. Interrogeons la société actuelle, et cherchons-y l'histoire de *l'homme libre.*

A peine est-il pour entrer dans la vie, que le fils du

pauvre rencontre, debout sur le seuil, un despotisme impalpable, mystérieux, mais plus cruel mille fois que tous les despotismes à visage humain, lequel s'empare aussitôt de lui comme d'une proie. Ne demandez pas si l'enfant qui vient de naître a reçu de la nature le goût des arts, la passion de la science, la flamme du génie : est-ce que l'esprit et l'âme du pauvre ne sont pas d'avance condamnés à un étouffement prématuré? Ne demandez pas sa vocation : est-ce que le fils du pauvre n'est pas aux ordres de la misère, tyran stupide, aveugle et sourd, qui, dans la distribution du travail imposé à ses victimes, ne s'inquiéta jamais de leurs aptitudes ou même de leurs forces? Mais voici, pour l'enfant, l'âge de l'insouciance et des jeux : cet âge, du moins, lui appartient-il? le laissera-t-on respirer l'air à pleins poumons, jouir librement de l'espace et courir au soleil? Non : il faut que déjà, déjà! il s'épuise à grossir de quelques centimes, douloureusement gagnés, l'insuffisant budget de la famille. Ce qu'on lui donne à respirer, au lieu de l'air embaumé des jardins, c'est une atmosphère chargée de coton. Adieu l'espace! adieu le soleil! La manufacture voisine réclame l'infortuné, et peut-être n'en sortira-t-il, à vingt ans, que le corps débile, le visage hâve, le dos voûté comme un vieillard. Nouvelle phase de sa liberté : il devient soldat. Cette terre où ni lui ni les siens n'ont une pierre où reposer leur tête et que ceux qui la possèdent se dispensent à prix d'or de défendre, il la lui faut défendre, lui, au péril de sa vie, trop heureux s' on l'envoie contre l'ennemi, et si on ne lui fait pas un point d'honneur d'aller tuer, pour obéir à son caporal, des citoyens parmi lesquels peut se trouver son père! Le temps du service militaire expiré, le voilà gagnant sa vie comme il peut, travaillant jusqu'à dix heures par jour rien que pour ne pas mourir, perpétuellement réduit à côtoyer la faim entre la maladie et le chômage, puis se mariant et mettant au monde des enfants à nourrir, au risque de renouveler, non plus dans la solitude d'un cachot, mais sur le passage de ses semblables, au bruit des fêtes, devant des tables somptueusement servies, le funèbre épisode d'Ugolin! Vieux, s'il lui est donné de devenir vieux, qu'il meure vite! Le commencement de sa liberté, c'est la mort!

Voilà l'histoire de l'*homme libre.*

Que l'on compare, maintenant, et que l'on juge.

Il est vrai que ce qui précède n'est point, dans la société actuelle, applicable à tous : mais n'est-ce donc pas assez, n'est-ce pas trop qu'on le puisse appliquer au plus grand nombre? Encore me serait-il facile, après avoir analysé la mensongère liberté du pauvre, de montrer à combien de vicissitudes le régime aléatoire où nous sommes expose la liberté réelle du riche et combien d'amertumes le vice de nos institutions cache dans le bonheur!

Il est vrai, aussi, que, dans l'ordre social nouveau, personne n'aurait :

Ni la liberté d'empiéter sur la part de ses frères, dans l'exploitation du grand domaine donné par la nature à l'humanité;

Ni celle de s'assurer, par l'accaparement des instruments du travail, le moyen de jouir des fruits du travail, à l'exclusion du travailleur;

Ni celle d'asservir l'homme au capital, la richesse vivante à la richesse morte;

Ni celle, comme dit énergiquement saint Ambroise, de s'enrichir par des malheurs, de chercher son profit dans les larmes, de se nourrir de la faim d'autrui;

Ni celle d'armer la moitié des pauvres pour contenir par elle l'autre moitié.

Si ce sont là des libertés dont on redoute la perte, qu'on ose le dire; qu'on ose recommander à nos respects la liberté d'être tyran!

Qu'on reprochât à nos doctrines de reposer sur une hypothèse difficilement admissible, celle d'une égale liberté pour tous, nous concevrions ce reproche, sans toutefois l'admettre; mais qu'on nous combatte comme prôneurs d'un régime de compression et de despotisme, voilà ce qui nous confond.

« Admettons, » dit excellemment Morelly dans le deuxième chapitre de *la Basiliade*, « admettons que la « libre activité de l'homme verse dans le fonds commun « plus que n'y peuvent puiser les besoins, il est clair que

« les lois, les règlements sont à peu près inutiles, puisque
« à toute fonction nécessaire répond un goût naturel, une
« vocation arrêtée dans les individus. Les avis des chefs
« seront reçus avec plaisir; personne ne se croira dis-
« pensé d'un travail que le concours unanime des efforts
« rendra attrayant et varié. Et les différents emplois ne
« seront plus des travaux, mais des amusements. Rien ne
« serait plus facile que la législation d'une telle réunion
« fraternelle; car, de la liberté la plus illimitée résulte-
« rait l'ordre le plus parfait. C'est bien alors vraiment
« qu'on pourrait s'en remettre à la bonne nature et n'ac-
« cepter pour règle de conduite que ce précepte inscrit par
« Rabelais sur la porte de l'abbaye de Thélème : *Fay ce
« que vouldras.* »

On a vu qu'en les supposant appliquées dans ce qu'elles
peuvent avoir de plus hardi et de plus idéal, nos doctrines
réalisaient la liberté pour tous aussi complétement qu'il
soit permis de le concevoir. Il nous reste à examiner si
c'est dans le système par lequel nous entendons amener
leur triomphe que réside ce prétendu despotisme de nos
tendances dont on fait peur aux ignorants.

Ce système, on sait en quoi il consiste. Nous voudrions
qu'au milieu de la société actuelle, l'État créât le modèle
de la société future, de telle sorte que, graduellement et
par le seul fait d'un éclatant exemple, la seconde arrivât à
absorber la première. Où y a-t-il là trace de despotisme?
Car il importe de ne pas oublier que, lorsque nous invo-
quons l'intervention de l'État, ce n'est que dans l'hypothèse de la démocratie organisée et de la souveraineté du
Peuple rendue vivante.

Ceux devant qui l'on ne peut prononcer le mot *État*
sans les faire frémir, s'imaginent toujours que l'État, c'est
nécessairement le pouvoir exécutif, tel ministre tout-puis-
sant, tel monarque absolu, tel dictateur, que sais-je?
Louis XIV ou Cromwell. Prenant le passé pour mesure et
pour règle de l'avenir, mêlant tous les principes, confon-
dant tous les régimes, ils se figurent que l'État n'existe
qu'à la condition d'être un homme et de porter un nom
propre.

Erreur! Dans une démocratie, l'État, c'est la société même, agissant en cette qualité par des mandataires responsables et révocables.

Or, une société ne saurait-elle, sans despotisme, modifier et améliorer sa constitution sociale aussi bien que sa constitution politique? Dira-t-on qu'un malade se comporte tyranniquement envers lui-même lorsqu'il pourvoit à sa guérison? Eh quoi! La nation résumée dans la réunion de ses mandataires peut améliorer le régime des prisons, et elle ne pourrait pas, sans encourir l'accusation de despotisme, améliorer le régime du travail! Il y aurait tyrannie à fonder, au nom de la volonté générale, des associations de travailleurs, et il n'y en a pas à fonder, au nom de quelques intérêts particuliers, des compagnies de capitalistes! Chose étrange! Que des lois soient faites pour protéger et maintenir la possession exclusive par un petit nombre de tous les instruments de travail, ou bien pour livrer à une centaine de privilégiés les voies de communication, c'est-à-dire la respiration de l'industrie, ou bien encore pour proclamer que la misère est de droit divin et d'essence immortelle, personne ne protestera au nom de la liberté; mais qu'on propose de faire des lois pour bannir de ce monde l'ignorance et la pauvreté, double forme de l'esclavage du Peuple, vous entendrez crier au despotisme. Comme si l'amélioration morale et physique du sort de tous ne devait pas être la grande préoccupation de tous et leur principale affaire! comme si la société agissant en qualité de société — en d'autres termes l'État — n'était pas compétente pour rechercher et détruire la cause des souffrances de la majeure partie de ses membres!

Voilà pourtant à quoi se réduit toute la question!

Car, enfin, est-ce que nous avons jamais parlé de doctrines particulières ayant droit de s'imposer par la force?

Est-ce que nous avons jamais reconnu à un homme, quel qu'il fût, le droit de plier violemment les autres hommes au joug de ses convictions?

Est-ce que nous n'avons pas toujours réclamé, vanté, invoqué le suffrage universel comme l'épreuve suprême à laquelle toute idée devait humblement se soumettre?

Est-ce que nous avons jamais tenu pour légitime un pouvoir autre que celui du Peuple, manifestant son vouloir par une assemblée sortie de son choix?

Est-ce que la subordination absolue de la puissance exécutive à la souveraineté législative n'a pas été mille fois présentée par nous comme une des grandes nécessités du régime républicain?

Est-ce que nous n'avons pas, tout en soutenant la centralisation politique, combattu la centralisation administrative, au nom de la liberté communale?

Est-ce que ce n'est point la liberté du faible et du fort que nous avons défendue, en attaquant la concurrence, lutte inégale, dans laquelle le pauvre et le faible sont inévitablement opprimés?

Est-ce que nous n'avons pas montré, enfin, jusqu'à quel point nous redoutions l'abus, soit de la force, soit du nombre, quand nous avons déclaré supérieurs au droit même des majorités et absolument inviolables :

La liberté de la presse,

La liberté de conscience,

La liberté d'association,

Le droit de réunion,

Le droit au travail?

Notre profession de foi, la voici en quelques mots :

1º Notre idéal est l'état de société dans lequel, chacun ayant le pouvoir d'exercer complétement toutes ses facultés et de satisfaire pleinement tous ses besoins, jouirait de la plus grande somme de liberté qui se puisse concevoir;

2ª Convaincu que cet idéal diffère trop de l'organisation actuelle de la société pour être réalisé immédiatement, nous avons proposé des mesures transitoires propres, selon nous, à y conduire progressivement et sans secousse; mais ces mesures, nous n'entendons pas qu'on les *impose*. Elles appartiennent à la discussion : que l'opinion publique les juge, et que l'opinion publique, s'exprimant au nom du suffrage universel, les rejette si elle les croit mauvaises ou les adopte si elle les croit bonnes. Voilà ce que nous demandons et nous n'avons jamais demandé autre chose.

La liberté! ah! qu'on la définisse donc une fois pour toutes; qu'on ne la sépare pas de l'égalité et de la fraternité, ses divines compagnes; qu'on reconnaisse qu'elle doit exister pour tous, pour tous sans exception, sous peine de n'exister pas..., et alors nous osons affirmer que jamais homme sur la terre ne porta plus loin que nous l'amour, le culte, la passion de la liberté!

N° 2.

ÉCLAIRCISSEMENT SUR LES DOCTRINES DU LUXEMBOURG

*A. M. C****

Monsieur,

Dans *l'Indépendance belge* du 20 octobre, vous avez porté sur mes doctrines et sur mes actes un jugement qui, pour être sévère, n'en révèle pas moins, de votre part, l'intention formelle d'être juste.

Ainsi, vous élevant au-dessus des grossières calomnies dont on m'a poursuivi bassement jusque dans mon exil, vous avez eu la bonne foi de reconnaître et la loyauté de faire savoir :

Que, loin d'avoir soufflé au Peuple, en 1848, une farouche impatience, je m'étais, au contraire, étudié, à la prévenir;

Que, loin d'avoir bercé les ouvriers d'espérances chimériques, comme on me l'a tant et si injustement reproché, je ne leur avais rien dissimulé des obstacles à vaincre;

Qu'aucune pensée de violence n'était entrée dans mon esprit;

Que mon action avait toujours été sourdement combattue même par ceux de qui je devais attendre aide et secours;

Qu'en butte à des inimitiés systématiques et sans scrupule, j'avais été, après la révolution, « le bouc émissaire qu'Israël avait chargé de toutes ses iniquités; »

Que, par exemple, ces fameux *Ateliers nationaux* au sujet desquels j'ai couru risque d'être assassiné à Paris, en plein jour et en plein boulevard, n'avaient été ni mon ouvrage ni une application, même indirecte, de mes doctrines, mais l'œuvre exclusive de mes adversaires au sein du Gouvernement provisoire; de sorte que j'étais tombé victime d'une imposture... la plus audacieuse et la plus infâme qui fut jamais.

Oui, monsieur, tout cela résulte de votre article. Je suis donc fondé à voir en vous un critique sincère, un censeur honnête; et comment, dès lors, le désir de vous répondre ne me serait-il pas venu? Rechercher la discussion quand elle ne doit point profiter à la haine ou au mensonge, n'est-ce pas rendre à la fois hommage et service à la vérité?

Vous commencez par dire :

« Si j'avais le malheur de croire nécessaire une révolution, et le malheur, plus grand encore, de travailler à la faire venir, je jugerais de mon plus strict devoir de préparer, pour mes associés et pour moi, un plan de conduite si bien combiné, que, la Révolution faite, elle n'aurait plus qu'à marcher dans la voie que je lui aurais tracée. »

Serait-ce donc, monsieur, que vous regardez une révolution comme pouvant jamais être l'œuvre de *quelqu'un?* Est-il un homme assez présomptueux pour se croire capable d'embrasser, de dominer, de modifier à sa guise ce vaste et mystérieux ensemble de circonstances historiques dont une révolution est le produit? Lorsque ces grands changements arrivent, c'est en vertu de lois générales et logiques dont les individualités, même les plus puissantes en apparence, ne sont que des instruments à demi aveugles. Il n'y a que tout le monde pour faire la besogne de tout le monde. Le mouvement des sociétés en travail n'a jamais été aux ordres de tel ou tel : l'histoire ne porte la livrée de personne.

« Je suppose, ajoutez-vous, que, dans l'effervescence,

on ne tienne compte de mes moyens : j'aurai fait, du
moins, ce qui était humainement possible pour adoucir la
pente abrupte de la Révolution, j'aurai montré le port et
l'abri, je ne me serai pas engagé dans les défilés du laby-
rinthe sans le fil conducteur qui doit sauver le pays. »

Si par là vous voulez dire que ceux qui travaillent à une
révolution, parce qu'ils la jugent nécessaire et légitime,
ne doivent pas marcher au hasard ; si vous voulez dire que
chacun est tenu de chercher d'avance la meilleure route
à suivre, sauf à y appeler ensuite les autres, conformément à ses convictions et dans la mesure de ses forces ; je
suis tout à fait de votre avis ; mais pourquoi vous écriez-
vous : « Ce n'est pas de cette manière qu'a procédé
M. Louis Blanc ! »

Je vous en demande bien pardon, monsieur : c'est justement de cette manière que j'ai procédé. Est-ce que j'a-
vais attendu 1848 pour me préoccuper de la direction qui,
selon moi, devait être donnée à une révolution sociale ?
Est-ce que je n'avais pas publié, depuis dix ans déjà, un
livre qui, à cet égard, exposait mes croyances ? Est-ce
que, dès le premier jour de la Révolution, je ne m'en suis
pas clairement expliqué ? Est-ce que, non content d'indiquer ce que, *selon moi*, il y avait à faire, je n'ai pas demandé avec instance les moyens de le tenter ? Et cette
demande, obstinément repoussée, n'a-t-elle pas été le
premier épisode des luttes intestines du Gouvernement
provisoire ? Vous me blâmez d'avoir mis, au Luxembourg,
les questions à l'étude quand il s'agissait de les résoudre.
Eh ! sans doute, monsieur, les résoudre eût mieux valu :
au moins aurait-il fallu l'essayer, sans emportement, sans
précipitation, et toutefois avec fermeté. Mais ignorez-
vous que c'était là précisément ce que je voulais et ce que
la majorité du Gouvernement provisoire ne voulut pas ?
Ignorez-vous que mon grand crime à ses yeux fut d'avoir
ce *plan* dont vous parlez et d'en désirer le succès avec
toute l'ardeur d'une conviction que, aujourd'hui encore,
je sens en mon cœur plus vivante que jamais ? Ce qui était
mûr pour moi ne l'était malheureusement pas pour mes

collègues. C'était afin qu'on allât droit à la *solution* que je demandais la création d'un *Ministère du Travail;* ce fut afin qu'on s'arrêtât dans l'*étude*, qu'ils proposèrent, eux, l'établissement de la *Commission du Luxembourg*. J'ai retracé dans les *Pages d'histoire* les scènes orageuses qui, à cette occasion, éclatèrent au sein du Conseil; j'ai rappelé combien vive fut ma résistance à un projet qui, au lieu de me fournir les moyens requis pour l'application, m'envoyait faire un cours sur la faim devant le Peuple affamé. — Mais alors, pourquoi ne vous retirâtes-vous pas? — Parce que ma démission, offerte, fut repoussée avec une véhémence presque tragique; parce que mes collègues, effrayés, me déclarèrent d'avance, si je persistais, responsable de la guerre civile, résultat prévu de ma retraite; parce qu'enfin je me disais que le Luxembourg promettait au socialisme une tribune sonore, et que, faute de mieux, l'action par la propagande n'était pas un moyen révolutionnaire à dédaigner.

Maintenant, monsieur, faudra-t-il que je me justifie d'avoir tant dit et répété que, pour être réalisés, *les vœux populaires ne devaient pas être trop impatients?* Ah! ce n'était point là, du moins, ce qui m'avait été reproché jusqu'ici, et je vous suis reconnaissant d'une accusation qui me rend justice. Il est donc faux que j'aie embrasé le sang du peuple par des promesses impossibles à tenir! Il est donc faux que je l'aie égaré dans le pays des chimères, au risque de le rendre, plus tard, furieux par la déception! Voilà ce que vous constatez, monsieur; voilà ce que vous prouvez par mes propres paroles : encore une fois, je vous en remercie.

Vous dites : « Les séances du Luxembourg étaient reproduites dans *le Moniteur*. Le journal officiel ne manquait pas de publier tout au long les discours et les opinions de M. Louis Blanc; quant aux discours et aux opinions de ses adversaires, il les réduisait à quelques lignes ou les passait sous silence. »

Ceci, monsieur, est complétement inexact, et l'erreur vient d'une confusion. Les discours de moi que *le Moniteur* reproduisait *in extenso* étaient ceux qui étaient prononcés, en l'absence de tout contradicteur, dans la Chambre des pairs, devant l'assemblée générale des délégués. Quant aux discussions qui avaient lieu dans le sein de la Commission spéciale du Luxembourg, comme elles étaient trop longues pour trouver place dans tous les journaux si on les avait reproduites textuellement, on n'en publiait qu'un résumé, mais le résumé a toujours porté sur ce qui était dit par moi, aussi bien que sur ce qui était dit par mes adversaires, et la preuve en est dans cette même séance du 19 mars que vous mentionnez; car, dans la reproduction par *le Moniteur*, les paroles de M. Wolowski tiennent, à *cinquante lignes* près, la même place que les miennes!

Vous ajoutez qu'un discours prononcé par M. Victor Considérant, dans une séance suivante, fut supprimé par *le Moniteur*. Mais cette séance suivante ne se trouve point dans *le Moniteur*, et, par conséquent, la suppression porte sur ce que j'ai répondu à M. Considérant, tout aussi bien que sur ce qu'il m'a objecté. Le fait est que, dans ces journées haletantes et si prodigieusement remplies, le temps nous manqua souvent pour les choses que nous avions le plus à cœur, de sorte que plusieurs séances de la Commission spéciale du Luxembourg n'eurent pas de compte rendu. Mais, dans ce cas, *le Moniteur* ne connaissait pas de priviléges, et il passait sous silence tout ce qui s'était dit de part et d'autre. Eh! par quelle étrange inconséquence aurais-je donc enlevé à mes contradicteurs le bénéfice de la publicité, moi qui, libre de composer à mon gré le personnel de la Commission, m'étais fait un devoir d'y donner des représentants à chaque doctrine, moi qui avais mis un empressement qu'on ne niera pas à appeler dans la lice mes adversaires les plus connus et les plus habiles? Comment concevoir, surtout, qu'il eût pu me venir à la pensée d'étouffer la parole d'un homme tel que M. Victor Considérant, socialiste dont, plus que personne, j'honorais la sincérité, le savoir, les lumières, et dont j'avais été autrefois le premier, dans la presse quotidienne, à recommander les écrits, même sans partager toutes ses convictions?

Permettez-moi donc, monsieur, de ne pas accepter le

reproche « d'avoir fait de l'absolu, d'avoir prétendu dicter les oracles et de m'être débarrassé de ceux qui me gê-
naient. » L'amour de la vérité a été la passion de toute
ma vie; je puis le déclarer la main sur la conscience, et
cette déclaration, mes actes ne la démentirent jamais.

Je continue à vous citer :

« M. Louis Blanc est l'antipode de M. Proudhon. Celui-
ci veut l'anarchie en haine de l'État, celui-là veut l'État
en haine de l'anarchie. Cette proposition peut paraître
singulière, mais elle est juste : M. Louis Blanc est un fanatique d'ordre, à ce point qu'il réduirait la société, par
amour de l'ordre, à n'être qu'une mécanique bien montée
dont tous les mouvements s'opéreraient avec une régula-
rité mathématique, sous la pression de l'État mécani-
cien. »

Quoi! monsieur, vous m'avez lu, et vous avez pu croire
cela! Ainsi, je rêverais de despotisme réglementaire, moi
qui ne combats le régime actuel que parce qu'il contient le
despotisme, celui des choses, celui du hasard, de la misère
et de la faim! Je serais prêt à immoler la liberté à l'ordre, moi pour qui l'ordre sans la liberté n'est que la paix
des cimetières et le silence des tombeaux! moi qui, dès le
lendemain de la Révolution de Février, disais, à l'Hôtel-
de-Ville, en réponse à un discours du président de la Cour
des comptes : « L'ordre et la liberté ne sont qu'une seule
et même chose; notre devise sera : *L'ordre dans la
liberté!* » Et pourquoi, je vous prie, ai-je si vivement, si
résolûment attaqué le système de la concurrence illimitée?
N'est-ce point parce qu'il déchaîne des luttes où périt, infailliblement et misérablement écrasée, la liberté du faible
et du pauvre? Oui, certes, je hais l'anarchie, je la hais
d'une haine ardente et passionnée. Mais pourquoi? Parce
qu'elle n'est qu'une oppression tumultueuse. Que m'importe que la tyrannie s'exerce par voie de commandement
ou par voie de laisser faire? Dans l'un et l'autre cas, elle
me fait horreur, et, quand elle frappe, je regarde, non pas
à son masque, mais à ses coups. Qu'en vertu d'un ordre

faux et de règles oppressives, l'assassinat par l'usure ait son cours, ou bien qu'en vertu de l'anarchie, un brigand puisse égorger sur le grand chemin les voyageurs désarmés, c'est toujours la tyrannie, et je ne me sens disposé à saluer de ce beau nom de liberté ni les droits légaux de Shylock, ni la supérioité de fait de Mandrin.

Moi vouloir pour la société d'une existence automatique, d'une sorte de vie à ressorts! Ah! monsieur, laissez-moi vous avouer qu'un tel reproche me confond d'étonnement. Ce que je voudrais, au contraire, et ce que j'appelle de toute la puissance de mes vœux, de toute l'énergie de mes efforts, c'est un état de société dans lequel chacun recevrait le *pouvoir* de développer librement toutes ses aptitudes, en même temps que le *pouvoir* de satisfaire complétement tous ses besoins. Car, enfin, quel est l'idéal de la doctrine que je sers? Le voici : *De chacun selon ses facultés par l'association des forces et des aptitudes, et à chacun selon ses besoins au moyen de la participation de tous aux produits.*

Que si cela vous paraît impossible à réaliser, soit. Portez la discussion sur ce terrain, je verrai à la soutenir; mais ne venez pas donner comme adversaires de la liberté ceux qui demandent que la nature humaine reçoive, en chacun, sous le double rapport des facultés à exercer et des besoins à satisfaire, le plus complet développement qui se puisse concevoir!

Il est vrai que dans cette grande, dans cette solennelle question d'une révolution sociale à accomplir, je réclame l'intervention de l'État, et c'est pourquoi d'aucuns me crient : « Vous voulez le despotisme! » témoin M. Proudhon. Croyez-moi, monsieur, laissons aux enfants la peur des fantômes et aux sophistes l'abus des mots. Qu'est-ce que l'État, dans ma doctrine? Aurais-je d'aventure prononcé ce mot sans le définir et l'expliquer, suivant le précepte de Pascal? L'État, dans la doctrine pour le triomphe de laquelle je requiers son intervention, est-ce Tibère? est-ce le conseil des Dix? est-ce Louis XIV? est-ce Richelieu? est-ce ce que, dans la puérile théorie de l'équilibre des pouvoirs, on appelle le *pouvoir exécutif*? Non, monsieur, dans une démocratie, régime où le principe de la souveraineté du Peuple est non-seulement reconnu, mais réalisé par le suffrage universel, l'État, c'est l'assemblée des mandataires du Peuple, mandataires responsables, révocables et choisis par tous pour formuler en lois la volonté de tous. Comment donc l'intervention de l'État, défini de la sorte, vous menacerait-elle du despotisme? Là où la société fait elle-même ses affaires par des représentants qui dépendent d'elle, qu'elle nomme ou révoque à son gré, ne voyez-vous pas que l'État ne saurait être distinct de la société? Si donc l'action lui était interdite, sous prétexte que son action est nécessairement tyrannique, c'est que la société elle-même ne pourrait, sans tyrannie, pourvoir à l'amélioration de son sort, c'est qu'elle pourrait, se faisant violence, être à la fois l'oppresseur et l'opprimé, ce qui implique contradiction.

Je sais bien qu'en réalité la souveraineté du Peuple ne correspond point à l'*unanimité* des votes; je sais que, dans toute assemblée, fût-elle issue du suffrage universel, la minorité est exposée à être opprimée par la majorité. Aussi ai-je toujours déclaré supérieurs au droit des majorités et absolument inviolables :

La liberté de la presse,

La liberté de la conscience,

La liberté d'association,

Le droit de réunion,

Le droit au travail,

Et, en général, toutes les garanties qu ipermettent à la minorité de devenir majorité à son tour, pourvu qu'elle ait raison et qu'elle le prouve.

Est-ce là, monsieur, la théorie du despotisme; que vous en semble?

Plus loin, et afin de ne pas changer l'ordre de la discussion, tel que vous-même l'avez tracé, j'examinerai si c'est dans le *mode* d'intervention de l'État que je propose qu'il y a germe de despotisme. J'arrive tout de suite aux observations que vous suggère la guerre déclarée par moi au principe de la société actuelle.

Après avoir cité quelques lignes tirées de mon livre vous dites :

« Il y a du vrai dans le tableau tracé par M. Louis Blanc des effets de la concurrence : s'il n'y avait pas un peu de vérité, personne ne s'y laisserait prendre. Mais M. Louis Blanc se garde bien de montrer le bon côté de la concurrence, autrement dit : de l'activité humaine rendue libre dans son essor. »

L'activité humaine rendue libre dans son essor! Au lieu de produire cet admirable résultat, la concurrence l'empêche, au contraire, et c'est une des raisons pour lesquelles je la combats. Elle excite puissamment l'activité des uns, j'en conviens, mais à la condition d'étouffer l'activité des autres. Lorsque la concurrence entre ouvriers d'une même profession en force un grand nombre à subir d'homicides rabais et à se vendre pour un morceau de pain, quel encouragement la concurrence donne-t-elle et quelle récompense promet-elle à l'activité de ces malheureux? Lorsque, dans les luttes quotidiennes de la concurrence, un fabricant, servi par quelque machine nouvellement découverte, met hors de combat ses infortunés rivaux, en quoi la concurrence favorise-t-elle l'activité de ceux qui succombent et celle des travailleurs qu'ils employaient? Lorsque, dans la poursuite ardente d'une clientèle à conquérir, un marchand est arrivé, par l'emploi de ressources plus considérables et par la baisse systématique des prix de vente, à ruiner ses compétiteurs, quelle rémunération reçoit de la concurrence l'activité des vaincus, réduits à pleurer sur leur boutique fermée et leur capital englouti? La concurrence est un aiguillon, qui le nie? mais un aiguillon qui tue quand il ne pousse pas en avant. La concurrence est une puissance, incontestablement, mais une puissance en qui le pouvoir de créer correspond au pouvoir de détruire. La concurrence, comme toutes les guerres, fait des triomphateurs; mais, comme toutes les guerres, elle attelle des victimes à chaque char de triomphe.

Vous parlez, monsieur, du *bon côté* de la concurrence : voyons en quoi vous faites consister les avantages de ce principe. Je vous citerai textuellement :

« C'est par la concurrence que les dons de la nature iné-

galement répandus tendent à se distribuer selon le principe
d'une juste répartition. »

Vous vous trompez évidemment, monsieur : loin d'adoucir les effets de l'inégalité, soit naturelle, soit sociale, des
hommes, la concurrence tend, au contraire, à les rendre
de plus en plus désastreux, et cette inégalité, elle la fait
aboutir, non pas au règne de la justice, mais à la tyrannie.
Qu'est-ce que la concurrence? Une lutte. Or, toute lutte
entre des forces inégales a pour conséquence nécessaire la
défaite et l'oppression des plus faibles. Prenez un hercule
et un homme débile : si, pour eux, vous faites du droit de
vivre le prix d'un combat, c'est comme si vous condamniez
à mort l'homme débile. Je n'ai pas besoin de vous faire remarquer que, dans les combats de la concurrence, l'hercule,
c'est le capitaliste opulent, et l'homme débile, le producteur pauvre contre qui le premier entre en lice. Aussi,
quel spectacle nous présente la société actuelle? On y peut
devenir d'autant plus riche qu'on l'est davantage ; on y
obtient d'autant plus de facilités pour réussir qu'on a eu
déjà plus de succès, et, d'un autre côté, plus on y a besoin
de crédit, plus on a de peine à en trouver, et plus on y est
misérable, moins on est en mesure d'y secouer le joug de la
misère. De sorte qu'au lieu de tendre, comme vous le
dites, à distribuer selon le principe d'une juste répartition
les dons de la nature inégalement répandus, la concurrence met en mouvement cette inégalité, l'aggrave et
la rend écrasante pour le grand nombre.

« C'est par la concurrence que les divers peuples du globe
sont amenés à n'échanger entre eux que du travail, de la
peine plus ou moins nivelée, et à se donner réciproquement,
par-dessus le marché, selon la judicieuse remarque de
M. Bastiat, les services naturels que chacun d'eux a à sa
portée. »

Dans l'*Histoire de la Révolution française*, j'ai eu occasion de répondre à cette objection des économistes de
l'école de M. Bastiat en des termes qu'il me suffira de
rappeler. Supposons pour un instant les peuples réconci-

liés. Une paix éternelle est promise au genre humain ; les haines s'apaisent et meurent ; les rivalités s'éteignent ; la guerre est rendue impossible à jamais ; les nations ne forment plus qu'une immense famille destinée à se partager, par un continuel échange, les fruits de la terre ; et ce partage, qui élève le niveau des jouissances communes, assure lui-même la concorde entre les peuples, l'effet devenant cause à son tour. Dans cette vaste donnée, qu'on a coutume d'appeler un rêve, le problème tant agité du *libre échange* trouve naturellement sa solution. Quand le soleil des tropiques fait mûrir aux Antilles la canne à sucre, pourquoi l'Européen irait-il se fatiguer à extraire, au moyen d'appareils coûteux, le sucre que peut contenir la plante de son potager ? Est-ce qu'il n'est point, pour chaque production de la terre, une contrée de prédilection ? Le café, les vins généreux, le thé, la vanille, n'ont-ils pas une patrie ? Et pourquoi, dès-lors, créer péniblement des climats factices aux produits que, par delà les douanes, une heureuse température nous livre spontanément ou meilleurs ? Le libre échange est donc un des bienfaits du système d'association fraternelle, étendu aux peuples. Mais qu'on déchaine dans le monde la concurrence illimitée, la question change aussitôt de face. Car, pour tout gouvernement sage, république ou monarchie, pour Cromwell aussi bien que pour Colbert, il peut y avoir urgence à protéger un peuple en lutte avec les autres contre les chances d'un antagonisme, toujours fatal au moins vigoureux. C'est la guerre qui a créé la nécessité des camps retranchés : le système prohibitif est un camp retranché, parce que la concurrence est une guerre. En faisant du libre échange le corollaire de la concurrence, quand d'elle, au contraire, est sortie la funeste nécessité des douanes, M. Bastiat a commis une erreur si grossière, si manifeste, qu'elle est à peine concevable.

« C'est par la concurrence que les procédés se multiplient, que les prix des produits vont toujours baissant et que la rémunération du capital et du travailleur décroît sans cesse en intensité pour s'accroître en étendue, de manière à remplacer la rareté par la diffusion, à faire tomber en quelque sorte dans la communauté ce qui était antérieurement l'apanage du privilége, à rendre presque gratuit ce qui était à titre onéreux. »

Je conviens que la concurrence crée le *bon marché*. Mais qu'importe que le prix des produits diminue, si les salaires qui servent à les acheter diminuent dans la même proportion ou dans une proportion plus forte encore? Le dernier tableau du *commerce extérieur*, publié en France par l'administration, constate que, de 1826 à 1847, les objets d'alimentation ont augmenté de 17 pour 100, et de 37 pour 100 quant à la viande (bœuf et mouton), tandis que les articles manufacturés subissaient une dépréciation qui, pour certaines étoffes de coton, toiles blanches ou imprimées, s'élevait à 75 pour 100; un tel rapprochement, monsieur, ne vous semble-t-il pas jeter un jour terrible sur la condition des travailleurs employés à la fabrication de ces étoffes? J'ai prouvé par des chiffres, et des chiffres officiels, dans la dernière édition de l'*Organisation du travail*, que, depuis dix ans, la baisse des salaires a suivi un mouvement continu, lequel, par une douleureuse fatalité, s'est trouvé correspondre à une hausse progressive du prix des denrées alimentaires. La vérité est que, dans le régime social actuel, le *bon marché* a pour contre-parti la réduction des salaires, qui, presque toujours, en est un des éléments. Si bien que le peuple perd comme producteur, par l'action de la concurrence, plus qu'il ne gagne comme consommateur. Ajoutez à cela que le *bon marché*, chose excellente de soi, est transformé par la concurrence en machine de guerre et devient l'arme au moyen de laquelle ceux qui sont en état de vendre pendant quelque temps à perte, sont sûrs de tuer leurs rivaux. Car, telle est la sinistre puissance des faux principes, que le bien même, ils le changent en mal.

« C'est par la concurrence enfin, que le capital, ce grand émancipateur des classes laborieuses, s'augmente et se met de plus en plus au service du travail. »

Si la concurrence produisait en effet, ce résultat, monsieur, il n'y aurait plus qu'à la bénir. Car il est incontestable que la rémunération du travail dépend du rapport entre la population laborieuse et le capital destiné à payer ses services, ainsi que l'a fort bien observé M. John Stuart Mill, le plus savant économiste de l'Angleterre : *Wages depend on the proportion between the number of the labouring population and the capital devoted to the purchase of labor.* Mais comment pouvez-vous soutenir, monsieur, que la concurrence a pour effet l'augmentation de la richesse générale? Ici encore, c'est exactement le contraire qui est vrai. Pour qu'un produit soit une *valeur* et fasse partie de la richesse générale, il faut qu'il serve à quelqu'un, n'est-ce pas? Et, pour qu'il serve à quelqu'un, il faut qu'il trouve un consommateur. Toute chose *produite* et non *consommée* constitue une perte, loin de constituer un accroissement de richesse. La question est donc de savoir si la concurrence a pour effet naturel d'établir, entre la production et la consommation, cet équilibre, but suprême de la science économique. Que vous en semble, monsieur? N'est-il pas évident, n'est-il pas au-dessus de tout débat que la concurrence force la production à s'accomplir en vue d'une clientèle incertaine, toujours changeante, puisque les producteurs se la disputent avec rage? Vous m'enlevez une partie de mes clients aujourd'hui; un autre vous enlèvera demain une partie des vôtres : que devient, au milieu de cette instabilité, de ces perpétuelles variations, de ce désordre quotidien, le régulateur de votre activité et de la mienne? Ne risquons-nous pas pas l'un et l'autre de produire trop ou de ne pas produire assez? Où est, en un tel régime, la place de la science? Le hasard décide de toute la vie industrielle n'est plus qu'une série d'aventures; les ruines s'entassent sur les ruines, et le travail, qui ne devrait enfanter que la richesse, se trouve en perpétuelle gestation de la pauvreté. Jetez les yeux sur les pays où la concurrence a le plus fait sentir son empire et où la production s'est le plus développée : ce sont justement ces pays qui portent, ouverte dans leurs flancs, comme une plaie immense et qui va s'agrandissant de jour en jour, la misère ! Je ne saurais m'y tromper, hélas ! car je date cette lettre d'une contrée... la plus active et la plus remplie de pauvres qu'il y ait au monde. Faillites imprévues, banqueroutes, chômages, disette sur certains marchés, engorgement sur d'autres, crises périodiques, destructions partielles mais multipliées et incessantes, nécessité d'entretenir dans la société une multitude d'agents improductifs, de membres parasites qui en dévorent la substance, voilà, monsieur, les fléaux qui naissent directement de la concurrence. Elle n'augmente donc pas le capital, comme vous le pensez : dites plutôt qu'elle tend à le resserrer en un petit nombre de mains, ce qui est bien différent ; dites qu'elle est la pompe aspirante au moyen de laquelle la richesse est attirée continuellement vers les hauteurs, de manière à y créer la domination d'une féodalité financière, dont le joug d'or serait plus à craindre, plus difficile à briser et plus lourd que le joug de fer de l'ancienne féodalité militaire.

J'arrive aux critiques que vous dirigez contre mon système, et je les reproduis textuellement :

« Des chapeliers de Paris se réunissent en association sous la commandite de l'État. Ils sont vingt ou trente, et produisent des chapeaux en nombre déterminé par une statistique... » — Souffrez d'abord, monsieur, qu'à ces derniers mots, qui sont de vous, je substitue ceux-ci, qui sont de moi : « En nombre déterminé par la demande. » — « L'association prospère, et tue de proche en proche la concurrence individuelle. Peu à peu tous les chapeliers de Paris se forment en une grande société de chapellerie qui fait des chapeaux pour les têtes parisiennes exclusivement. Mais, il y a des chapeliers à Meaux, à Melun, à Versailles, à Rouen, à Chartres... Autant de villes, autant d'associations ; puis toutes les associations s'associent entre elles, se solidarisent, se mutualisent. Tous les bénéfices sont mis en commun, et partagés ensuite entre tous les membres de la grande association. Mais, pour qu'il y eût bénéfice, il faudrait déterminer le prix de revient. Or, quel serait le prix de revient ? Le prix de revient à Lyon serait-il le même qu'à Bayonne ? Le chiffre du bénéfice *licite* serait-il égal à Nimes et à Dunkerque? Quel serait le bénéfice *licite*? qui le fixerait? Quels détails inextricables de comptabilité! Quels travaux immenses de répartition! Les conditions de la vie matérielle n'étant pas identiques sur tous les points de la France, par quelles proportions dans le salaire y serait-il satisfait? Il faudrait déterminer tel salaire à Passy et à Pontoise, tel autre à Paris. L'ouvrier de Pontoise aurait beau s'ingénier à mieux faire que l'ouvrier parisien, il n'aurait que le salaire prescrit pour Pontoise. Le chapelier de l'association de Mulhouse n'aurait pas le droit de travailler à Verdun; en effet, l'association de Verdun étant complète, pourquoi un travailleur de plus? L'ouvrier serait donc attaché à la glèbe de son association. Il vivrait comme le mollusque, adhérant à son rocher, à moins que le gouvernement, régulateur de la production, ne fit passer des catégories d'ouvriers d'une ville à l'autre, selon les besoins, comme il fait changer les régiments de garnison. »

Si, lorsqu'il s'est agi, pour la première fois, d'organiser le service des postes, quelqu'un s'était écrié : « Quoi! les lettres que trente millions d'hommes peuvent adresser à trente millions d'hommes chaque jour, à chaque heure du jour, on s'imagine pouvoir les faire parvenir sans difficulté, sans encombre, à point nommé, au lieu de leur destination, et cela, grâce à une administration unique de laquelle tout partira, à laquelle tout viendra aboutir? Mais qui déterminera le prix de revient des services rendus par l'administration des postes? Le salaire des facteurs sera-t-il le même à Lyon qu'à Bayonne? Les appointements des fonctionnaires seront-il les mêmes à Nimes et à Dunkerque? Quel sera le prix des lettres? qui en mesurera le chiffre la longueur de chaque distance parcourue? Quels détails inextricables de comptabilité! Quels travaux immenses de répartition! etc., etc... » L'homme qui aurait objecté tout cela, monsieur, aurait passé, j'en suis sûr, aux yeux de beaucoup de gens, pour un esprit essentiellement pratique. Pourtant, vous savez si l'administration des postes est une utopie, et vous n'ignorez pas avec quelle facilité, quelle promptitude, quelle précision merveilleuse, s'opère ce qui aurait pu paraître, avant toute mise à exécution, presque impossible à réaliser. A qui vous demanderait en vertu de quelle magique entente une armée d'un million d'hommes arrive à se mouvoir et à agir comme un seul homme, que répondriez-vous? Vous répondriez qu'une armée se divise en détachements, chaque détachement en régiments, chaque régiment en bataillons, chaque bataillon en compagnies, etc..., et que là est tout le secret.

Est-ce bien sérieusement que vous nous donnez la nécessité de déterminer le prix de revient comme un obstacle insurmontable? Le prix de revient se compose : 1º des salaires payés; 2º du prix des matières premières mises en œuvre ; 3º du loyer des capitaux. Or, est-il une seule de ces choses qui ne soit parfaitement évaluable? Et, si le premier fabricant venu peut, quand il fait ses comptes, savoir ce que ses opérations lui rapportent, pourquoi ce qu'il peut, une association ne le pourrait-elle pas? De ce que le chiffre de revient à Bayonne ne serait peut-être point le même qu'à Lyon, conclurez-vous que, se composant à Lyon comme à Bayonne d'éléments très-évaluables, il ne saurait être déterminé ici et là? Ce serait une singulière logique, convenez-en !

Quant à la différence des salaires rapportée à celle qui existe dans les conditions de la vie matérielle sur les divers points de la France, je m'étonne de vos soucis à cet égard. Jetez les yeux sur la carte de l'industrie, dans le régime actuel : est-ce que, dans chaque profession, le salaire est partout identique? Quand vous dites : « L'ouvrier de Pontoise aurait beau s'ingénier à mieux faire que l'ouvrier parisien, il n'aurait que le salaire prescrit à Pontoise, » ne voyez-vous pas que cette objection est beaucoup moins forte contre le système qui est le point de mire de vos attaques que contre celui qui est l'objet de vos préférences? Car, dans le régime de l'association, la *différence* répond à une idée d'égalité proportionnelle, à une idée de justice et se règle scientifiquement, tandis que, sous l'action de la concurrence, qui n'admet d'autres règles que le hasard et l'imprévu, la *différence* résulte de mille causes fortuites et confuses où l'égalité et la justice n'ont rien à voir.

Vous ne voulez pas que l'ouvrier vive comme le mollusque adhérant à son rocher, et vous avez bien raison, monsieur. Sur ce point, je suis tellement de votre avis, que c'est un des motifs pour lesquels je combats le régime actuel, où j'aperçois partout ce triste phénomène. Naître, végéter, souffrir et mourir sur place, n'est-ce pas aujourd'hui la condition de la plupart des travailleurs? Et pourquoi cela? Précisément, parce que, la concurrence réduisant l'industrie à n'être plus qu'un tumultueux pêle-mêle, et empêchant la production de régler sa marche sur les besoins de la consommation, il y a presque toujours impossibilité pour l'ouvrier de savoir et, conséquemment, d'aller où ses bras seraient nécessaires. Et, à supposer qu'il voulût se déplacer, lui et sa famille, en trouverait-il si aisément le moyen? Il reste donc bien réellement attaché à la glèbe; rien de semblable dans un régime d'associations solidaires. C'est alors, et seulement alors, que les services pourraient aller là où ils seraient appelés par les besoins, le marché étant connu et nul travailleur ne restant abandonné à son ignorance ou à sa faiblesse. Vous citez l'exemple des régiments qui changent de garnison? Il y aurait, monsieur, quelque chose de plus déraisonnable que de les faire changer de garnison quand il le faut : ce serait de les retenir invariablement dans le même endroit quand il ne le faut pas!...

« Mais ce ne sont pas les seules difficultés. Les ouvriers seraient salariés. Or, qu'est-ce que le salaire? Quelle est sa mesure? Que vaut une journée de travail? Que vaut le travail d'un enfant, d'un jeune homme, d'une femme, d'un adulte? Comment déterminera-t-on cette valeur, selon l'équité et la justice? comment donnera-t-on à chacun ce qui lui revient, rien de plus, rien de moins? comment la répartition s'opérera-t-elle selon tel degré de force, selon tel degré d'intelligence, selon tel degré de constance et d'activité dans le travail? »

Ici, monsieur, vous avez emprunté à M. Proudhon les armes dont il se sert pour me combattre. Dans les *Confessions d'un Révolutionnaire*, il a écrit :

« *On déterminerait le prix de revient*. C'est à peu près comme si vous disiez : on trouvera le mouvement perpétuel, on fera la quadrature du cercle. Le prix de revient se compose, en dernière analyse, de salaires : or, qu'est-ce que le salaire? qu'est-ce que la journée de travail? Le salaire se mesure-t-il sur les besoins du travailleur ou sur le prix que le consommateur peut donner de la marchandise? Qu'est-ce que le prix? qu'est-ce que la valeur? Il faut toujours en revenir là (1). »

Avant de répondre à ces questions, au nom et pour le compte du socialisme, je m'en empare, et, à mon tour, je les adresse à cette vieille économie politique prétendue *libérale*, que le socialisme vient remplacer. Oui, qu'est-ce que le salaire dans le régime actuel? quelle est sa mesure? que vaut le travail d'un jeune homme, d'une femme, d'un adulte? Comment donne-t-on à chacun ce qui lui revient, ni plus ni moins? comment détermine-t-on la valeur selon l'équité et la justice?

Si j'interroge Turgot, il me dit :

« Le simple ouvrier qui n'a que ses bras, n'a rien qu'autant qu'il parvient à vendre à d'autres sa peine. Il la vend plus ou moins cher; mais ce prix, plus ou moins haut, ne dépend pas de lui seul : il dépend de l'accord qu'il fait avec celui qui paye son travail. Celui-ci le paye le moins cher qu'il peut; comme il a le choix entre un grand nombre d'ouvriers, il préfère celui qui travaille au meilleur marché. Les ouvriers sont donc obligés de baisser le prix à l'envi les uns des autres. *En tout genre de travail, il* DOIT *arriver et il arrive que le salaire de l'ouvrier se borne à ce qui lui est nécessaire pour lui procurer sa subsistance (2).* »

Si j'interroge J.-B. Say, sa réponse est la même :

« Les salaires sont d'autant plus élevés que le travai

(1) *Confessions d'un Révolutionnaire*, p. 75.
(2) *Réflexions sur la formation et la distribution des richesses*,

de l'ouvrier est plus demandé et moins offert, et ils se réduisent à mesure que le travail de l'ouvrier est plus offert et moins demandé. C'est le rapport de l'offre avec la demande qui règle le prix de cette marchandise appelée le travail de l'ouvrier, comme il règle le prix de tous les autres services publics. Quand les salaires vont un peu au-delà du taux nécessaire pour que les familles des ouvriers puissent s'entretenir, les enfants se multiplient, et une offre plus grande se proportionne bientôt à une demande plus étendue. Quand, au contraire, la demande de travailleurs reste en arrière de la quantité de gens qui s'offrent pour travailler, leurs gains déclinent au-dessous du taux nécessaire pour que la classe puisse se maintenir en même nombre. Les familles les plus accablées d'enfants disparaissent; dès lors, l'offre du travail décline, et, le travail étant moins offert, le prix remonte... De sorte *qu'il est difficile que le prix du travail du simple manouvrier s'élève ou s'abaisse au-dessus ou au-dessous du taux nécessaire pour maintenir la classe au nombre dont on a besoin* (1). »

Enfin, si j'interroge M. Proudhon, il n'hésite pas :

« Le prix, comme la valeur, est chose essentiellement mobile, par conséquent essentiellement variable, et qui, dans ses variations, ne se règle que par la concurrence; — concurrence, ne l'oublions pas, qui, comme Turgot et Say en conviennent, a pour effet *nécessaire* de ne donner en salaires à l'ouvrier que ce qui l'empêche tout juste de mourir de faim, et *maintient la classe au nombre dont on a besoin.* »

Ainsi, nous voilà bien avertis ! Nous savons maintenant, à n'en pouvoir douter, que, suivant Turgot, Say, Proudhon et tous les docteurs de la vieille économie politique, le salaire ne saurait avoir d'autre base que le rapport de l'offre à la demande, quoiqu'il résulte de là que la rémunération du travail se borne à ce qui est strictement nécessaire au

____

(2) *Cours complet d'économie politique,* 5ᵉ partie, chapitre **X**.

travailleur pour qu'il ne s'éteigne pas d'inanition. A la bonne heure, et il ne reste plus qu'à répéter le mot échappé à la sincérité de Smith, le chef de cette école : *C'est peu consolant pour les individus qui n'ont d'autre moyen d'existence que le travail!*

Mais tout n'est pas dit encore, et le cercle des questions que j'ai à adresser aux adversaires du socialisme, en me servant, monsieur, de vos propres expressions, ne se trouve pas entièrement parcouru.

Turgot, Say, Proudhon viennent de nous apprendre que le rapport de l'offre à la demande est ce qui détermine le salaire. Mais la justice trouve-t-elle son compte à cela? Est-il conforme à l'équité que les créateurs de la richesse se voient condamnés, sous la pression de ce brutal et tyrannique rapport de l'offre à la demande, aux misères d'une vie représentée, pour eux et leurs enfants, par un morceau de pain, et à laquelle même ce morceau de pain manque quand leur nombre vient à dépasser les limites de la classe de machines animées *dont on a besoin?* Si j'interroge sur ce point capital les économistes de l'école de Smith, ils ne répondent rien, ou bien ils répondent : Qu'y faire? Nous n'en pouvons mais; telle est la loi. « Cela arrive, comme a dit Turgot, et DOIT arriver! »

Eh bien, monsieur, c'est là ce que les socialistes nient. Ils croiraient se rendre coupables d'un affreux blasphème, en affirmant que ce qui est manifestement *inique* est *nécessaire*. Ils reconnaissent que c'est, en effet, sur le rapport de l'offre à la demande que se règle la rémunération du travail, *dans le régime actuel;* mais ils nient de toute la puissance de leur âme qu'il y ait impossibilité de trouver une base meilleure, *dans un régime différent,* et ils disent avec un homme en qui une grande intelligence est éclairée par un grand cœur, ils disent avec John Stuart Mill :

« Il est évident que la considération de la valeur ne se rapporte qu'à la seconde de ces deux branches de l'économie politique : la production de la richesse et sa distribution; encore ceci n'est-il vrai qu'autant que c'est la concurrence, et non l'usage, qui est l'agent de cette distribution. Les conditions et les lois de la production pourraient être les mêmes qu'aujourd'hui, dans une société constituée sur un tout autre principe que l'échange. L'échange n'est pas plus la loi fondamentale de la distribution des produits que les roues et les voitures ne sont les lois fondamentales du mouvement, et confondre ces idées est, à mes yeux, non-seulement au point de vue de la logique, mais au point de vue de la pratique, une balourdise (1). »

Quand M. Proudhon assure que tout se règle par la concurrence, il tombe dans l'erreur que M. Mill signale. Il prend le relatif pour l'absolu ; il prend un fait passager pour un principe immuable ; il prend pour une loi constitutive des sociétés *quelles qu'elles soient*, ce qui n'est qu'un mode d'existence vicieux de la société, *telle qu'elle est aujourd'hui organisée ;* en un mot, son objection revient à cette naïveté : Les salaires, l'intérêt, le prix, la valeur, ne se règlent que par la concurrence... là où c'est seulement par la concurrence que se règlent les salaires, l'intérêt, la valeur.

Supposez, monsieur, des associations solidairement unies entre elles et semblables à ces communautés de l'Allemagne du moyen âge qui, sous le nom de *Frères Moraves*, réunirent jusqu'à près de soixante mille associés, et formèrent des familles de travailleurs si laborieuses, si fécondes, si puissantes par l'exemple de leur prospérité, que, pour les empêcher d'envahir pacifiquement le monde, il fallut que l'esprit de tyrannie, glacé d'effroi, se résolût à les exterminer (2). Dans chacune de ces communautés,

(1) It is evident that of the two great departments of political Economy, the production of wealth and its distribution, the consideration of value has to do with the latter alone ; and with that, only so far as competition, and not usage or custom, is the distributing agency. The conditions and laws of production would be the same as they are, if the arrangements of society did not depend on Exchange, or did not admit of it. Exchange is not the fundamental law of the distribution of the produce, no more than roads and carriages are the essential laws of motion. To confond these ideas seems to me not only a logical, but a practical blunder. (*Principles of Political Economy*, t. I, book III, chapter 1, § 1, p. 514.)

(2) *Voy.* l'*Histoire des Anabaptistes*, par le père Catrott, dont le témoignage n'est pas suspect, puisqu'il se déclare l'ennemi de l'anabaptisme.

prise à part, la distribution des travaux ayant lieu suivant les facultés et celle des produits suivant les besoins, à quoi se réduiraient, entre travailleurs, vivant comme en famille, les transactions aujourd'hui fondées sur le seul principe de l'échange? Et en ce qui concerne les relations des diverses communautés entre elles, qui ne sent que le transport des produits qui surabonderaient dans un lieu et feraient défaut dans un autre se pourrait opérer par des agents de l'association générale, chargés de ce soin en qualité de fonctionnaires? Dans cette hypothèse, qui n'a rien de chimérique, puisqu'elle a été réalisée dans l'histoire sur une fort grande échelle, adieu l'anarchie commerciale et les meurtrières fluctuations qui en sont la suite! L'antagonisme faisant place à l'accord, et la production trouvant jour à proportionner son essor aux exigences de la consommation, la valeur aurait pour mesure la quantité de travail exécuté; ce qui est naturel est juste, au lieu de dépendre du seul rapport de l'offre à la demande, ce qui de l'aveu de Smith, de Say et de Turgot, fait du travail une *marchandise*, de l'ouvrier une machine vivante *qui a tout juste de quoi manger*, et du Peuple, une classe *qui ne doit pas dépasser le nombre dont on a besoin*. Inutile, dans cette même hypothèse, de s'inquiéter des salaires : les salariés auraient disparu, il n'y aurait plus dans la société que des fonctionnaires, que des fonctionnaires dont l'emploi serait déterminé par leurs aptitudes, dont la rémunération serait déterminée par leurs besoins, conformément aux lois de la raison, de la justice et de la nature.

Pourquoi en ferais-je un mystère? C'est à cet idéal, monsieur, que tend mon système, lequel n'a jamais été présenté par moi que comme un procédé pacifiquement révolutionnaire et transitoire. Je n'ignore pas, en effet, que la transformation des sociétés ne saurait s'accomplir du jour au lendemain; qu'il y faut beaucoup de ménagements et de sages précautions; que la première condition pour supprimer les grands abus est de tenir compte des habitudes et des intérêts qu'ils ont créés, des circonstances qu'ils ont produites, et que, s'il importe de bien connaître d'avance vers quel but on se dirige, il n'importe pas moins d'avoir sous les yeux la liste des étapes à parcourir.

Vous m'objecterez, peut-être : « Votre système n'étant que transitoire et supposant la nécessité de tenir compte, jusqu'à ce que votre idéal soit atteint, des conditions de la société actuelle, savoir : le salariat et ses oscillations, la concurence comme agent distributif des produits, le rapport de l'offre à la demande comme règle de la valeur échangeable, on est toujours en droit de vous poser ces questions : Quelle sera, du moins tant que durera votre système, la mesure des salaires? et comment établirez-vous le prix de revient? et comment fixerez-vous le chiffre du bénéfice licite, toutes choses qui resteront essentiellement variables, aussi longtemps que les bases fondamentales de la société actuelle n'auront pas été changées? »

Vous voyez, Monsieur, que je vais sans détour au-devant de toutes les objections. Voici ma réponse :

De ce qu'un objet est *variable*, il suit qu'on ne saurait l'évaluer *invariablement*, mais il ne s'ensuit en aucune façon qu'il y ait impossibilité de l'évaluer à tel ou tel moment donné en le suivant dans ses variations successives. Et c'est ce qui arrive tous les jours. Est-ce que le taux des salaires, celui de l'intérêt des capitaux, le prix des denrées, la somme des valeurs échangeables, ne varient pas pour un fabricant quelconque tout autant qu'ils pourraient le faire pour une association de travailleurs fraternellement unis? Et cela empêche-t-il ce fabricant de pouvoir établir chaque année la balance de ses dépenses et de ses recettes comme point de départ pour ses recettes de l'année suivante? Les associations solidaires n'agiraient pas autrement. Elles donneraient une base commune au prix de leurs travaux de manière à ne se point faire concurrence les unes aux autres; mais il va sans dire que, dans l'adoption de cette base commune, — et non invariable, — elles auraient à prendre en considération l'état du monde industriel et l'obligation de tenir tête à l'industrie privée, jusqu'à ce qu'elle eût été peu à peu attirée dans le giron de l'association.

Là-dessus, vous vous écriez:

« On se sert de la concurrence pour égorger la concurrence.

Ah! doit-on hériter de ceux qu'on assassine? »

Rassurez-vous, monsieur, il ne s'agit d'assassiner personne; car la question est de savoir si la concurrence est oui ou non, une cause d'appauvrissement et de malaise, non pour telle ou telle classe de la société, mais *pour la société tout entière*. S'il est vrai, et je crois l'avoir prouvé d'une manière invincible, que la concurrence, indépendamment des iniquités qu'elle consacre, est funeste *à la société tout entière*, il est désirable pour *tous* qu'elle disparaisse, et il est manifeste que ceux qui épuisent aujourd'hui dans les efforts anarchiques et les convulsions de l'industrie particulière leurs ressources et leur activité, trouveraient, à les employer, dans le régime d'association, qui, d'après mon projet, doit leur rester toujours ouvert, beaucoup plus de sécurité et de profit.

Je dirai mieux. C'est justement à la concurrence que je reproche, moi, de donner les assassins pour héritiers aux victimes. Lorsque, en vertu de la concurrence, un marchand force ses voisins, moins en état que lui de soutenir la lutte, de fermer brusquement boutique, est-ce qu'il n'hérite pas de ceux auxquels il a enlevé leur clientèle et qu'il a ruinés? Lorsque, armé d'une machine nouvellement découverte comme d'une massue, un fabricant breveté écrase ses rivaux, est-ce qu'il n'hérite pas de leurs bénéfices? Lorsqu'un spéculateur opulent procède, par l'abaissement systématique des prix et par la *vente à perte*, au complet accaparement du marché, est-ce que son but n'est pas d'hériter des victimes de son monopole? Mais regardez donc autour de vous, de grâce! Vous verrez le sol jonché de vaincus dont la dépouille, en vertu de la concurrence, est devenue l'héritage des vainqueurs. Crébillon a bien raison, monsieur :

Ah! doit-on hériter de ceux qu'on assassine?

Poursuivons. Vous dites :

« M. Louis Blanc veut fonder la solidarité entre toutes les industries diverses, et pose comme condition indispensable de faire la somme totale des bénéfices de chaque industrie et de partager cette somme totale entre tous les travailleurs. Mais M. Louis Blanc ne voit pas qu'il émet ici deux idées contradictoires. Si tous les travailleurs sont associés, comment gagneront-ils les uns sur les autres? Dans la société il n'y a pas de produit net, il n'y a qu'un produit brut qui est le fond sur lequel vit la société. L'associé ne bénéficie pas sur son associé. Ce qu'on appelle le bénéfice est le résultat de la loi de l'offre et de la demande, et M. Louis Blanc veut détruire cette loi; donc, il annule le bénéfice; pourquoi le fait-il alors entrer en ligne de compte? »

Encore une objection qui vous est commune avec M. Proudhon. Il a écrit dans les *Confessions d'un Révolutionnaire*, en essayant de me réfuter :

« Dans la société morcelée et en concurrence anarchique, le bénéfice de l'un se compose du déficit de l'autre; le profit indique un rapport de rivalité et d'antagonisme propre à l'économie domestique. Mais là où tous les travailleurs dans une même industrie, où toutes les industries dans l'État sont associées et solidaires, il n'y a plus lieu à bénéfice. Car si le bénéfice est égal pour tous, il est nul; il y a identité entre le prix de revient et le prix de vente, entre le produit *net* et le produit *brut*. Le partage des bénéfices entre tous les travailleurs de chaque industrie est aussi absurde que l'idée de donner à tout le monde 25,000 livres de rente (1). »

En vérité, M. Proudhon se moque de ses lecteurs, et vous, monsieur, je vous en demande bien pardon, vous bâtissez, à son exemple, des moulins à vent pour avoir le plaisir de les combattre. Eh! oui, sans doute, les membres de la société n'auraient plus rien à *gagner* les uns sur les

____

(1) *Confessions d'un Révolutionnaire*, p. 76.

autres, lorsqu'ils en seraient venus au point d'être *tous, absolument tous*, associés. Oui, sans doute, il n'y aurait pas de bénéfice possible, dans le sens attaché aujourd'hui à ce mot, pour une société arrivée à n'être plus qu'une grande famille, attendu qu'on ne bénéficie pas sur soi-même. Ce sont là des vérités tout à fait ingénues, et M. de la Palisse n'aurait pas mieux dit. Mais, pour que le produit *brut* cesse de pouvoir être distingué du produit *net*, il faut que l'*intérêt*, que la *rente*, que tout ce qui constitue les priviléges du propriétaire et du capitaliste ait entièrement disparu. Pour que la société n'ait plus à faire de bénéfices, parce qu'on ne bénéficie pas sur soi-même, il faut qu'elle cesse d'être divisée en plusieurs sociétés dont l'une cherche à *gagner* sur l'autre. Jusque-là il y a un produit *brut* et un produit *net;* jusque-là, il peut y avoir et il y a nécessairement des bénéfices à partager. Car, M. Proudhon est bien forcé de le reconnaître, « dans la société morcelée et en concurrence anarchique, le bénéfice de l'un se compose du déficit de l'autre. » Or, monsieur, à quel ordre de société se rapporte, je vous prie, le système que je propose? Dans quel ordre de société est-il appelé à se développer? Est-ce que les associations solidaires n'auront pas affaire « à une société morcelée et en concurrence anarchique, *jusqu'au moment* où la transformation de cette société sera complète? » Puisque, d'après M. Proudhon, « le profit indique un rapport de rivalité et d'antagonisme, » il est clair que les associations auront un profit à faire aussi longtemps qu'elles auront à lutter contre les industries non associées et rivales. Eh bien, c'est uniquement, je le répète, à cette situation transitoire que s'applique mon système, espèce de pont jeté entre la société d'aujourd'hui et celle de l'avenir, celle où le produit *brut* et le produit *net* seront confondus, mais où, la production suivant la loi des forces, et la consommation, la loi des besoins, il n'y aura plus, comme de raison, ni salariat, ni intérêt, ni vente, ni valeurs échangeables, déterminés par ce rapport de l'offre à la demande si cher à M. Proudhon, si cher à tous les économistes de la vieille école, et qui aboutit à l'oppression du Peuple.

« On ne refait pas, ajoutez-vous en m'opposant les paroles d'un socialiste que vous ne nommez pas, on n'a jamais
refait, on ne refera jamais une société avec des décrets.
On décrète une constitution, on décrète des lois, des formes
mécaniques et extérieures ; on ne décrète pas les faits
intimes, l'organisation *moléculaire*, si l'on veut comprendre cette expression, qui déterminent l'état d'une société.
Et encore les lois et les constitutions que l'on fabrique ne
sont-elles valables qu'à la condition d'être en harmonie
avec ces faits intimes et vivants eux-mêmes, de concor-
der avec eux, d'en être, en quelque sorte, le mode de cris-
tallisation. Vous pouvez, à la rigueur, changer par décrets
la forme extérieure et physique ; vous ne changerez jamais, par la loi, la composition chimique et intégrante.
Cette composition dépend uniquement des titres d'affinité
des éléments, auxquels vous n'imposerez point des rapports pour lesquels leurs attractions réciproques ne conspirent pas elles-mêmes. Si vos lois dictent à ces éléments
des relations contraires à leurs attractions, ces éléments
ne subiront pas vos lois impuissantes, ou réagiront contre
elles jusqu'à ce qu'elles les aient brisées. »

On n'a jamais refait une société avec des décrets ! Êtes-
vous bien sûr de cela, monsieur ? Et de quelle manière a
donc été refaite, dans la célèbre nuit du 4 août 1789, la
société qui existait alors et dont diffère si profondément la
société qui existe aujourd'hui ? Étaient-ce des décrets re-
latifs seulement à la *forme extérieure et physique*, que
ceux-ci : abolition des juridictions seigneuriales ; rempla-
cement des dîmes ecclésiastiques par un impôt ; condamnation à mort de la société féodale en France ? Était-ce un
fait intime, une *organisation moléculaire*, ou bien tout
simplement une *forme mécanique* que Turgot modifiait
lorsque, dans un lit de justice tenu le 12 mars 1776, il
faisait enregistrer par le parlement l'édit fameux qui sup-
primait les corvées et les jurandes ? Si c'est par décrets
qu'on a introduit en France le régime de la concurrence
illimitée, pourquoi, par décrets, ne pourrait-on pas pousser
à la transformation progressive de ce régime ? Que ces dé-

crets, sous peine d'être impuissants, soient en harmonie avec les besoins, avec les attractions de la société, et aient besoin d'émaner de la volonté publique, je suis très-loin d'y contredire. Aussi ai-je eu toujours le soin de réclamer, pour les idées que je crois vraies, la liberté de discussion, et pour leur application, l'épreuve décisive du suffrage universel.

Et à ce propos, je ne ne saurais mieux faire que de recommander à votre attention, monsieur, ce que j'écrivais dans un des derniers numéros du *Nouveau Monde* :

« 1° Mon idéal est l'état de société dans lequel, chacun ayant le pouvoir d'exercer complétement toutes ses facultés et de satisfaire pleinement à tous ses besoins, jouirait de la plus grande somme de liberté qui se puisse concevoir ;

« 2° Convaincu que cet idéal diffère trop de l'organisation actuelle de la société pour être réalisé immédiatement, j'ai proposé des mesures transitoires propres à y conduire progressivement et sans secousse ; mais ces mesures, je n'entends pas qu'on les IMPOSE. Elles appartiennent à la discussion : que l'opinion publique les juge, et que, s'exprimant par le suffrage universel, elle les rejette si elle les croit mauvaises, ou les adopte si elle les croit bonnes. »

Au fond, de quoi s'agirait-il ? Il s'agirait pour l'Etat — c'est-à-dire pour l'assemblée des mandataires du peuple — de créer, au milieu de la société actuelle, des modèles, aussi complets que possible, de la société future, de telle sorte que, graduellement et par le seul fait de la puissance attractive de la vérité en action, la seconde société arrivât à absorber la première.

L'État, défini démocratiquement, je l'ai appelé l'ÉTAT SERVITEUR, par opposition à l'ÉTAT MAITRE, et vous vous autorisez de cela pour prétendre que je résous la question formidable de l'autorité par un *quolibet ;* M. Proudhon — qui ne sait pas évidemment ce que c'est qu'un anagramme — avait dit *anagramme.* Franchement, monsieur, vous auriez dû lui laisser le triste avantage de remplacer des raisons par des bouffonneries. Une réponse aussi peu sérieuse serait tout au plus excusable si j'avais lancé cette expression l'*État serviteur* sans la définir, sans expliquer ce qu'elle contient, sans montrer en quoi le changement dans les *mots* correspondait ici à un immense changement dans les *choses*. Mais, grâce à Dieu, je n'ai point à me reprocher un pareil oubli. Or, n'y a-t-il que l'épaisseur d'un *quolibet* ou d'un *anagramme* entre l'État, se composant des mandataires responsables et révocables du Peuple, et l'État se résumant dans un individu qui a l'insolence de dire : « La société, c'est moi? » N'y a-t-il que l'épaisseur d'un *quolibet* ou d'un *anagramme* entre l'organisation démocratique de l'État par le suffrage universel et sa constitution monarchique par le droit divin? Agir comme agent de la volonté de tous, comme un commis du Peuple, que le peuple désavoue, renvoie ou châtie s'il remplit mal sa fonction, et gouverner selon son bon plaisir en faisant exterminer ceux qui le trouvent mauvais, est-ce la même chose, à un *quolibet* ou à un *anagramme* près?

Inutile d'ajouter que je n'ai jamais entendu faire l'État producteur et le charger d'une besogne impossible. Qu'il devienne le commanditaire et le législateur des associations, je ne lui demande que cela.

J'ai fait en entier, je crois, le tour de vos objections. Il ne me reste plus qu'à relever quelques assertions de vous qui ne sont pas exactes.

Vous prétendez que mon système est celui qui a perdu le plus d'adhérents. C'est une erreur, et vous verriez combien elle est grossière si je pouvais vous mettre sous les yeux ma correspondance journalière avec les représentants les plus directs du sentiment populaire. Vousmême, du reste, vous avouez « que le premier atelier social, essayé à Clichy sur une assez grande échelle, a servi de base à la constitution de presque toutes les associations ouvrières dont quelques-unes — ajoutez-vous après avoir constaté qu'elles sont au nombre de 112 — sont solidement organisées et se maintiennent. » A la vérité, vous vous hâtez de dire qu'on ne parviendra pas à les solidariser entre elles. Eh bien, je suis convaincu, quant à moi, que c'est pour elles l'unique moyen de résister à la pression du milieu environnant et à la mauvaise volonté d'un pouvoir, qui, au lieu de les commanditer et de les protéger, s'étudie à leur susciter mille obstacles. C'est ce que beaucoup sentent à merveille, et, si l'œuvre de solidarisation n'est pas encore accomplie, cela tient à des difficultés de circonstance, nullement à des impossibilités logiques et insurmontables.

Vous parlez des *évolutions* successives de ma pensée; vous présentez les ateliers agricoles, le crédit gratuit, la prise de possession par l'État des chemins de fer, comme autant d'idées que j'ai rendues miennes et dont j'ai enrichi par voie d'emprunt mon *Organisation du travail*.

Si cela était vrai, je n'aurais certes pas à m'en défendre ou, plutôt, je m'en ferais honneur. Étudier et mettre les acquisitions de l'étude au service d'une idée qu'on juge conforme aux principes d'éternelle justice, c'est un devoir. Mais la vérité est que j'ai, sous ce rapport, beaucoup moins de mérite que vous ne pensez.

La réforme agricole et la réforme industrielle ont été si bien contemporaines dans mon esprit, que les règles d'après lesquelles j'ai demandé qu'on organisât le travail dans les villes sont identiquement les mêmes que celles d'après lesquelles j'ai demandé, depuis, qu'on organisât le travail dans les campagnes; à tel point que, dans la dernière édition de mon livre, un seul projet de loi sert pour les deux.

Le crédit gratuit! Mais qu'est-ce donc que l'organisation du travail par associations solidaires, sinon le moyen le plus actif, que dis-je, le seul moyen d'amener la suppression de l'intérêt par la formation d'un grand capital collectif appartenant à l'ensemble des travailleurs? Or, il ne faut pas oublier que la première édition de mon livre a paru en 1839, à une époque où M. Prouhon n'était connu ni de moi ni de personne. Aussi bien, prétendre combiner, à l'exemple de M. Proudhon, la doctrine de la gratuité du crédit avec celle de la concurrence, du laisser faire, est chose parfaitement dérisoire et insensée. Tout prêteur

veut et doit, sous peine de folie, être assuré de la restitu
tion intégrale du capital dont il cède temporairement
l'usage; il lui faut donc des garanties *réelles*, attendu qu'un
régime d'antagonisme universel rend toutes les situations
précaires, et ne permet pas l'appréciation exacte des garanties purement *personnelles* que peut offrir le pauvre.
Pour emprunter, sous l'empire de la concurrence, il faut
fournir un *gage;* pour fournir un *gage*, il faut *posséder*, et
les pauvres ne *possèdent* pas. Que venez-vous leur parler
de crédit gratuit, docteur de l'individualisme? Vous ne
pouvez pas même leur faire crédit, gratuitement ou
non, et votre *Banque du Peuple* l'a trop prouvé. La gratuité du crédit pour tous n'est réalisable que par l'association.

L'exécution des chemins de fer par l'Etat! Si vous con-
naissiez un peu mieux, monsieur, le passé du journalisme
en France, vous sauriez que j'ai émis et développé cette
idée dès mes premiers pas dans la carrière politique, il y
a plus de quinze ans; vous sauriez que, rédacteur en chef
du *Bon Sens*, j'ai été le premier, et pendant longtemps le
seul, dans la presse quotidienne de Paris, à réclamer l'exécution des chemins de fer par l'Etat ; vous sauriez, enfin,
que c'est justement à cause de cela que j'ai quitté *le Bon
Sens*, M. Lefebvre-Meuret, membre du Sénat belge et propriétaire du journal, s'étant trouvé d'un autre avis que
moi, et tout honnête homme devant préférer sa conviction
à sa position.

Vous pensez que, sur la question de l'égalité des salaires,
mon esprit a vacillé. Vous vous trompez, je vous l'affirme.
Toujours et invariablement mon principe a été celui-ci :
De chacun selon ses facultés ; à chacun selon ses besoins.

Prenez les diverses éditions de l'*Organisation du travail*, à commencer par la première : dans toutes vous
lirez :

« Beaucoup d'idées fausses sont à détruire; elles dispa-
raîtront, gardons-nous d'en douter. Ainsi, par exemple, le
jour viendra où il sera reconnu que celui-là doit plus à ses
semblables qui a reçu de Dieu plus de force ou plus d'in-

telligence. Alors, il appartiendra au génie, et cela est digne de lui, de constater son légitime empire, non par l'importance du tribut qu'il lèvera sur la société, mais par la grandeur des services qu'il lui rendra. Car ce n'est pas à l'inégalité des droits que l'inégalité des aptitudes doit aboutir, c'est à l'inégalité des devoirs (1). »

Ouvrez l'*Histoire de Dix ans*, vous y lirez, en réponse au saint-simonisme :

« Il y a deux choses dans l'homme : des besoins et des facultés. Par les besoins, il est passif ; par les facultés, il est actif. Par les besoins, il appelle ses semblables à son secours ; par les facultés, il se met au service de ses semblables. Donc, il est dû davantage à celui qui a plus de besoins, et il est permis d'exiger davantage de celui qui a plus de facultés. Donc, d'après la loi divine écrite dans l'organisation de chaque homme, une intelligence plus grande suppose une action plus utile, mais non pas une rétribution plus considérable ; et l'inégalité des aptitudes ne saurait légitimement aboutir qu'à l'inégalité des devoirs (2). »

Ainsi, ma doctrine a toujours été celle, non pas de l'égalité stricte et absolue, mais de l'égalité proportionnelle, la seule qui soit effectivement en accord avec les lois de la justice et de la nature. Seulement, comme cette doctrine n'est réalisable que par la mise en commun des forces pour la production et des produits pour la consommation, et, comme, d'autre part, on ne saurait passer, du jour au lendemain, du mal au bien, d'un régime où tout n'est que désordre à un régime où tout ne serait qu'harmonie, j'ai posé 'le principe sans croire à la possibilité de sa réalisation *immédiate* ; mais le principe, je ne l'ai jamais masqué, non jamais. Au Luxembourg, quel a été mon langage ? Je copie le *Moniteur :*

(1) *Organisation du travail*, conclusion du 5e chapitre.
(2) *Histoire de Dix ans*, t. III, chapitre III.

« A Dieu ne plaise que nous considérions l'égalité des salaires comme réalisant d'une manière complète le principe de la justice. La vraie formule est celle-ci : Que chacun produise selon son aptitude et ses forces, que chacun consomme selon ses besoins (1). »

Et pour ce qui est des objections qu'on a coutume d'opposer à cette formule sainte, je me suis attaché à les réfuter, une par une, dans l'*Almanach du Nouveau Monde* pour l'année 1851. Comment pourrais-je vouloir en principe l'égalité stricte et absolue des salaires, moi dont tous les vœux, dont tous les efforts appellent l'abolition graduelle, mais radicale et définitive du salariat ?

Votre loyauté, monsieur, et la bonne foi du journal où vous écrivez accueilleront, je l'espère, ces explications. Quant aux formes, quelquefois trop acerbes, de l'article qui les a provoquées, je ne songe ni à vous les reprocher ni à m'en plaindre. Que les soldats de l'avenir soient maltraités, au passage..., ils doivent s'y attendre, et bien lâche serait le cœur qui gémirait des blessures reçues au service de la vérité.

N° 3.

ARBITRAGES DE LA COMMISSION
DU LUXEMBOURG

MÉCANICIENS

Extrait du MONITEUR *du 26 mars* 1848.

« Ce matin, à huit heures, a eu lieu, au Luxembourg, sous la présidence de M. Louis Blanc, une réunion d'ou-

____

(1) *Voy.* le *Moniteur* du 3 avril 1848.

vriers, représentant les ateliers de MM. Derosne et Cail. Là, en présence de ce dernier, on a discuté longuement sur le système provisoire à adopter pour la reprise immédiate des travaux, ainsi que sur un système qui peut être définitif. Après avoir envisagé la question sous tous ses aspects, la réunion a adopté, quant au système provisoire, le projet suivant :

SYSTÈME PROVISOIRE A ÉTABLIR

« 1° Les ouvriers mécaniciens de l'atelier Derosne et Cail forment entre eux une association basée sur ce principe adopté dès à présent, que, s'il arrivait que la masse des travaux à exécuter ne fût pas en rapport avec le nombre des travailleurs, elle sera répartie de manière à ce qu'aucun d'eux ne soit privé de travail, c'est-à-dire de pain.

« Les ouvriers eux-mêmes détermineront lequel de ces deux systèmes il convient de choisir :

« Ou bien égalité dans la répartition des salaires et du bénéfice à la fois;

« Ou bien égalité dans la répartition du bénéfice seulement.

« 2° La somme des salaires, actuellement payée aux ouvriers mécaniciens, ne sera pas changée; seulement, l'entrepreneur s'engage à y ajouter, sous forme de bénéfices, un onzième du prix des façons, calculé sur la moyenne des prix de chaque pièce, depuis le commencement de la commande jusqu'à ce jour, à condition, toutefois, que cela sera possible; ce qui sera examiné par le commissaire délégué à cet effet et auquel seront adjoints une commission nommée par les ouvriers et un ingénieur.

3° Le commissaire, la commission nommée par les ouvriers et l'ingénieur auront à s'occuper, par mission spéciale, de jeter les bases du système définitif à adopter, en partant de ce principe, qu'il est de la plus haute importance de sortir du provisoire le plus promptement possible.

M. Vidal est nommé commissaire aux fins ci-dessus sur la désignation même des ouvriers présents.

« 25 mars 1848.

CH. DEROSNE ET CAIL, DREVET, LALOYE, COLLIN,
   « *Le maire du 1er arrondissement,*
      A. DURAND SAINT-AMAND.

   « *Approuvé :*

« LOUIS BLANC,
   membre du gouvernement provisoire,
président de la Commission de gouvernement
      pour les travailleurs. »

Extrait du MONITEUR *du 29 mars 1848.*

« Nous nous empressons d'annoncer que, par suite de l'intervention de la Commission de gouvernement pour les travailleurs, le travail a complétement et immédiatement repris dans les ateliers de MM. Derosne et Cail, constructeurs de machines qui occupent un si grand nombre d'ouvriers. Des demandes d'arbitrage sont adressées de toutes parts à M. Louis Blanc par les travailleurs et les patrons. Les demandes sont toujours accueillies avec empressement et plaisir, et de cette mutuelle confiance sort presque toujours la conciliation. Les ateliers sont aussitôt rouverts. C'est ainsi que, par le bon, le noble esprit de tous, se réalise chaque jour ce mot, prononcé dès le premier jour, l'ordre dans la liberté. »

PAPIERS PEINTS

Extrait du MONITEUR *du 2 avril 1848.*

« Loin d'user de son influence pour dicter des lois aux patrons ou entrepreneurs, la Commission du Luxembourg ne s'en sert que pour résoudre les difficultés par des arrangements amiables. Les chefs d'ateliers savent mieux que personne si la Commission procède par l'arbitraire ; mieux que personne ils sont en état d'apprécier les services que la Commission a déjà rendus à l'industrie, et beaucoup d'entre eux sont bien convaincus que l'intervention conciliatrice de cette Commission est aujourd'hui une des garanties les plus efficaces de la tranquillité de la capitale.

« Chaque jour amène une conciliation nouvelle. Hier, la Commission a mis fin au différend qui existait entre les patrons et les ouvriers de l'industrie des papiers peints, et, aujourd'hui, le travail a repris dans tous les ateliers de Paris. Nous donnons ici le texte de la convention qui a été signée, séance tenante, entre les six délégués représentant les intérêts opposés, et nous signalons un curieux incident qui fait le plus grand honneur à la générosité des deux parties.

« Quand il s'est agi de la nomination du président du comité des douze, un délégué des ouvriers a proposé de choisir ce président parmi les patrons et de le faire désigner par les représentants des ouvriers. Les délégués des fabricants, à leur tour, ne voulant pas que la majorité fût acquise aux patrons, ont aussitôt repoussé cette offre délicate, en demandant que le président fût pris parmi les personnes complétement désintéressées. Alors les ouvriers et les maîtres ont spontanément déféré la présidence au secrétaire même de la Commission, qui s'est récusé, tout en exprimant ses remerciments sincères pour ce témoignage de confiance, et qui a lui-même proposé de laisser au comité le soin de désigner le président. Il a seulement consenti à ce que la Commission intervînt pour déterminer le choix, dans le cas où les parties ne pourraient parvenir à s'entendre.

« Voici le procès-verbal de cette séance :

« Entre les délégués des patrons et ouvriers de l'industrie
« des papiers peints, réunis au Luxembourg le 31 mars
« 1848, sous la présidence du secrétaire général de la
« Commission de gouvernement pour les travailleurs, il

» a été amiablement convenu, à la satisfaction de toutes
» les parties :

« Il sera nommé une commission chargée de préparer
« les bases d'une concialiation à opérer entre les ouvriers
« et les patrons.

« Cette commissisn sera composée de six délégués des
« patrons et de six délégués des ouvriers. Cette commis-
« sion choisira, en dehors de son sein, un président qui
« aura droit de vote pour départager les avis et amener
« une décision.

« Si la commission des ouvriers et des patrons ne peut
« s'entendre pour le choix du président, le président sera
« désigné par la commission du Luxembourg, ainsi que les
« délégués présents l'ont demandé.

« La commission des douze membres, dont il vient d'être
« parlé, préparera les bases d'un tarif pour les prix des
« façons et des salaires, et aura à proposer toutes les me-
« sures qu'elle jugera avantageuses dans l'intérêt des pa-
« trons et des ouvriers

« Sa mission spéciale sera d'amener la conciliation ami-
« able de tous les intérêts différents, et de mettre fin à
« tous les dissentiments qui existent aujourd'hui entre les
« patrons et les ouvriers.

« Approuvé par les six délégués présents. »

(Suivent les six signatures.)

PAVEURS

(Extrait du MONITEUR *du 2 avril 1848.)*

« Aujourd'hui même, une autre conciliation a eu lieu
(devant la Commission du Luxembourg) entre les maîtres
et les ouvriers paveurs, représentés par les délégués.

« Les maîtres paveurs avaient écrit à la Commission
qu'ils acceptaient d'avance tout ce qu'elle croirait devoir
faire. Mais la Commission n'a point voulu user de ce plein
pouvoir donné par écrit. Elle a apppelé les délégués des

deux parties, qui se sont entendus à l'amiable et qui ont signé d'un commun accord le traité dont ils ont eux-mêmes précisé les termes et les conditions.

Lettre des entrepreneurs du pavé de Paris.

« Paris, 31 mars 1848.

« Aux citoyens de la Commission des travailleurs.

« Citoyens, par suite de plusieurs communications que quelques-uns d'entre nous ont eu l'honneur d'avoir aujourd'hui avec vous, sur la convocation qui nous a été adressée, nous nous sommes assemblés, et, après avoir délibéré sur la question qui divise les ouvriers paveurs et nous, nous avons résolu de nous en référer à votre arbitrage.

« En conséquence, citoyens, nous déclarons nous en rapporter, pour le prix des journées des ouvriers, à ceux que dans votre sagesse vous voudrez bien fixer.

« Nous avons l'honneur, etc.

« *Les cinq entrepreneurs du pavé de Paris,*
« LESIEUR, TERWAAGNE, FRANCASTEL, GUÉRIN, JAROUX. »

Convention entre les maîtres et les ouvriers paveurs.

« Entre les délégués des maîtres et des ouvriers paveurs réunis au Luxembonrg le 1er avril 1848, sous la présidence du secrétaire général de la Commission de gouvernement pour les travailleurs, a été convenu ce qui suit, à la satisfaction de toutes les parties :

« A dater du 1er avril 1848, le prix des salaires sera fixé comme suit :

« Pour les compagnons de relevé à bout, 4 fr. 50 c. au minimum, — Pour les compagnons de repiquage, 3 fr. 75 c. au minimum. — Pour les garçons paveurs, 2 fr. 50 c. au minimum.

« *Approuvé par toutes les parties intéressées*
« NOLLÉ, SERINGUIN, FRANCASTEL, JAROUX. »

LES DÉBARDEURS

Convention entre les débardeurs et les marchands de bois de la rive gauche.

« Entre les délégués des marchands de bois de la rive gauche (port des Invalides), d'une part, et les représenttants des ouvriers débardeurs du même port, d'autre parti tous réunis au Luxembourg, le 1er mai 1848, sous la présidence du secrétaire général de la Commission de gouvernement pour les travailleurs, a été amiablement convenu ce qui suit :

« Les travaux seront payés, savoir :

	fr.	c.
« Pour un train de Bourgogne brossé.........	90	»
— de traverses................	58	»
— lavé (3 journées de lavage)...	38	«
— — (2 journées de lavage)...	28	»
— de Marne brossé, 12 coupons..	96	»
« 12 coupons de bois de Marne, tiré et lavé....	33	»
— — bois blanc.....	39	»
« Un train de Brinon, brossé...............	108	»
— — canal de Bourgogne	108	»
« Bois neuf, pour débardage au crochet, triage compris, ou pour rinçage, à la volonté du marmarchand seul ; par corde................	1	»
« Débardage des cotrets, le petit mille........	2	50
— margotins....................	2	25

« *Approuvé et signé par toutes les parties.*

« *Signé* : BROSSONNEAU, CHATELAIN, BILLARD,
VITU, ALEXANDRE. »

ENTREPRENEURS ET COCHERS DE PLACE.

RÉGLEMENT ENTRE LES ENTREPRENEURS ET COCHERS

» Par devant la Commission des travailleurs, il a été convenu entre les entrepreneurs et les cochers de voitures de place de Paris, à la date du 13 avril, savoir :

« Art. 1er. La journée sera désormais maintenue à 3 francs avec les pourboires et sans aucuns frais.

« Art. 2. Considérant que le travail au quart ou à la planche est reconnu comme marchandage, et doit être aboli dans quelque maison que ce soit, l'entrepreneur ne devra pas employer de cocher autrement qu'à la journée de 3 francs.

« Art. 3. Aucune amende, quelle qu'elle soit, ne pourra être infligée au cocher ; mais, dans le cas où ce dernier se serait amusé avec sa voiture, il serait responsable envers son entrepreneur de la journée au terme moyen, plus 2 francs.

« Art. 4. Il ne sera pas fait payer de limonière, lorsque le cheval du cocher se sera abattu et en aura occasionné la casse.

« Art. 5. En cas d'avarie, le cocher devra prendre des témoins et l'entrepreneur se charger de faire les démarches en cas de procédure, Cependant, si le cocher ne pouvait atteindre l'auteur du dégât et qu'il puisse prouver qu'il n'y a pas de sa faute, la perte sera partagée entre l'entrepreneur et le cocher.

« Art. 6. Aucun entrepreneur ne pourra rendre responsable un cocher des maladies ou accidents survenus aux chevaux pendant le travail. Cependant, dans le cas où un accident causé à un cheval serait grave, il en serait référé devant les délégués.

« Art. 7. Que les cochers soient payés tous les jours.

« Art. 8. Que pour le tarif après minuit, il appartienne aux cochers : — fiacre, coupé, cabriolet, 50 cent. par heure ; — fiacre, 25 cent. par course ; — coupé et cabriolet, 15 cent. par course.

« Art. 9. Lorsqu'un entrepreneur voudra renvoyer un cocher, il pourra le faire immédiatement. Un cocher qui voudra sortir de chez un entrepreneur sera tenu de prévenir quatre jours d'avance.

« Art. 10. Tout cocher qui désirerait se reposer sera tenu de prévenir l'entrepreneur à six heures du matin en été, à sept heures en hiver. Si, à ce moment, il ne pouvait être remplacé, il serait tenu de sortir sa voiture, sauf le cas de maladie constatée.

« Art. 11, Les entrepreneurs s'engagent à payer, à raison de 5 p. 100, l'intérêt du cautionnement déposé en numéraire par le cocher.

« Art. 12. Ne pouvant admettre aucune amende, quelle qu'elle soit, le cocher pris pour infraction dans sa recette sera renvoyé par l'entrepreneur, sans pouvoir forcer ce dernier à lui donner un certificat. Si, cependant, le cocher prétendait être pris à faux, il serait jugé par les trois délégués des cochers et les trois délégués des entrepreneurs, et en présence de l'accusateur.

« *Délégués des loueurs :*	« *Délégués des cochers :*
« Michard,	« Rondineau,
« Varin,	« Boisgontier,
« Rieussec,	« Dutron. »

MARÉCHAUX

Lettre des délégués des maîtres maréchaux au président de la Commission.

« Citoyen, des différends se sont élevés entre les maîtres maréchaux qui ferrent les chevaux des services publics et des ouvriers qui ne travaillent pas dans ces entreprises et qui se sont présentés au nom de leur corporation. Nous désirons que ces différends soient soumis à votre appréciation en présence des délégués des ouvriers maréchaux : nous vous prions donc de nous convoquer avec ces délégués et de nous entendre contradictoirement le plus promptement possible, car ces ouvriers menacent ceux qui sont employés dans les entreprises de les empêcher de travailler.

« Salut et fraternité.

« Mathiot, Bisse, Villate,

« *Délégués des maîtres maréchaux*

« Ce 7 avril 1848. »

PLOMBIERS-ZINGUEURS

Convention entre les maîtres et les ouvriers.

« Entre les délégués des ouvriers plombiers-zingueurs, d'une part, et MM. Fontaine, Seiffert, Renaudot, Letalec et Marie jeune, d'autre part, tous réunis au Luxembourg, sous la présidence du secrétaire général de la Commission de gouvernement pour les travailleurs, a été amiablement convenu d'un commun accord, entre toutes les parties intéressées :

« Art. 1er. La durée de la journée reste fixée comme précédemment, savoir : du jour au jour en hiver, et, en été, à dix heures de travail effectif.

« Art. 2. Le prix de la journée, tant d'hiver que d'été est fixé, au minimum, à 5 francs pour les compagnons et à 3 francs pour les garçons.

« Art. 3. Les heures de nuit seront payées double.

« Art. 4. Il est interdit à tout compagnon de faire des heures en dehors de la journée.

« Art. 5. Il est accordé 1 franc par jour de déplacement aux compagnons et garçons, quand ils iront travailler hors des murs d'enceinte.

« Art. 6. Le marchandage, même individuel, est interdit.

« Art. 7. La paye se fera tous les quinze jours au plus tard.

« Art. 8. Chaque patron ne pourra avoir qu'un apprenti.

« Art. 9. Les apprentis, après une année de travail, seront payés comme *compagnons.*

« Art. 10. Il est expressément défendu aux patrons d'embaucher un compagnon se présentant chez eux, comme il est défendu aux compagnons d'aller s'embaucher chez les patrons.

« Art. 11. Tout compagnon et tout garçon ne peuvent être embauchés qu'à la *grève* (lieu d'embauchage), les patrons ayant la faculté d'embaucher tel ou tel compagnon, soit individuellement, soit par lettre ou par l'intermédiaire d'un camarade.

« Art. 12. Les patrons sont instamment priés de faire connaître, à la grève, les plaintes qu'ils auraient à faire contre les compagnons ou garçons, pour qu'il soit fait droit à leurs réclamations.

« Art. 13. Tous compagnons de grève, étant porteur d'une carte, ne peuvent être embauchés que sur la présentation de cette carte.

« Art. 14. Tous patrons ou compagnons sont instamment priés de signaler à la grève les infractions au présent règlement.

Art. 15. A partir du 1er avril 1848, la grève est et demeure fixée chez M. Durand, marchand de vins, rue Quincampoix, n° 69.

« *Signé* : SEIFFERT, RENAUDOT, BERTRAND, MARIE, FONTAINE, LEMOINE, LETALEC. »

SCIEURS DE PIERRES

Convention entre les délégués des ouvriers scieurs de pierre et la chambre des entrepreneurs de maçonnerie.

« Les soussignés, membres de la chambre des entrepreneurs de maçonnerie de la ville de Paris et du département de la Seine, commis à l'effet ci-après par l'assemblée générale du 13 courant, d'une part, et les soussignés délégués des ouvriers scieurs de pierre du département de la Seine, d'autre part;

» Vu la demande adressée à la chambre par lesdits ouvriers délégués, et tendante à fixer le prix du sciage de pierre;

« Vu le décret du Gouvernement provisoire qui fixe à *dix heures la journée de travail ;*

« Considérant que le moyen d'éviter des grèves, qui sont toujours contraires aux intérêts communs, est, en effet, la fixation du prix du sciage;

« Considérant, en outre, qu'il est essentiel de faire disparaître l'abus ou la gêne qui se produit fréquemment dans les chantiers, et qui consiste, pour le scieur de pierre, à abandonner un trait de sciage avant qu'il soit achevé ;

« Par toutes ces causes, les soussignés ont, dans les limites de leurs pouvoirs respectifs, arrêté pour l'avenir le prix du mètre superficiel du sciage de la pierre ainsi qu'il suit... »

Ici vient le tarif de la coupe des différentes qualités de pierre, puis un règlement qui se termine ainsi :

« Les articles dont les prix ne sont pas portés, ainsi que toutes les qualités de pierre non énumérées, seront l'objet d'une fixation de prix entre la chambre et les délégués.

« Les entrepreneurs promettent leur concours et celui de leurs appareilleurs, pour faire en sorte qu'il n'entre dans leurs chantiers que des scieurs de pierre munis du livret de leur corporation et portant le cachet de la chambre syndicale.

« Fait en quatre originaux, à la chambre syndicale, aujourd'hui, 29 avril 1848, dont un pour les membres de la chambre, un pour les délégués scieurs de pierre, un troisième pour être déposé à la Commission des travailleurs, au Luxembourg, et le quatrième pour être déposé aux prud'hommes. »

(Suivent les signatures.)

N° 4

LA PRÉSIDENCE ET LE SUFFRAGE UNIVERSEL (1)

Je me propose de prouver :

Que l'élection d'un président de la République par le

---

(1) Cet article fut publié par moi dans *le Nouveau Monde*, le 15 juillet 1849. Il contient le développement des idées que je me proposais d'émettre à la tribune, lors des débats sur la Constitution, débats auxquels ma proscription, arrivée avant cette époque, m'empêcha naturellement de prendre part.

Peuple tend à décrier le suffrage universel, en le mettant
en contradiction avec lui-même ;

Que la Présidence, appuyée sur le suffrage universel,
risque d'installer au sommet de l'État l'anarchie ;

Que la Présidence enfin est une institution qui peut devenir plus funeste que la royauté elle-même.

— *L'élection d'un président de la République par le
Peuple tend à décrier le suffrage universel, en le mettant en
contradiction avec lui-même.* C'est une inconséquence singulière et pleine de mécomptes que d'aspirer à des réformes politiques d'une haute portée lorsqu'on repousse toute
réforme sociale. Les conditions du pouvoir se lient d'une
manière si intime à l'état général de la société, qu'il y a
vraiment folie à croire qu'on changera les bases de
l'autorité publique sans toucher aux rapports des citoyens
entre eux.

Voyez le suffrage universel : dans cette société française
où le vice des institutions fondamentales entretient tant de
misère et assure, hélas ! une si humiliante durée au règne
de l'ignorance, qu'a produit d'heureux jusqu'ici le soudain
élargissement des sources du pouvoir? Je me rappellerai
toujours de quel étonnement je vis l'Angleterre saisie, le
jour où elle apprit que la France, en quête de son premier magistrat, avait choisi Louis Bonaparte. D'où venait
donc à un proscrit de la veille cet insigne honneur? Par
quels exploits guerriers, par quels écrits lumineux, par
quel suprême effort de vertu s'était-il fait un rôle historique? Sur quoi s'appuyait sa candidature à la gloire? Si
l'on cherchait dans sa vie politique, on ne trouvait que
deux mots qui la condamnaient : Strasbourg, Boulogne.
Si l'on cherchait dans sa vie militaire, on ne trouvait rien.
Ce pays qu'on lui donnait à gouverner, le connaissait-il,
du moins? Il ne l'avait jamais vu que du haut des fenêtres
d'une prison, ou à travers le nuage de ses aventures. Deux
fois surpris faisant violence à la fortune, deux fois vaincu,
longtemps oublié, réduit, pour ressource dernière, à s'é-
vader du fort de Ham en habit de maçon et une poutre sur
l'épaule, était-ce tout ce roman de sa jeunesse qui avait
dû faire pencher en sa faveur les balances de l'élection?

« O peuple léger! disaient les Anglais, peuple capri-
cieux!... » Le fait est, cependant, que, même avant que la
main des scrutateurs descendît au fond des urnes, personne
ne doutait en France que Louis Bonaparte ne fût l'élu des
paysans. Et pourquoi? Parce qu'un seul nom parle à leur
souvenir; parce qu'un seul nom ouvre à leur pensée des
horizons lointains et a puissance sur leur âme; parce
qu'une méchante gravure, suspendue aux murs de leurs
chaumières, est pour eux toute la politique, toute la poésie,
toute l'histoire.

A la vérité, l'ouvrier des villes est beaucoup moins soumis que l'habitant des campagnes à l'esclavage de l'ignorance. Lui aussi, néanmoins, a sa servitude, qui est la
misère. Placé sous la dépendance des souverains distributeurs du travail, malheur, malheur à lui, si, se rappelant
qu'il est citoyen, il oublie trop qu'il est salarié! Le soupçon
marche derrière lui, l'œil incessamment ouvert. Une main
cachée pèse sur son cœur, dont elle compte les battements.
Proclamer sa foi, entrer dans la lice électorale à la manière des hommes libres, se mêler au public échange des
sentiments et des idées, soutenir une candidature aimée du
peuple, il le peut sans doute, mais à des conditions qui,
peut-être, seront terribles; car il est des circonstances où,
en fermant la porte d'un atelier au travailleur, on le condamne à mort. Et que fera celui en qui les inspirations du
citoyen sont combattues par les affections, par les inquiétudes sacrées de l'époux et du père? On vous dira que tous
sont libres dans leurs votes. La liberté du pauvre? Quelle
dérision! Mais il lui faut de l'héroïsme pour être libre.

Ainsi donc, pas d'illusions vaines! Le suffrage universel
sera vicié dans son application tant qu'une vaste réforme
sociale ne sera point venue couper court à ces deux fléaux
qui altèrent toute chose : l'ignorance, la misère.

Et pourtant, Dieu nous garde de conclure à l'ajourne-
ment du suffrage universel! Même dans le milieu funeste
qui en corrompt les sources, le suffrage universel est une
institution qu'on ne saurait entourer d'un respect trop religieux et de soins trop vigilants. Le principe une fois consacré, nul doute que son action ne devienne de jour en

jour plus salutaire. Seulement, il faut savoir attendre
l'heure des fruits, l'heure de la moisson ; il faut, suivant une
belle expression de Necker, ne vas être *envieux du temps*.
L'enfant qui apprend à lire commence par épeler, et ce
sont ses fautes qui l'instruisent. Les principes ont leur enfance aussi ; les principes ont leur éducation à faire, comme
les hommes.

Il y a cela d'admirable dans le suffrage universel, que,
par des voies douces et régulières, il fait passer au sein du
pouvoir les progrès que le mouvement caché des siècles
réalise au sein des sociétés. L'institution du suffrage universel se perfectionnant de plus en plus, à mesure que les
âmes s'élèvent, à mesure que les esprits s'éclairent, les
gouvernements, sous l'empire de cette institution, ne peuvent que s'améliorer de plus en plus, à leur tour. Heureuse
combinaison que celle qui force les peuples et les gouvernements à fournir les mêmes étapes, dans ce lent et douloureux voyage de l'humanité vers la lumière !

Ce n'est pas tout : le suffrage universel est la meilleure
garantie de l'ordre, de l'ordre véritable. Il investit le pouvoir d'une force morale si grande, il l'entoure de tant de
majesté, il lui donne une consécration si imposante, si solennelle, que cela seul est de nature à décourager l'esprit
d'usurpation et à désarmer l'esprit de révolte. Toute autorité qui en est réduite à se défendre est destinée à périr violemment ; or, quelle autorité n'a pas à se défendre ? Celle
qu'on ne songe pas à attaquer : l'autorité vraiment légitime. Napoléon était parvenu à se faire le dieu d'un million
de soldats, et le monde entier l'a vu mourir au milieu de
la solitude des mers. Louis-Philippe avait tout corrompu
autour de lui, espérant vivre de la bassesse publique, et sa
royauté s'est évanouie comme une ombre. C'est qu'il n'y a
de ressources réelles, ni dans le despotisme, ni dans la corruption. Le despotisme, par son développement même,
s'use et s'épuise. La corruption, dans ceux qu'elle croit
acheter et qu'elle avilit, prépare des traîtres. Il faut, pour
qu'une autorité reste longtemps à l'abri des orages, qu'elle
soit, ou, du moins, qu'on la suppose légitime. Et voilà ce
qui constitue, au point de vue politique, la valeur du suf-

frage universel, surtout dans ce pays de France, qui se
trouve avoir perdu à jamais le culte des majestés de convention, et qui, témoin ébloui des victoires du droit, ne
doute plus maintenant de l'impuissance finale de la force.

Mais cette fixité dans le pouvoir, le plus sérieux des
bienfaits qu'on doive attendre du suffrage universel, l'ob-
tiendra-t-on lorsque le pouvoir aura été follement divisé;
lorsque, de la volonté nationale, consultée suivant des modes
différents, on aura fait sortir deux autorités rivales; lorsque, au risque de déchirements cruels, on aura placé face
à face la souveraineté du Peuple représentée par une assemblée, et la souveraineté du Peuple représentée par un
président? Les paroles me manquent pour rendre ce qu'une
pareille combinaison a de menaçant. Je sais bien qu'au
moment où j'écris, le président et la majorité de l'Assemblée législative vont de conserve; mais qui ne sent tout
ce que la situation actuelle a d'exceptionnel? Entre le président et la majorité, il n'y a aujourd'hui de commun que
la haine, que la terreur qui leur est inspirée par la logique
de la Révolution. Une fois les choses rendues à leur cours
naturel qu'arrivera-t-il?... En attendant, qu'on se souvienne que le président et l'Assemblée constituante ont été
à la veille d'une bataille! qu'on se souvienne du 29 janvier
1849!

Oui, entre deux grands pouvoirs, de même origine et de
nature diverse, il est impossible que tôt ou tard une lutte
ne s'engage pas. Et, alors, où sera le souverain? de quel
côté penchera l'obéissance des troupes? de quel côté le respect du Peuple? Est-ce que le suffrage universel ne sera
pas invoqué, avec un égal avantage, et par l'Assemblée
contre le président, et par le président contre l'Assemblée?

Voilà donc les signes vivants de la légitimité obscurcis,
la fixité dans le pouvoir détruite, les décisions de la volonté
générale l'une par l'autre annulées, la souveraineté du
Peuple mise en contradiction avec elle-même, le gouvernement devenu tout à coup une aventure!

Mais, quand la guerre civile est dans les idées, les passions ne tardent pas à la faire descendre dans la rue. C'est

à quoi nos législateurs n'ont pas pris garde : légèreté déplorable, d'où peuvent résulter des calamités sans nombre! Car, lorsque le pouvoir flotte au hasard entre un homme et une assemblée, *on peut tenir pour certain que cette assemblée porte avec elle un* 10 *août, et que cet homme a derrière lui un* 18 *brumaire.*

— *La présidence, appuyée sur le suffrage universel, risque d'installer au sommet de l'État... l'anarchie.* — La Constitution fixe à deux millions le nombre de voix qu'il faudra réunir pour être élu, de plein droit, président de la République. Si nul candidat n'atteignait ce chiffre, l'Assemblée aurait à choisir entre les cinq candidats qui auraient obtenu le plus de suffrages.

Étrange expédient!

Supposons qu'un des candidats obtienne un million huit cent mille voix et un autre deux ou trois cent mille seulement : l'Assemblée nationale pourra donc se décider en faveur du second! Mais que devient alors ce grand principe du droit des majorités, base fondamentale du suffrage universel? Et que signifie ce contrôle exercé par des représentants de la souveraineté du Peuple sur une manifestation claire, directe, décisive, de cette souveraineté même? Serait-ce que deux millions de voix seraient jugées indispensables pour constater la volonté du Peuple? Mais, outre qu'une semblable appréciation est étrangement arbitraire, elle a le tort de sortir des règles sur lesquelles repose le principe de la souveraineté populaire, lequel est *relatif* de sa nature et non pas *absolu.* Car, autrement, c'est la *totalité* des suffrages qui serait requise et non la *majorité.*

De quel vertige ont donc été saisis les inspirateurs de cette Constitution, si pleine d'inconséquences et de périls? Évidemment, la tête leur a tourné; la main leur a tremblé; au milieu de ce grand bruit d'armes et de chevaux dont ils ont souffert que le sanctuaire des lois fût rempli, ils n'ont eu, des choses de l'avenir, qu'une perception confuse; le trouble de leur cœur est monté jusqu'à leur intelligence; ils n'ont su mettre de la décision, ni à retenir l'unité du pouvoir, ni à en régler le partage, et ils ont codifié l'anarchie.

Oui, l'anarchie! car, avec un président de République et une Assemblée, la société se trouve avoir deux têtes. Et comment, dès lors, la vie de cette société pourrait-elle ne pas être incertaine, désordonnée, pleine de déchirements et de luttes?

En France, — je répondrai plus bas aux objections tirées de l'exemple de l'Angleterre et de celui des États-Unis, — en France, tous nos troubles politiques, depuis un demi-siècle, ont eu leur source dans le système qui consiste à faire du pouvoir législatif et du pouvoir exécutif deux autorités rivales.

Ouvrons l'histoire, à dater du jour qui a vu consacrer ce dualisme funeste.

A peine Louis XVI est-il placé en face de l'Assemblée législative, que la querelle commence. En dépit des ménagements dictés par la faiblesse, des concessions arrachées par la peur, cette querelle s'envenime de jour en jour; puérile d'abord et ne portant guère que sur des détails d'étiquette, elle devient insensiblement sérieuse, elle devient terrible, et enfin elle se termine sur la place de la Révolution, par une exécution tragique, au roulement des tambours.

La Convention plie sous Robespierre tant qu'il se sert d'elle-même pour la gouverner; mais il ne s'est pas plus tôt mis à l'écart; on ne l'a pas plus tôt soupçonné, accusé de vouloir la dictature, que la Convention se livre aux Thermidoriens, se soulève contre lui et l'accable.

Bonaparte arrive; et aussitôt, la lutte ardente, l'inévitable lutte recommence. Seulement, ce n'est pas l'Assemblée qui l'emportera cette fois. Épouvantés, éperdus, les législateurs fuient devant des grenadiers. Mais le conseil des Cinq-Cents ne tardera pas à être vengé par la Chambre des Cent-Jours. Pour désarmer l'opposition de cette chambre ennemie, Napoléon a beau s'oublier dans un rôle de roi libéral; il a beau signer l'*acte additionnel*, rien ne peut fléchir les sourdes colères de l'Assemblée, et c'est un triomphe parlementaire qui sort des grandes funérailles de Waterloo.

Est-il besoin de compléter cette démonstration historique ? Est-il besoin de rappeler que Charles X est tombé sous les coups d'une assemblée à laquelle il avait essayé vainement de faire peur, et que Louis-Philippe est tombé sous les coups d'une autre assemblée qu'en pure perte il avait corrompue?

Si donc on a l'imprudence de rendre le pouvoir exécutif tout à fait indépendant, si on l'investit d'une force qui lui soit propre, il importera peu qu'on l'appelle présidence ou royauté; on aura exposé l'État aux fureurs du plus violent antagonisme.

La grande difficulté, soit sous les monarchies, soit sous les républiques, est de trouver un moyen régulier, pacifique, d'enlever au pouvoir exécutif la force dont il lui arriverait d'abuser. Benjamin Constant, dans son *Cours de politique constitutionnelle*, rappelle que les Crétois avaient inventé une sorte d'insurrection légale par laquelle on déposait tous les magistrats, et Filangieri les en loue. Mais le danger d'une répression de ce genre, c'est qu'elle pouvait aisément se transformer en despotisme. A Rome, la loi de Valérius Publicola permettait de tuer quiconque, dans l'exercice d'une magistrature, aurait attenté à la liberté de la République, remède cent fois pire que le mal! car c'était mettre le repos de tous à la merci des passions, de l'ignorance, du fanatisme de chacun. Un meurtre est toujours une usurpation.

L'essentiel serait donc, non pas de placer le pouvoir exécutif sous le coup d'une répression formidable, mais de lui créer une dépendance qui dispensât de l'obligation de le réprimer.

Or, c'est justement le contraire qui se voit dans la Constitution de 1848.

Aux termes de cette Constitution, le président de la République se trouve investi des pouvoirs les plus étendus.

Il participe au pouvoir législatif, par le droit de présenter des projets de loi ;

Il dispose de la force armée ;

Il négocie et ratifie les traités ;

Il a le droit de faire grâce ;

Il nomme et révoque les ministres ;

Il nomme et révoque, en conseil des ministres, les agents diplomatiques, les commandants en chef des armées de terre et de mer, les préfets, le commandant supérieur des gardes nationales de la Seine, le gouverneur de l'Algérie et des colonies, les procureurs et autres fonctionnaires d'un ordre supérieur.

Il nomme et révoque, sur la proposition du ministre compétent, dans les conditions réglementaires déterminées par la loi, les agents secondaires du gouvernement.

Il a le droit de suspendre, pendant un temps déterminé, les agents du pouvoir exécutif élus par les citoyens.

Je sais bien qu'à l'exercice de tous ces droits la Constitution de 1848 a soin de mettre des conditions restrictives. Ainsi, le président de la République ne pourra, d'après la Constitution, ni commander en personne la force armée, ni céder aucune portion du territoire, ni dissoudre ou proroger l'Assemblée nationale, ni suspendre l'empire des lois.

Mais quoi ! Opposer de pareilles entraves à un pouvoir qu'on a rendu assez fort pour s'en jouer, n'est-ce pas une contradiction folle ? Comment n'a-t-on pas vu qu'ici on donnait à la fois trop et trop peu au président de la République, pour qu'il ne fût pas tenté d'acquérir davantage ? Se peut-il que le désir d'usurper ne vienne pas tôt ou tard à qui croit en avoir la puissance ? Un homme qui s'appuie sur le suffrage universel, qui dispose de l'armée, qui distribue les emplois, ne se laissera-t-il pas aller aisément à regarder la Constitution comme une de ces toiles d'araignée qui arrêtent les moucherons, mais à travers lesquelles les mouches passent en les brisant ? Peut-être, à cet égard, se trompera-t-il ; mais enfin l'erreur est assez naturelle pour être prévue. Et cette erreur, qu'enfanterait-elle ? L'anarchie.

« Toute mesure, dit la Constitution, par laquelle le président de la République dissout ou proroge l'Assemblée, ou met obstacle à l'exercice de son mandat, est un crime de haute trahison. Par ce seul fait, le président est déchu de ses fonctions ; les citoyens sont tenus de lui refuser obéissance ; le pouvoir exécutif passe de plein droit à l'Assemblée nationale; les juges de la haute cour de justice se réunissent immédiatement, à peine de forfaiture; ils convoquent dans le lieu qu'ils désignent, pour procéder au jugement du président et de ses complices; ils nomment eux-mêmes le magistrat chargé des fonctions de ministère public. »

Vaines précautions, et plus dangereuses encore qu vaines! Se préparer à vaincre le pouvoir au besoin, c'est l'encourager d'avance à se rendre invincible; et, lorsque, au lieu de se ménager le moyen de le faire rentrer dans l'ombre sans le frapper, on s'expose à l'inconvénient de le frapper, pour le réduire, on met le destin du Peuple au hasard d'un coup de main ou d'un coup d'État. Rien de pis que de forcer les hommes puissants à chercher leur sûreté dans l'agrandissement même de leur puissance. Si vous les menacez, après les avoir imprudemment armés contre vos menaces, gardez qu'ils ne se réfugient dan l'usurpation. Pour qu'on n'ose rien contre eux, ils oseront tout contre la liberté.

Les partisans de cette combinaison anarchique qu'on a pompeusement appelée la pondération des pouvoirs, se sont beaucoup prévalus de l'exemple de l'Angleterre. L'exemple ne pouvait être plus mal choisi. En Angleterre, il n'y a réellement qu'un pouvoir, celui de l'aristocratie, pouvoir dont la royauté est le symbole, et qui, dans les régions politiques, se trouve représenté d'une manière directe par la Chambre des lords, d'une manière indirecte par celle des communes. Car, qu'on ne s'y trompe point la Chambre des communes, en Angleterre, est d'essence aristocratique, grâce à la vénalité des suffrages, qui, pratiquée sans pudeur et sans scrupule, amnistiée par l'usage consacrée par les mœurs, fait de l'élection le marchepied de tous les possesseurs de grandes fortunes. Qu'on y regarde de près, et l'on verra qu'en Angleterre la royauté, la Chambre des lords et la Chambre des communes ne sont pas trois *pouvoirs* de nature distincte; mais, bien plutôt, trois formes préservatrices d'un même principe : le principe de primogéniture et de substitution, sur lequel repose tout l'édifice de la société anglaise. L'antagonisme ici est donc beaucoup moins à craindre. Et pourtant, si nous voulions montrer que, même en Angleterre, cet antagonisme n'est pas impossible, l'histoire nous fournirait mainte preuve tragique. On sait à la suite de quelles luttes la tête de Charles Ier tomba à Whitehall sous la hache du bourreau masqué, et comment, vaincu à son tour, le Parlement fut chassé par Cromwell.

Il faut tout dire : en Amérique, on a le congrès d'un côté, un président de l'autre, sans aucun des dangers que je signale. Mais d'où cela vient-il? De ce qu'au lieu d'être à peu près indépendant comme celui que vient de créer la Constitution française de 1848, le pouvoir exécutif, en Amérique, est complétement subordonné à la puissance législative. C'est au point que le président n'a pas même le droit de nommer d'une manière absolue aux emplois publics, dont le nombre, d'ailleurs, est beaucoup plus restreint qu'en France. Pour ce qui est des hautes prérogatives du président des États-Unis, ainsi que l'a très-bien observé M. de Tocqueville, elles sont tellement paralysées par le milieu environnant, que là où les lois permettent au président d'être fort, les circonstances le maintiennent faible. « Il est le chef de l'armée, mais cette armée se compose de 6,000 soldats. Il commande la flotte, mais la flotte ne compte que quelques vaisseaux; il dirige les affaires de l'Union à l'égard des peuples étrangers, mais les États-Unis n'ont pas de voisin. Séparés du reste du monde par l'Océan, trop faibles encore pour vouloir dominer la mer, ils n'ont point d'ennemis, et leurs intérêts ne sont que rarement en contact avec ceux des autres nations du globe (1). » Ajoutez à cela que le président des États-Unis n'a point entrée au congrès; que ses ministres en sont exclus comme lui-même; que son action sur la puissance législative est, conséquemment, très-incertaine et toujours voilée. Autre différence essentielle : en faisant du président de la République l'élu de tous les citoyens appelés à le nommer directement et dans les formes les plus solennelles, la Constitution française de 1848 a entouré le

____

(1) *De la Démocratie en Amérique*, t. I, chapitre VIII.

pouvoir exécutif d'un éclat radieux, elle l'a revêtu d'une force morale immense. En Amérique, chaque État nomme un certain nombre d'électeurs, lesquels à leur tour élisent le président ; d'où il résulte que le président des États-Unis n'est, après tout, que le représentant d'une sorte de souveraineté médiate et circonscrite. Le pouvoir exécutif, aux États-Unis, n'est donc ni assez indépendant ni assez fort pour se mesurer avec le pouvoir législatif et précipiter ainsi la République dans l'anarchie. Le danger n'est pas là pour les Américains ; il serait plutôt dans le caractère fédératif de leur constitution, dans la division de la législature en deux assemblées, l'une personnifiant, sous le nom de *Chambre des représentants*, le principe de l'Union ; l'autre, destinée à sauvegarder, sous le nom de *Sénat*, le principe rival de l'indépendance des États confédérés... Mais ceci n'est point de mon sujet.

J'ai écrit ailleurs, et il y a déjà longtemps de cela (1) :

« Dans une monarchie, si le pouvoir devient despotique, la continuité de la puissance assure la continuité du despotisme. Ne pouvant cesser par la loi, il faut bien que la tyrannie cesse malgré la loi. Les défenseurs les plus habiles de la monarchie, et Benjamin Constant le premier, ont cru échapper à cette difficulté en définissant la royauté par l'inertie ; en donnant à la royauté une sorte de valeur négative. Il est au sommet de la société, ont-ils dit, une place enviée par toutes les ambitions, et qu'il ne faut jamais laisser vide, de peur qu'on ne soit tenté de la remplir, et qu'elle ne devienne l'enjeu sanglant des ambitions. Cette place, le roi aura pour unique mission de l'occuper. On distinguera le pouvoir royal du pouvoir exécutif. Le premier sera inviolable, le second responsable. L'inviolabilité du premier sera juste, puisqu'il n'agira point ; la responsabilité du second sera effective, puisqu'il n'aura pas l'autorité suprême.

« L'histoire, à défaut de la raison, prouverait combien cette distinction est futile.

(1) *Revue républicaine*, 1835.

« Pour ne pas chanceler, une royauté inactive a besoin d'être soutenue par une vaste puissance d'opinion. Il faudrait qu'une vénération ignorante lui tînt lieu de ce respect qui s'attache toujours à l'exercice du souverain pouvoir.

« Eh bien, où sont, dites-moi, les prestiges qui pourraient soustraire l'inaction de la royauté aux mépris de ce siècle frondeur ? Chaque jour, la monarchie se courbe, à nos yeux, sous la verge des sarcasmes populaires. Nous avons vu des rois tombés sous la suzeraineté du peuple ; nous avons vu des couronnes ramassées dans la poussière des carrefours ; et rien n'est resté debout de ce qui avait été grand parmi les hommes.

« D'ailleurs, ne croyez pas qu'un roi se contente jamais de cette vie sans chaleur et sans mouvement ; ne croyez pas qu'élevé à l'orgueil d'une situation exceptionnelle et unique, il se résigne à être un peu moins que le roi dans une partie d'échecs Oh ! non, celui qu'on entoure des distinctions les plus flatteuses désirera naturellement le pouvoir le plus étendu. Libre de choisir ses ministres, il en fera ses instruments, s'il a du génie ; ses guides, s'il n'a que de l'ambition. S'il est Napoléon, il aura Cambacérès ; s'il est Charles X, il aura Polignac. Mais, dans l'un et l'autre cas, se réservant le plaisir du commandement, il écartera de ses ministres les dangers de l'obéissance.

« Quand le despotisme sera attaqué au nom de la loi, la responsabilité ministérielle s'abritera sous l'inviolabilité royale. Quand le peuple, longtemps arrêté dans l'oppression, marchera dans sa confiance et dans son audace, l'inviolabilité royale sera enchaînée par une solidarité sanglante à la responsabilité ministérielle. Après le 6 juin, la cour de cassation condamna l'état de siége, et les ministres responsables demeurèrent impunis : la royauté sauvait le ministère. Au mois de juillet 1830, le peuple condamna les ordonnances, et le roi inviolable fut envoyé en exil : le ministère perdait la royauté.

« C'est en vain qu'au jour des orages le roi offrirait ses ministres en holocauste au peuple irrité. En apprenant que la vie de Strafford était menacée, Charles Ier s'était écrié : *On ne touchera pas à un cheveu de sa tête !* Et, quelques jours après..., Strafford s'écriait à son tour avec tristesse : *Nolite confidere principibus, quia salus non est in illis.* Mais la pusillanimité du roi d'Angleterre ne sauva pas cette royauté qui allait mourir. En livrant aux vengeances parlementaires celui qui fut son ami, qu'avait fait Charles Ier? Il avait enhardi le bourreau.

« Ne mettez donc point le salut de la liberté dans des distinctions vaines. La responsabilité est un problème difficile, mais la monarchie le résout d'une manière bien plus terrible que la république. C'est un nœud que, dans une république, on défait, et que, dans une monarchie, on coupe ! »

Ces lignes, que je traçais en 1835, cachaient une prophétie : elle s'est réalisée en 1848 !

Mais, pour qu'on puisse se borner à défaire, dans une république, ce que, dans une monarchie, on est tôt ou tard contraint de couper, au moins faut-il que le premier de ces deux régimes ait les principaux caractères qui servent à le distinguer du second. S'il en est autrement, si le président de votre République, par exemple, ressemble trop à un roi ; si son pouvoir ne diffère de celui d'un roi que par une durée nominale et une responsabilité dérisoire ; s'il est soumis, comme un roi, à la tentation d'appuyer ses prérogatives honorifiques sur des prérogatives réelles ; si, rendu indépendant de l'Assemblée, il est conduit, comme un roi, à en devenir l'ennemi ; si, en un mot, son fauteuil est à la hauteur d'un trône..., alors reparaissent tous les inconvénients signalés plus haut ; alors revient la question, la terrible question de savoir comment on réprimera les écarts du chef de l'État. Invoquer les lois contre lui serait peu efficace s'il dispose des baïonnettes, et engager le combat est hasardeux, parce que c'est arrêter les affaires à l'intérieur, bouleverser les relations à l'extérieur, dissoudre momentanément la société.

Pour caractériser un semblable état de choses, je ne sais qu'un mot, et, ce mot, c'est *anarchie !*

— La présidence est une institution qui peut devenir plus funeste que la royauté elle-même. — La monarchie déconcerte les ambitions : la présidence à conquérir les met en mouvement et les irrite. Si l'espoir d'obtenir la neuf centième partie de la puissance qu'exerce une assemblée suffit pour exciter tant de brigues, pour remuer tant de passions, jusqu'où ne s'emportera pas le désir d'être salué chef de l'État?

Celui que sa naissance appelle au trône, n'a point à s'ouvrir un chemin à travers le peuple agité. Le besoin d'avoir des créatures ne lui coûte ni tentative factieuse, ni effort sanglant. Le hasard, qui le dispense de mériter le pouvoir par des vertus, le dispense aussi de l'acquérir par des intrigues. Sans qu'il ait à s'en inquiéter, sans qu'il y songe, il verra venir à lui une foule impatiente d'obéir. Pourquoi prendrait-il par ruse ou par violence ce qu'il possède avant même d'avoir étendu la main? La fortune s'est chargée de lui faire d'avance des partisans, qu'il a trouvés se pressant autour de son berceau, et il a commencé de régner dans le ventre de sa mère! Convention bizarre assurément! convention humiliante pour l'espèce humaine, mais qui peut, du moins, ne pas troubler la société qu'elle abaisse.

Dans la question de la présidence, rien de semblable. Ici, le succès ne saurait être qu'au prix d'efforts prodigieux, à moins qu'on ne soit un de ces hommes que Napoléon peignait à Sainte-Hélène, en parlant de lui-même : puissants mortels choisis par la destinée pour tenir à certains moments donnés de l'histoire, la place d'un peuple, vers lesquels, dès qu'ils se sont montrés, chacun se tourne en criant : « Le voilà ! » Mais de tels hommes ne sont guère plus possibles de nos jours et surtout en France. Au milieu d'une société où les intérêts sont si divers et les relations si compliquées, un mérite éclatant, des services incontestables, une popularité bien assise ne constitueront pas toujours des chances suffisantes. Il faudra donc, si par malheur il en était ainsi, les compléter à force d'habileté ou d'audace ; il faudra calomnier ses rivaux, faire à ses anciens ennemis d'ignominieuses avances, sacrifier des amis à des partisans, et à la violence des majorités les droits

saints de la justice ; il faudra ajouter au retentissement de
son nom le bruit de mille clameurs vénales, prendre de
frauduleux engagements, ouvrir à tous les partis caressés
tour à tour des perspectives trompeuses, se créer un cortége d'ambitions subalternes, s'entourer de faux séides,
perdre sa propre estime pour capter les suffrages d'autrui
et s'avilir pour devenir le maître : *Omnia serviliter, pro
dominatione.*

Sans doute, il existe des moyens légitimes de succès ;
mais l'élection d'un président pousse à leur faire préférer
les moyens honteux. Remarquez, en effet, de quelle nature
sont les passions que provoque l'appât d'une présidence à
conquérir !

Qu'un fils de roi arrive à la couronne, nul ne s'en trouve
humilié. L'événement était prévu : ce n'est pas la victoire
d'un homme sur un autre homme ; c'est le triomphe
d'une abstraction, abstraction insolente, dont le philosophe
s'indigne, que le publiciste condamne, mais qui ne blesse
pas l'ambitieux ! Ce sera un malheur pour tous, peut-être :
pour personne ce n'est une offense. La médiocrité même
du prince, si elle est reconnue, plaît aux premiers de
l'État ; elle les console d'avoir un chef ; et, soumises sans
leur aveu à l'élu du hasard, les âmes fières se dédomma-
gent, en le dédaignant, de la nécessité de le subir.

Quand il s'agit d'être l'élu d'un peuple, quelle différence !
La supériorité du rang, dans ce cas, pouvant servir à constater celle du mérite, il s'établit entre les hommes les
plus marquants une lutte où l'amour-propre est appelé
naturellement à jouer un rôle implacable. Aux yeux des
compétiteurs qui échouent, le succès du compétiteur qui
l'emporte revêt l'odieux caractère de l'intrigue récompen-
sée et de l'injustice heureuse, de sorte qu'au lieu de s'unir
en vue du bien public, les meilleurs esprits vont s'amoin-
drissant à l'envi et s'usant les uns contre les autres en d'a-
mers débats.

Ce serait déjà un mal immense, alors même que la querelle se renfermerait dans la sphère où s'agitent les candidatures. Mais non : comme il y a un parti à la suite de
chaque candidat et des emplois nombreux à la suite de

chaque dignité, les passions des chefs descendent dans la société, la traversent tout entière ; et, après les prétentions fastueuses, viennent les haines en sous-ordre, les vanités serviles, les jalousies de seconde main.

Cependant, l'élection terminée, qu'arrive-t-il ?

Souvent on a dit que nos mœurs étaient fortement empreintes d'égalité, et que, de nos lois associées à nos mœurs, résultait un esprit d'opposition incompatible avec la stabilité des gouvernements. Cela veut être expliqué. Il est certain qu'en France, ce qu'on aime le moins, dans un gouvernement, c'est sa durée ; mais il n'en est pas moins vrai que le pouvoir, considéré en soi, y possède un prestige considérable, et peut-être n'existe-t-il pas de pays au monde où le succès compte autant d'adorateurs. Qu'on s'attende donc à voir des flots d'encens fumer aux pieds de l'idole dès qu'elle aura été placée sur l'autel. Or, si cette idole est un président, à qui s'adresseront les hommages ? A la personne, évidemment ; car, ainsi que nous l'avons montré, un président de république, en France, ne représente aucun principe.

De là, pour une nation, une cause d'avilissement.

Oh ! certes, je ne suis ni de ceux qui excusent volontiers les superstitions monarchiques, ni même de ceux qui les comprennent. Il faut qu'un peuple ne soit pas encore sorti de l'enfance ou qu'il y soit retombé, pour s'applaudir du premier maître venu que le hasard lui envoie. Mais, enfin, il est juste de le reconnaître, sous le régime constitutionnel, ce que les royalistes honorent dans leur roi, c'est une idée plutôt qu'un individu. Eh bien, la dignité humaine a moins à perdre au culte d'un principe qu'au culte d'un homme, quelque faux que soit ce principe et quelque grand que soit cet homme. En Angleterre, dans une réunion publique, je vis éclater, un soir, au seul nom de la reine Victoria, d'incroyables transports d'enthousiasme ; c'étaient des applaudissements à faire crouler la salle ; les femmes agitaient leurs mouchoirs ; jamais je ne fus témoin d'une pareille scène d'idolâtrie. Un grave personnage, assis à mes côtés, aperçut sans doute sur mes lèvres un léger sourire, car, se penchant vers moi, il me dit : « N'allez pas croire, monsieur, que cet enthousiame soit pour la personne de la reine : ce que nous saluons de tous nos transports. c'est la constitution qui a fait jusqu'ici la force de l'Angleterre. » Je ne répondis rien, et je me rappelai cet étrange abaissement des caractères que produisit l'Empire... parce que l'Empire, c'était l'empereur !

Les auteurs de la Constitution semblent avoir prévu que, si le président était déclaré rééligible, il emploierait à préparer la continuation de son pouvoir les moyens mis à sa disposition pour le féconder. De cette crainte, assurément très-fondée, est né l'article 45, ainsi conçu :

« Le président de la République est élu pour quatre ans, et n'est rééligible qu'après un intervalle de quatre années. »

Mais il s'en faut que par là on ait résolu le problème.

Marquer la limite à laquelle le pouvoir du président s'arrêtera pour faire place à celui de son successeur, c'est souffler au chef de l'État la plus dangereuse des tentations ; c'est l'exciter à conquérir, avec la force dont on entoure son pouvoir, la durée qu'on lui refuse ; c'est lui créer un intérêt à renverser la Constitution, ou, du moins, à en désirer le renversement.

D'autres inconvénients sont à prévoir.

Un monarque n'est pas forcé de violenter l'histoire pour s'y faire un rôle imposant. La majesté de convention qui l'environne a de quoi tromper son orgueil. La bêtise humaine lui compose une gloire factice dont il peut, à la rigueur, se contenter. Mais un président de république n'apporte sur les cimes de la société qu'un prestige, tout personnel, qu'il se doit de soutenir. Il ne saurait échapper, dans un pays comme la France, à l'obligation de se montrer sous un aspect saisissant ; il ne saurait se soustraire au secret désir de justifier son élévation par ses actes ; désir toujours téméraire quand on est cité devant la gloire à bref délai !

Un prince, qui ne sait de terme à son autorité que sa mort, et qui, d'ailleurs, compte se survivre dans ses héritiers, peut, s'il est un grand homme, concevoir de longs desseins et mesurer de sang-froid sa marche vers la postérité. Un président de république, au contraire, risquera de remplir ses hautes fonctions d'autant plus mal, qu'il aura plus de génie. Sachant que ses moments sont comptés, il sera porté naturellement à signaler son passage aux affaires moins par des entreprises utiles que par des coups d'éclat. Tandis qu'au-dessous et autour de lui ses créatures s'arracheront avec emportement les lambeaux d'une puissance destinée à passer vite, lui, inquiet, éperdu, l'œil fixé sur le terme fatal. il dévorera l'avenir. Ce qu'il sera bon d'ajourner, il le hâtera pour n'en point laisser le mérite à ses successeurs. Ce qui ne doit point porter immédiatement de fruits, il le négligera, de peur que ses successeurs ne recueillent ce qu'il aurait semé.

Dans son *Contrat social*, Jean-Jacques Rousseau dit (chap. VI), en traitant de la monarchie :

« On a rendu les couronnes héréditaires dans certaines familles, et l'on a rétabli un ordre de succession qui prévient toute dispute à la mort des rois ; c'est-à-dire que, substituant l'inconvénient des régences à celui des élections, on a préféré une apparente tranquillité à une administration sage, et qu'on a mieux aimé risquer d'avoir pour chefs des enfants, des monstres, des imbéciles, que d'avoir à disputer sur le choix des bons rois. On n'a pas considéré qu'en s'exposant ainsi aux risques de l'alternative, on met presque toujours les chances contre soi. C'était un mot très-sensé que celui du jeune Denys, à qui son père, en lui reprochant une action honteuse, disait : « T'en ai-je donné l'exemple ? — Ah ! répondit le fils, votre père n'était pas roi. »

Rien de plus vrai, rien de plus accablant que cette critique du gouvernement royal par Jean-Jacques, et nous ajouterons volontiers comme lui : « Tout concourt à priver de justice et de raison un homme élevé pour commander aux autres. » Mais, si tels sont les effets du rang suprême, qui cause de mortels vertiges même à ceux qui ont été préparés par leur éducation à ce qu'il a d'éblouissant, que sera-ce de celui qui se verra tout d'un coup porté du fond de la société à son sommet? Croit-on qu'il y ait beaucoup de cœurs capables de résister à ces soudaines et terribles faveurs de la fortune?

Voyez Napoléon! Il était fait certainement celui-là pour habiter les hauteurs de l'histoire. Et qui jamais, plus que lui, sembla doué de ce regard de l'aigle, qui soutient l'éclat du soleil? Cependant il fut ébloui comme eût pu l'être le plus vulgaire des humains. Impatient de posséder le monde et inhabile à se posséder lui-même, il manqua de cette sérénité dans la puissance que donne l'habitude de la grandeur; il eut des ardeurs immodérées, il eut des caprices prodigieux. Et, d'un autre côté, par une contradiction commune à tous les hommes qu'aveugle une élévation subite, autant son orgueil fut démesuré, autant sa confiance en lui fut médiocre. Quoique aussi fataliste que Wallenstein, il n'osa s'en fier du soin de le maintenir à la seule force de son génie. Premier consul, il eut peur de tomber de si haut; et, semblable à celui qui, marchant sur les bords d'un précipice, cherche un appui quelque part, lui, pour s'y appuyer, il chercha l'empire! l'empire avec des chambellans et des pages, des ducs nouveaux et des comtes anciens; l'empire avec tout l'attirail des royautés les plus banales!

Non, non! n'espérez pas qu'un homme soit toujours assez supérieur à sa fortune pour se défendre de l'ivresse du pouvoir, quand il s'agit d'un pouvoir solitaire et suprême. Il est quelque chose de plus corrupteur encore que d'avoir été élevé pour commander aux autres, c'est d'être improvisé tel. On sait ce dont les parvenus sont capables. Eh bien, un président de république, quelque loyale que vous puissiez supposer ou que soit son âme, risquera d'être... un roi parvenu.

La conclusion de tout ceci, c'est que la première condition de l'ordre consiste dans l'unité du pouvoir.

Une société à deux têtes ne peut vivre qu'au prix des plus douloureuses convulsions, et encore ne peut-elle vivre ainsi bien longtemps. Je n'ignore pas, toutefois, ce que

présente de menaçant le règne trcp absolu d'une **assem-**
blée, et qu'un tel gouvernement a besoin d'un contre-poids.
Ce contre-poids nécessaire, où le placer? Dans une organisation démocratique de la commune remplaçant la
centralisation administrative. Car, persuadons-nous bien
que tout retour vers le passé est désormais impossible.
Pour trouver le mieux, pour arriver au bien, il faut regarder... devant nous.

N° 5.

I. — LA CENTRALISATION

La centralisation politique est-elle désirable? Elle est
plus que désirable, elle est nécessaire.

C'est au nom de l'unité, c'est par l'unité que les Monta-
gnards ont sauvé la France : vienne la justice de l'Histoire,
la reconnaissance de la postérité ne leur manquera pas.

Mais c'est justement parce que l'unité est, de tous les
intérêts de la France, le plus incontestable et le plus sérieux, qu'il importe de combattre la confusion d'idées qui,
à cet égard, s'est introduite depuis longtemps dans les
esprits.

Il y a la centralisation vraie, il y a la centralisation
fausse.

Il y a l'unité, il y a l'étouffement.

Il y a la France telle que la concevait le génie révolutionnaire de la Convention, il y a la France telle que l'a
faite Napoléon.

Avant d'expliquer, constatons.

Qu'est-ce que Paris ? Qu'est-ce que la France ?

Imaginez un champ: au lieu de l'ensemencer dans **toute**
son étendue, on s'est avisé d'entasser la semence en un
point où elle risque de ne germer pas, précisément **parce**
qu'elle y est entassée. Ce champ, c'est la France ; ce **point,**
c'est Paris

Voyez Paris. C'est là que viennent aboutir, par d'invisibles liens, tous les pouvoirs, grands et petits, répandus dans la société. Mais aussi, quelle cohue d'ambitions luttant de ruse et d'audace! Quel croisement d'intrigues! Quelle mobilité résultant de la nécessité de faire une part dans la curée des faveurs à tous ceux dont il faut prévenir les agressions ou conjurer les rancunes! Et dans cette mobilité qui montre si souvent au peuple les vaincus de la veille devenus les vainqueurs et les héros du lendemain, quel déplorable appel au scepticisme politique!

Mais la concentration des pouvoirs amène celle des richesses. Ici, toutes les merveilles du luxe; à côté, toutes les misères qui le mettent en relief. Le vice est ici un Protée qui se plie à toutes les formes. L'extrême opulence l'enfante comme l'extrême misère, et on le retrouve partout : avec l'ennui chez les uns, avec la faim chez les autres, avec le malheur chez tous.

Vous appelez Paris la ville des arts, le foyer des lumières, le théâtre inévitable où doivent venir parader les grands talents! Vous avez raison; mais si Paris rayonne, il absorbe. Qu'on me dise pourquoi ce grand poëte fait de mauvais romans, pourquoi ce grand peintre passe son temps à dessiner de misérables vignettes. Dans la solitude d'une ville de province, ce poëte aurait peut-être égalé Corneille, ce peintre continué Géricault. Mais ici, est-ce qu'on a le temps de devenir grand homme? Hélas! qui sait le nombre des nobles et vigoureuses intelligences qu'ont perverties la manie de l'imitation, l'amour du gain, la tyrannie de la mode, l'impatience du succès. Là où la foule est si grande, on craint à chaque instant de se voir étouffé; l'important n'est pas d'être, mais de paraître, et l'on met à acquérir sa réputation le temps qu'ailleurs on aurait mis à la mériter.

D'ailleurs, Paris peut-il être le centre de tous les pouvoirs sans devenir le rendez-vous de tous les aventuriers de la politique, de tous les coupe-jarrets de la finance? C'est impossible, surtout sous l'empire des lois faites par les riches pour les riches. Voilà donc la passion de faire fortune s'emparant de toutes les têtes. Le chemin est trop

étroit pour la foule qui s'y précipite; qu'importe! la cupidité va trouver mille moyens de battre monnaie. Lorsqu'on aura tiré de chaque vice tout ce qu'il contient, on
tirera parti de chaque vertu. On mettra, s'il le faut, la
charité publique en commandite! Il est telle entreprise où
le dévouement rapporte de gros dividendes, et la philan-
thropie a toujours cela de bon ici, qu'elle fait vivre à l'aise
nombre de philanthropes.

Aussi bien, Paris est, comme on dit, la ville de l'indépendance. Que craignez-vous? Dans cette multitude si
grande, composée d'individus si petits, à quoi se réduit le
contrôle public? Allez! au milieu d'une foule aussi vivement distraite, aussi diversement agitée, rien de plus facile
que d'ensevelir son infamie. Noble indépendance qui laisse
tant de fourberies impunies et tant de bassesses ignorées !

Maintenant, dans cet étroit espace où elle concentre
toutes ses forces, comptez, si vous le pouvez, les victimes
que fait la concurrence. Ici, pas d'édifice qu'on ne bâtisse
avec des ruines. Le scandale des fortunes subites y est
toujours couvert par celui de quelque chute éclatante ; on
y remarquerait les désastres nés de la lutte des travailleurs entre eux, si la fureur du jeu, alimentée par la
Bourse, n'entretenait l'opinion, ou ce qu'on nomme ainsi,
de désastres plus retentissants encore. Mais quoi ! Les
jours se succèdent avec une rapidité qui lasse le blâme.
Vous parlez du scandale d'hier; ignorez-vous celui d'aujourd'hui ? Qu'est-ce que le choix des moyens, là où
chacun aspire si ardemment à son but? C'est à peine si on
se croit tenu à quelque hypocrisie dans le langage. *Rien
ne réussit comme le succès*, disent les habiles. Aussi, la
justice ne s'exerce-t-elle guère contre eux. Voici un
pauvre diable qui a volé pour sa mère un pain dans quelque
carrefour ; on le condamne, c'est trop juste. Que ne savait-
il voler un million, à la Bourse? Mais dans ce rapprochement même, que de trivialité ! On en est venu à ne plus
oser dire la vérité, de peur d'être banal.

En résumé, un puissant et fécond échange d'idées, un
éclatant faisceau de lumières, un frottement continu qui,
à chaque minute, fait jaillir des millions d'étincelles, un

phare immense allumé pour le compte et à l'usage de tout
l'univers ; mais, d'un autre côté, le génie humble et labo-
rieux étouffé au profit d'une foule de médiocrités bavardes ;
une concurrence universelle engendrant les plus ruineux
monopoles ; les vices d'en bas continuellement provoqués
par ceux d'en haut ; les vertus du peuple bafouées par la
fatuité triomphante du premier roué venu ; des excita-
tions, autant pour le mal que pour le bien ; des ressources
innombrables, aussi propres à entretenir des illusions
folles qu'à satisfaire de légitimes espérances ; enfin, la
civilisation épuisant ses mensonges et ses prodiges. —
Voilà Paris.

Que si l'on parcourt la plupart des communes de France,
on sera frappé d'un spectacle bien différent, non moins
douloureux. L'abrutissement y est complet ; l'atelier n'y
vit qu'aux dépens de l'école. Si quelque homme un peu
remarquable s'y produit, Paris l'appelle. De tous les habitants de cette commune, qui fut jadis puissante et glorieuse, il n'en est pas un, peut-être, qui sache pourquoi
la cloche du beffroi sonnait dans le moyen âge, et comment
on proclamait dans la grande salle de l'Hôtel-de-Ville les
franchises municipales. Vous demandez où est le sang qui
devait animer cette partie de la société ? Il est à Paris, où
il bouillonne. — Voilà la France.

Quant aux causes de cette situation, elles tiennent évidemment à l'excès de la CENTRALISATION ADMINISTRATIVE,
qui est aussi funeste que la CENTRALISATION POLITIQUE
est féconde.

La démocratie ne peut rendre, suivant nous, les peuples
heureux et forts tout à la fois que par le jeu et la combinaison de ces deux principes : la centralisation politique,
c'est-à-dire la concentration au même lieu et dans les
mêmes mains du pouvoir de diriger les intérêts communs
à toutes les parties d'une nation, et la décentralisation
administrative, c'est-à-dire la liberté laissée aux intérêts
purement spéciaux de se développer suivant la loi des
mœurs, des habitudes ou des convenances locales.

Tout le monde est à peu près d'accord sur les avantages
de l'unité politique. Le fédéralisme a toujours été pour

un peuple le germe des querelles les plus sanglantes et le principe d'une ruine inévitable. Un État fédératif a cela de particulier, que ce qui constitue pour les autres États une situation anormale est précisément ce qui fait sa force, son originalité, la première condition de son existence. Un État fédératif a besoin de la guerre étrangère comme les autres ont besoin de la paix ; car c'est la guerre étrangère qui, seule, peut lier en faisceaux des forces qui, quoique divisées, ont trop de points de contact pour ne point finir par se combattre. Peut-il en être autrement ? Les États qui composent une fédération apportent toujours, l'Histoire le prouve, des prétentions égales là où il y a inégalités de puissance et de ressources. Or, de l'inégalité des ressources combinée avec l'égalité des prétentions, naît la jalousie, et après elle le despotisme. Deux petites républiques unies par le lien fédéral, et toutes deux poussées par une ambition envieuse, ne tarderont pas à sacrifier leur liberté intérieure au plaisir d'écraser une rivalité qui les blesse. Toute passion collective tend, en effet, à se personnifier et à choisir un représentant. Dangereuse tendance ! car un homme qui arrive à personnifier en lui l'idée dominante, ou la passion dominante d'un peuple, est bien près de devenir un despote !

Pour établir cette démonstration, nous n'avons qu'à remonter à l'histoire des républiques Italiennes, histoire solennelle et terrible, qui se compose du contraste des plus grandes vertus et des plus grands crimes, et qui renferme dans ses profondeurs tant de funèbres enseignements. Milan aspire au périlleux honneur de tenir le sceptre de la fédération ; elle tombe sous le joug de fer de Jean Galéas. Padoue et Vérone ne savent pas se résigner à la sécurité d'un rôle subalterne ; la première finit par subir la dictature de François Carrare, et la seconde le despotisme de Della Scala. Pourquoi ? Parce que, dans ses jalouses ardeurs, chaque ville a voulu lever une armée, confier à un général habile ses ressources, ses espérances, et que, sous le manteau du général victorieux, se trouvait cachée la pourpre du tyran.

A moins de laisser ses lois fondamentales à la merci du

premier conquérant venu, comme la Suisse ; à moins d'être
défendue , comme le peuple de Washington , par le désert
et l'Océan ; une nation fédérative n'a d'autre préservatif
contre la guerre civile que la guerre étrangère. Que dire
de mieux pour prouver les avantages immenses de l'unité
politique (1) ?

Mais il ne faut pas s'y méprendre : si l'unité politique ,
c'est la force, l'unité administrative, c'est le despotisme

Vainement supposerait-on le peuple chez qui aurait été
admis ce dernier principe, gouverné par un pouvoir sorti
des entrailles même de la société. L'origine d'un pouvoir
est une garantie puissante, mais non pas certaine de sa
moralité. La souveraineté du peuple n'existe réellement
que dans un pays où les écarts du gouvernement, fût-il né
du suffrage universel, ont été soigneusement prévus, et
de manière à être réprimés. Eh bien ! la centralisation
administrative rend cette répression presque impossible.
Oserez-vous arrêter un seul instant le moteur, quand l'engrenage des intérêts les plus personnels est combiné de
telle sorte que , le moteur une fois arrêté, tout reste inévitablement suspendu ? Avec la décentralisation administrative , les révolutions peuvent passer sur la société ;
mais elles ne frappent pas, pour ainsi dire , de paralysie
les individus. Avec le système contraire , un peuple est
cruellement atteint par une révolution dans toutes ses
parties. Ainsi, on peut dire hardiment que , même dans
un pays où le pouvoir est démocratiquement constitué, la
centralisation administrative fait obstacle à l'exercice de
la souveraineté du peuple , loin de lui servir de base et
d'appui.

Qu'arrivera-t il , en effet, si autour de cette autorité
formidable errent des citoyens isolés les uns des autres, et,
pour ainsi dire, juxtaposés ? Ce qui arrivera, c'est que le
pouvoir, au lieu d'avoir affaire à la société qu'il est censé
représenter, ne se trouvera jamais que face à face avec

(1) Depuis que ceci a été écrit, la guerre formidable qui, en Amérique, a mis aux prises le Nord et le Sud, est venue montrer d'une manière sanglante ce que le système fédératif renferme de dangers.

chacun des citoyens qui la composent, pris individuellement. Et alors, que son origine ait été ou non populaire,
peu importe : ne relevant plus de la société, il oubliera
que c'est d'elle qu'il est sorti. Son action, ne trouvant
plus de contre-poids, deviendra nécessairement désordonnée, brutale et envahissante.

Je n'hésite pas à le dire, rien n'est plus contraire à l'é-
tablissement ou au maintien du régime de la démocratie
que l'unité politique, si on ne la considère pas comme la
garantie de l'unité sociale.

Tout régime démocratique repose sur l'exercice du droit
d'élection. Le droit d'élection entraîne la faculté de surveiller, et, au besoin, de révoquer les dépositaires de la
puissance publique. Or, comment cette faculté pourra-t-
elle être mise en jeu, si vous créez un pouvoir qui puisse
prendre place au centre même de la vie du peuple, de manière à en embrasser tous les détails, à en gouverner tous
les accidents ? De deux choses l'une : ou bien vous verrez
les forces de la société rester languissantes, dispersées,
inertes, autour de ce foyer de mouvement allumé au
milieu d'elles, et qui les consumera de plus en plus, sans
qu'elles puissent parvenir à l'éteindre ; ou bien cette autorité, qui ne trouve d'appui qu'en elle-même, périra par
ses propres excès, et alors sa chute sera le signal du
plus effroyable bouleversement. Tous les intérêts venaient
aboutir à elle, tous les intérêts se trouveront déplacés par
son ébranlement. Tout se faisait par elle : sa ruine ébran-
lera tous les fondements de la société.

Oui, autant la *centralisation politique* est nécessaire,
autant la *centralisation administrative* est étouffante.

Eh bien ! par un triste renversement de toutes les lois de
la raison, nous manquons en France de ce qui est une
nécessité, et nous avons ce qui est un péril.

L'*État*, en France, a le pouvoir de faire beaucoup de
mal, j'en conviens. Mais le pouvoir de faire le bien ne lui
est-il pas refusé, dans toutes les grandes choses ?

Si une véritable centralisation politique existait dans
notre pays, est-ce qu'on y verrait l'éducation des enfants
livrée à la merci des caprices individuels ? Car, quelle

anarchie dans l'enseignement, sous couleur de liberté ! Que d'écoles nées sous l'empire des principes les plus opposés et déposant dans le sein des générations jeunes la semence des doctrines les plus diverses ! Ici, on enseigne aux enfants le catéchisme de la congrégation ; là, on les élève dans les principes du libéralisme. Toutes les haines issues de nos vieilles luttes, toutes les passions de parti, tous les préjugés de caste, tous les vastes ressentiments créés par l'Histoire, ne viennent-ils par se traduire dans l'école et se perpétuer par elle ? Parmi les factions qui divisent notre malheureuse société, en est-il une qui n'ait sa chaire et ses professeurs ? Et, au milieu de ce conflit des écoles, que peut l'État ? que fait l'État ?

S'agit-il de l'impulsion à donner aux intérêts matériels de la société ? Je cherche en vain les traces de l'initiative du pouvoir. Lorsqu'on a voulu établir en France des chemins de fer, pourquoi l'action des compagnies s'est-elle victorieusement substituée à celle de l'État. Pourquoi l'initiative du pouvoir a-t-elle fléchi dans une question où se trouvaient engagés non-seulement la fortune et la moralité publiques, mais les plus hauts intérêts de la civilisation ? Pourquoi l'établissement des voies de communication, qui est une affaire d'avenir, a-t-il été confié à des capitalistes qui meurent, à l'exclusion de l'État qui ne meurt point ?

La véritable centralisation politique n'existe donc pas en France. Car, en tout ce qui concerne les intérêts généraux, les intérêts durables de la société, l'État y manque en même temps, et de la puissance qui dirige, et de la puissance qui contrôle.

Or, voyez un peu l'absurdité ! ce pouvoir, qui dans les grandes choses est complétement privé d'action, il en a une immense dans les petites. Considérez la société dans l'ensemble, vous n'apercevez l'État nulle part : étudiez la société dans les détails, vous trouvez l'État partout.

En d'autres termes, à côté d'une centralisation politique et économique à peu près nulle, règne une centralisation administrative et bureaucratique vraiment dévorante. Double fléau ! Double cause d'oppression et de ruine !

II. — LA COMMUNE. — CE QU'ELLE DEVRAIT ÊTRE

La Commune! ce qu'il y a au fond de ce mot, c'est l'association : ce qu'on a voulu y voir, c'est l'individualisme.

De ce renversement d'idées sont nés les raisonnements les plus bizarres et les plus graves erreurs. Chose singulière! les adversaires les plus fougueux de la Commune se sont déclarés les champions de l'unité; et c'est au nom de la liberté seulement que les défenseurs de la Commune ont osé plaider sa cause! C'est sur les *libertés municipales* qu'a presque toujours porté la discussion, et la nécessité de l'*association* municipale n'a été que très-accidentellement invoquée.

Qu'on lise ce qu'a écrit sur les municipalités un des publicistes les plus distingués du libéralisme, Benjamin Constant, et on verra de quelle étrange façon les publicistes de cette école comprennent les conditions de l'existence communale. Le *droit individuel*, voilà leur point de départ; la nécessité des garanties que réclame *la liberté*, voilà ce qui compose le fond de tous leurs raisonnements.

Eh bien! tant que la discussion restera établie sur un pareil terrain le problème de l'organisation communale sera insoluble, on ne recevra que des solutions funestes.

Qu'est-ce que la Commune? Son existence est-elle nécessaire? Son individualité n'entraîne-t-elle pas son indépendance? Son indépendance peut-elle se concilier avec ce principe d'unité qui doit dominer toute société fortement organisée? Toutes ces questions sont de la plus haute importance; nous leur consacrerons un examen sérieux et approfondi.

Dans l'ordre des idées sociales, la Commune tient le milieu entre la famille et l'État. De même que c'est par l'éducation domestique que l'homme se prépare à la vie communale, de même c'est par l'éducation communale qu'il doit être initié aux devoirs de la vie politique. Brisez un seul des anneaux de cette chaîne, vous faites disparaître une des transitions qui font passer l'homme de l'état d'individu à celui de citoyen. Que ces gradations paraissent inutiles à certains publicistes, nous avons quelque peine à le concevoir. Les obligations sociales ne sont pas tellement simples, elles ne se concilient pas si facilement avec le principe d'égoïsme aveugle qui est au dedans de nous, qu'on puisse repousser dédaigneusement l'initiation aux saintes maximes du dévouement. D'ailleurs, les affections humaines ne sont pas assez vastes pour embrasser dès l'abord l'humanité tout entiére. C'est en se fixant sur les objets qui sont le plus à leur portée qu'elles acquièrent de l'énergie, de l'étendue. Leur force d'expansion demande à être développée, et ne saurait se manifester spontanément. Quoi qu'il en soit, les publicistes que nous combattons ne peuvent pas s'arrêter à la négation de la Commune. La logique de leur système les pousse irrésistiblement à la négation de la famille. L'unité ainsi entendue, c'est le Saint-Simonisme.

L'existence de la Commune admise, sur quoi reposera son individualité? Cette question ayant été singulièrement obscurcie par des mots qu'on a employés sans les définir, nous commencerons pas en poser nettement les termes.

C'est au nom du principe de l'unité qu'on a attaqué la liberté communale; c'est au nom de ce principe, convenablement appliqué, qu'il fallait, au contraire, la demander et la défendre.

On a confondu deux choses bien distinctes : l'unité politique et l'unité sociale. De ces deux principes, le premier doit servir de garantie au second. Là où le premier règne seul, il y a despotisme; là où le second seul existe, il y a bientôt dislocation et anarchie.

Mais en quoi consiste l'unité sociale? Ceci demande quelques éclaircissements.

Penser, vouloir et agir en commun, voilà ce qui constitue l'association dans ce qu'elle a de plus rigoureux et de plus large. L'association proprement dite ne peut donc exister sans *liberté d'action*, et pour qu'elle conserve toute sa force, il faut qu'elle ne sorte pas d'une *sphère limitée* d'intérêts et de besoins, car le mode d'existence en commun suppose des relations fréquentes, habituelles, journalières presque. Ces relations composent le fond de l'existence de la Commune ; les intérêts sur lesquels portent ces relations habituelles forment les éléments de l'individualité communale, et cette individualité ne peut se révéler que par la liberté.

Si donc on admet que l'unité sociale ne saurait avoir d'autre base que l'association, ce qu'il est presque futile d'énoncer, tant la chose est incontestable, il faut reconnaître la nécessité de constituer la société par associations, et par associations libres de régler les intérêts qui naissent de rapports journaliers, fréquents, *immédiats*, en leur imposant la loi de laisser à une autorité supérieure le soin de régler les rapports plus *médiats* et plus éloignés.

Cette doctrine, comme on voit, n'admet aucune opposition réelle possible entre les intérêts *généraux* et les intérêts *particuliers*.

Pour établir l'unité de l'existence communale, Benjamin Constant est parti de ce point de vue, que, dans une société, l'individu a des intérêts qui ne regardent que lui, et que les fractions de la société ont des intérêts qui ne concernent en rien la société tout entière.

Rien de plus faux, suivant nous, qu'une pareille théorie, et rien de plus dangereux.

Il n'est pas un seul acte de l'individu qui, attentivement analysé, puisse laisser indifférente la société à laquelle cet individu appartient. Tout intérêt particulier se lie intimement à la satisfaction de l'intérêt général ; et l'intérêt général lui-même n'est-il pas une vaine abstraction, si on veut y trouver autre chose que le résultat de la combinaison, de la fusion des intérêts particuliers ?

Qu'on ne s'y trompe pas : cette discussion n'a pas seulement une valeur grammaticale ou métaphysique. Savez-vous ce qui en résulte ? Que presque toutes les communes, en faisant leurs affaires, feront celles de l'État. Et ainsi s'écroule le système de ceux qui supposent entre le pouvoir municipal et l'autorité centrale une hostilité naturelle, qui n'a d'autre fondement qu'une erreur de langage. Ainsi tombe le sophisme qui consiste à faire passer arbi-

) trairement dans les choses une opposition plus arbitraire encore introduite dans les mots.

Les communes une fois constituées, de manière qu'elles puissent librement s'administrer, qu'on les unisse par des liens politiques fortement noués, et dont les extrémités se réunissent dans la main d'un pouvoir central, l'unité sociale sera créée. Organisez maintenant ce pouvoir de telle sorte qu'il domine sans peine les associations diverses qui l'entourent; donnez-lui pour mission spéciale d'empêcher que l'harmonie de l'ensemble ne se corrompe ou ne s'altère; pour lui faciliter l'accomplissement de cette mission, faites que, par ses représentants, il vive au sein de chaque commune pour en surveiller les mouvements, mais sans avoir le droit de les arrêter autre part qu'aux limites de la sphère administrative : si ces limites ont été sagement tracées, vous aurez fait de l'unité politique la garantie de l'unité sociale. Vous aurez opposé une barrière au despotisme et une digue aux débordements de l'anarchie.

Dans l'état actuel des choses, la division communale est on ne peut plus défectueuse. Sur les trente-huit mille communes dont la France se compose, il en est un grand nombre où on chercherait en vain les éléments d'un pouvoir municipal. La nécessité de modifier la division communale fut proclamée, en 1793, par Condorcet. Il est impossible de ne pas reconnaître cette nécessité. Et c'est par là que doit commencer toute loi ayant pour véritable but l'organisation des associations municipales.

Le principal vice de l'organisation municipale créée par l'Assemblée constituante consistait dans le caractère double et contradictoire attribué aux officiers municipaux. La Constitution de 1791 portait qu'il pouvait être délégué aux officiers municipaux, chargés de gérer les *affaires particulière de la Commune*, certaines fonctions relatives à l'*intérêt général* de l'État.

L'intérêt général signifiait ici le résultat des volontés de l'autorité centrale. Et cette volonté, qui n'est pas toujours en rapport avec le véritable intérêt de tous, peut fort bien ne pas l'être avec celui de quelques-uns.

Or, après avoir établi de la sorte deux classes d'attributions qu'elle supposait de nature à se combattre, la Constitution de 1791 réunissait aux mêmes mains deux pouvoirs qui devaient se trouver en lutte. Les inconvénients de cette bizarre confusion ne tardèrent pas à éclater. Le pouvoir hermaphrodite créé par l'Assemblée constituante ne pouvait remplir aucun des deux objets qui lui avaient été assignés. La force des choses devait l'entraîner, tantôt à sacrifier aux intérêts communaux la volonté du pouvoir central, tantôt à servir la volonté du pouvoir central aux dépens des intérêts communaux.

Toujours est-il qu'il fallut revenir sur cette combinaison, qui, soit dit en passant, sert encore de base à notre système municipal.

En réunissant dans une administration collective, constituée au canton, toutes les communes dont la population était inférieure à cinq mille habitants, la Constitution de l'an III voulait obvier aux inconvénients de la division communale alors existante; mais, en respectant la règle qui veut qu'on mette les communes en état d'exercer les droits qu'on leur confère, cette Constitution viola une règle non moins importante, celle qui resserre l'association communale dans de certaines limites, pour lui laisser lo caractère qui lui est propre. De cette première violation en naquit nécessairement une seconde. La Commune, en s'absorbant dans le canton, perdait son individualité. Le pouvoir communal, à son tour, perdait son caractère et acquérait une véritable importance politique. De là, pour l'autorité centrale, l'obligation de mettre sous sa dépendance une force qui pouvait devenir dangereuse; de là, l'institution d'agents qui, placés par le Directoire à côté de chaque municipalité, corrompirent les fruits du système électoral, et éteignirent autour d'eux tout mouvement.

Nous demandera-t-on maintenant sur quelles bases nous voudrions voir s'opérer la réforme communale? On a pu déjà le pressentir.

On commencerait par procéder à une circonscription nouvelle. Parmi nos nombreuses communes, il en est de trop petites; il en est aussi de trop grandes. Dans les premières, il ne saurait y avoir ni vie, ni mouvement; les lumières y manquent; on y chercherait en vain les éléments d'une autorité municipale suffisamment respectable et intelligente. Dans les secondes, le lien des communes habitudes, des relations journalières, ne peut être assez fortement noué, parce qu'il embrasse un trop grand nombre d'individus. Il faudrait donc avant tout corriger ce double abus, et cela au risque de briser quelques rapports déjà établis et quelques affections anciennes.

Le maire serait le gérant de la Commune, élu par elle, relevant d'elle spécialement; il cesserait de représenter, par je ne sais quelle absurde confusion, la Commune contre l'État, et l'État contre la Commune. La nomination des agents communaux lui appartiendrait exclusivement, et lui seul aurait le droit de les révoquer. Son autorité, sans être tout à fait indépendante, jouirait de toute la force, de toute la considération qui se puise dans un droit d'initiative bien reconnu. Les représentants du pouvoir central pourraient intervenir au besoin, mais leur intervention n'aurait pas ce caractère systématique et cette permanence qui en font aujourd'hui une véritable tutelle, tutelle tracassière, jalouse, d'où sortent à chaque instant, comme d'une source empoisonnée, les conflits de prérogatives, les querelles de préséance, les misérables luttes d'amour-propre.

La puissance financière des conseils municipaux serait agrandie, fortifiée; et, dans le règlement de leurs attributions, on ne partirait point de ce faux point de vue qu'il y a une hostilité naturelle entre ce qu'on appelle les intérêts particuliers et les intérêts généraux. Car cette hostilité, ce qui la crée précisément, c'est le dualisme que le système actuel établit dans chaque commune. Lorsque le pouvoir local aperçoit sans cesse au-dessus de sa tête un pouvoir qui se dit le représentant d'intérêts autres que ceux de la Commune, est-il surprenant qu'il résiste quelquefois et se défie toujours? De là des rivalités, des embarras sans nombre, des déchirements qui accoutument les esprits à voir les intérêts locaux dans tout ce qui n'est pas l'intérêt général, et à chercher sans cesse la Commune hors de l'État.

Les séances des conseils municipaux seraient rendues publiques. On habituerait de la sorte les habitants à s'intéresser activement à leurs affaires; on les initierait à la vie politique; on établirait un équilibre salutaire entre le mouvement de Paris et celui de toutes les autres parties de la France. Aujourd'hui, grâce au déplorable mystère qui enveloppe la marche des autorités municipales, tout se décide, dans les communes, par des considérations mesquines; l'intérêt personnel est tout-puisssant dans les conseils; et il est incroyable à quels motifs puérils ou honteux tiennent souvent les décisions les plus graves. La publicité ferait justice d'un tel abus; elle purifierait le pouvoir municipal tout en l'éclairant, et, en le contenant, elle le fortifierait.

Les sous-préfectures seraient complétement supprimées, comme une superfétation tout à la fois ridicule et coûteuse.

Le pouvoir central serait représenté dans les communes par des commissaires dont le rôle serait non d'entraver l'autorité municipale et de la dominer, mais de la surveiller. A dire vrai, nous ne concevons guère l'utilité des préfets. Nous voyons bien ces personnages parader, mais nous ne les voyons pas agir; nous savons bien ce qu'ils empêchent et ce qu'ils coûtent, mais ce qu'ils font et ce qu'ils valent, nous l'ignorons.

Est-il jamais arrivé à un département, je le demande, de souffrir de l'absence de son préfet, ou, seulement, de s'en apercevoir? Ce n'est pas que la besogne manque... Mon Dieu! non. Les bureaux de préfectures ne sont-ils pas encombrés d'écritures et de correspondances, et de vérifications, et de tableaux? Mais que sort-il, et que peut-il sortir de ce pêle-mêle? N'entendons-nous pas chaque jour les administrés se plaindre de ce que justice leur est refusée, de ce que leurs réclamations les plus légitimes viennent expirer sans écho dans les antichambres, de ce que leurs droits dorment pour jamais dans la poussière des dossiers administratifs? Et pourquoi? Parce que de tous les obstacles à l'expédition des affaires, il n'en est pas de plus sérieux que la multiplicité des rouages. Pour quoi? Parce que tout mouvement déréglé empêche l'action; que la confusion engendre l'impuissance, et que la confusion est la plaie de tout gouvernement paperassier.

Ce n'est pas nous, certainement, qu'on accusera de vouloir affaiblir la puissance de l'État. N'avons-nous pas réclamé, en faveur de l'État, la direction supérieure des esprits par l'enseignement? N'avons-nous pas dit qu'à lui seul il appartenait d'ouvrir aux idées et à la civilisation les routes nouvelles indiquées par le génie? qu'à lui seul il appartenait de disposer, au profit de la société tout entière, des découvertes de la science, sauf à indemniser l'inventeur? que lui seul devait et pouvait changer les bases du monde économique? que l'unique moyen de détruire l'oppression dans les sociétés modernes était de substituer le crédit de l'État au crédit individuel, d'anéantir à jamais les lâches maximes du *laissez faire*, et de créer un pouvoir social assez fort, assez intrépide, assez honnête, pour se mettre résolûment à la tête d'une grande révolution industrielle? Mais c'est précisément parce que nous voulons donner à l'État une puissance féconde, que nous verrions avec douleur cette puissance s'égarer sottement dans les détails. C'est précisément parce que nous voulons que la force du pouvoir s'applique à toutes les grandes choses, qu'il nous déplairait de la voir absorbée par les petites. Il nous faudrait un gouvernement d'hommes d'État, et nous n'avons aujourd'hui qu'un gouvernement de commis !

Et remarquez bien à quel abîme nous pousse cette centralisation au rebours. Jusqu'ici, du moins, personne n'avait mis en doute que la France attaquée ne pût se défendre. Or, des hommes graves affirment que notre nationalité est suspendue à un fil. Et savez vous la raison qu'ils en donnent? Elle vaut la peine qu'on la médite : » Dans trois bonds l'ennemi est à Paris, disent-ils : maître de Paris, il l'est de la France entière. » Ainsi, voilà que d'un trait de plume ils font disparaître de la carte tout un grand royaume !

Eh bien ! je dis que ces frayeurs sont fondées Oui, on est parvenu à rapetisser la France jusqu'à la faire tenir dans l'enceinte de ce mur d'octroi dont on a fini par faire un rempart. Oui, on est parvenu à mettre, chose monstreuse, un vaste royaume dans une ville de quelques lieues de circonférence. Et, comme on craignait pour cette ville, on s'est avisé de la fortifier. Courage! Pourquoi nous arrêter dans ce système d'amoindrissement? De la France nous avons fait Paris : de Paris faisons un fort. Une garnison à la place d'une société! Une forteresse à la place d'un royaume! Voilà les nécessités du système! Est-ce assez de folie?

Pour moi, j'admire ce mode de centralisation au rebours qu'on nous donne comme un privilége de force, et qui se trouve entraîner une telle déperdition de lumières, de courage, d'activité, de ressources de tout genre, qu'au moment des suprêmes dangers il n'y a plus en France qu'un département, celui de la Seine, et qu'une ville, Paris!

Non, ce n'est point là une centralisation véritable; c'est une absorption stérile. La centralisation véritable serait celle qui, au lieu d'entasser la France dans Paris, étendrait Paris, sans l'affaiblir, sur toute la surface de la France. S'il est vrai que la perte de Paris entraîne celle de la France, qu'en conclure, sinon que la fausse centralisation qu'on nous a faite n'a servi qu'à dépouiller la France des innombrables moyens de défense que la nature ui a donnés? Car enfin, n'avons-nous pas dans ce pays de puissantes barrières naturelles, des montagnes inaccessibles, des fleuves profonds, des retraites assurées? Eh bien! si, Paris au pouvoir de l'ennemi, rien de tout cela ne doit plus nous servir, qu'en conclure, encore une fois, sinon qu'il y a au fond de notre société un principe d'affaiblissement continu, de dépérissement, un principe de mort? Quel merveilleux genre d'unité que celui qui supprime d'un coup, à l'heure du péril, tout ce qu'il a plu à Dieu de nous donner pour nous défendre!

Il faut en revenir à de plus saines doctrines. Paris doit être partout où battent des cœurs français. Paris doit être au pied des Alpes et au pied des Pyrénées. Il doit toucher à la fois à la Méditerranée, au Rhin et à l'Océan. — Le moyen pour cela? Il est bien simple. Il s'agit de faire naître partout un peu de la vie de Paris. On y peut parvenir **par** une vigoureuse organisation de la Commune.

Et je ne saurais trop le répéter : la *Commune* représente l'idée d'unité tout aussi bien que l'*État*. La *Commune*, c'est le principe d'association ; l'*État,* c'est le principe de nationalité. L'*État*, c'est tout l'édifice ; mais la *Commune*, c'est la base de cet édifice.

Organisez la Commune d'après des vues d'ensemble, vous aurez porté au fédéralisme un coup dont il ne se relèvera jamais ; car le pouvoir central sera d'autant plus respecté, d'autant plus fort, que son activité n'aura rien d'étouffant, et son action rien d'aveugle.

Alors sera créé ce lien moral qui fait la durée des empires. Alors, si jamais nos frontières étaient dépassées, la patrie sera défendue sur tous les points du sol. Alors elle aura, pour vaincre par son désespoir, à défaut de Paris et de la Seine, toutes ses villes, toutes ses montagnes, tous ses ravins, tous ses fleuves, tous ses enfants ; et nul Français ne pourra venir dire, en découvrant aux yeux de l'ennemi la poitrine de la France : Voici l'endroit mortel, nous tremblons que vous ne frappiez là!

FIN DU TOME DEUXIÈME.

TABLE DES CHAPITRES

CHAPITRE SEIZIÈME

FAUSSE ALERTE

Réponse à des reproches insensés. — Appréciation historique de la journée du 17 mars. — Ce que le Gouvernement avait à faire. — Ce qu'il a fait. — Avec quoi il l'a fait. — Impression produite, par le 17 mars, sur les membres de la majorité du Conseil, et particulièrement sur M. de Lamartine. — Manifestation du 16 avril. — Ses causes et son caractère. — Elle est présentée, à l'avance, comme un complot communiste dirigé par MM. Cabet et Blanqui. — Absurdité de cette fable. — Répudiation de tous moyens violents par M. Cabet. — M. Blanqui en suspicion, alors, auprès de son propre parti. — L'Hôtel-de-Ville est mis, néanmoins, en état de défense. — M. Ledru-Rollin, circonvenu, fait battre le rappel de la garde nationale. — Inanité du complot ultérieurement prouvée par une enquête judiciaire. — Bruits inquiétants semés par les alarmistes. — Arrivée des corporations sur la place de Grève. — Leur indignation en voyant cette place hérissée de baïonnettes. — Mon discours aux délégués. — Défilé des corporations entre les rangs de la garde nationale. — Rôle que joue, dans cette journée, une police occulte. — Protestation des délégués contre les odieux soupçons auxquels leur démarche avait donné lieu. — Attitude du Gouvernement provisoire après le 16 avril. — Entrevue secrète de M. de Lamartine avec M. Blanqui,

la veille de la manifestation 1

CHAPITRE DIX-SEPTIÈME

CALOMNIES DE LA RÉACTION

Une chasse à courre à Chantilly inventée par le *Constitutionnel*. — Réponse de M. Ledru-Rollin. — Honteuses manœuvres dénoncées à la *Réforme* par M. Crocé-Spinelli. — Les prétendues orgies du ministère de l'intérieur. — Déclaration unanime de la Commission chargée de vérifier les comptes du Gouvernement provisoire. —

M. Crémieux accusé d'avoir acheté une forêt avec le fruit de ses spoliations. — M. de Lamartine réduit à exposer publiquement l'état de sa fortune. — Imputations contre la probité de M. Marrast, démenties par sa mort. — Albert donné comme un faux ouvrier, et prétendu manufacturier et millionnaire. — Les journaux royalistes affirment que M. Louis Blanc refuse de louer à des ouvriers *sa maison du faubourg Saint-Germain.* — Contradictions des calomniateurs. — Albert et moi passons pour ressusciter, au Luxembourg, le luxe de Barras. — La grossièreté de l'invention ne nuit pas à son succès. — L'auteur de *Jérôme Paturot.* — Lettre de M. Genevay, administrateur du Luxembourg, au gérant du *Constitutionnel.* — Les Lucullus du Gouvernement provisoire. — Biographie du rédacteur en chef du *Lampion.* — Fabrique de calomnies aujourd'hui avouée. — Ce qui s'appelle, en style réactionnaire, *l'artillerie des bons mots*.... 32

CHAPITRE DIX-HUITIÈME

LES ÉLECTIONS

Fête de la Fraternité. — Distribution de drapeaux à la garde nationale et à l'armée. — Serment des chefs de corps. — Défilé des troupes devant le Gouvernement provisoire. — Enthousiasme patriotique de l'armée. — Événements de Rouen. — Décret relatif aux élections générales, appliquant le principe du suffrage universel. — Calme avec lequel les élections s'accomplirent par toute la France. — Manœuvres des réactionnaires. — Circulaires de quelques-uns d'entre eux. — Les parias du Luxembourg. — Revue des Ateliers nationaux projetée, en vue des élections, par MM. Marrast et Marie. — Pourquoi ce projet dut être abandonné. — Élimination des noms de Ledru-Rollin, Flocon, Albert et Louis Blanc sur les bulletins distribués par la mairie de Paris. — La conciliation prêchée au Luxembourg. — Choix des candidats ouvriers par les délégués des corporations. — Commission d'examen. — Questions posées aux candidats. — Mes efforts pour empêcher que la liste dressée par les délégués ne soit trop exclusive. — Succès de coalition obtenu par la liste dite modérée. — Triomphe électoral de M. de Lamartine. — L'homme politique et le poëte.. 44

CHAPITRE DIX-NEUVIÈME

INVASION DE L'ASSEMBLÉE NATIONALE

Composition de l'Assemblée nationale. — Contingent des partis royalistes. — Séance d'inauguration. — Accueil fait par la population aux membres du Gouvernement provisoire. — Discours de Dupont (de l'Eure). — Acclamation de la République par l'Assemblée, au dedans et au dehors de la salle de ses séances. — Décret déclarant que le Gouvernement provisoire a bien mérité de la patrie. — Nomination de la Commission exécutive. — Albert et moi sommes écartés du Gouvernement. — Je propose à l'Assemblée la création d'un Ministère du travail. — Cette proposition est repoussée. — Fête de la Concorde. — Les délégués du Luxembourg refusent d'y assister. — Remise de la fête. — La démission de Béranger, et ses causes. — Situation critique des insurgés Polonais. — Manifestation projetée en leur faveur. — Les promoteurs du mouvement. — Huber. — Le club de Barbès et celui de M. Cabet se prononcent contre la manifestation. — M. Proudhon la déclare compromettante pour la liberté. — Ouverture de la séance du 15 mai. — Arrivée des colonnes populaires devant le pont de la Concorde. — Insuffisance des mesures prises pour protéger l'Assemblée. — Les gardes mobiles livrent passage à la multitude. — Invasion de la salle des séances. — Sollicitations réitérées qui me sont faites de parler à la foule. — J'y cède, après avoir obtenu l'autorisation du bureau de l'Assemblée. — Mes allocutions au Peuple dans la salle et au dehors. — Ovation inutilement combattue. — MM. Raspail, Blanqui, Barbès, à la tribu·... — Huber prononce la dissolution de l'Assemblée. — Évacuation de la salle. — Séance du soir. — Violences dont je suis l'objet de la part des Gardes nationaux. — Les envahisseurs et lord Normanby..   66

CHAPITRE VINGTIÈME

UN ANNIVERSAIRE DU 31 MAI

La réaction jette le masque. — Tactique de ses organes pour préparer le coup qui allait m'être porté. — Demande en autorisation de poursuites, présentée contre moi à l'Assemblée. — Considérants du réquisitoire de M. Portalis, procureur général. — Lettre de Barbès au président de l'Assemblée, pour revendiquer la responsabilité de paroles que m'attribuait le réquisitoire. — Rapport de M. Jules Favre concluant à l'autorisation de poursuites. — Discussion de ce rapport. — Les conclusions en sont combattues par MM. Mathieu (de la Drôme), Laurent (de l'Ardèche), Théodore Bac et Dupont (de Bussac). — Silence de la droite. — Témoignage spontané d'un citoyen en ma faveur. — Bruit sourdement répandu de ma présence à l'Hôtel-de-Ville, le 15 mai. — Déclaration de M. Marrast à ce sujet. — L'autorisation de poursuites est refusée à 32 voix seulement de majorité. — Explication de la journée. — Chronique parlementaire du journal *la Liberté*. — M. Crémieux se prononce en ma faveur. — Démissions de MM. Jules Favre, Portalis et Landrin......   98

CHAPITRE VINGT-UNIÈME

ADMISSION DE LOUIS BONAPARTE COMME MEMBRE DE L'ASSEMBLÉE.

Politique de la Commission exécutive. — En quoi elle différait de celle du Gouvernement provisoire. — Projet de décret bannissant les Bourbons de la branche cadette. — Protestation adressée à l'Assemblée nationale par le duc d'Aumale et le prince de Joinville. — Discussion du projet de décret. — Il est adopté à une immence majorité. — Appoint fourni à cette majorité par les partis royalistes.—

Explication de mon vote, contraire au projet. — Élections partielles à Paris. — Succès obtenu par les Socialistes. — Louis Bonaparte au nombre des élus. — Agitation populaire fomentée par ses agents. — Les lois de proscription et les prétendants. — Illogisme de la raison d'État. — Projet de décret tendant à la non-admission de Louis-Bonaparte. — Efforts de M. de Lamartine pour le faire adopter. — Discrédit de sa parole. — Mon discours contre le projet. — L'Assemblée se prononce pour l'admission. — Éléments divers de ce vote. — Louis Bonaparte refuse de venir siéger. — Raison de son refus. — Question de la future présidence...................... 112

CHAPITRE VINGT-DEUXIÈME

INSURRECTION DE LA FAIM

La dissolution immédiate des Ateliers nationaux est demandée par la réaction. — Transformation, proposée par M. Émile Thomas. — Tous les palliatifs sont repoussés. — Rassemblement de forces militaires à Paris. — M. Trélat, ministre des travaux publics. — Monstrueux arrêté pris par lui. — Discussion à l'Assemblée, le 15 juin. — M. Pierre Leroux; M. Goudchaux. — Réponse des ouvriers au discours de ce dernier. — Complications amenées par les intrigues bonapartistes. — Adresse des délégués, réunis, du Luxembourg et des Ateliers nationaux. — Entrevue des délégués avec M. Marie. — M. Pujol. — Fermentation populaire. — L'ordre est donné au général Cavaignac, ministre de la guerre, de faire occuper la place du Panthéon. — Cet ordre n'est pas exécuté. — Violents débats au sein du Conseil. — Dissidence entre le général Cavaignac et la Commission exécutive. — L'insurrection se développe librement. — Revanche promise à l'armée. — Rôle des bonapartistes dans la révolte. Le maçon Lahr. — Matinée du 23 juin. — Inquiétudes des vrais amis du Peuple dans l'Assemblée. — Surveillance dont ils sont l'objet. — Pendant que s'élèvent les premières barricades, M. de Falloux présente son rapport sur la dissolution des Ateliers nationaux. — Circulaire de M. Marrast aux douze municipalités. — Caractère de l'insurrection. — La garde nationale est seule à la combattre. — Système de concentration des troupes. — Soupçons qu'il fait planer sur la Commission exécutive. — Péripéties de la lutte. — Vaines instances faites auprès du général Cavaignac pour qu'il ordonne l'attaque des barricades. — Journée du 24. — Paris est mis en état de siége, et le général Cavaignac, investi de la dictature, se décide à agir. — Résultat des opérations militaires. — Les dernières heures du combat.. 126

CHAPITRE VINGT-TROISIÈME

LE LENDEMAIN DE LA BATAILLE

Physionomie de Paris. — Proclamations du général Cavaignac. — Les promesses de la veille oubliées. — Représailles des vainqueurs. — Tentative d'assassinat. — Calomnies répandues contre les insurgés. — Malgré les démentis, même officiels, elles sont ramassées par lord Normanby. — Lettre de M. Bastide à Sa Seigneurie. — Arrestations et transportations sans jugement. — Lagarde, ex-président des délégués du Luxembourg, jeté sur les pontons. — Ce que l'histoire dira des insurgés de juin 1848. — Quelle fut la part de l'esprit de faction dans la guerre civile. — Le comte de Fouché-court, chef de barricade. — Distribution de médailles à l'effigie d'Henri V. — Les bonapartistes. — Luc. — La province accourant défendre la République. — L'archevêque de Paris. — De quel côté vint la balle qui le frappa; certificat du vicaire général Jaquemet. — Le général Bréa. — Quels étaient ses assassins. — La prétendue *conspiration* de juin. — Causes de l'insurrection.................... 163

CHAPITRE VINGT-QUATRIÈME

L'OSTRACISME

Quels étaient, après juin, les maîtres de la situation. — Nomination d'une Commission parlementaire, chargée de faire une enquête sur les événements de mai et de juin. — Déposition du garde national Watrin sur ma soi-disant présence à l'Hôtel-de-Ville, le 15 mai. — Cette déposition est démentie par l'unanimité des témoignages et par l'évidence même des faits. — Rapport de M. Bauchart, au nom de la Commission d'enquête.—Mes discours du Luxembourg y sont falsifiés et incriminés. — Le sténographe *officiel* de lord Normanby. — Oubli de Sa Seigneurie, qui me reproche une doctrine que Macaulay a professée. — La majorité de l'Assemblée nous empêche, M. Caussidière et moi, de repousser immédiatement les calomnies du rapport. — Ligue formée contre nous entre les chefs de parti. — Séance du 25 août : discussion du rapport. — Ma défense. — Attitude de la droite pendant mon discours. — Défense de M. Caussidière. — Introduction soudaine d'une demande en autorisation de poursuites contre M. Caussidière et contre moi. — Protestations de MM. Flocon et Théodore Bac. — Le procureur général et le chef du pouvoir exécutif demandent qu'une décision soit prise séance tenante. — L'Assemblée se déjuge à mon égard. — Offre généreuse de M. d'Aragon. — Départ pour Londres. — Épisode en chemin de fer. — Création d'un tribunal exceptionnel pour juger les accusés de mai et de juin. — Je refuse de comparaître devant lui. — Lettre aux journaux, explicative de mon refus. — Godefroy Cavaignac; souvenirs. 184

CHAPITRE VINGT-CINQUIÈME

UNE VISITE AU FORT DE HAM

De la prétendue adhésion des socialistes au mouvement bonapartiste, dernier mot à lord Normanby. — Historique de mes relations personnelles avec Louis Bonaparte. — Article critique publié dans la *Revue du Progrès*, sur les *Idées napoléoniennes*. — Réplique d'un bonapartiste fanatique. — Échauffourée de Boulogne. — Polémique soutenue par *le Bon Sens* contre le renvoi des accusés devant une juridiction exceptionnelle. — Remercîments de Louis Bonaparte. — Il m'invite à le venir voir à Ham. — Madame Gordon et les coryphées du parti bonapartiste. — M. Acar. — Une prison princière. — Mes entretiens avec Louis Bonaparte. — Comment il entendait la souveraineté du Peuple, et ce qu'il pensait de l'Empire. — Opinions socialistes émises par lui. — Son indignation à propos de la surveillance dont il était l'objet, et du système d'espionnage en général. — Il accourt me voir à Londres, lors de mon exil. — Ses protestations de sympathie politique. — Cénacle bonapartiste à *l'hôtel du Prince de Galles*... 212

CONCLUSION.. 225

APPENDICE

N° 1. Doctrine de l'État.................................... 235
 — La Liberté.. 261
N° 2. Éclaircissement sur les doctrines du Luxembourg......... 273
N° 3. Arbitrages de la commission du Luxembourg............ 305
N° 4. La Présidence et le Suffrage universel................. 316
N° 5. I. — La Centralisation............................... 336
 — II. — La Commune. — Ce qu'elle devrait être.......... 344

FIN DE LA TABLE

Paris. — Imp. Vᵉ P. Larousse et Cⁱᵉ, rue Montparnasse, 19.

www.ingramcontent.com/pod-product-compliance
Lightning Source LLC
LaVergne TN
LVHW050139030726
842520LV00002B/259